# 未遂犯論の基礎

## —学理と政策の史的展開—

中 野 正 剛 著

成 文 堂

# はしがき

本書は、我が国における刑法理論学の黎明期にあたる「明治期」に焦点を絞り、この時代を代表する我が国の刑法理論家四名および彼らの学問の起点ともなったオルトランを始めとするボアソナードらフランスの刑法理論家たちの学説のうち、特に、未遂犯論の理論構成について解明を加え、「未遂犯」「中止犯」「不能犯」の概念構成の異同を明らかにしようと努めた学位論文を元にしている。日本の刑法理論史に関する研究書はすでに多くのものが出版されている。たとえば、最近のものだけでも、「刑法理論史研究会」（代表・吉川経夫）による包括的な研究成果である『刑法理論史の総合的研究』（日本評論社 一九九四年）、内藤謙『刑法理論の史的展開』（有斐閣 二〇〇七年）、内田博文『日本刑法学のあゆみと課題』（日本評論社 二〇〇八年）などが上梓されている。このような状況のもとで、さらに本書を加えることの意義について躊躇を覚えるが、あえて本書の特徴を挙げるとすれば、次のとおりである。

今日の我が国の刑法理論学では、少なくとも違法性と有責性の概念を立てて理論構築をすることが建前となっているが、これは、明治後期以降の時代に、フランス刑法学に替わってドイツ刑法学の理論が積極的に摂取されたことによる成果の一つである。明治初期に我が国に導入されたフランス刑法学では、違法と責任とではなく、正義と効用とによって犯罪理論を構築しようとしていたからである。このような理論状況が、犯罪の段階を画する概念である「未遂犯」に対する犯罪化の根拠や刑の量定に関わる議論の中で現れてくることを明らかにすることが、本書の中心的な課題である。

そのため、本書では、今日のように精緻な法解釈論が展開される状況が醸成される前夜、すなわち準備段階にある明治期の理論学的状況を把握することが重要になる。この点については、この時期の議論の特色が、刑法の条文の微細を極める解釈テクニックの巧拙に関心が置かれるのではなく、なぜ国や政府は犯罪者を処罰することが可能なのか（国家刑罰権の基礎）、あるいはまた犯罪の本質はいったい何なのかといった問題を中心に熱をこめて議論されていることに注目する必要がある。それゆえ、当時の書物を読むと、解釈論と立法論、そして政策論が渾然一体となって論じられている場面に度々遭遇する。今日の我々からみれば、学的価値の乏しい論戦に映るかもしれない。しかし、一見当然のように見える我々の現在の解釈論も、ともすれば論証されないドグマを追うことに一途になりすぎてはいないだろうか。刑法の条文解釈の裏には、刑罰権力を担う政府の意向や民意が控えていることに我々はもっと注意すべきであろう。

未遂犯とは、いまさら述べるまでもないことであるが、構成要件的結果発生の危険がありながら現実には発生しなかった犯罪類型を指している。生じた犯罪結果そのものを尊重した社会のもとでは重視されることがない犯罪類型である。他方、犯罪者の意思そのものを尊重する社会のもとでも重視されることが乏しい犯罪類型である。なぜ未遂犯は処罰されなければならないのであろうか。それは、「未遂犯」が犯行の発展段階に応じて、柔軟で正義にかなった量刑を可能にする犯罪概念であることに理由があると考えられる。私はそのように考えてこれまで研究を重ねてきた。

それでは、なぜ我々は、犯罪の発展段階に応じた刑の量定を目指さなければならないのか。その理由を本書で説明したつもりである。そこでは、各論者が信奉する刑罰権論との関わりが大きく影響していることを明らかにした。

また「未遂犯」は「障害未遂」とも称され、「中止未遂」と対になる概念として捉えることもできる。明治前期、フランス法の優位な時期には、「中止未遂」ではなく「中止犯」とされ、それは「不能犯」と並んで、法制度上の犯罪としての「未遂犯」が成立しない場合であると、フランス法学者ボアソナードらによって説明されていた。ところが、明治後期に至りドイツ法が優位になると、我が国では、「中止犯」は「中止未遂」と呼ばれ、未遂犯のなかの一犯罪類型として位置づけられる刑の減免情状事由と考えられるに至ったことは周知のとおりである。それではなぜそのような論じ方に変わったのか、そこにも、各論者の抱く刑罰権論が深く影を落としていることに気がつくのである。

以上の諸項目につき、著者は、当時の第一次資料に頼りながら解明に努めた。

また、本書のカバーにオルトランの肖像（石版画）を掲げている意味について一言だけ述べておきたい。オルトランは本書で取り上げたように我が国に最初の近代的刑法典を導入する際そのアイデアをボアソナードを介して我が国にもたらしてくれた。未遂犯の罪状を分析する際にも今日の我が国では既に一般化している法益概念を用いず、効用という概念を用い説明を試みようとしている。著者はこの概念を参考に、次に未遂犯の違法性を構築する際にオルトランの考え方を下敷きに社会秩序無価値説を提案しようと企図している。著者にとり格別の想いがオルトランには置かれていることから、本書のカバーに搭載させていただいた次第である。さらに、前任者である垣花豊順先生、そして恩師澤登先生から御示唆を受けていることにすぎないが、『個人の尊厳』そして我々市民の法確信（la volonté générale）から形成される「社会秩序」の維持を核とする犯罪論の構築に向けて本書から得られた諸成果を踏まえて努力したいと考える次第である。

しかしながら、本書にはなお熟し切らない部分が多く残されている。本書を手にしてくださった先生方の忌憚のないご叱正を得られるよう、陽の光を浴びる文献となってくれることを願っている。

最後に、本書が成るにあたって、学会や研究会など折々の機会に研究の進捗につき温かな御声をかけて下さった松尾浩也日本学士院会員、三井誠名誉教授の励ましと、大学院博士課程進学以来今日に至るまで一貫して、指導教授として私を学問的にも精神的にも支えてくださっている澤登俊雄名誉教授の御恩情とに深甚なる感謝の言葉を申し上げる。本書の公刊も澤登先生のお力添えがなければ不可能であったといって過言ではない。また、本書の基となった、私の博士論文の審査に当たってくださった新倉修教授および小林宏名誉教授から受けた学恩をも忘れてはならない。他方で、私は学部修士課程を通じ刑事裁判官であられた小松正富先生、岡村治信先生、木梨節夫先生、検察官であられた長島敦先生（後に最高裁判所裁判官）らの教えを受けることもできた。そこでは、法解釈の背後に控える法解釈主体の「立場」性、「人間性」、一定の法確信に基づいて決断する「ちから」こそが実務ならびに学問研究においても重要であると日々の御指導の中から教示を明確に受けた。そして、ここに紹介をさせていただいた全ての恩師と著者を結びつけてくれたのはひとえに亡父、中野長政であった。父は京都帝国大学法学部大学院（旧制）では総長就任前の瀧川幸辰教授に師事しビルクマイヤーの共犯論を研究し、その後、法政大学を経て東洋大学法学部で刑法を講じた。実務家としても、第一東京弁護士会に所属し、先進会員に推挙されてのちも活躍をしていた。亡父の霊前に本書を捧げたい。

本書の出版については、成文堂の阿部耕一社長、阿部成一専務をはじめ多くの方々のご厚意に与かることができた。さらに、本書の校正その他詳細にわたって、編集部の篠崎雄彦氏には、ひとかたならぬご助力をいただいている。衷心より感謝申し上げる次第である。

元編集部の土子三男、本郷三好の各氏は御在職中、温かく私を見守って下さった。厚くお礼を申し上げるとともに、本年五月に他界された土子氏の御冥福をお祈り申し上げる。同氏に本書をお見せすることができなかったのが著者として残念でならない。
本書は、沖縄国際大学研究成果刊行奨励費による助成を受け、刊行するものである。小西由浩法学部長・大学院法学研究科長をはじめ本学の関係各位の皆様に、謝意を表する次第である。

二〇一四年一〇月一日

中野正剛

# 初出一覧

序　書き下ろし

第一部

第一章　書き下ろし

第二章　「オルトラン（フランス新古典学派）の犯罪論」、「オルトランの未遂犯論の基本構造」沖縄法学第四二号（平成二五年）、第四三号（平成二六年）

第三章　「明治（前期）に於ける我が国の未遂論について（一）（二）」國學院法政論叢第一一輯（平成二年）、第一二輯（平成三年）

第四章　「明治（前期）に於ける我が国の未遂論について（三）（四）」國學院法政論叢第一三輯（平成四年）、第一七輯（平成八年）

第五章　「明治（前期）に於ける我が国の未遂論について（五）（六・完）」國學院法政論叢第一八輯（平成九年）、第一九輯（平成一〇年）

第六章　書き下ろし

第二部

第一章　書き下ろし

第二章　「日本未遂論の展開―明治後期、江木衷のばあい―」森下忠＝香川達夫＝齊藤誠二編『日本刑事法の理論と展望上巻　佐藤司先生古稀祝賀』（信山社　平成一四年）

第三章　書き下ろし

結　語　書き下ろし

# 目次

# 凡　例

註記にて引用の文献中、その章で研究の対象にしている刑法家、あるいはこれと関わりのある刑法家の原典については、本書は原資料を使用しているため、書誌データについても節を改めるごとに逐一繰り返さなければならない。そこで、煩雑を避けるために、原則として章のはじめの註記、あるいは初出時に引用のための略称を原則として提示しているので、それを適宜ご参照願いたい。

本書は、吉川経夫＝内藤謙＝中山研一＝小田中聰樹＝三井誠編著『刑法理論史の総合的研究』（日本評論社　平成六年）を煩雑に引用している。そこで、この文献については、本書の全体を通じて、原則として『総合的研究』と略称して用いている。

本書作成の過程で、刑法改正資料として、西原春夫・吉井蒼生夫・藤田正・新倉修編著『旧刑法〔明治13年〕日本立法資料全集』（信山社　平成六〜一二年）各巻と、とりわけ内田文昭・山火正則・吉井蒼生夫編『刑法〔明治40年〕日本立法資料全集』（信山社　平成五〜一一年）を活用させていただいた。本書で掲記されている各種法案は本書に依拠している。

# 序

## 本書の目的と構成

本書の狙いは、次項に引用をさせていただいている澤登俊雄名誉教授の指摘を踏まえ、我が国に本格的に刑法学派の抗争が勃興する前史にあたる明治黎明期の未遂犯論の学説史を考察することにある。(1) 他方、法制史や立法史については、すでに詳細な文献(2)が存在しているが、本テーマについての論考はあまりみうけられない。その間隙を本書が少しでも埋めることができればと思い、本書を著わすものである。

本書の持つ意義は、次の点にあると考えている。現代の錯綜した未遂犯の解釈学（未遂犯論）は決してそれ自体独立して現れたわけではなく、先学の残した解釈論の業績の上に着実に積み上げられてきた成果である。その意味で、現代の未遂犯論の根元を探ることは重要であり、現代の未遂犯論の理論状況を正確に把握するための助けとなろう。なお、中山研一博士によるご指摘を待つまでもなく、先学の理論はそれぞれの時代状況を反映し、その制約の下に置かれていたということができる。したがって、これを現代の刑法理論と単純に比較して、その異同、解釈（技術）論の巧拙を論じることはできないということにも注意をしておかなくてはならない。(3)

### 1　序

本書では、全体を大きく三部に分け、第一部では明治時代前期の未遂犯論の推移を描き、第二部では明治時代後期の未遂犯論の推移を描いている。最後に結語として、若干の私見を述べている。

なお、本書を著わすにあたって、その構成上注意を置いた点について簡単に触れておきたい。

本書第一部では、未遂犯論の体系上の取り扱いについては詳細に触れられていない。というのも、体系的な整序は犯罪総論の領域全般に関する理論的な議論の成果がある程度出揃ってからはじめて出現するものと考えられるからである。事実、明治期に他に先駆けてすでに理論の体系性を志向したと見られている井上正一についても既に指摘されているように、(4) 今日の犯罪論の成果に照らして考察を加えると、違法論と責任論とを混同しているのではないか、と見える節が存在しているからである。その著書の目次などに、明確な理論体系が示され、これに基づいて体系的な叙述が展開されている状況が見えるのは、犯罪論の体系的叙述を志向するドイツ刑法学の流入してきた明治後期にあたるように思われる。明治後期については、第二部で検討を加える。なぜ、明治時代を前期と後期に分割したか、その時期の特定およびその実質的意義についてはあとで詳しく述べる。

さらに、本書では目次を見れば明らかなとおり、各刑法家のもっていた犯罪観、それが端的に現われる刑罰権論の検討にも多くの紙幅が割かれている。一般に、未遂犯とは、既遂犯のようにあらかじめ立法者によって各犯罪毎の類型が法文上仔細に表現されない犯罪形態ないし犯罪形式をとる犯罪である。それゆえ、未遂犯では、既遂犯よりも、その解釈論の部面において各刑法家のとる犯罪観が如実に全面に押し出されてきやすい。本書では、各刑法家の未遂犯論の検討に入る前に、あらかじめその国家刑罰権論に関わる議論の検討を行っているが、それは未遂犯の持つこの特質のためである。

さいごに、なぜ本書がそのテーマとして「未遂犯」論にこだわるのかについて触れておきたい。それは次のように刑法の解釈学について私は位置づけていることに由来している。刑法の解釈学とは、それ自体が完結したひとつの教義学を形成するものではない。解釈学は、そのために用いられる事実認定のあり方をも含め事実（fait）を犯罪化しあるいは非犯罪化することに向けて行われる目的的営為である犯罪統制のための政策学のひとつであると私は認識している。個別の法解釈もそれを説く論者の刑事政策上の思索・決断の産物である。それだけに、各論者の置かれた政治的立場、思想、司法過程上の地位・役割などが法解釈における態度の決定に反映する余地をはらむ。したがって、法解釈は、立法者が法を制定し、法曹がそれを運用するすべての過程で行われる。その意味で、法解釈とは、司法過程に関わるすべての人々による可罰化あるいは非可罰化をめぐる共同作品である。とくに、客観的な結果の発生していない段階での犯罪統制のあり方を法解釈の方面から探ることは、論者の裸の政策論を浮き彫りにしやすいので、未遂犯論にスポットライトを照射し、これを考察することの意義は大きいと認識しているのである。我が国では、犯罪の基本は既遂犯に置かれている。そこで、未遂犯論は必ず既遂犯罪の統制との関連を動的に対比し問題にせざるを得ない。この点で、危険の発生を既遂結果とする危険犯論の検討と異なり、問題の切り口が格段に鮮やかとなって現われる。けだし、危険犯論はむしろその解釈論の検討よりも、どのような危険犯を既遂犯として犯罪化、正確には構成要件化すべきかという立法論として研究対象として置かれるべき意義がある。静的解釈学的考察の対象と表現することができよう。ところが、未遂犯論の検討は危険犯の場合と異なり、すでに犯罪化されている既遂結果へと進行してゆく行為のどの段階から犯罪化すべきかという具体的な犯罪統制上の司法過程の全ての段階にまたがる解釈論による犯罪化と非犯罪化、ないしは可罰化と非可罰化の検討が主になる。動的解釈学的考察の対象であると表現し、特徴づけることができよう。これは、高度な法解釈学の技術水準とその進展を要求する。けだし、未遂犯の観念が生じる以前の古代法、いわゆる部族法の時代には、通常、犯罪の各発展段階を具体的に一つ一つ法規に明定しながら刑事立法を行うことが少なからず存在したからである。(5)

註記

（1）なお、当時の判例との対比は学説史研究においても避けることができないが、周知のように完備された判例集が現れてはいない状況にあることのほか、すでに労作が西山富夫教授により著されていることによる。西山富夫「黎明期の不能犯判例史」『名城大学創立二十周年記念論文集法学編』〔昭和四一年〕五四頁以下、ほか。

（2）溝田正弘「徳川幕府刑法における『未遂』犯」法政研究五一巻二号八三頁以下、野村稔「明治維新以後の刑法制定史と未遂規定」早稲田法学会誌二四巻七七頁以下（同『未遂犯の研究』〔昭和五九年〕四七頁以下再録）。

（3）参照、中山研一「刑法理論史研究の今日的意義」法律時報六七巻一号一一頁。

（4）澤登俊雄「井上正一の刑法理論」法律時報五〇巻七号九五～九六頁、同・「井上正一の刑法理論」『総合的研究』五三一頁。なお、ボアソナードについて、同種の指摘として、小野清一郎『刑罰の本質について・その他』〔昭和三〇年〕四四八頁。

（5）この間の事情につき、中野正剛「未遂犯思想の形成史」國學院法政論叢第一五輯一四九頁以下参照。

## 4

## 刑法理論の歴史を学ぶことの意義

刑法理論史を学ぶことの意義は大きいが、その意義への意味づけは各研究者の研究スタンスによって大きく異なる。澤登俊雄名誉教授が、本書のためにお寄せくださった一文が私の研究スタンスでもあるので、関連する一節をここで引用する。

> 歴史上さまざまな変動を経験し、長い過程を経て、世界の各地域で「近代国家」が次々に誕生し、現代の「国際社会」が形成されている。それぞれの国家の間には、民族、宗教、政治、経済等すべてを包括した「文化」において、類似性と相違性が顕著に見られ、それぞれ異なる文化的特性を発揮している。この特性をきわめて鮮明に顕在化するもの

の一つとして法律制度に注目しなければならない。なぜならば、近代国家は、国家を構成する国民の意思である「法律」によって成立し、運営され、発展するものだからである。

西欧の歴史は、一般に、中世封建社会から、近世専制国家を経て、近代国家の誕生に至るものと説明されている。しかし、日本の近代化の歴史はそれとは趣を異にしている。明治憲法を基本に形成された近代国家日本は、西欧流の近代国家とは異なる性質を数多く備えている。一言で言えば、西欧の「近世」という時代を徴表する専制主義と西欧の「近代」を徴表する国民主権主義という歴史的には二つの時代にまたがり、それぞれ相克する理念と統治の仕組みを、明治憲法を起点とする総合的な法律制度の中に統合するという独自の法律制度、すなわち国家の体制を創り出した点に、日本の近代化の特質を見ることができる。そのような特質を生じさせた原因の中で特に重要なものは、西欧の列強諸国による植民地化に対抗するための不可欠な手段として、わが国が、西欧と並びうる近代国家としての体制を早急に整える必要があった。

近代国家日本という新たなイメージと、それを具体化する法律制度の創設を目指した明治の政治家、法律家の旺盛な活動が開始されるが、その活動の起点は、西欧諸国の統治理念と法律制度を学習することに置かれた。明治政府は、井上毅をはじめ多くの官僚をフランス、ドイツ、イギリスなどの西欧諸国に派遣し、長期滞在してその国の法律制度を正確に修得させる一方、ボアソナードなど西欧諸国の法律家を招聘して法律案の作成に当たらせるなど、積極的な西欧化の政策を推進した。この流れの中で、日本固有の法制度や法文化の歴史は次第に覆い隠されていくことになった。このように、明治期におけるわが国の「西欧法の継受」は、上からの改革という方法で進められた。したがって、その改革は、西欧の法律制度の基調である共和主義的思想の受容とは結びつかない。明治の法律家は、西欧の理論と形式を受け入れながら、その法思想を忠実に受容することに抵抗感を示した。明治国家の法律制度の多くがボアソナードの指導のもとに創設されたことは事実であるが、彼の思想は十分継承されたとは言えず、むしろその後継者たちの間には、官僚法学的思考が次第に強まり、新制度を支える共和主義的思想は極度に薄められていった。

明治における「西欧法の継受」は、以下のような意味と内容で行われた。明治国家の法律制度の中でも、もっとも強力な統治の手段である「刑法」や「刑事訴訟法」において、官僚法学的思考（法律の主要な機能を国家機関による一方的な国民統治の手段としての有効性に求める考え方）がいっそう強められることになった。明治期の刑法学説についてみると、その前期においては、共和主義的思想に裏打ちされたフランスの刑法理論が、わが国の刑法理論ないし学説に強い影響力を残していたが、後期においては、ドイツの刑法理論の影響力が急速に強まることになった。その理由は種々考えられるとして、なかでも重要な一つは、日本とドイツが同様に後進資本主義国としての独自の近代化方策を必要としていたことであり、刑事法の機能についての認識にも共通性が見られることである。

以上のような問題意識を持ち、明治国家という近代国家が成立する過程において、わが国の刑法理論がどのように形成され発展してきたかを知ることは、とりもなおさず、わが国の近代化という大きな歴史の潮流を俯瞰することに通じている。本書は、まさにこの領域にかなり深く踏み込み、その魅力を読者に伝えようとするものである。

本書は、我が国における刑法学の黎明期とも呼ぶべき明治時代に焦点をしぼり、代表的な刑法学者四名及びフランスの刑法学者二名のそれぞれについて、未遂犯論の構成・目的・根拠などを丁寧に論述し、未遂犯・中止犯・不能犯の概念構成の推移を明らかにしたものであるが、単なる狭い解釈論的な議論の整理にとどまらず、対象として選んだ明治期の代表的な刑法理論家の歴史的な役割を見定めた上で、それぞれの刑法観、とりわけ刑罰権の正当化根拠に照明を当て、法律論と政策論との交錯した座標軸上に、未遂犯論の錯綜した理論を投影するという手法は、本書に奥行きと幅の広がりを与え、単なる過去の学説史研究を超えて、現代の刑法解釈論や将来の刑法立法学に多大な示唆を与えるものと思う。

明治国家建設に伴う外国法継受の問題は、第二次大戦後の憲法を始めとするわが国基本法の全面改正作業に関連し、再度重要な問題として、現在でも議論が続けられている。たとえば、「日本国憲法」は戦勝国米国によって押しつけられたものであることを主たる理由とする改憲論が、今なお根強く繰り返されているが、一方では、たとえ米国の強い要求に基づくものであっても敗戦を経験し、自由主義国家として再生しようとする日本国民の総意が表明されている日本国憲法は堅持されるべきものであるという意見もきわめて強く、かつ広く認められる。また、たとえば最近の少年法改正論議において、日本の現行少年法の基本理念・基本構造は、ＧＨＱの要求に従ったものであり、旧少年法以来の日本固有のすぐれた制度を一方的に否定するものであるという趣旨の改正論も見られた。しかし、学界・実務界では、現行法の基本理念・基本構造は優れており、変えるべきではないとする意見が大勢を占めている。

上記の例から何を学ぶことができるだろうか。外圧で国内法が変わるという現象を一律に否定的に捉えるべきでないことは言うまでもない。国会が批准し国内法としても効力を持つ国際条約も、条約締結国に遵守義務を課す意味では、外圧である。しかし、国内法を条約と一致させようとするのも、主権国家の主体的な判断である。明治時代に短期間で達成した近代法制の確立は、外圧に屈したのではなく、外圧を近代化の原動力に変えたわが国の主体的な営みであったと評価するべきではないか。日本国憲法制定過程や現行少年法の立法作業に関する資料は十分保存されている。それらの資料を丹念に調査すれば、戦後の大きな法律改正も日本の主体的な営みであったことが証明されるであろう。

明治時代は、西欧文化の流入にともない、江戸時代から大正・昭和の時代へと推移する歴史的・文化的に激動の過渡期であった。とりわけ国家体制の近代化が対内的には封建遺制の改廃に向けて行なわれたことは勿論のこと、対外的にも覇権をアジアに及ぼしていた欧州に抗し主権国家の樹立に向けて不平等条約の撤廃のために要請されていたことから、国家権力の発動の顕現である刑法、これを正当化するための理論を提供する任務を負わせられていた刑法学においても、このことは当てはまる。

さて、この時代の刑法上のエポックとしては、フランスの刑法の継受とこれに続くドイツの刑法の継受とがあるとされている。前者は旧刑法典（明治一三年公布・同一五年施行）に結実し、後者は現行刑法典（明治四〇年公布・同四一年施行）に結実したとされている。もちろん、旧刑法典にいたる刑法典制定過程には、仮刑律・新律綱領・改定律例などが存在していた。そして、その過程で、つとに各藩で議論が重ねられていた藩刑法（とりわけ肥後藩の刑法）も重要なものとして熱心に検討が加えられていた。ところで、これらの法律は「封建的・復古的」なものであり、反対に旧刑法典は当時のヨーロッパの法思想の影響が大であり、「当時としては極めて近代的・進歩的」なものであり「旧刑法制定の前と後とでは、刑法制定の原理がまったく違う」という指摘も見られるのであった(6)。もっとも、この指摘それ自体の検討は別に詳細に論じる余地が残されているだろう。そこで、とりあえず旧刑法典制定前の刑法については、これを別著に譲ることにする。

本書では次に述べるように明治時代の時代区分を行なう。すなわち、フランスの刑法・刑法理論の継受の時代といってもよいであろうが「フランス刑法（一八一〇年ナポレオン刑法典）とフランス刑法理論（新古典学派ないしは折衷説）の積極的導入と、それに対する熱心な学習の時代」を明治前期とする。他方、「ドイツの刑法理論（新派及び旧派）とドイツの立法形式の摂取の時代」を明治後期とする。具体的には、西欧の近代的刑法に対する研究が始まった明治初年から、旧刑法典が公布・施行され、さらにそれに対する解釈学がほぼ確立する明治二〇（一八八七）年頃までを明治前期とし、他方、この旧刑法典に対する実務上、理論上の批判が展開され、それが数次にわたる刑法典の全面改正作業を刺激し、一八七一年ドイツ刑法典とその刑法学（ベルナーやフォン・リストら）が導入されて、ついに現行刑法典が成立（明治四一［一九〇八］年施行）するまでの時代を明治後期であると定義するものである。(7)

本書によれば、明治「前期」と「後期」との分割の実質的意義は次のとおりである。

明治「前期」とは、泰西諸国、とくにボアソナードなどを通じてフランス刑法の未遂犯論の論じ方を学習しようとする姿勢の強くみられる時期にあたる。フランス刑法、特に専横的なルイ王朝を打倒した市民大革命を経験し間もない頃のそれは、それ以前のフランス刑法と比較して市民の人権をアンシャン・レジームを支配した国家権力から極力保護しようとする熱意と気概に満ちあふれるものであった。共和制国家の刑法である。刑法の本質である刑罰権論も詳細であり、そこでの議論ではなるべく国家独自の政策的意図が入り込んで犯罪論全体が構成されることがないように注意がよく払われていた。このような性質の刑法学をボアソナードらに学んで我が国に紹介したのが宮城浩蔵であり井上正一であった。しかし、国家が人権を尊重することは必ずしも犯罪の発生を有効に抑止することと重ならない。当時の我が国は明治維新を経験し、面目を一新した若い国家権力がその地盤を固めつつある時期にあたり、国民自身も大政奉還などを契機に統治政体の変更にともない混乱をし、また不平等条約の改正とともに、もとより長い歴史的な背景をもって果たされた泰西諸国の近代化の流れの中に早急に合流したために産業構造の変化などによってもたらされた混乱などから、さまざまな社会問題が顕在化した。その過程では、犯罪者は国家が人権に配慮しているかどうかとは関係なく犯罪を行う。人権の保障に注目する近代刑法の典型であるフランス刑法は裁判官をはじめとする実務法曹の行動を法律（立法）によって縛ることにその目的が置かれるので我が国にとり悲しいことに犯罪の鎮圧をするに十全たる効果を期待することはできない。実際に刑法を運用して、犯罪を取り締まるべき立場に立つ司法官僚の行動も眼中に入れて柔軟に立法論や解釈学を展開し得る必要に迫られた時代でもあるといえる。当時の国政が、次第に共和制から井上毅らの活躍により天皇制の実質化に都合のよい君主制国家プロイセンに真似ようとした動きとも連動するように、犯罪者をも含めた個々人の自由と人権の保護よりも寧ろ犯罪を取り締まる君主の僕が活動しやすいように手当てが加えられたと解することもできよう。すなわち、本書における考察の対象とした法解釈学の側面では、実際に実務にあたる者が効果的に犯罪を取り締まることを可能にする方向での工夫が提供されることに期待がもたれたのが、明治「後期」であったと私は考えている。そこでは、旧刑法典に固執して未遂犯の観念を客観的に構成し未遂必滅主義を墨守していたのでは、新国家体制が整いつつある中で組織だった警察力が完成していない最中、旧社会の解体とそれに連動した急激な社会の再編成がもたらした社会的混乱、産業化、都市化の波に乗り増加する犯罪現象に迅速かつ柔軟に対応することは困難になる。(8)当時すでに中央集権国家体制が円熟していた大国フランスの刑法並びに刑法学を我が国に導入するにも、限界に達するのは必然であろう。こうした状況の下で(9)活躍したのが本書で考察を加えた江木衷であり古賀廉造であった。

**註記**

（6）西原春夫『刑事法研究第二巻』（昭和四二年）二一七頁。

(7)　澤登俊雄「フランス刑法継受の時代」法律時報五〇巻四号八三頁。

(8)　もっとも、こうした状況は当時の我が国の刑法そして刑法学の在り方にだけ責任を負わせるのは正しくないと私も認識している。本書は理論史研究書であるので考察の対象から外してあるのだが、明治政府部内での各権力機関とりわけ内務省と司法省での派閥のパワーバランスなども影響していたと思慮される。当時の仏独両国はすでに確たる刑政並びにそれを実現しうる刑事司法制度を備えていたが、わが国では刑政の方針すら試行錯誤の時代にあたる。警察権力の中央集権化が完成している現代の我が国では、主観主義刑法学の衰退にともない未遂犯の観念が客観的に構成され、ほとんどの未遂事例で減軽処罰されるに及んでいるにもかかわらず、非常に犯罪現象が安定しているのがその証左である。また、法運用者らが努力を重ね犯罪現象に臨機応変に対応しようとしても、その依拠する法規定が固いものであれば、まだ充分に整備されたといえない警察力の下で限界に達するのは時間の問題である。衆知のように未遂必減主義などを規定した旧刑法典の改正がすでにその施行当初から日程に上っていたことも不思議なことではない。ようやく新刑法典（現行刑法典）に到って中止犯の概念が（可罰的）未遂犯に取り込まれ、未遂裁量減軽主義が採用された。そこでは法運用者の柔軟な法解釈が可能となり、それが期待される。こうした状況を考える上で見過ごすことができないのは本書で取り上げた、ともに法務官僚の経歴を持つ江木衷と古賀廉造であると私は考えている。ここでは、犯罪の統制を行う上でもつ官僚の裁量をどの程度で認めるかの考えの違いを、私はその未遂犯論を検討する過程でおのずとわかるように工夫をした。すなわち裁判官を中心とする現場の司法官僚への懐疑と信頼との間での揺らぎである。こういった認識をも本書を契機に認識できるよう工夫している。

(9)　泉二新熊博士によれば、すでに明治十八年頃において、刑務所の収容者数は常備兵員数をも上回り、国帑の大部分が受刑者のために消耗されるほど手がつけられない状況であったとされる。泉二新熊「起訴便宜主義に付て」法曹会雑誌三巻五号六五頁など。その他、松尾浩也増補解題・倉富勇三郎ほか監修・高橋治俊ほか編集『増補刑法沿革綜覧』〔平成二年〕二二五七〜二二六一頁も参照。

# 第一部　明治前期における我が国の未遂犯論

# 第一章　明治前期の未遂犯論

本書では、活動年代また研究資料、理論的精巧性の関係より、宮城浩蔵、そして井上正一を中心として考察を進めていきたいと思う。彼らは、当時の法学講義の一般的な方法である、一定の洋書についてこれを訳読注釈するだけであった様式から、その殻を破り、幾多の内外の学説判例を消化し独自の学説を固めながら、日本語で講義を進めた数少ない法学者たちである。ゆえに、彼らは泰西諸国の言葉を邦語に置き換えねばならない苦衷に日夜さいなまされたと想像されるが、逆に学生の立場からすれば、ああ眼の前の我が先生が立って講義をしてくれている、という新鮮な驚きをもってその心を強く捉えて離さなかったものとうかがえる。彼らは私学で講壇に立ったので財政的には決して恵まれたとは言い難く、現に明治法律學校（現・明治大学）、東京法學社（現・法政大学）などいずれも大なり小なり存亡の危機にたちみまわれたにもかかわらず、今日あるのは学生、卒業生たちのかくなる心が支えたところが大きかったであろうこと想像に難くはない。

考察の前提として宮城らに対して明法寮においてフランス刑法についての教導を行なったギュスターヴ・ボアソナード（Gustave Émile Boissonade de Fontarabie, 1825–1910）とその師オルトラン（Joseph Louis Elzéar Ortolan, 1802–1873）を取り上げる。ボアソナードは、フランス本国では嘗て一八六七年にパリ法科大学でオルトランの助手であったこともあり、資格アグレジェをもって彼の代講を担当したこともあるので、オルトランと非常に近しい関係にあったとされている。[1] 彼も、当時のフランスの多くの法学者たちと同じように、もとより民法家であったが、その後、我が国の政府の求めに応じて、明治六年に来日し、司法省の法律顧問として諸法典の編纂に参画し、かたや法律の的確な運用を行なう有能な法律家の養成を行なった。[2] 前者の業績は、我が国において初めて西欧の方式に倣った法典として明治一五年施行の旧刑法典に結実し、後者の努力は、宮城らに代表される俊英の司法官たちの輩出に結実した。そこで、彼が未遂犯論について如何に考えていたかを彼の師オルトランの所説をも紹介しながら見ていくことにしたい。とくにこのような考察方法を採用する理由は、これによって本書の直接のテーマである当時の日本の刑法学者、とりわけ第四章で取り上げる宮城浩蔵らの仏法の理解が効率的に分明となるだろうと推定されるからである。また、ボアソナード等の刑法理論が明治前期の我が国の刑法家たちの共通に理解しうるものになっていたと推定されるからである。[3] なお、ベルトールの所説（命令説）も、我が国に大きな影響を残したが、これについては井上正一の未遂犯論について論じる際に紹介したいと考えている。

**註記**

（1）　その間の事情については、Guy ANTONETTI,《La faculté de droit de paris à l'époque où Boissonade y faisait ses études》, dans Boissonade et la réception du droit français au Japon, Paris, 1991, pp. 13-36. が非常に詳細。そのほか、澤登俊雄「フランス刑法継受の時代」法律時報五〇巻四号八六頁、同・「ボアソナードと明治初期の刑法理論」『総合的研究』九頁。

（2）　ボアソナードの人と業績、来日の経緯などについては、大久保泰甫『日本近代法の父ボワソナアド』（昭和五二年）、同「ギュスタァヴ・ボワソナアド（一八二五–一九一〇）——人と業績」日仏法学第八号五八頁以下、同「ボワソナアド」潮見俊隆＝利谷信義編『日本の法学者』（昭和五〇年）二七頁以下、同「日本近代法の父ボワソナード」日本法学六〇巻四号二一五頁以下、「ボアソナード教授小傳」ボアソナード教授記念事業發起人委員會＝ボアソナード教授胸像除幕式擧行委員會『ボアソナード先生功績記念』（昭和一〇年）一七頁。

（3）　澤登俊雄「宮城浩蔵の刑法理論一」法律時報五〇巻五号六三頁、同・「宮城浩蔵の刑法理論」「総合的研究」二六頁以下。

# 第二章　オルトランの未遂犯論

## 第一節　はじめに

本章では、わが国の近代法制の礎を築いたボアソナード、宮城浩蔵らに多大な影響を与えたとされるフランスの刑法家オルトラン（Joseph Louis Elzéar Ortolan, 1802〜1873）(1)を研究の対象とする。

ボアソナードは、フランス革命の構想した政治思想・共和主義を刑法理論学に具体化した一九世紀フランス刑法学の精華である新古典学派（折衷主義）の立場に立ち、泰西主義の立場に立つべき日本の近代的刑法典の土台を構築しようと試みた。この新古典学派は、その思想的基盤を自然法主義に求めている。すなわち、個人の自然権の保護に重点を置く考え方である。当時のフランスの自然法論は一七八九年フランス人権宣言に集約的に示され（同宣言第二条所定の《自由・所有権・安全の保障・圧制への抵抗》といった自然権の不可侵性の保障）、実定法は自然法の翻訳にすぎないとされていた。刑法典も例外ではない。(2)またこうした自然法は一国にだけ特殊個別的に妥当すべきものでなく、ひろく遍く妥当すべきものだと観念された。そこで、自然法主義の立場に立つボアソナードは折衷主義フランス刑法学の立場に立ち、フランスだけでなく広く泰西諸国の刑法・刑法草案などを参酌しながら、異国、日本の刑法（刑法典、刑法学）の構想に礎石を与えようとした。

こうしたボアソナードの刑法学は、その師オルトランの刑法学に基礎を置くものであった、とされている。そこで、オルトランの体系書に基づき、その犯罪論と社会刑罰権論とを素描し、その未遂犯論の構造を明らかにしたい。

なお、オルトランの著書は、Éléments de Droit Pénal の初版（一八五五年、Librairie de Plon Frères）、第二版（一八五九年、Librairie de Henri Plon）、第三版（第一巻一八六三年、第二巻一八六四年いずれもLibrairie de Henri Plon）、オルトラン没後 M. E. Bonnier による手が加えられた第四版（第一巻一八七五年、第二巻一八七五年いずれもE. Plon et CieMarseq）を使用するが、便宜上初版を基とし、本書で参照ないし引用の箇所は文中、適宜、丸括弧内において本書の numéro des paragraphes で示す。また、本書で取り上げた範囲でオルトランの所説に変更が生じた点は注記で補足したい。なお、第四版は、オルトラン没後の版であることから、本書では参考文献にとどめたい。

そこで、本書では、はじめに、オルトランの犯罪論の骨格を素描する。その理由は、今日の我が国でとられている犯罪論とはかなり様相を異にしていることにある。

現代の日本の刑法学にとって直接参照することが容易なドイツ刑法学と異なり、一般にフランス刑法学（便宜上ここでは九二年新刑法典よりも前の状態を念頭に置く）は、構成要件の理論を知らないことにある。二〇世紀初頭にドイツでは、ベーリング（E. Beling, 1866–1932）、リスト（F. v. Liszt, 1851–1919）らにより古典的犯罪論体系（das klassishe Verbechenssystem）がとられた。これは、犯罪を主観・客観の二面に分類するが、犯罪の客観的要素を構成要件、違法性に配当し、主観的要素を責任に配当する。構成要件該当性から責任へと至る単線構造の犯罪論であり、犯罪を構成する要素のうち主観的要素か客観的要素かに応じて犯罪論の段階的位置づけを異にするという点が特徴である。そこでは、故意・過失は責任を構成する基本的な要素となる。また、構成要件は故意・過失と切り離して構想され、規範的な性格が徹底して排除された純記述的な性格を持つものとして観念される。その後、フランク（R. Frank. 1860-1934）らの努力により規範的責任論が生み出され、さらにその後、規範的構成要件要素の概念などが無視できなくなると、犯罪論全体が規範的価値関係的に構成されることになり、新古典的犯罪論体系（das neoklassishe Verbrechenssystem）へと発展してゆく。しかし、いずれにせよ構成要件や行為を起点とし、責任へと至る単線的な体系構成である。犯罪行為論で犯罪論全体を統合統一していると特徴づけることができる。我が国の学説もこうした構成を踏襲している。一般に、犯罪とは「構成要件に該当し、違法にして有責な行為である」という定義が行われているが、この定義自体がその特徴を忠実に表現している。こうした体系構成は単独犯を前提とする場合にはきわめて分析的で合理的な処理を可能にするが、各則で共犯を別途規定していない犯罪類型（たとえば殺人罪）で、共犯、共同正犯を処理する場合には錯綜した議論を生み出す遠因となる。

だが、フランス刑法学ではこのような単線的な構成はとられず、とくに新古典主義の系譜を辿る学説では刑法典の編成に即して犯罪を犯罪行為論に当たる犯罪事実（罪体）と犯罪行為者論（刑事責任）の二面に分類し、各々につき分析が加えられる、複線的な体系構成を取る。犯罪事実と行為者の概念が比較的区別されて分析が加えられる。したがって、故意・過失は犯罪事実へ配当され、共犯論は犯罪行為者論の中で論じられている。そのために、フランスの刑法典の編成とは異なる刑法典をもつ我が国ではフランス刑法学を直接参照することはかなり難しい面のあることは否めない。わが現行刑法典をめぐる解釈学もフランス刑法学の影響を多少なりとも受けた旧刑法典を離れ独自の地場を固めてしまっているからである。もっとも、わが現行刑法典も旧刑法典の改正の上に成立したため、フランス刑法の残照がいまも垣間見えることがある（さしあたり一例として、刑法三八条、そのほかにも刑訴法三三五条などに見える規定や文言)。

私は最終的な課題として、ボアソナードや宮城への影響を分析する範囲でオルトランの未遂犯論を取り上げるのであるが、未遂犯論に関わる領域だけを取り上げて述べるのではなく、まずその犯罪論の骨格を一瞥しておくことにするわけである。

なお、現在の日本ではドイツ刑法学を基礎にした犯罪論が展開されているので、このような状況の下で、はじめからオルトランの刑法学の骨格について稿を起こすのは適当ではないと考え、はじめに一節をもうけて、日本の刑法とフランスの刑法(新古典学派)とで犯罪論に関わるアプローチがどのように異なるのか、その特徴と思われる点を若干あげておきたい。その後、節を新たにしてオルトランの犯罪論の骨格全体にわたり目を通し、次に犯罪論と刑罰権論との関連について述べる。

**註記**

(1)　オルトランの人と経歴については、その没後、オルトランの著書の叙述のうち、第三版以降に行われた法制度の改廃の模様を中心に筆を加えたエ・ボニエーの手になる序文を参照。E. Ortolan-E. Bonnier, Éléments de Droit Pénal, t. 1, 4$^{e}$éd., 1875, pp. v et s..

(2)　フランス人権宣言と刑事法の関係につき仔細に分析を加えたものとして、平野泰樹『近代フランス刑事法における自由と安全の史的展開』〔二〇〇二年〕。

## 第二節　フランス刑法〔犯罪論〕の特徴

今日の日本で行われている犯罪論とフランスで行われている古典学派の系譜につながる犯罪論との相違を特徴づけることがらを挙げておこう。

フランス刑法学の特徴は判例の運用に待つのではなく立法的解決を尊重し、したがって制定法の立法形式の伝統に比較的忠実に犯罪論を組み立ててゆくことにある。

フランス刑法典（一八一〇年）も総則と各則にわけて法典を構成しているが、比較的各則に重点を置き詳細に各犯罪類型を規定している。殺人罪を見ても、それを定める各則第二編第二章第一節で殺人罪を成立させる規定のほかにその成立を妨げる規定が併記されている。これは法解釈を行う裁判官に不平等な法適用を行わせまいとするフランス革命以来の刑法の伝統がそうさせているとされているが、法解釈学の面から見ても我が国であれば総則上の違法阻却事由に当たる議論が各則で個別の犯罪類型ごとにカズイスチックに行われているようにうつろう。消極的構成要件論を制定法が公権解釈として是認した形となっている。すなわち、違法性に関わる諸規定は基本的に各犯罪類型ごとに各則に配置されている。今日でも、一般にフランス刑法学では違法性論が犯罪論で独立して論じられていないのはこうした点に理由がある。

そうした結果、総則規定はきわめて簡素なものとなっている。フランス刑法典総則は、三部に分かれる（九二年新刑法典は各則に対応して第一部にまとめた）。最初に通則として、犯罪規定、未遂、罪刑法定原則を規定する。次に第一部として、刑とその効力を規定する。最後に第二部として、処罰すべき・宥恕すべき・責任ある人格（Personne）

として、共犯、心神喪失、宥恕事由、未成年を規定する。整理すると、刑事制裁論（第一部）を措いて、犯罪論の大枠を成す犯罪行為論（通則）と犯罪行為者論（第二部）とに大別できる。

したがって、ここから犯罪論全体を犯罪行為論で一貫させるのではなく、犯罪行為論と犯罪行為者論とに二分して分析するというアプローチがとられることになる。それによって、フランス刑法固有の犯罪論の姿が浮かび上がってくる[3]。

（i）具体的には、我々の犯罪論では犯罪行為論で議論されることになっている共犯論が、犯罪行為論から解放されて犯罪行為者論を舞台として議論される。構成要件を修正した犯罪形式ないしは形態と理解する必要は生まれない。

また、有責性の問題を取り扱う責任論の大部分も犯罪行為論ではなく、犯罪行為者論に転居することになる。したがって、我々は、一般に、犯罪を定義して「構成要件に該当し違法にして有責な行為である」という命題をとるが、このうち「有責な」という部分が犯罪行為者論として犯罪行為論とは別に議論されることになる。

われわれはまず故意・過失の本籍は責任にあるという理解を出発点とする傾向があるが、フランスでは犯罪行為に関わる要素として論じられる。故意・過失は各犯罪類型を特徴づける要素であるが、犯罪行為者を特徴付ける要素ではないからである。また詳細は省くが、我が国では従来、違法性の意識論と故意論との構造的関わりをめぐる争いが絶えない。思うに、その原因は犯罪行為者に関わる責任能力論を犯罪行為論の中で故意過失と対等に取り扱っているからであろう。我が国の判例では故意を認定すれば、別途、違法性の意識を原則として論じない。これは、審理の過程で責任能力に問題のない被告人であることが認定できれば、故意の成立はすなわち違法性の意識が存在したことに等しく、さらに別途重ねて事実認定する必要はないと裁判実務一般で理解しているからではないかと思われる。ゆえに、判例では違法性の意識不要論が行われ、それが実務で破綻しない理由のひとつには責任能力認定との関わりが大きく影を落としているのではないかと思うのである。こうした違法性の意識と故意との関係をめぐる錯綜した議論もフランスのように犯罪行為者論を犯罪行為論とは別立てで行えば様相が変わる。

（ii）次に、犯罪論全体が、犯罪行為論と犯罪行為者論とに大別される結果、犯罪行為論もわれわれの犯罪論とは径庭を異にする。

一般に、フランスでは、犯罪行為は法定要素（élément légal）、自然的要素（élément matériel）、心理的要素（élément moral）［ほかに違法要素 élément injuste を加える者もいる[4]］の三要素から構成されるものとして分析処理される。

①法定要素は、三権分立のもと制定法にあらかじめ犯罪が規定されていることを意味する。ここでは罪刑法定主義やさらには法源論が議論される。犯罪論としては、法定の積極的犯罪成立要素のほか法定の正当化事情などがとりあげられる。正当防衛、被害者の同意の問題など。立法者が、したがって制定法（行政命令を含む）が違法合法の基準を引く建前となっているために、違法本質論をめぐる豊かな果実は稔りにくい。

②自然的要素は、未遂処罰に関連して思想不処罰並びに犯罪結果、また作為不作為や行為の単複などの実行行為の問題などがとりあげられる。

③心理的要素は、故意・過失とは何かをめぐる問題（錯誤をめぐる問題は個別の行為者の法律解釈の誤解や事実の誤認をめぐる問題になるので犯罪行為者論で取り扱われる）。さらに、犯罪の目的や傾向などを主観的違法要素にあたる犯罪構成要素も、フランスでは故意の一部つまり特殊故意（dol spécial ou dol spécifique）として位置づけられ、心理的要素となる。そのために、日本のように故意・過失の体系的位置づけをめぐる争いは生まれにくい。

これら三要素は、構成要件論や違法性論などとは構成次元を異にする観念である。犯罪成立の検討順序として、構成要件該当性から違法性へという順序が付せられるべきものでもない。三要素は相互に対等の要素として観念されている。敢えて順序を付せば、罪刑法定主義のもと法定要素が始めに来て、残りの二要素が並列ないしは自然的要素から心理的要素へというかたちになろう。こうしてみると、構成要件が法定要素にあたり、残りの二要素が違法性論（さらに責任論）にあたるという抗弁は、誤りとなる。

以上は、現代フランス刑法（新古典学派の系譜）でオーソドックスな犯罪論の様相である。

われわれが検討を加えようとするオルトランの犯罪論はまだ（ii）のように截然と整理された犯罪行為論は採られていない。その前夜にあたる。犯罪行為論を三要素に分類し始めるのは、のちのレネ・ガロー（René Garraud, 1849〜1930）である。オルトランは、その主力をまず犯罪行為者論（刑事責任論）の構築に注いだ。

それでは、なぜ、オルトランは、犯罪行為論をまず論じるのではなく、犯罪行為者論から議論を開始したのであろうか。

そこで、今少し詳しく、オルトランの犯罪論の構成を概観してみよう。彼の犯罪論の中心的骨格を構成するのは犯罪行為者論（agent ou sujet actif du délit）である。そして、この刑事責任の生じるべき前提を構成するものとして犯罪事実（罪体、délit; corps du délit）の概念を構成するものと構想している。そして、犯罪を、犯罪者（agent）・被害者（patient）・罪（délit）に分けて分析を加えている（そのほかに刑、賠償を加えるがこれらはいずれも法律効果に関わる議論に相当するため検討の対象から除いておく）（n$^{os}$ 165 et 218）。オルトランは、犯罪は一つの複合的事実（un fait complexe）であるとするのを、その理由にあてている（n$^{o}$ 218）。

一般に、我々が、某に刑事責任がある、と評価する場合、それは某の行為が特定の構成要件に該当し違法であり、それが某の責めに帰せられるということを意味する。

オルトランは、このような思考様式をたどらない。まず、①その行為者（オルトランは auteur と呼ぶ）に関係のある犯罪成立要件すなわち刑事責任の検討から始める（n$^{os}$ 218, 219 et s）。しかる後に、②犯罪事実に関わる議論を行っている（n$^{os}$ 537et s）。すなわち、犯罪の受動的主体（犯罪客体、被害者）、犯罪行為の問題へと分析を進める。今日一般にフランスでは訴訟の進展に歩調をあわせて、犯罪の客観的・事実的要素・一般化的な要素から主観的個別化的な要素へということで、まず個別の犯罪類型所定の犯罪事実に目を向け、これが成立するかどうかを吟味し、次に個別具体的な行為者の問題を検討すると説いているので、分析の順序からみるときわめて異例の論者となる。オルトランがどうして今日一般的な順序を辿らないのかは、まず犯罪事実を法定要素、自然的要素、心理的要素の三つに分ける先駆けとなるガローの登場する前夜にあたるということのほか、個別の事件や行為者に応じて刑に違いを認める裁判官の量刑裁量に正当性を与える個別的有責性（culpabilité individuelle）の概念が犯罪事実の構想にも影響を与えているのではないかと推察される。ゆえに、個別的有責性の概念を論じた後でないと、論理上、犯罪事実の如何について分析を加えることができないというわけであろう。

**註記**

（3）以下の叙述では G. Stefani et al, Droit pénal général 14$^{e}$ éd., Dalloz. を典拠にした。本書は、現在、九二年新刑法典に即して二三版まで出ている。

（4）手元の文献で確認できたものに限り、かつては、R. Garraud, Traité théorique et pratique du droit pénal français, t. 1, 1888, pp. 119 et s.; P. Garraud et M. Laborde-Lacoste, Précis élémentaire de droit pénal, 4$^{e}$ éd., 1943, n$^{os}$77 et s.. などがあり、現在では、Jean Larguier, Droit pénal général, 15$^{e}$ éd., 1995, pp. 44 et s.. ほか。

## 第三節　オルトランの犯罪論(5)(6)

それでは、オルトランの著書 Éléments de Droit Pénal を用い、その犯罪論の骨格を素描していこう。(7)

さて、フランス革命後、はじめての革命刑法典（一七九一年）では、権力分立の建前から裁判官の裁量を制限しようとする企てと、功利主義的一般予防の観点が強調されたために犯罪性の量を測る基準が社会的害悪の程度に求められ、刑罰は刑に幅のない固定刑制度が採用された。その後、ナポレオン刑法典（一八一〇年）で、犯罪の鎮圧に力点を置き積極的に推し進められた刑の重罰化、峻厳化がおこなわれ、それを懸命に学理面から支えたのが、古典主義刑法理論であった。

そこで、自由や自由意思を尊重する古典主義刑法理論の流れを受け継ぎながらも、威嚇主義的になりすぎた刑罰を緩和しようとして新古典主義刑法理論が台頭した。本書で取り上げる、オルトランは新古典主義刑法理論の中でも主流を占めた折衷説の立場を代表する刑法家である。この立場は、オルトラン自身による次の言葉に極めて正確に集約できる。いわく、「刑罰の程度ないし限界はいかにあるべきか」という問いに対する回答「正義を超えて処罰せず、効用を超えて処罰せず」と（n° 205）。つまり、古典主義の陥っていた功利主義的側面に、対局にあるべき正義をぶつけることで刑をほどほどに緩和しようとする立場である。こうしたオルトランやその他の新古典主義刑法理論は、フランスでは、一九世紀後半に至るまで支配的な学説として通用した。我が国でも、ボアソナードを通じて旧刑法典の立法過程で盛んに参照されたことは言うまでもない。

オルトランは、そのような性格を持つ新古典主義、就中、折衷説の立場に立ち、人間の自由、とりわけ人間の精神面に根ざす自由をきわめて具体的に、したがって個別化的、相対的に理解しようとしている。オルトランは、心理学の助けを借りて、観念的な議論に陥らないように工夫を凝らしている。その結果、単に自由は有るか無いかという抽象的な観念ではなく、人間の精神や犯罪の具体的な状況に応じて変化すべき程度が存在し、それに応じて、責任非難の程度にもさまざまな度合いが生じてくることを、その犯罪論に素描している。オルトランがもっとも稔り豊かな成果を刑法学にもたらしたのは刑事責任論である。こうした理念を現実に実行に移すことができるのは立法者ではなく、裁判官である。オルトランは、立法者とは異なり、日々実際の事件に直面し、現実の活きた人間を見る裁判官の持つ裁量（量刑）に大きな期待を託している。(8)



## 一　犯罪事実と刑事責任

その著書の犯罪論に関係する項目につき目次を示しておこう。すなわち、第一編第二部刑法総論第一章「犯罪者」（DE L'AGENT OU SUJET ACTIF DU DÉLIT）第二章「被害者」（DU PATIENT OU SUJET PASSIF DU DÉLIT）第三章「犯罪」（DU DÉLIT）という順序で構成されている。(9) この項目の立て方は、オルトランの工夫の跡を示している。

オルトランは、犯罪の全体構造を示して「作為または不作為の力は人から発現し、その力は権利に反して他人に及び、多かれ少なかれ有害な結果を生む」ということであるとし、「この生じた結果を償う義務、受くべき刑に服す義務を生む」と述べている（n° 218）。この後段は応報原理であるが、前段で示された論理は、著書の目次の立て方の順序と一致する。また、こうした項目の立て方は、われわれが一般に人の行為を説明するときにとられる言語慣習とも一致している。すなわち、「某が」「某に対して」「某をした」という順序に即した手法である。こうした態度は人の行為を中心に置いて物事を説明し、分析を加えるためには自然であり、きわめて理にかなっている。

すでに前節で述べたように、オルトランの犯罪論は犯罪事実と刑事責任論とに二分して構成されている。オルトランの犯罪論の骨格を示すとおおよそ次のようになろう。

オルトランの犯罪論では、刑事責任論（帰責性と非難性）が先行し、次にそれに関連するものとして犯罪事実が述べられている。[10] すなわち、オルトラン自身が述べていることであるが、まず、犯罪論を構成するために必要な条件は行為者であり、犯罪事実はその次にくるのである、と位置づけられている（n° 219）。

オルトランの刑事責任論の仕組みを簡単に示すと次の通りである。特定の犯罪事実が特定の人に帰属するか（imputabilité）、またその人はその犯罪事実に応答する義務ないし地位にあるか（responsabilité）、を検討し（換言すれば、つけ《犯罪事実》を回される人の決定とその人がそのつけを清算する義務ないし地位にあるか、の検討）【この段階ではまだ責任の「非難」の問題は生じていない】、その後で、そのつけと行為者との間に、刑罰を導くべき非難を内容とする関係が存在するか（culpabilité）を検討して【非難に値すべきつけであるかどうかのほか、その程度も含めて】、刑罰が科されるという手順を踏む。

ここに現れた各命題を図式化すると上の通りである。

帰責性（imputabilité）

行為者 ←（帰属）— 犯罪事実
・帰責可能性（imputabilité）
行為者 —（応答）→ 犯罪事実
・答責可能性（responsabilité）

非難性（culpabilité）｛ 絶対的有責性（culpabilité absolue）／個別的有責性（culpabilité individuelle）

行為者 ←（非難）— 犯罪事実
［義務の違反（faute）〔故意・非故意〕、及び、広くそれ以外の非難を意味する要素］

オルトランの犯罪論の中心的骨格を構成するのは責任と自由の観念から構成される刑事責任論である。そして、この刑事責任の生じるべき前提を構成するものとして犯罪事実の概念を構成すると構想している。犯罪事実とは刑事責任の生じるべき前提条件であるから、犯罪事実の不成立は犯罪そのものの不存在を意味する。

本書では、オルトランの犯罪論の骨格を俯瞰するにとどめたいので、先に示した図式に即して述べてゆきたい。

## 二　刑事責任

オルトランは、「犯罪者」の項目において、刑事責任の観念について、imputabilité と culpabilité という帰責性と非難性を示す二つの責任の概念を用いて説明を加えている（nos 220et s.）。すなわち、二重構造の責任概念をとる。

## 三　帰　責　性（imputabilité）

帰責性は、犯罪事実（faits）が特定の行為者に帰属するということであるが、これを認める条件として二つの問題が設定されている。一つは犯罪事実をその行為者に帰属させることができるかという問題（no 220）。オルトランは、問題の犯罪事実を特定の行為者のせいにする、帰責することが許されるというのは、その人が当該事実の第一原因（la cause première）ないし動力因（la cause efficiente）であることが必要である、とする。そして、こうした原因となるのは自分以外の何者（自然現象 objet inanimés も含む）からも客観的な事実上の影響（force）を受けていないという意味で自由な原因（cause libre）の場合に限定されることにある（nos 220et 221）。二つめは、どういう目的（but）からその主因となった人に犯罪事実を帰属させるのかという問題（no 220）。すなわち、その人に犯罪事実を帰属させる目的を説明しなくてはならない。ここで、オルトランは応報の論理からその目的を引き出す。その目的とは事実をその行為者に帰属させることで、よい行いにはよい報いを、悪しき行いには悪しき報いをというように、行為者に帰属する犯罪事実に相応する報いに応答する義務がその行為者に生じることを明らかにすることだとしている。こうした報いを受けるべき地位に行為者が在ることをさして、responsabilité（答責可能性）という。この場合、答責可能性の観点からすると、自分の行為の是非について認識する状態にないときには、その犯罪事実について応答する義務を生じない。当該行為者に行為の正・不正を弁別する能力のあることが必要となる。これを、la raison morale（倫理的理性）という（n$^{os}$ 220 et s.）。

ゆえに、帰責性の条件は、自由な原因と倫理的理性である。そのいずれを欠いても帰責性は成立しない（n° 222）。この二つの条件のいずれも、存否の判断に帰着する。程度の問題にはならない。ゆえに、こうした自由と倫理的理性の行使を完全に妨げる事情は帰責性の存在を否定する。また、同時に、行使を制限するにすぎない事情は帰責性の存否には影響を与えないのである（後述する非難性の程度を減少させる、とする。）（n° 354）。オルトランが帰責性を否定するのは次の場合である。すなわち、倫理的理性または自由を妨げる心神喪失の場合のほかに、オルトランは人間の精神的能力のうち感性（sensibilité）のおもむくままに行動したばあい、すなわち倫理的理性や自由の存在しない場合、つまり衝動に従っただけの本能的行動（activité instinctive）や不可避的行動（activité fatale）をあげている（n° 246）。不意の恐怖による叫声や不意の衝撃を回避するために咄嗟にとる行動などがこれにあたる（n° 241）。そのほかに、オルトランは、強制に基づく場合も帰責性を排除する場合があるとしている。オルトランは強制を二つに分けて区別している。物理的強制（contrainte matérielle ou oppression extérieure）と心理的強制（contrainte morale ou oppression intérieure）の場合である。オルトランは二つの強制を分けて考える。物理的強制とは、他人の行為や自然現象などの外部的な、抗拒不能な力によって、自由を奪われた場合である。この場合には、自由が欠除しているので帰責性は失われる（n^os 354 et s.）。心理的強制とは、切迫した侵害による脅威を受けて生じる心理上の強制である（オルトランは、我々の場合には緊急避難や期待可能性の問題に相当するとみられる、緊急性や付随事情の正常性の如何を内容として含む事例も心理的強制の問題の中で処理している。オルトランは、難破船の遭難者が一命を取り留めるためにすでに他人がすがっている板を奪い取る行為や三人の幼児を抱えた貧乏な未亡人が、生計に困り養育できなくなった幼児をやむなく教会に遺棄した事例などをあげている。（n^os 363 et 364)）。この場合には、物理的強制の場合と異なり、侵害を甘受するか、犯罪を行うことで侵害を回避するかの選択をする自由が、行為者に残されている。そのため、帰責性は失われていないとする（ただし、非難性（culpabilité）は減少するとしている）（n° 357）。なお、オルトランは、強制に相当するが、行為者が自分の権利・義務の行使に基づく犯罪の場合には、とくに「権利の面から考察した行為者」の項目をたて、強制とは別のものとして考えて検討を加えている（後述する、正当防衛などの問題である）（n^os 416 et s.）。

さて、帰責性によって、犯罪事実が帰属し、かつ、それに応答する者が誰であるかが決まる。しかし、それは直ちにその人が責任非難を受けることにはつながらない。帰責性に関する理論は、行為者に帰属すべき事実が善い行ない（les bonnes actions）であると悪い行ない（les mauvaises actions）であるとを問わないからである（n° 223）。そこで、かならず、この後で探求しなければならない問題がある。これが非難性（culpabilité）の問題である（n° 227）。

## 四　非難性（culpabilité）

非難性では、民事上の損害賠償に加え、行為者に刑罰を科すためには、帰責されるべき行為（fait）に、顕著な義務の違反（faute）があること、つまり非難性（culpabilité）が存在し、これが一定の重さを持つことが必要とされる（n° 225）。このことは義務の違反が軽微であれば、民事上の損害賠償だけにとどまることを意味する。非難性の条件として考慮されるのは、帰責性ではその条件が二つだけであるのに対し、夥しい多数に及ぶ。非難には存否のほか千変万化の程度があり、それに応じてまた幾多の要素が存在する。オルトランは、ついにその数を一々数え上げるのをやめている。オルトランはそうした要素を発見することができる場所だけを示すにとどめる。それは次の通り。行為者の内ないし外に、彼の身体的能力ないし精神的能力の中に、被害者の中に、犯罪事実それ自体の中に、犯罪事実の前後に付随した諸事情の中に見いだすことができる、とする（n° 229）。

## 五　有責性 (culpabilité absolue ou individuelle)

オルトランは、権利侵害のあった時のすべての場合に、非難性は一般論として（en général）、つまり各事件に属している格段の事情を捨象して犯罪事実と行為者とにつき認定され得る、とする（n° 230）。ただし、オルトランはこうも述べる。オルトランは、現実の訴訟では、同一の種類の犯罪を犯した行為者に同じ程度の非難性が認められるとは限られない。また、その犯罪を犯した者が数名にわたる場合であっても、各人に均一の非難性があてはまるわけでもない。他方で、犯罪事実それ自体の付随事情も常に同一であるわけではない（n° 230）。

そこで、こうした問題意識から、オルトランはさらに非難性を二つに分けて分析している。ⅰ絶対的有責性（culpabilité absolue）とⅱ個別的有責性（culpabilité individuelle）の概念である。それは、立法者の目から見た有責性判断と現実の訴訟に直面する裁判官の目から見た有責性判断とに対応する。現実の事件とその行為者を離れ、特定の種類の犯罪とこれを犯すべき行為者とを一般的抽象的に判断するのがⅰの有責性であり、ⅱではその事件のその行為者に即して具体的、相対的、個別化的に判断される有責性である（n° 230）。

こうした二つの有責性を認めることによって裁判官に刑の量定に際して裁量の権限を生み出した。ⅰの有責性だけでは一定の犯罪事実に対し均衡のとれた非難であればよいので上限と下限との間に幅のない法定刑（固定刑）を定めても差し支えはない。同じ種類の犯罪を犯した行為者のすべてに同じ重さの非難性が妥当することを示すにすぎない。しかしiiが加わることにより裁判官に個別具体的な事案に即した柔軟な刑の量定裁量の権限が与えられ、これが正当化されることにつながる。つまり、iiの概念が付け加わることによって、責任の個別化が果たされ、立法者に、個別的有責性に配慮すべきことが求められ、法定刑を定める場合には上限と下限という一定の余裕を持たせることにつながり、そのことによって裁判官が行為者に適用すべき実際の刑罰に幅が与えられ、その幅の中で裁判官が個別の事件、行為者に応じて柔軟な量刑を行うことを学理上正当化したのである。(11)

## 六　故　意（l'intention）

故意は、刑事責任の問題とともに、犯罪事実を構成する要素にも関わる議論につながる。まず、オルトランは、行為者の精神的能力を、心理学的に分析して、感性（sensibilité）、知性（intelligence）、能動性（activité）に分けて、帰責性の成否、非難性の程度との関係を明らかにしている。

感性は、人間に好悪の情を生じさせたり、勧めて人間に作為不作為を教唆するが、感性それ自体には自由も倫理的理性も認められないから、帰責性の構成条件でも咎責性の構成条件でもない（n° 234）。これに対し、感性が興奮や刺激の力を借りて、単に自由や倫理的理性を減じる挑発の原因となる場合には帰責性の条件には欠けるところがなく帰責性それ自体は存在するとしても、非難性の程度を減じる方向で影響を与えるとする（n° 242）。

知性は、そのなかに様々の能力を含むが、帰責性の判断に必要な倫理的理性を含んでいる。これは、感性が人に作為不作為を挑発してきたときに、その行為が経験や将来予測に基づき善か悪か利害計算を行うために存在する。

倫理的理性は帰責性の条件の一つである。倫理的理性以外の知的能力は非難性の程度に影響を与えるにすぎない（n° 237）。

能動性は、倫理的理性に基づいて行為を行うかどうかを決定し、かつその実行に必要な身体の動静をなす能力である。行為の決定能力と行為の実行のための行動能力が、帰責性のもうひとつの条件を導く。これらの能力は自由（liberté）に基づいている。ゆえに、一定の犯罪事実が特定の行為者に帰属するためには自由の存在が不可欠であることから、自由が帰責性のもう一つの条件となる（n° 238）。

なお、オルトランは、能動性において、自由と意思（volonté）との心理学上の区別を強調している。それは、帰責性と非難性の区別に関わる問題として、オルトランには理解されているからである。意思という言葉は多義的であるが、①あることを意欲する能力を意味するのであれば、帰責性の有無を左右する精神的能力（自由）と同じになる。しかし、②特定の結果へと向けて力を作用させる事実という意味で、意思という言葉が使われる場合もある。①における意思は、帰責性にとり不可欠の条件となり、したがって、故意犯、非故意犯を問わず、すべての犯罪の成立にとり必要な能力となる。しかし、意思を、②の意味でとると、意思は過失犯などの非故意犯には存在しないことから、故意犯のみに必要な精神的能力だということを意味する。意思という同じ言葉が自由という精神的能力とはまったく別のことを意味する言葉として使われ混同を生む。そして、オルトランはこの意思という言葉の持つ二つの異なる意義の検討を通して、故意（intention）という言葉を用いる（$n^{os}$ 239, 248 et s.）。これは、②の意味での意思に照応する概念である。

オルトランは次のように故意を定義している。故意とは、犯罪を構成する有害な結果の発生を目的として行為（作為）または不行為（不作為）を導くという犯罪事実（le fait）である、とする（n° 377）。故意は、帰責性の条件ではない。故意の有無によって故意犯と過失犯などの非故意犯とが区別されるので、故意犯の犯罪事実を構成する要素である。また、故意の有無によって、非難性の程度に違いが生じる。すなわち、義務の違反（faute）の程度に違いが生じる。つまり、この義務とは、人はその倫理的理性に従って自分の行為が善か悪か、法に合致するか否かを検討し判断する義務を意味する。結果を発生させるために、倫理的理性と自由を持ちながら、これらを悪用して、犯行に及んだという場合には、行為者は義務に違反したことを意味する。オルトランによれば、これが故意である（n$^{os}$ 380 et s.）。行為者が、不注意や軽率により、倫理的理性を行使しなかったことに対する義務の違反を犯した場合には過失である。義務の違反の程度は、倫理的理性を行使することができるのにしなかったという点で、故意犯は過失犯よりも重大であるということを意味する。過失犯の場合には、不注意や軽率、怠慢の程度に応じて、義務の違反の減少の程度にさらに違いが生れる（n$^{os}$ 381 et s.）。故意・過失は、したがって義務の違反は、非難性の要素のうちの一つとして数え入れられるのである。

また、錯誤の問題も義務の違反に影響を及ぼす。事実の錯誤では、故意を消滅させるので、非難性は成立せず、無罪（n$^{o}$ 387）。非難性はあくまで行為者が認識していた事実の範囲内にとどまり、認識していない事実にまでは及ばないが、必要な場合にはこれを過失犯としてその不注意につき問責することは可能だとしている（n$^{o}$ 387）。法律の錯誤では、オルトランは「何人も法律を知らないものとみなされない」という法格言を正当化することに注意を払いながら説明を加えている。古今万国共通に犯罪とされる殺人罪・窃盗罪・放火罪については、その具体的な罰条を行為者は知らなくても、人間に備わっている理性（la raison）がその犯罪性（la criminalité）を知らせてくれるので、当然処罰（le châtiment）に値する（n$^{o}$ 388）。法律がこの場合も規定を置いているのは、裁判官の専横を防ぐためであると付言している（n$^{o}$ 388）。国や時期により犯罪化される地域的犯罪性（une criminalité locale）しかもたない犯罪がある。この場合、外国人などその土地の法律を容易には知り得ない立場にある場合には、裁判官が刑罰の権衡を維持するために法律によって与えられた権限の中で個別的有責性の問題として非難性を減少させるとしている（n° 388）。

## 七　正当な権利の行使（正当防衛ほか）

オルトランは、「犯罪者」の項目のもと、「権利の面から考察した犯罪者」で、犯罪が行為者の正当な権利の行使、義務の履行として行われた場合につき議論を行う。正当防衛のほか、法律の命令・正当な機関の命令の問題（n$^{os}$ 466 et s.）を論じている。正当防衛についての議論は次の通りである。オルトランは、行為者が倫理的理性と自由を備え故意をもって損害を発生させ、かつ、当該行為が犯罪の定義に該当しても、行為者がその行為を行う権利を持つ、あるいは義務のある場合には、その行為は正当であり、行為者に帰責されうるけれど、非難性はない。それどころか、この種の行為には、往々にして行為者に対する賞賛が伴う。また、行為者の権利を構成する条件が不完全な場合や、権利の限界を超えて相手方に損害を発生させた場合には、非難性は成立するが、その程度は軽減される、と説く（n$^{os}$ 416, 428 et 429）。ここから、オルトランによれば、正当防衛は、非難性に影響を及ぼすが、帰責性の前提となる犯罪事実そのものの成立を防げるだけの効果（行為の正当化）は持たないということを知ることができよう。つまり、オルトランにおいては、犯罪事実それ自体の成否の問題として、行為者の正当行為を論じるのではなく、正当な権利を行使した行為者について、刑事責任の問題として、どのように責任をとらせるか、という視角から論じているのである。現代のフランスでは、正当防衛など正当行為は犯罪事実を構成する法定要素を消滅させる場合に分類されるので、正当化事由として処理され、有責性など刑事責任の問題には入ってこない。

## 八　共犯 (la complicité)[12]

オルトランは、共犯を刑事責任（帰責性と非難性）の問題としてとらえる（n$^{os}$ 1254 et s.)。そこで、オルトランは、犯罪事実の流れを演劇に擬して、共犯（正犯を含む）を演劇における俳優にたとえて、その役柄と登場する場面の程度（全部に登場するか数コマだけ登場するか）に応じて各共犯の帰責性と非難性を区別する方法を採る。オルトランは、演劇における各場面を数コマに分けて、第一コマを犯罪を行う決心、第二コマを予備、第三コマを既遂に至るまでの実行行為とし、それまでの一連の犯罪事実の間に登場する各俳優の役柄と登場する場面の程度に応じ帰責性と非難性に区別を設けるわけである（n$^{os}$ 1256 et s.)。オルトランは、現実に生じた犯罪事実を前提にして、当該事実の発生にどの程度の影響を及ぼしたかに応じて、帰責性の観点から、犯罪の第一原因、犯罪の動力因となった者と、補助原因（cause auxiliaire du délit)、すなわち犯罪事実を自ら生じさせることなく幇助したにとどまる者とに、行為者を分け、前者を正犯（auteurs）とし後者を従犯（auxiliaires）（狭義の共犯）とする（n$^{os}$ 1257 et s.)。ゆえに、正犯が存在してはじめて従犯も成立する。さらに、オルトランは正犯を二分して、自ら実行をした有形的正犯（auteur matériel）と他人を教唆して犯罪を実行させた無形的正犯（auteur intellectuel）とに区別している（前者につき n$^{os}$ 1268 et s. 後者につき n$^{os}$ 1263 et s.)。正犯と教唆犯との区別を認めるわけであるが、いずれも犯罪の第一原因であるとし、正犯として刑事責任のあることを認めている（n$^{os}$ 1260 et s.)。ただし、被教唆者が犯罪の実行にまで及ばなかった場合には無形的正犯の成立を否定している。その理由は、この場合には行為者は犯罪の第一原因とならなかったことに求められている（n$^{o}$ 1263)。さらに、幼児など刑事責任のない者を唆して犯罪を実行させた場合も無形的正犯として論じている（n$^{o}$ 1262.)。間接正犯を論じる必要はほとんど生じない。なお、単独で実行行為又は教唆のすべてを行う場合のほか、数人で分担する場合も正犯として認め、これを共同正犯（co-auteurs）と名付けている（n$^{o}$ 1270)。

そして、決心、予備、実行の各段階の内いくつの段階に関与したかに応じて共犯（正犯を含む）の非難性の程度に二通りの方法で違いを設ける。絶対的有責性では法律に従い一般化的な方法で非難性を評価し、さらに裁判官が各事件ごとに、各行為者ごとに個別的有責性を様々に評価すると述べている（n° 1257）。[13]

## 九　犯罪事実（fait du délit）

犯罪事実の内容とは何か。オルトランは、「犯罪」の項目のもと「犯罪事実それ自体について」を論じる節で犯罪事実を解説して、「外部的な人の作為または不作為であり、絶対的正義（la justice absolue）に反し、他面で、処罰するのが社会の保存ないし安寧（la conservation ou bien-être social）にとり重要であるという、二重の性質を持つ」とする（n° 799）。なお、オルトランは、ほぼ同じ趣旨の回答を、刑罰権（折衷説）からも導く。すなわち、折衷説によると、犯罪とは「正義（la notion du juste）に反し、併せて、社会の保存と安寧（la conservation ou bien-être social）のために処罰する必要のあるすべての行為である」と（n° 205）。ただし、江口教授は、オルトランの犯罪の定義からほぼ同様の命題を紹介しておられる。[14]

なお、江口教授は、オルトランの説く「正義に反する行為」とは何か、について述べておられる。結論として、教授は「正義に反する行為とは他人の権利を侵害する行為であると考えている」とされる。[15]この他人とは被害者を指すと思われる。私は、この結論に基本的に異議を唱えるものではない。しかし、やや窮屈な捉え方ではないかとも思われるので、その点をここで述べておきたい。

オルトランは、犯罪の被害者を権利（droits）を享有しうる者ととらえる（n° 540）。そして、オルトランは、それは権利の享有主体であればよいので自然人、法人を問わないとする（n° 544）。だが、オルトランは、傷害に関する被害者自身による承諾、人ではない動物の虐待、死者の埋葬された墓地の冒涜などの場合をあげ、その犯罪とされる理由を（権利の侵害に替えて）道徳違反（contraires à la loi morale de la justice）に求める（$n^{os}$ 549, 551 et 552）として憚るところがないことにも注意をしなければならない。決して、他人の権利を侵害する場合に、正義に反する行為を限定しているわけではない。

ただし、この場合、独特の理論を、オルトランが展開していることも忘れてはならない。オルトランは正義に反する行為をダイレクトに道徳に反する行為とするわけではない。それは、オルトランが、被害者のなかに人だけではなく、社会、いな、刑罰権を持つ政府（l'État qui exerce le droit de punir）そのものも実は含ませて論理を構成していることにある（n° 546）。ゆえに、オルトランは、たとえば堕胎においては被害者たる胎児は人ではないので権利を持たず被害者にはならないが、道徳違反の行為により常に（toujours）政府（l'État）は被害者になると明言することになる（n° 548）。先の被害者の承諾の例では、承諾の背後にある道徳違反の被害者は社会（la société）であるとする（n° 549）。ここにおいて、オルトランは、政府を被害者にあてるという論理をたてることで道徳違反の行為をも正義に反する行為とする場合もあることを許すのである。なお、こうした理論を、オルトランはどの程度まで普遍化して是認しているかは将来の課題としたい[16]。

したがって、私は、江口教授のように、オルトランは正義に反する行為の内容を他人の権利を侵害する行為ととらえるほかに、道徳に反する行為をも含ませていたと理解することも可能ではないかと考えている。

さて、オルトランはこうした正義に反し且つ社会の保存と安寧に反する行為のほか、どのようなものを犯罪事実を構成する要素として考えていたかを見てみよう。オルトランは、犯罪事実の要素（éléments de fait du délit）として、犯罪の状況に相当する犯罪の時（$n^{os}$ 844 et s.）および犯罪の場所（$n^{os}$ 853 et s.）、犯罪の結果（mal）（$n^{os}$ 956 et s.）

等をあげている。そのほか、犯罪の主体（法人の犯罪能力について述べる。n$^{os}$ 491 et s.）、犯罪の客体（被害者を中心に述べる n$^{os}$ 536 et s.）、故意・過失などを含めている。オルトランはまだ犯罪事実を構成する諸要素を整序分類することにあまり関心を寄せていない様子であり、著書 Éléments de Droit Pénal の各所に分散している状態にとどまる。ところで、犯罪の結果（mal du délit）では、犯罪の種類が論じられているものの、そのほかに特徴的なことも論じられている。

それは、オルトランが、二つの次元の異なる結果の概念をとっていることである。すなわち、直接的結果（un mal direct）とそれによって間接的に社会に生じる間接的結果（un mal indirect）である。間接的結果とは、直接的結果から独立して成立するものでなく、直接的結果の存在することを前提にはじめて成立するとしている（n$^{o}$ 957）。直接的結果とは、犯罪によって被害者が直接被った権利や利益の毀損（lésion）である（n$^{o}$ 957）。犯罪を区別して、罪名を決めるのは、この直接的結果（窃盗、放火、財産の破壊ないし毀損など）に基づいて行われる。また帰責性判断の前提となる犯罪の結果もこの直接的結果に依拠して行われる旨を述べている（n$^{o}$ 968）。間接的結果（公衆の不安・驚愕、悪例の危険）も、実際に生じた直接的結果の広さや大きさに従属して相違が生じ、必ず刑の程度と範囲を決める際に考慮に入れられる（n$^{o}$ 965）。間接的結果とは、折衷説の要目のひとつである社会上の悪（mal social）であり、とくに刑罰の目的であるとされるが、その内容とは、①人々の不安であり、それは犯罪から社会を保護すべきことにつき無能さを露呈した法律と国家機関への人々の信頼の喪失であり、②行為者がさらに犯罪を重ねる危険とその他の者が犯罪を模倣する危険である（n$^{o}$ 957）。

この、二つの結果の概念がどのようにオルトランの犯罪論に表現されるのかは、その未遂犯論の構造を決める要となる。オルトランの未遂犯論の構造については第五節で取り上げる。

## 一〇　社会刑罰権と犯罪論

オルトランは、社会刑罰権を論じる意義を、刑法が犯罪とすべき行為は何か、刑罰の持つ性質はどのようにあるべきかまた刑罰の程度ないし限界はいかにあるべきか、という問いかけ（nos 203 et s）に答える点に求めている。すなわち、社会刑罰権の正当化根拠を、刑事立法における犯罪化・非犯罪化の基準、刑の性質や量刑に際し遵守すべき準則を提供すべき点に求める。さらに、オルトランは、社会刑罰権に関する議論を広く犯罪論全体に行き渡らせようとする。本書で対象とした帰責性で示された応報の論理は正義に由来するものであり、そのほかにも犯罪事実で示された間接的結果（害悪）の内容には功利（オルトランによればその内容は社会の保存と安寧）が反映されている。

オルトランの社会刑罰権論は、折衷説と呼ばれている。オルトランは、この折衷を評価して、妥協を示す折衷ではなく、真理であるとする（n° 185）。すなわち、オルトランは、まず、この説の正当性の根拠を社会と人間との関係に求める。人間は本質的に相互に結合するものなので、社会は人間にとり正当な存在であるのみならず、不可欠である。人間、ゆえにまたその集合体である社会は、同時に物質と精神をもつ。したがって、人間や社会はその活動を評価する物差しとして、正義と功利（le juste et l'utile）という二つの原理をもつ、とする（n° 185）。ついで、社会は規矩として正義主義と功利主義を本来具有することを説き折衷説の正当性を論じる。オルトランは、これをわかりやすく、会話をもって示している。犯罪者とこれを処罰する社会との間で交わされた会話である。

「なぜ、あなたは私に罰を科するのか？」（犯罪者が社会にむけた問い）

「汝はそれを招いたことによる」（社会が犯罪者に向けた回答）

「それでは、なぜあなたは自ら刑罰を科すのか？誰があなたを裁判官にして、刑の執行者にしたのか？」

この問いかけに対し、社会がなすべき回答をオルトランは示す。

「それは自分自身の保存（conservation）を図るためである」と回答すれば、刑罰権は社会のために存在することをすでに証明した。

「それは汝の招いたことであり、それは我の保存を図るためである」と回答すれば、この二つの命題は、刑罰権の問題にすべて回答したことになる。「それは我自身の保存を図るためである」とは、他人の権利をいやしくも侵害する限りは、社会が自ら手を下す権利（le droit）があることを意味する。他方、「それは汝自身が招いたことによる」とは、自分の権利を害されること、そして社会が犯罪者の権利を害することで自分自身を保存しようとすることについて、犯罪者は恨むことはできない。ここに、社会が自分のために刑罰権を有する点を証明して余すところがない、と（n° 187）。

それでは、折衷されるべき二つの原理については、オルトランはどのように考えていたであろうか。

オルトランが折衷する一方の所説、正義主義とは、カントの絶対正義説を指す。刑罰からいっさいの目的性が排除されて純化された絶対的応報刑論である。善には善報を悪には悪報を行為者に帰していっさいの妥協を許さない応報の論理（応報原理）を表現している。彼は他の所説と比較して、この絶対正義説を採る理由として（もちろんこれを単独で採用することには猛烈な反対を惜しまないが）、理性を持ち出す。応報の論理を評価して、「我々の理性（raison）が理解する絶対的で永久の正義であるとするのである（n° 182）。他方、功利主義（保存権説）を採る理由として、「全ての生ある者は皆自分を保存する感性を持つ。人間に至っては、他の者との関係に対し、この感性は一個の権利として確認される。この権利は正当に成立した集合体、例えば社会のためには各個人のためと等しく成立する。社会が刑罰を行うのはその自己保存の権利を行使するにすぎない」と表現する（n° 180）。このようなオルトランの論調から、彼は論理的ではあるけれど、形式論理ではなく、人間の理性や感性という人間の精神性を象徴するものに注意を払う点にオルトランの moraliste としての側面を知るのである。

**註記**

（5）　オルトラン以前の犯罪論については、江口三角「フランス刑法学における犯罪論の体系（一）」岡山大学法学会誌三一巻四号三八五頁以下参照。現代のフランスの犯罪論については、末道康之『フランス刑法の現状と欧州刑法の展望』（二〇一一年）一三頁以下参照。

（6）　オルトランの犯罪論については、江口三角「オルトランの刑法学」『森下忠先生古希祝賀・変動期の刑事法学（上）』（一九九五年）六八頁以下。また、それ以外に、オルトランの犯罪論の要点を紹介した論稿として、平野泰樹・前出註（2）、澤登俊雄「フランス刑法継受の時代」法律時報五〇巻四号八六頁、同・「ボアソナードと明治初期の刑法理論」、「宮城浩蔵の刑法理論」『総合的研究』九頁以下、二九頁以下。

（7）　初版（一八五五年）を底本とし、本書で参照ないし引用の箇所はやや変則的だが注記が煩雑になるため、適宜、文中、丸括弧内において本書の numéro des paragraphes で示す。なお、初版から四版までの間には若干の numéro des paragraphes の変更はあるものの所説の変更を確認することはできなかった。

（8）　オルトランには、もうひとつの特徴がある。それは、政府の犯罪統制活動に対する批判的なまなざしである。すなわち、官憲が犯罪を摘発することによってもたらされる国民の治安感情の高まりと、逆に犯罪が放置されることによって醸成される官憲に対する不信感との比較衡量という視点である。これは、改めてオルトランの未遂犯論について取り上げるときに述べてみたい。

（9）　この順序でオルトランの刑法理論について紹介したものは、江口・前出註（6）六八頁以下。

（10）　オルトランはまだこんにちのフランスのように犯罪行為を三つの要素（法定要素・自然的要素・心理的要素）に分ける前の、整然と整序された犯罪行為論にまで昇華されていない、犯罪事実（fait du délit）に関わる錯綜した議論を展開している。これは、犯罪者を項目（De l'agent ou sujet actif de délit）とする議論（n$^{os}$ 219 et s.）の中で犯罪行為者論（刑事責任 n$^{os}$ 220 et s.）のほか、犯罪行為論の一部分（心理的要素〔intention〕n$^{os}$ 377 et s.）を議論するスタイルをとり、そのほか、残りの部分を被害者（Du patient ou sujet passsif du délit）、罪（Du délit）の各項目でも各々議論（前者につき、n$^{os}$ 536 et s. 後者につき、n$^{os}$ 559 et s.）を展開することに見て取ることができ、やはり刑事責任論として犯罪者の項目で整理された犯罪行為者論が展開されていることと比較するとやや雑然とした犯罪行為論をともなう体系的叙述のように映る。

(11) オルトランは明言しているわけではないが、絶対的有責性の条件は、立法者の定立した各犯罪類型に示される非難を意味する要素、たとえば、故意や過失などであり、個別的有責性の要素は、当該刑事事件の中に示される非難を意味する要素であり、それぞれ何が具体的に各有責性の要素であるかを決めるのは、各々立法者であり、裁判官である、と推測される。

(12) なお、福永俊輔「フランス共犯規定とオルトランの共犯論」九大法学九九号五七頁以下参照。

(13) おそらくは、この絶対的有責性で法律に従い有形的正犯と無形的正犯との非難性に差異が生じることをオルトランは許すのであろう。

(14) 江口・前出註（6）八二頁参照。

(15) 江口・前出註（6）八三頁。

(16) なぜならば、この被害者に政府自身も含めると、さらに、政府の立場から「正義」と「社会の保存と安寧」とが一体化してしまうおそれも生まれるからである。

## 第四節　オルトランの社会秩序観

オルトランの犯罪論の骨格となる部分を中心にこれを見てきた。実は、その犯罪論で大きな特徴を形成しているのは、未遂犯論である。そもそも未遂犯とは実害の発生し損なった場合にもなお処罰することを可能にする犯罪類型の一つである。その未遂犯論に対して、オルトランはどのようなアプローチを取るのであろうか。そこで、節を改めて、次の点の検証に力を注ぎたい。オルトランにおいては、直接的結果と間接的結果とがともに考慮すべき、犯罪事実を構成する「結果」として観念されている。権利の侵害（直接的結果）それ自体だけでなく、それを通して、法律や国家機関の活動に対する人々の信頼の喪失（間接的結果）をも重視している。ここから、オルトランの社会秩序観の一端を伺い知る契機を得られるのではないかと考えている。すなわち、オルトランの描いた、社会秩序とは、個々の犯罪に対する公権力の発動の直接的効果によって維持されるということと並んで、犯罪が公権力の作用により取り締まられ、公衆の生活の安全が保障されているという、人々の安心感が維持されている社会状態に依拠している、と思われる。オルトランは、刑罰の功利性をこの点に認めているのではあるまいか。オルトランの主張で何よりも重要であるのはこの点にある。オルトランが功利主義の眼目である社会的効用に代えて社会秩序の維持それ自体に重点を置く理由がここにあろう。効用それ自体は政治上の体制にとり利益をもたらすか否かという視点を排除しないが、犯された犯罪それ自体にではなくそれを取り締まるべき公権力作用の如何に対する人々の安心感を持ち出してきた点に、オルトランの主張の要点を見いだすことができる。第五節では、この点にも注意を払いながら、その未遂犯論の構造について研究してみよう。

## 第五節　オルトランの未遂犯論(17)

### 第一款　犯罪の段階

オルトランは、既遂へと至る、人の動作の各発展段階に応じて、罪状（Culpabilité）を細かく分析している。すなわち、罪を犯そうとする意思（pensée）が行為者の内心に芽生えた状態、そしてこの意思が成長安定化してゆくプロセスをとらえ欲望（désir）、考案（projet）を経て特定の決意（résolution）となり（以上、内心の動作）、第二段階として、決意が外部的活動として脅迫、謀議、共犯者となる人や犯罪の場所を探して、犯罪の準備活動をなし予備行為に至り、犯罪の実行の着手へと至る一連の動作。引き続いて、結果の発生へとつながる第三の段階までにわたり、オルトランは分節化して考察している（n° 981.）。なお、オルトランは立法者が行為者の決意の表現としての「脅迫」などを犯罪化して刑を科すのは、その後引き続いて生じるであろう決意の現実化としての犯行の防遏のためではない。つまり、「脅迫」それ自身が現に生み出す世間の危惧感などを取り出して犯罪化しているのであり、必ずしも既遂へとつながりうる犯罪の一段階として構成しているのではないと強調していた（nos 802, 986.）。オルトランがこのような分析手法を用いるのは、その社会刑罰権論（折衷説）と深く密接なつながりがあることに注意を払わなければならない。オルトランによれば社会刑罰権論を構成する正義と効用とはどちらかを基本とするものではなく等価のものとして位置づけている[18]。いずれか一つを欠けばそれだけで国はそれを犯罪と位置づけ、行為者に刑罰を科すことはできない。オルトランは正義（justice absolue）を応報の論理ととらえ、効用とは社会秩序の保全を意味するものとして理解していた。このように、オルトランは次章で取り上げるその弟子ボアソナードと同じく多元的な犯罪観、刑の量定観をもつのである。なお、オルトランにおいてはボアソナードなどの好んで用いた道徳上の悪（mal moral）、社会上の悪（mal sociale）という表現を用いていない。オルトランによれば、応報の論理とは、行為者がその意思に基づいて罪を犯すことにより犯罪事実に対する刑罰の賦課（responsabilité）を導く。そこで、こうした関係を成立させるための前提となる条件として、犯罪事実と行為者との帰責性（imputabilité）が必要となる。この帰責関係が成立しなければ、犯罪はおよそ成立せず、行為者に刑罰を科すこともできない。そこで、オルトランは行為者の意思の問題である内心の動作から犯罪の考察を始めるのである。しかしこの関係は単に行為者が刑罰を受け入れなければならないことを示すのみで、社会が行為者に刑罰を科す理由を説明したことにはならない。そこで、社会は刑罰を行為者に科すことで自己を保存する、つまり社会秩序を保全することをはかるために効用(l'intérêt de conservation ou de bien-être sociale)という視点が導かれてくる。オルトランの依拠する折衷説の立場からは正義と効用という二つの物差しを用いて罪状や量刑を決めるので、正義と効用のいずれもが揃わないと犯罪として処罰することができないからである。意思に始まる『内心の動作』そのものが社会刑罰権の及ぶ犯罪と評価されない理由は、『正義』(justice absolue)に違反するに止まり、さらに『効用』の観点から何ら社会に影響を及ぼさないので犯罪とする必要がないからである。(19) そこで、オルトランが注目するのが『結果』という概念である。オルトランは、未遂犯論を犯罪事実の要素の章(éléments de fait du délit)の下で論じている。ここでは所為事実(faits)、結果(mal)などがその要素であると詳述されている。これらの要素は、いずれも絶対的・個別的有責性の評価と刑の量定において考慮されるものである。オルトランが特に『効用』の観点から重要視したのは犯罪の「結果」の概念であった。オルトランは『結果』の概念を二種類に分け直接的結果(un mal direct)と間接的結果(un mal indirect)とに分類をしていた(n$^{os}$ 957 et s.)。直接的結果とは犯罪被害者らが直接被る損害を意味するが未遂犯のケースではそれが生じていない。その意味で犯罪としては不完全な犯罪に当たる。しかし、未遂犯を全く不問に付してしまえばそれでよいかといえば決してそうではなく、直接的結果発生の可能性の残されている以上は、これを取り締るべき間接的結果(公衆の抱く恐怖心、すなわち法律や官憲に対する信用、再犯や模倣犯の予防)を無視するわけにはいかないと述べている(n$^{o}$ 962)。こうした考えの一つの表れとして、オルトランは未遂犯の処罰に関して、実行未遂(la tentative achevée ou délit manqué)は既遂よりも軽減され、また実行行為の終了前に犯罪を遂げずに終わった着手未遂(la tentative inachevée)は実行未遂よりも軽減されて処罰されなければならないと説明を与えた(n$^{o}$ 996)。これは、直接的結果という視点から見れば、行為者を実際にまだ行っていない犯罪事実について処罰し、また実際にまだ発生していない結果（直接的結果）の生じた場合と同様に処罰すること、言い換えれば、全体と部分の関係にある既遂と未遂（実行未遂・着手未遂）とを処罰の上で同一視することは、人間の行う裁判では許されず、さらに間接的結果の視点から実行行為が終了していない着手未遂を実行未遂よりも減軽処罰するべきであるという理由に基づいている（$n^{os}$ 965, 1000）。既遂犯と未遂犯との刑に差を設ける点については、行為者の主観面に重点を置く宗教的犯罪と実社会に生じた害悪に注目する世俗法としての刑法の機能の違いに着眼したものであろう。それゆえ、正義の立場からは、もっぱら犯罪的意思を問題にする以上、未遂を既遂と同視することになるが、この考え方は社会が科する刑罰の性質・根拠と相容れないものと位置づけられるわけである（$n^{os}$ 992 et s.）。[20] この考え方は、当時のフランス刑法が未遂の処罰に関して同一刑主義をとっていたので（オルトランの体系書が著された当時（その初版は一八五五年）の刑法典（一八三二年）によれば、その第二条で未遂犯とは「実行の着手によって表明されたすべての重罪の未遂は、行為者の意思から独立した事情によってのみ中断され、またはその結果が欠けた場合には、重罪そのものと見なされる」（Toute tentative de crime qui aura été manifestée par un commencement d'exécution, si elle n'a été suspendue ou si elle n'a manqué son effet que par des circonstances indépendantes de la volonté de son auteur, est considérée comme le crime même.）と規定されていた）、酌量的減軽事由の適用（一八三二年改正刑法）というかたちで裁判官や陪審員らが個別の事件ごと具体的に刑の量定をする上での指針の一つを提供したに過ぎず（$n^{o}$ 1009）、オルトランの狙いはもっぱら立法論であり、この見解を実際に立法の上で結実させたのはボアソナードの影響の下で起草された我が旧刑法典第一一二条であった。[21] なお、オルトランも犯罪の準備行為を予備罪として処罰することを認めていたが、未遂犯を構成する実行の着手前の行為に当たるので、その刑は着手未遂に当てる刑よりも軽減された特別の刑を立法者は定めるべきであると主張していた（$n^{os}$ 987, 1009.）。

註記
（17）その全体像を把握するための重要な文献として、末道康之『フランス刑法における未遂犯論』（平成一〇年）がある。
（18）オルトランは、その関係を空気の組成をもって証明する。すなわち、「空気とは酸素だけでなく、かといって炭素だけでもない。両者の混交物である」と（n° 185）。
（19）さらに、オルトランは社会の裁判権は内心の事情について証拠に基づいて事実認定を行うことができないからという点も不処罰の根拠として添えている（n° 570）。
（20）ほぼ同様な整理をされる論者として、江口・前出註（6）八四頁。
（21）この間の事情については、野村稔『未遂犯の研究』（昭和五九年）四七頁以下参照。

## 第二款　未遂犯

当時の刑法典第二条によると、未遂犯が成立するためには、実行の着手の存在すること、さらに意図した既遂結果の不発生が行為者の任意による中止ではないことが必要であるとされた。

オルトランは、実行の着手を未遂罪と予備罪とを区別するものと位置づけ、その定義についてこう述べている。行為者が犯行の手段や機械を準備し、実際に使用するかどうかの自由の残されている間は予備罪に当たる。行為者が法律上犯罪を構成する行為として定義されている行為、つまり、それ自体で、他の間接的な挙動を挟まずに、直接に、犯罪の有害な結果（直接的結果）を発生させる性質を伴った行為の開始をもって、実行の着手であるとする。逆に、予備行為はこの直接性を具備していない性質の行為と位置づける（n° 1010）。たとえば、窃盗罪では、実際に窃取しようとする財物に触れ、殺人罪については、被害者に一撃を加えたり発砲したり、放火罪については、焼損させようとする物に実際に火を放ったりする時点のことをいうとしている（n° 1010）。ところが、オルトランは、この定義がすべてのケースに当てはまるほど完全ではないことを自ら認めていた。彼は、そのためのさまざまな事例を挙げている（nos 1011 et 1012）。たとえば、窃盗の故意を持ち、銀行券のしまってある戸棚の抽斗の鍵を壊した段階で逮捕された場合のように、窃盗罪を直接構成する行為には当たらないが、これと一体となった行為であるから、人々は誰でも窃盗罪の実行の着手と認めうるものが存在する。したがって、オルトラン自身こうした事例を引きながら、実行の着手に関する一応の定義は明示したものの、結局は裁判官らの事実認定の問題であると位置づけることにより、この定義は裁判官の指針に過ぎないとし、実際のところは、すでになされた犯罪事実の性質と状況とを勘案したうえで、裁判官らの判断にゆだねられるべきであるとした（n° 1013）。

## 第三款　中止犯

当時の刑法典では、その第二条で中止犯ではないことを可罰的な未遂犯の要件に位置づけていたことは周知の通りである。中止犯が成立すれば、その犯罪は、すでに生じていた結果は別に評価されるにしても、意図された犯罪は成立せず無罪とされる[22]。今日の我が国の刑法典のように未遂犯の一種に数え、中止犯を『中止未遂』と呼称し、刑の減免事由にされているわけではないことを確認しておかなければならない。

オルトランは、中止犯が行為者が犯行を継続しないよう既遂に至る途中で放棄することを慫慂する政策的な配慮を怠らなかった。オルトランは中止犯を着手未遂に当たる場合にも、欠効犯の場合、いずれの段階にも認めていた（n° 991）。彼はこれをその折衷説の要目の一つである功利主義という視点、すなわち社会的効用（l'utilité sociale）の観点から分析を加え、犯罪が既遂に至るまでの間いつでも行為者に犯行を中止する可能性があるのだから、これを促すため刑法は行為者に利益になるよう配慮すべき事を求めているとしている（n° 991）。不処罰の根拠につき、あえて刑罰威嚇を控制することにより犯行の中止を誘引しようとする刑事政策説による趣旨である。ここでは、あくまでも行為者が意図していた犯罪が既遂に至らないよう政策的に配慮を施していたに過ぎないので、中止に至る途上で何らかの結果が生じていた場合にはその限りでその結果について既遂犯としての刑事責任を負担すると注意を与えている。つまり、殺人のための犯行の途中で相手に一撃を加えたのみで中止したものの被害者に傷害を与え、あるいは殺意を持った犯行の結果として相手に傷害を与えた後に相手を救助したが傷害結果が残された場合、いずれも生じた傷害の程度で傷害罪として処罰されると説明を加えた（n° 991）。絶対正義説に基づけば、現に生じた結果についても、中止の動機が行為者の道徳的悔悟の結果によるものであれば、すべからず犯罪とは評価され得ないものであるが、オルトランはこのような考え方を否定して、犯行の中止を誘導する社会的効用による点を強調したのである（n° 991）。

オルトランは、行為者がその行為を中止するに至った原因動機、すなわち中止犯における中止の任意性を広く理解していた。たとえば、オルトランは、社会的効用という観点から、犯行の中止に至る行為者の内面の動機を広く認め、悔悟（repentir）や深慮（bien prudence）によることのほか、ある程度の危険への不安（apprêhension）、処罰に対する畏怖（crainte）なども含ませている（n° 991）。重要であるのは、中止の動機の内容を考慮することなく、行為者が自分の意思で止めたか否かという点に尽きると評価できる(23)。これは当時の刑法典第二条が未遂犯の成立要件として中止犯でないことを、はじめから条文上掲げていたためで、今日の我々の認識する所から述べれば『法律説』に法解釈論的前提を置くとする評価もあり得ないわけでないかと思われるが、立法の所産である条文がそうしたことを導く構成となっていたので、あえて法律説と評価する理由はこと当時のフランス刑法についていえば存しないであろう。なぜであるかといえば、『法律説』は未遂犯として成立した犯罪について、中止行為により事後的（遡及的）に未遂犯としての犯罪評価を阻却するべく導かれてきた所論である（未遂犯の成立を前提にした中止犯論）。ところが、当時のフランス刑法典第二条では、はじめから中止犯でないことを未遂犯の成立要素に数えていたのだから立法で解決済みであるべき問題にいまさら『法律説』というレッテルを添付して分類する理由が存在しないと考えることもできるのではあるまいか。

**註記**

（22）詳しくは、野澤充『中止犯の理論的構造』（平成二四年）三五三頁以下参照。
（23）同旨、末道・前出註（17）一三七頁。

### 第四款　不　能　犯

オルトランの与えた不能犯の定義は、『行為者がその目的とした犯罪の害悪を生じ得なかった場合、その理由が不能にあった場合を不能犯』（n° 1001）とするもので、その不能の理由が行為の客体にある場合と方法にある場合について不能犯を論じているが、主体の不能については何も語るところがない。オルトランは、自然界に存する物理法則に従って、不能の程度を分け「絶対的」（absolue, radicale etc.）である場合と「相対的」（relative, accidentelle, éventuelle, problématique etc.）である場合を論じ、前者にあたる場合を不能犯、後者にあたる場合を未遂犯と位置づけている（$n^{os}$ 1002 et 1003）。

オルトランは、初版以来、明示的に絶対的不能相対的不能説を採用し続け、不能犯にあたる場合に、オルトラン

は必ず絶対的 -absolue- という修飾語を冠している（n° 1002 et s.）[24]。

オルトランの明示する不能犯の事例についてみてみよう。

客体の不能にあたる事例については、被殺者が睡眠中と誤解して死体を刺す行為、人を射殺しようとして銃撃したが、その場に人そのものがおらず、樹幹に銃撃を加えていた場合、妊婦と誤解している女性が自己堕胎術を施す行為、他人の所有地で樹木を伐採したものの実際にはその所有地は贈与によりすでに自分の所有地に移転していた場合、他人の財物と誤解して自分の所有物を盗む行為などをあげている（n° 1002）。他方、豚舎から豚を盗もうとしたところ、たまたま熊と入れ替えられており豚を盗むことができなかった例を挙げて客体について相対的不能のある場合も肯定している（n° 1002）。この場合には行為の客体はたまたま別の場所に存在していたに過ぎず、結果の発生につながる原因はなお実在していたと評価するのであろう。植物の栽培における種子と水との関係に置き換えて考えてみると理解が容易になるであろう。たとえていえば、行為の中に植物の発芽につながりうる種子に相当する結果発生の直接的危険源が含まれていなければ不能犯と評価するわけである。

これに対し、方法の不能にあたる事例については、次のようにオルトランは考えている。呪術を用い人を殺そうとした迷信犯については不能犯とする。しかし、次にあげる行為者が実際に用いた方法によって結果が発生しなかった場合、ケースに応じて絶対的不能に当たる場合と未遂犯に当たる場合があると評価している。①事情に通じた薬剤師が夫殺害のため毒物を求めに来店した女性に無毒の薬品を与えこれを毒薬と誤信して夫に与え毒殺を試みた行為、②行為者のあずかり知らないうちに弾薬すべて抜かれていた火器や行為者の知らないうちに火薬の代わりに粉炭を挿入された火器を使用して銃殺を試みた行為、③弾丸のみが抜かれていた火器の中に火薬が残存して発火した場合などの事例をあげている（n° 1003）。①の事例についてオルトランは不能犯に当たるか否かを述べていないが、②の事例についてては明示的にではないが不能犯を肯定する（n° 1003)。③の事例についてては仮に被害者との間の距離が二キロや一キロ離れていればともかくとして被害者に接近して発砲したり精巧に製造された火器である場合があることを述べ未遂犯を認める趣旨のことを述べている（n° 1003)。さいごに、方法手段の「用い方」に関する不能の場合を紹介しているが、オルトランはこれらについてはすべて不能犯に当たらず未遂犯であると述べている。たとえば、オルトランは、行為者が毒物の調合を理解していないために解毒作用のある飲料に毒物を混ぜてしまった場合や、拳銃の取り扱いに不慣であったため殺人の目的を達成できなかった場合などをあげている。これらの場合、行為者がもし仮に別の食物に毒物を混ぜた場合、偶然当日拳銃の扱いが巧妙であった場合には、人を殺害するに足る危険が存在するので条件次第で能不能が変化するに過ぎず不能犯にはあたらないとする（n° 1004)。

オルトランは、不能犯を位置づけて、「実体のない想像上の犯罪（un délit imaginaire）であり、行為者の思考上でのみ存在する罪であるから、社会の刑罰は果たして科すことが可能であろうか。絶対正義説に従えば、その行為者は道徳上の犯罪者に当たり処罰することができる。だが、我々はすでに絶対正義は人間社会の正義ではあり得ないことを知っている。……（不能犯を処罰しなくても）人や社会はともに自然の物理法則によって保護されている、人や社会は充分安全を維持し、どのような点において害悪（mal）の及ぶ危険（danger）があろうか。（不能犯に当たる）事実や状況のみしかない場合には行為者による再犯の危険もその他の人々による模倣の危険も存在していない。未遂犯とは犯罪の開始（commencement）である。すなわち、開始というには犯罪の遂行が可能（possible）であることを前提とする。開始したとはすでに行為（fait）を一部なしたことをいう。未遂犯とは犯罪の結果（mal）を生じさせる動作によって成立する。だが、もしこの結果（mal）を発生させることができない場合には結果を発生させる動作もあったとはいえない。……絶対的不能の場合には着手未遂（tentative suspendue）も実行未遂（tentative achevée）も成立し得ないことを証明している。この場合、人間界の正義によれば通常の罪や未遂犯としては処罰できない罪や未遂犯の幻影（simulacre）がただあるにすぎない。」（n° 1006）、続けて不能犯を放置しておくとやがて後日行為者は再び犯行を繰り返す危険性があると評価することもできないわけではないがこの場合には「その推理はどこまでいえるのか。……将来についての再犯の危険はそれだけで刑を科すには足らない。刑を適用されるべき事実についてはは不能犯とされており、再犯の危険が懸念されるのは当該事実（faits）ではなく、将来において生じるであろう類似した犯罪についてであるから、もしこのような場合にまで刑罰を科そうとするのならば人間界の刑罰の根本原理（base）に違反すること甚だしい」と断じている（n° 1007）。ただし、オルトランも全く不能犯を放置しておくことには一抹のためらいを感じたようで、社会刑罰権論の支配を受ける刑罰制度とは別の保安処分制度を勧めていた（n° 1008）。

結局、オルトランは不能犯の概念を、犯罪結果を発生させる行為（fait）のなかに設定するので、絶対的不能の範疇に行為が置かれているかぎりで未遂犯は成立し得ない。なぜならば、このような場合には実定法上未遂犯を成立させる実行行為（l'exécution）の開始も成立し得ないからである。ゆえに、客体がはじめから実在してはいなかった場合には不能犯となり実行行為は成り立ちえず無罪となる。他方で、行為者の技術不足に基づいて被殺者を射殺し損なった場合には犯罪結果を発生させる行為は存在していると評価でき殺人未遂罪として処罰可能に至るのである。すなわち、オルトランがその不能犯論で示した発想は、因果関係における条件説的な発想に等しく、結果発生につながる直接的危険源（原因）が行為の中に存在していたか否かを中心において、オルトランは不能犯か未遂犯かを評価していたといってよいであろう。この関係は植物の栽培における種子（原因）と水分や気温（条件）との関係にたとえると理解し易いであろう。種子がはじめから存在している場合と異なり、発芽すべき種子が存在していなければ土壌から芽は生じえず、そこにいくら水分や適温が確保されていても絶対に発芽という現象は生じ得ない、という関係である。

こうした犯罪結果発生の直接的危険源の存否にフォーカスを合わせることは、オルトランが観念していた犯罪結果の概念ともよく適合する。オルトランは犯罪結果を二つに分けていた。直接的結果と間接的結果とである。直接的結果とは、被害者が直接に被る個別的損害である。これに対し、間接的結果とは直接的結果とは区別されるが、直接的結果を通して社会の安全もしくは保全を損なう結果を生じることを意味する。つまり、オルトランは官憲が犯罪を摘発することによってもたらされる国民の治安感情の高まりと、逆に犯罪が放置されることによって醸し出される官憲に対する不信感とを比較考量し、犯罪の放置が社会を崩壊せしめる結果をもたらしうる危険も犯罪結果に含めている。オルトラン自身はこの結果（直接的結果と間接的結果）と絶対的不能の概念とを比較して明示的に論じたことはないが、オルトランの掲げる絶対的不能に該当するとされる場合には、その行為を摘発せず放置し続けても社会が崩壊するに至ることにつながることは難しく、逆に、犯罪結果発生の危険源が社会に存在していた場合にはやがてその危険源が犯罪結果（直接的結果）に結実し、その結果として一定の間接的結果に結びつけられると考えることができよう。

**註記**

（24）ところが、西山富夫「黎明期の不能犯判例史」名城大学創立二十周年記念論文集法学編（昭和四一年）五七頁によると、オルトランが絶対的不能相対的不能説を採用したのは第四版（一八七五年）以降であり、それまでは客観的危険説を採用していたとされるが、私が初版以降の版に実際にあたったところ指摘された改説を示す記述を見いだすことはできなかった。

## 小括

以上、取り上げてきたオルトランの態度からどのようなことが読み取れるであろうか。

オルトランは新古典学派の中でも折衷説の立場に立ち社会刑罰権論を完成させた当時のフランスを代表すべき刑法学者である。彼の刑法論、すなわち罪と罰とを論じる際の端々に正義と効用との二重の限界（la double limite du juste et de l'utile）に関わる議論が出てくるのが特徴である。このうち、正義に関わる部分はのちにボアソナードが道徳上の悪（mal moral）と紹介し、効用に関わる部分を社会上の悪（mal social）と紹介することにつながっていく。オルトランは効用から導かれる結果（mal）を二つに分け、直接的結果と間接的結果とに分類した。直接的結果とは個別具体的な権利の侵害であり、殺人罪や窃盗罪など犯罪を区別するために用いられる。間接的結果とは犯罪を防止できなかったことによる法律や国家機関の活動に対する人々の信頼の喪失等である。オルトランによれば、未遂犯の処罰で重要であるのはこうした犯罪の結果であった[25]。

着手未遂から実行未遂へと到る未遂犯の刑が既遂犯の刑よりも軽減される根拠がこの折衷説から導き出され、やがてボアソナードの努力を通じ我が国の最初の近代的刑法典の立法事業へとつながっていったことは今更言を俟たない。正義の視点からは既遂犯も未遂犯も区別する必要を生じないが、効用、すなわち社会に及ぼした結果（直接的結果、間接的結果）の視点から未遂減軽主義が見事に導き出されたわけである。他方、当時のフランス刑法典第二条によれば未遂犯の成立するためには実行の着手の存在することに加え、中止犯でないということの二点が明文上要求されていた。まず、オルトランは実行の着手については直接犯罪の有害な結果を発生させる性質を伴った行為の開始であると位置づけて、直接的結果の概念が重要であると位置づけた。さらに、中止犯論では折衷説における効用の観点から、行為者の既遂へとつながる犯行の中止を誘引しようとする政策的配慮にその特徴が認められた。その際我が刑法との違いで注目しなければならないのは中止の任意性を道徳的要素つまり悔悟などに限定せず広く処罰に対する畏怖のごときも含めて認めていた点にある。さいごに不能犯論ではそれを「実体のない想像上の犯罪」であると位置づけて社会刑罰権論における折衷説の立場から刑罰の対象となる犯罪のリストから外した。また不能犯の評価基準では、物理法則の観点を用い、規範的観点を強調せず、事実に即して考察する態度に徹していた。

オルトランは、江口博士も指摘されるように[26]、行為者の有責性概念を中心にして刑法理論を構築しているが、その前提となる「犯罪の概念そのもの」はきわめて客観主義的、謙抑的であり、その事情は未遂犯論でもよく当てはまるということが明らかにされたといってよいであろう。

**註記**

(25) なお、江口・前出註（6）八四頁参照。
(26) 江口・前出註（6）八三〜八四頁。

# 第三章　ボアソナードの未遂犯論

## 第一節　ボアソナードの犯罪観―社会刑罰権の基礎―

さて、ボアソナードは、その学風として、独りフランス法のみを専らとするのではなく、広く諸国の法律の状況をも視野におく比較法的研究の重要性を認めていたのが特徴であった。この学風の由来として、指摘されているのは万国に普遍なる自然法主義にあるとされている。小野清一郎博士が述べられているところをここに引けば、「彼は刑法の目的は社會秩序の維持にありとしたが、同時に其の手段は正義と理性とに基づかなければならぬとし、而してその正義と理性とは永遠にして普遍なる自然法に外ならぬと考へたのである。（中略）而して西洋諸國の刑法が當時フランス刑法を起點とする第十九世紀の立法として大體において同一の相貌を有したことがその信念を強めたことであらう」とある。(1) この学風が、我が国の旧刑法典の立法にも強力に反映することになるのは言を待たない。そして、彼の刑法学上の立場というものは、一般にいわゆるフランスの「新古典学派（L'École néo-classique）」(2) であるとされている。(3) この学派とは、すなわち折衷学派と呼ばれていることからも明らかな通り、「社会功利主義」と「絶対正義主義」とを調和せしめようとする立場であった。詳しくは、犯罪の本質を前者（社会功利主義）は社会に対する危険性「社会上の悪」(mal social; danger social) に置き、刑罰は将来惹起されるであろう犯罪を視野に入れ、これに対する威嚇的一般予防のために科せられるべきであるという考え方なのである。[4] 後者（絶対正義主義）は、「道徳上の悪」(mal moral) に置き、刑罰は道徳上の悪行に対する〔特に行為者の意思・目的に重点を置く〕応報のために加えられるべきであるとした考え方である。[5] その弊害として、ボアソナードの考えていたことは、前者を貫徹すれば、その当時の政府に背く者を専ら処罰することになり、遂には歴代政体の変遷にしたがって同一の事でも処罰されたり、されなかったりすることになる。つまるところ、時の政治権力の専横を招来することになる。自然法思想に依拠すれば、このことは凡そ認容すべからざることである。つまり、人為になり「自然に」則らざる社会の制度をもって処罰の標準とすることは理論的に許容されえないことになるからである。[6] さらには、犯人の外面的な行為だけを処罰するのではなく、社会がそれを必要とすれば彼の内心の邪悪さをも処罰の対象とし、これの程度に応じて処罰の程度も変わることになるとする。[7] 後者を貫徹すれば、実際に損害が発生せずとも、道徳違反の一時をもって人を処罰することになるので、法と道徳の区別が消失し日常の些事にまで法が介入し人々の思想の自由を阻害し人身の自由を害するとしている。[8] つまるところ、かような大権は神のみぞ行使できるものだとする。[9] すなわち、絶対的応報刑論である。したがって、これら両主義の偏りを匡正し中和するために両主義を折衷し犯罪のもっている「社会上の悪」と「道徳上の悪」との程度を合わせて犯罪を理解するとしている。[10][11] もっとも、ボアソナードは「道徳上の悪」と「社会上の悪」との程度を合わせて犯罪を理解するといっても、どちらか一方を基本原理として定立し他方を制約原理としてあらかじめ設定しておくというものではなかった。つまり、両方の悪が存在していることを確認して、その後で理性に従い、その平均 (une équation) を求めて、あるいは、その犯罪の性質に応じていずれかの悪により、量刑を行うというものにすぎなかった。[12] したがって、いずれの悪に基本を置くかをあらかじめ明確に定めていないのでは、量刑基準として、さらに犯罪の罪質決定の基準として不安定であるという謗を免れないであろう。とはいえ、犯罪を多元的に観察する素地が築かれたという意味では、評価に値すると考えられる。

ただし、この二つの悪の概念を今日一般化している犯罪論体系における違法性（法益侵害）と有責性との概念に各々直接結びつけて理解することは正しくないことに注意を払わなければならない。「社会上の悪」とは、行為に向けられた評価であるが、法益侵害説が説くように行為から直接もたらされる結果をもっぱら評価の対象にするのではなく、さらに広汎な刑事政策的含みのある概念である。そこでは現実に発生する結果から派生的にもたらされる「間接的結果」（un mal indirect）の概念も含まれる点に注意をしなければならない。例えば、ある犯罪が実行されたことによって公衆の間に発生した不安、あるいは行われた犯行の発覚困難性などを数え上げることができる。[13]他方、「道徳上の悪」とは、行為と並んで行為者にも向けられた評価である。行為について述べれば、故殺か毒殺かで犯罪評価が異なるように、犯行の目的、動機に示される反道徳性、犯行の手段に示される反道徳性、故意の中にある反道徳性の程度の差などであり、行為者について述べれば先述の絶対的応報刑論との結びつきである。[14]すなわち、ボアソナードの示した「社会上の悪」とは単なる法益侵害よりも広範な概念であり、刑事政策的な価値概念をも示すものであったといえよう。他方、「道徳上の悪」とは犯行の目的や動機の反道徳性という行為無価値的な要素を含みながらもそれにだけに関連づけられる概念でなく、責任論を基礎づける応報観念と結びつく内容を含む概念であった。かつて適切にも青木人志教授が小野清一郎博士の指摘をなぞり明らかにされたように、ボアソナードは違法と責任とを明確に区別してはいなかったとするのが妥当である。[15]

ところで、ボアソナードは、社会功利主義が要目とする社会の公益のみを志すのではなく、上位概念としての「秩序ノ維持」[16]を重視し、これをもって社会功利主義の弊害を抑制するのだと考えるとしていた。[17]また、彼はこの

「社会上の悪」を社会に対して与えた「実害」のほかにも、社会の安寧を妨害すること[18]、国民一般に与えた騒擾恐懼をも含めて考慮していたものと窺える。[19] したがって、社会保存のために処罰すべきだとする保存権説（別名、社会正当防衛主義[20]）寄りの考え方を採用していたものと思慮される。[21] つまり、私見によれば、国民一般に与えた騒擾恐懼こそが、ボアソナードの説く折衷説の、社会功利主義に対する要目としての社会秩序（ordre social）を考える上で重要な要素を構成すると思われる。他方、彼は、人の行動の自由をも重視していたためこの「社会上の悪」とは、直接に社会に害悪を及ぼしていることを要求した（例えば、暴飲して酔倒することは、社会のために一人の労力を欠くことになる。だが、直接には社会に害を及ぼしていないとする。よってこの場合には「社会上の悪」はないとしている[22]）。かつ、他方、単に形式的に害悪が存在していればよいとするものでもなかった。害悪の程度（違法性の程度に相当する）をも斟酌していたのである。つまり、社会に与えた害が極めて少ない場合には、これを「社会上の悪」と考えてはならない旨言明していた（例えば、家畜を残酷に扱うことは近所にいる者にとって聞知するに忍びないが社会に与えた害は極めて少ないとしている[23]）。また、多くの罪も社会上と道徳上の悪を両方兼ね備えたものとして把握していた。[24] この意味では、いわば犯罪を複合的に見ようとするものである。

かくて、ここで述べた自然法主義、とくに新古典学派の考え方が個々の犯罪の説明において具体化されていくことになる。

しかし、見落としてはならないのは、彼は決して純理だけを追求する理論家ではなく、人の行動の自由の保障や、裁判手続きの適正な実現（冤罪の防止、証拠の確保）については、これらの要請をもにらみ合わせながら、理論を構築していったことにある。[25]

この点、現代においても依然生彩を保ち得べきものと思われる。彼のこの姿勢の詳細は、次節以降にて触れていくことになる。

**註記**

（1）小野清一郎『刑罰の本質について・その他』（昭和三〇年）四二六頁。

（2）新古典学派誕生の思想的・社会的背景については、江口三角「フランス新古典学派の刑法思想」団藤重光博士古稀祝賀論文集一巻（昭和五八年）所収五二頁以下が詳細である。また、平野泰樹教授により、明治前期の我が刑法に与えた意義がつとに指摘されている。同・「フランスの刑事責任（一）」國學院大學大学院紀要第一〇輯一二九頁。

（3）ほかには、Ortolan, Éléments de Droit Pénal, $4^{e}$ éd., t. I, 1875, p. 92. グロース『グロース氏　佛國刑法講義』（明治一二年五月、警視局蔵版）六頁、等。

（4）参照、Boissonade, Projet révisé de Code Pénal pour l'Empire du Japon accompagné d'un Commentaire, 1886, p. 11; Ortolan, op. cit., pp. 83 et s. ボアソナード『ボアソナード氏　刑法草案註釋上巻』森順正訳（明治一九年）復刻版一三頁〔以後「註釋上」と略称〕、同・『ボアソナード氏起稿　刑法草案注解上巻』（訳者刊年不詳）一三頁〔以後「注解上」と略称〕。

（5）Boissonade, op. cit., p. 10; Ortolan, op. cit., pp. 84 et 85. ボアソナード・「註釋上」一二頁、同・「注解上」一三頁。

（6）Boissonade, op. cit., p. 11. ボアソナード・「註釋上」一三頁、同・「注解上」一四頁。

（7）Boissonade, op. cit., p. 11. ボアソナード・「註釋上」一四頁。

（8）Boissonade, op. cit., p. 10. ボアソナード・「註釋上」一三頁、同「注解上」一三頁。

（9）Boissonade, op. cit., p. 10. ボアソナード・「註釋上」一三頁。同旨、Ortolan, op. cit., p. 92. ボアソナード『司法省蔵版　刑法撮要』井上正一筆記・訳（明治一〇年）六頁〔以後「撮要」と略称〕では、神の審判（上帝ノ裁判）をしようとするものであり、宗教の領域に入っていると批判していた。

（10）Boissonade, op. cit., pp. 11 et s. ボアソナード・「註釋上」一四頁以下、同・「注解上」一四頁以下。佐伯千仭＝小林好信「刑法学史」鵜飼信成＝福島正夫＝川島武宜＝辻清明責任編集『講座日本近代法発達史』一一巻（昭和四二年）所収二一〇頁参照。

（11）同じ学派に属するオルトランはこの関係を比喩を以て表わしている。空気は酸素ではなく炭素でもなく、両者の混淆物であると（Ortolan, op. cit., pp. 85 et 86.）。

(12) Boissonade, op. cit., pp. 12 et 14. ボアソナード・「註釋上」一四～一五、一七頁、同・「注解上」一五頁、同・「撮要」一一頁。なお、小河滋次郎『監獄學（全）』〔明治二七年〕八四頁にてボアソナードの言説を引用の箇所および『司法省刑法草案注解第一～二号』〔刊年不詳、東洋大学図書館所蔵本〕二〇頁、ボアソナード述『刑法草案注解二』〔刊年不詳、最高裁判所図書館明治文庫所蔵本〕一〇丁では、いずれの悪がより重いかを評価し、その重い方を量刑にあたり考慮するという記述がみられる。他方、オルトランは、両方の悪の何れか軽い方で量刑を行なうと説いていたが、あらかじめいずれの悪にかに基本原理を定めていなかった点で基本的思考は同じである（Ortolan, op. cit., p. 93.）。

(13) Boissonade, op. cit., pp. 734, 861. ボアソナード『ボアソナード氏　刑法草案註釋下巻』森順正訳〔明治一九年〕復刻版［以後「註釋下」と略称］一二二～一二三、二九一頁。

(14) Boissonade, op. cit., pp. 33, 129, 733, 876 et 877. ボアソナード「註釋上」四〇、一六八、同「註釈下」一二二、三一二～三一三頁。

(15) 青木人志「ボアソナード刑法思想における『道徳的悪』と『社会的悪』の概念」一橋論叢一〇五巻一号三一頁以下、特に四二頁。

(16) 社会秩序の維持の意味である。澤登俊雄「宮城浩蔵の刑法理論一」法律時報五〇巻五号六五、六八頁註（7）、同・「ボアソナードと明治初期の刑法理論」『総合的研究』一二頁、一七頁註（6）。

(17) Boissonade, op. cit., p. 13. ボアソナード・「註釋上」一六頁。

(18) ボアソナード・「撮要」七頁。同旨 Ortolan, op. cit., p. 87. オルトランは特に社会の安寧を保つために再犯及び他人にその犯罪の模倣されることを恐れてこれらの防止をすべきことも併せて主張していた（Ortolan, op. cit., p. 88.）。これは、不能犯の不処罰の理由にも敷衍されている（Ortolan, op. cit., p. 496.）。

(19) ボアソナード『日本刑法講義筆記』〔刊年不詳〕四丁［以後「筆記」と略称］。したがって、「社会上の悪」には danger social も含めて論じられている。ほかに Ortolan, op. cit., p. 88.

(20) Ortolan, op. cit., p. 83.

(21) 同旨 Ortolan, op. cit., p. 86. 事実、ボアソナードは「社会正当防衛主義」をも評価していた（Boissonade, op. cit., p. 13. ボアソナード・「註釋上」一六頁）。

（22）　ボアソナード・「撮要」一四～一五頁。

（23）　ボアソナード・「撮要」一五頁。他方、「道徳上の悪」自体について、単に道徳法における絶対的正義に背くことではなく（社会に与えた害との関係で相対化された）「（人間）社会の正義なり」と明言したのは、オルトランであった（Ortolan, op. cit., pp. 441 et 446.）。

（24）　Boissonade, op. cit., p. 12. ボアソナード・「註釋上」一五頁、同・「撮要」一二頁。

（25）　グロース・『グロース氏　佛國刑法講義』（前出註3）三五頁も同様の思考をとっていたように考えられる。

# 第二節　ボアソナードの未遂犯論

## 第一款　犯罪の段階

ボアソナードは、未遂犯を論じるに際して非常に緻密に行為の発展順序を規定し、これを分析している。この態度は、当時のフランスの学者一般の間に見られるものである。たとえば、オルトランのほかにもベルトール、グロースなどにも、このことはあてはまる。[26]

ボアソナードは、その順序を①犯罪を行なおうとする思想（犯罪を行なおうと想像、発意すること）idée ou pensée du crime、②犯罪を行なおうとする意思（犯罪の企て、悪念が心に駐留していること）intention ou projet、③犯罪を行なおうとする決心（決断）résolution、④犯罪の予備行為 actes préparatoires、⑤犯罪に着手すること（または未遂犯）commencement d'exécution ou tentative、⑥罪を犯そうとして成し遂げないこと crime manqué、⑦犯罪を成し遂げたこと l'infraction consommée、に分節化して考察している。[27] この分析手法は、行為の持つ道徳的、社会的意義に応じて刑事責任を個別化するのに役立つ。[28] 道徳的意義に応じてのみ処罰する場合は、かような分類は不要となる。というのは、犯罪の予謀も既遂も区別せず均しく処罰すれば足りるのだから。[29] そして、このような分析をなした理由は、その新古典学派の考え方が基礎にある。この学派の理論は前にも述べたとおり、「道徳上の悪」と「社会上の悪」とにより構成されている。すなわち、「道徳上の悪」の観点からすれば上記の②以後の行為の段階では徐々にその悪性が増大しつつあることになる。しかし、①の段階にある「思想」は、これを人は制御することができず、一時的に精神を動かされることもあるとして、道徳上侵害するところはないとしている。しかも、また、感じるほどの社会に対する危険もないとしている。[30] このことは、意思と行動との間に存在する間隙を理由とするということなのである。つまり、凡そ意思があれば即行為につながるとは限らず、さらに意思による行動力を問題としなければならない。この行動力、つまり意思の安定性を問題としたのであろう。また、同時に意思の安定性は、それが完成されるまでは成長し続け、それに連関して「道徳上の悪」も強くなるものと思われる。したがって、ボアソナードは③の段階までは罪質を決定する際に「道徳上の悪」の程度を、「社会上の悪」と並列させて、論じていた。しかし、その後の段階においては特に「社会上の悪」の程度をのみ罪質の決定に際して論じているにすぎない。[31] つまり、このことは、結局ボアソナードにおいては④の段階以後は罪質の決定に際してその程度にもはや差別がつけられるほどではなくなったと考えていたということになる。したがって、④の段階以後の行為については「道徳上の悪」があることを前提とするのみで、もはやその程度については論じていない。結局、各々の犯罪の説明原理としてはあとで見るように専ら「社会上の悪」の程度を用いているにすぎないように考えられるのである。[32]

他方、「社会上の悪」の観点からすれば、上記の②においては現在の社会に対する危険は存在せず、未来の危険も想像にすぎないし、③においても依然として感じるほどの社会に対する損害はなく、未来の危険が②よりも大きくなったにすぎず、④において初めて外界に客観化された行為をしてその行為だけに留まるときは社会に実害を与えないが、その目的とするところがあるがゆえに、社会に危険を与えざるを得ないので社会に害を与えることに近くなるとしている(33)。

したがって、社会に危険を与えているかぎりで、④以後の行為が処罰の対象になると考えられるが、実はそこまで厳格な処罰は予定されていない。というのも、当時の国事犯（国の安寧に関する重罪）を除き刑法犯の多数を占めた常事犯においては、とくに④の段階にある（予備）行為については、これを「人生の通常の行為」換言すれば人の「日常生活の正当の行為」から『証拠』によって区別することができないからであるとしている(34)。ところで、実はボアソナードは司法省での（旧）刑法典の編纂会議で④の段階までは、公益を害せざるとして処罰しないと述べていたこともある(35)。ともあれ、この採証上の考慮を加えた点が、前節で記したところのボアソナードの一特色である。ボアソナードとしては、裁判官の想像等による恣意性を排除して冤罪が生じるのを防止しようとすることにも強く配慮しようとしていたのである(36)。ただし、彼はその『証拠』のなかに、本人の任意の自白それ自体を入れることを許していた(37)。要するに、行為者の主観を二義を許さないほど表現している行為の外形と、本人の任意の自白に絞り、有効な証拠の範囲を限定しようとしていたと推測される(38)。このことは彼の採用した着手の認定論についても当てはまる。ところで、ベルトールの場合は、このように考えることには反対の姿勢を示していた。すなわち、彼は「命令主義」（Le system du commandement）の立場より論じて、これに反対をしていたのである。つまり、予備行為は、命令主義の立場からする「社会権」（droit social）の範疇に属し、処罰することが可能だが、単に処罰しないことによってかえって犯行を続けることを悔いて止める『利益』があるにすぎないからであるとした(39)。

ところが、ボアソナードは国事犯の予備行為については、態度を変えて処罰するとしている。すなわち、この犯罪に関しては、社会に及ぼす危険が大きく、その行為が先の常事犯の予備不処罰の理由となった『日常生活の正当の行為』とからは、その目的・性質より見てまったく混同される恐れがないとしている(40)。したがって、前節でも私が指摘したように、彼は「社会上の悪」を実害だけではなく社会に動揺を起こし危険を生じせしめたこととらえたことによって、この観点から『日常生活の正当の行為』という弁解のできない国安を害する重罪の予備行為も、社会に動揺を起こすべき事柄だから処罰すべきだと説いていた(41)。

しかし、また、この国事犯については、彼の司法省における（旧）刑法典の編纂会議中の発言にも見られることであるのだが、そのうえ更にここにおける④の段階以前の③の行為からすでに処罰しようと考えていた(42)。その理由として、彼は、国事犯を犯す決心は一身上のことに留まらず、一朝一夕になされることでもない、そして、公益を害すること（社会上の悪）も甚だ大きいからだとしている(43)。あるいはまた、常事犯の場合には、一時の憤怒によって犯罪の申し合わせをしたにすぎずそれは真意ではない場合が認められ、したがって処罰すべきではないが、国事犯の場合には、一朝一夕に成り立つわけではないのでその害悪の波及する範囲が大きく、処罰すべきであるとする説明も見られる(44)。なお、ここで述べていることは、集団的決意として今でいう「陰謀」のことを指している(45)。さらには、これに留まらずに②と境界を接する行為（すなわち、陰謀を企てること）をも、それが現実に失敗に終わっても、果たして他人を説き勧めて陰謀が成立する可能性をもつ行為なので社会に対する危険が小さくはないから、処罰すべきであるとしている(46)。

しかし、もちろん右の場合の実際の処罰においては既遂犯よりも軽くすべきであるとしている(47)。たとえば、国事犯においても「天皇陛下等の身体に対する重罪及び軽罪」についての各論的記述を参照すれば、まず、当該犯罪の陰謀を企てようとするその発言に誰も承諾しなかったとき、刑四等を減じるとしている。陰謀に留まり、予備行為を行なわなかったとき、刑三等を減じるとしている。陰謀に次いで予備行為までのみを行なったときは、刑二等を減じるとしている。[48] 既遂に接近するにつれ、行為の各段階に対応させて刑に差別を設けている。道徳を害していること（道徳上の悪）の存在を前提にして、公益を害する（社会上の悪）の度合いに即して刑に軽重の区別を設定しているのである。これは、国事犯以外の犯罪についても当てはまることは言を待たない。[49]

**註記**

(26) Ortolan, op. cit., pp. 434 et s., Bertauld, Cours de code pénal et leçons de législation criminelle, explication théorique et pratique, 4$^{e}$ éd., 1873, p. 193. グロース『グロース氏　佛國刑法講義』（前出註3）二八頁以下、ほか。

(27) Boissonade, op. cit., pp. 404 et s.. ボアソナード・「註釋上」五二六頁以下、同・「注解上」二六九頁以下、同・「撮要」二五五頁以下、同『司法省蔵版　佛國刑法講義』〔明治一四年〕一二四頁以下〔以後「講義」と略称〕。

(28) 小野清一郎『刑罰の本質について・その他』〔昭和三〇年〕四五一頁。

(29) 参照、Ortolan, op. cit., p. 92.

(30) Boissonade, op. cit., pp. 406 et 407; Ortolan, op. cit., p. 245. ボアソナード・「註釋上」五三〇頁、同・「注解上」二七〇頁。

(31) 現に既遂犯と未遂犯との間の刑の差別化について論じた際も「道徳上の悪」の観点からの説明を入れておらず（早稲田大学鶴田文書研究会編『日本刑法草案会議筆記第Ⅰ分冊』〔昭和五一年〕四四四頁〔以後「筆記Ⅰ」と略称〕）、また中止犯の場合でも犯意の消滅について直接に「道徳上の悪」の如何を敷衍して論じてはいなかった。
参照 Boissonade, op. cit., pp. 414 et s.. ボアソナード・「註釋上」五四〇頁以下、同・「注解上」二七八頁以下。

(32) ただ、ボアソナード・「撮要」においてだけは、実行未遂犯と既遂犯との間の刑の差別化に関連して、実行未遂犯は将来行為者自らが結果の発生を阻止するかもしれないので「道徳上の悪」は十分あるとは認められない旨を述べていた（二六五頁）。

もっとも、中止犯の処罰についての説明では、中止犯の「道徳上の悪」の程度については触れず〔わずかに「道徳上の悪」を事後的に消滅させることはできない旨述べるに留まる（二六九頁）〕、もっぱら法が処罰の対象として予定をしていなかったと述べているにすぎない（同所）。これらの中止犯の説明・表現には一貫性が乏しいように思われる。

(33) Boissonade, op. cit., pp. 406 et s.. ボアソナード・「註釋上」五三〇～五三一頁、同・「注解上」二七一～二七二頁以下。
(34) Boissonade, op. cit., p. 408. ボアソナード・「註釋上」五三二～五三三頁、同・「注解上」二七三頁。
(35) 「筆記Ⅰ」四三八頁。
(36) ボアソナード・「撮要」二六〇頁、同・「筆記」二二六丁。
(37) ボアソナード・「撮要」二六〇頁。
(38) なお、ボアソナードが訴訟法（治罪法）において故意などの主観に関する証拠法則についてどのように考えていたかを示しておこう。ボアソナードは、意思に関する、客観的証拠を伴わない、単なる自白は、これを証拠として採用することに強く反対をしていた。その理由とは、次の二点に認められるのである。たとえ任意になされたものであったとしても、それが自由意思の下で本当になされたものか証明することができないこと、また犯罪の動機など内心の状態を供述者自身が自分で判断して正確に伝えることは不可能であると考えていたことである。これに反して、任意になされた、有形の事実に関する自白は証拠として採用することができるとしていた。その理由を、虚偽の自白が少ないこと、そして他の証拠を合わせることでその真実性を確定させることができることに求めていた。ボアソナード・「ボアソナード氏　治罪法草案註釈」小山田銈太郎訳〔明治一四年〕第一篇一九〇～一九一頁。
(39) Bertauld, op. cit., p. 195.
(40) 例として、被殺者のリスト作成、兵器の配当、隊伍を組むこと、暗号を配当すること、合言葉を定めることなどを挙げている（Boissonade, op. cit., p. 409. ボアソナード・「註釋上」五三三頁、同・「注解上」二七四頁）。
(41) ボアソナード・「撮要」二六〇～二六一頁。
(42) Boissonade, op. cit., p. 409. ボアソナード・「註釋上」五三一頁、同・「注解上」二七二頁、同・「筆記」二二五頁、同・「撮要」二五七頁以下、「筆記Ⅰ」四四〇～四四一頁。
(43) 「筆記Ⅰ」四四〇～四四一頁。同旨、グロース・『グロース氏　佛國刑法講義』（前出註3）三三三頁。

(44)　ボアソナード・「筆記」二一八丁。
(45)　ボアソナード・「撮要」二五八頁、同・「講義」一二七頁。
(46)　Boissonade, op. cit., p. 407. ボアソナード・「註釋上」五三一頁、同・「注解上」二七一〜二七二頁、同・「撮要」二五七頁以下。ただし、別の機会にはこれを処罰すべきではないと述べていた記述も見られる（同・「筆記」二一七丁）。
(47)　「筆記Ⅰ」四四一頁。ただし、ボアソナード・「筆記」二一九丁では「実行セル者」よりも刑を軽くすると明言していた。
(48)　Boissonade, op. cit., p. 425. ボアソナード・「註釋上」五五三頁。
(49)　参照、「筆記Ⅰ」四三八頁、など。ただし、ここでいう「社会上の悪」は、未遂の場合、実害が生じていないので既遂と比較すれば少ないが、社会の動揺と恐怖とが認められるために存在しているとするのである（ボアソナード・「撮要」二六八頁）。

## 第二款　未遂犯

さて、⑤の段階にある行為、犯罪着手（未遂犯）commencement d'exécution ou tentative について見てみよう。ボアソナードは、未遂犯についてはこれを既遂犯よりも軽く処罰するとした。その理由としては、未遂犯においては、結果が発生しなかった分だけ既遂犯よりも公益を害すること、「社会上の悪」が少ないことを挙げている。[50]ただこの他にも、法律はいつも犯人に犯罪の実行を止める利益を残しておかなければならないとしていたことがある。[51]実はボアソナードは、こうすることによって犯人が未遂減軽を期待して彼が犯罪を遂げることを防止しようという「政策」的な考え方をも併せて配慮していた。というのも、ボアソナードは、こうしなければ、犯人をして、既遂に至れば（希望を遂げて、という意味か）逃亡することができるし、（殺人等の場合には証人たるべき被害者がいなくなるから、という意味か）その罪を告訴する証人もいなくなりうるという利点の方に走って既遂に利益があることになると考えていたからである。[52]すなわち、新古典学派の立場からすれば、道徳を害することはともかく、社会上の害悪については既遂犯よりも少ないので、減軽するのだと説くだけで理論上は足りるはずだからである。

次に、着手行為と予備行為との区別についてのボアソナードの認識を問題にする。司法省における（旧）刑法典の編纂会議中の発言のなかで、彼は、凶器で人を殺そうとする場合について着手とは予備より着一着時機切迫して、相手に向かって既に凶器を振り上げ切りかかって小傷に留まるかまたは切りかかろうとして未だ相手の身体に凶器が触れないときに成立すると述べている。他方、凶器を振り上げようとしているに留まるときは予備としている。[53]また、他の機会の彼の発言のなかには、人を銃殺する場合について、弾丸を発射させようとする段階を着手としている。[54]

また、着手行為と予備行為とを判別するために採用すべき証拠資料についてボアソナードは、盗罪を例に挙げて、行為者の日頃の行ない（品行）、被害者との日頃の間柄までをも重視していることが興味深い。つまり、品行良く、あるいは間柄が懇意であるのならば、その行為者が一見盗罪を行なっているように見えても、それだけでは着手行為にかかっていると認定しがたいと述べている。[55]

ところで、ボアソナードが、予備行為と着手行為の判別について説く場合、これまで何れの文献においても行為のもつ危険性を基準としたことはない。他面、新古典学派の立場からすれば、行為者の主観面にのみ犯罪の本質を置いていたものとも思われない。かくて、ボアソナードは、単純に行為者がその罪を犯す意思をもって罪を直接に犯す行為をしていると種々の状況によって形式的に認められれば着手となると考えていたといってよく、その際にその行為がいかなる程度の法益侵害の危険性をもっていたか、あるいは行為者の主観面にいかなる程度の反社会性がみられるかは問題にしていなかった。すなわち、行為の評価については、その行為だけを対象にするのではなく、行為者の素行などをも犯罪の弾劾証拠として持ち込む採証上の考慮を入れている点、および構成要件論を知らなかった点では異なるが、着手を形式的にとらえる点では結局今日の小野清一郎博士流の形式的客観説にかなり親近性の認められる考え方であったと一応言うことが許されるであろう(56)。ただ、小野博士の場合には、着手の認定に際して、法益侵害の危険性を「抽象的危険」の程度にとどめて考慮してはいたが、ボアソナードの場合には右に指摘したように危険性を考慮して論じていたことはない(57)。したがって、着手を形式的に認定するとしても、やはりその認定が不安定な恣意に陥りやすくなる危惧を拭い切れない。たとえば、障壁等を破壊する場合であっても、それが第三者（具体的には裁判官）にとって行為者の意思が住居侵入の窃盗にあったことが弁識できたとすれば、これをもって「盗ヲ執行スルノ始ト見做スモ決シテ法文法意ニ悖ル所ナカル可シ」と明言さえした場合も見受けられる(58)。この場合など原則として未だ窃盗の抽象的危険すら認定することは難しいと思われる。しかし、彼は同じ設例について一般論としては「盗罪ノ豫備ノ所爲ニ外ナキモノト見ユレハナリ」と説いたこともある(59)。したがって、ボアソナードが考えていたところは、未遂（着手の段階）の場合には、社会を恐懼に陥れており社会秩序を害したと見られる「社会上の悪」の程度も、第三者に一定の犯罪を行なおうとしていることが判別できさえすればそれで足りるとしたことになり、それによって着手時期を決定していたことになる(60)。

次に、それでは着手未遂犯と実行未遂犯との区別について考えなければならない。これについてボアソナードは、実行未遂犯とは犯人が既にその目的を達すべき行為をし尽くしているので着手未遂犯よりも一歩先んじてはいるが、既遂には至っていない場合であるとする(61)。しかし、その実際の判定では、行為者の主観には拠らないと考えていた。というのも、実行未遂犯と着手未遂犯との間に刑の差があるということから、犯人が未だ実行（「執行」）を終わっていなかったと自白して刑を軽くされようと言い逃れる恐れがあると思慮していたからである(62)。

さて、着手未遂犯と実行未遂犯の刑の格差について、ボアソナードは、フランスの実務に倣ってこれを承認した[63]。彼は、実行未遂犯の刑を既遂犯と着手未遂犯のそれとの間に位置づけられるものと認めていたのである[64]。とくに、着手未遂犯については、その「道徳上の悪」の程度について、これを充分に認めることができるという所説に対して、彼は消極的姿勢を示した。すなわち、行為者は或いは自ら実行（「執行」）を止めるに至ることがあるかもしれず、測り知ることができない旨をその理由として置いている[65]。行為者が将来とりうる犯行の中止行動にも充分に配慮しなければならないとしているのであろうが、それは実行未遂犯についても事情は同等と思慮される。しかし、こちらのほうについては「道徳上の悪」が充分認められるとしているのでいささか疑問を感じざるをえない[66]。また、「道徳上の悪」は、行為者が現に故意、内心の邪悪さを捨てたかどうかによって決まってくるはずのもので、犯行の将来の成り行きについての配慮はむしろ「社会上の悪」において考慮すべき事柄ではないかと思われる。この点の考究は他日に期したい[67]。ともあれ、かくて、犯行の諸段階の進展に応じて刑に差別が認められることになった。

**註記**

(50)　Boissonade, op. cit., p. 411. ボアソナード・「註釋上」五三五〜五三六頁、同・「注解上」二七六頁、同・「撮要」二六五頁。「筆記Ⅰ」四四四頁。
(51)　Boissonade, op. cit., p. 411. ボアソナード・「註釋上」五三六頁、同・「注解上」二七六〜二七七頁。
(52)　Boissonade, op. cit., p. 411. ボアソナード・「註釋上」五三六頁、同・「注解上」二七七頁。
(53)　「筆記Ⅰ」四四三〜四四四頁。
(54)　ボアソナード・「筆記」二一九丁。同・『刑法草案講義筆記』栗本貞次郎訳〔明治一六年刊〕〔慶応義塾大学所蔵本〕三二六頁では、まだ発砲していなければ予備であると指摘していた。ただし、一度発砲すれば弾丸が出なくても未遂が成立するとした。

(55)　ボアソナード・「講義」一三二頁。
(56)　小野清一郎『新訂刑法講義総論』〔昭和三〇年〕一八二頁以下。
(57)　小野・前掲書一八三頁以下。
(58)　ボアソナード・「撮要」二六三頁。
(59)　Boissonade, op. cit., p. 412. ボアソナード・「註釋上」五三七頁。
(60)　ただし、このことは限られた彼の挙例、記述からの一つの結論であるに留まる。彼自身として、着手と予備との区別の統一基準を明示したことはない。彼の師オルトランも実際その基準を示すことは徒労であると明言していた（Ortolan, op. cit., p. 448.）。もっとも、オルトランは一応次の二点から見れば異論なく両者を分けることができるとしている。一、犯人が犯罪の手段や機械を準備し、実際に使用するかどうかの自由の残されている間は予備罪にあたる。二、直接に—すなわち他の行為を仲介しないで—犯罪の害悪を生ずべき行為を開始した以上は着手があったとする（Ortolan, op. cit., p. 448.）。
(61)　Boissonade, op. cit., p. 413. ボアソナード・「註釋上」五三九頁、同・「注解上」二七八頁。
(62)　「筆記Ⅰ」四五二～四五三頁。
(63)　「筆記Ⅰ」四四四頁以下。Ortolan, op. cit., p. 447.
(64)　「筆記Ⅰ」四四六頁。なお、Ortolan, op. cit., p. 443.
(65)　ボアソナード・「撮要」二六五頁。Ortolan, op. cit., pp. 439 et 440.
(66)　ボアソナード・「撮要」二六八頁。オルトランは、実行未遂犯は心意上犯人が結果の発生を希望し、かつなしうべきことは完了しているのだから既遂犯と同等に処罰すべきであるとする所説に対しては、それは現実から離れ人間社会の正義ではない絶対正義説であるとして、この所説に反対の意を表明していた（Ortolan, op. cit., p. 441.）。
(67)　グロースは、これを着手未遂と実行未遂とは道徳上は同じであるが、社会を害する度合いが違うと理由づけていた。同・『グロース氏　佛國刑法講義』（前出註3）四九～五〇頁。

（旧）刑法典は中止犯に関する規定を遂に立法化するには至らなかったものの、ボアソナードは以下に見るように中止犯を未遂犯としては処罰すべきではないと主張していた。そこで、以下ではボアソナードの採用していた中止犯に関する考え方についてみてみよう。

## 第三款　中止犯

さて、ボアソナードは、中止犯を論じるに際しては、着手をして犯行を中止した場合[68]、および実行[69]は終了するも犯罪の結果の発生を欠いた場合[70]の二つの各段階に分けてこれを論じている。そして、これらの各段階において中止犯の成否にかかわる要件として、犯人自らの悔悟、法律（刑罰）を恐れること、被害者への憐憫などによって中止する場合と、犯人の意外の情状（他人の意思による妨害、偶然の障害、不可抗力）によって中止する場合とを挙げて論じているのである[71]。前者の場合は今日いう中止未遂犯に相当し、後者の場合は今日いう障害未遂犯に相当するものといえよう。つまり、その説くところの要点は、行為者の主観を鍵として、犯人が自らの意思によって中止した場合と、そうではない場合とに分けて、中止犯が成立するかどうかを決めているのである。ただし、（旧）刑法典草案（日本文案）第一一七条には、中止犯の要件としての中止に至った原因として『真心悔悟』という文言のみが限定的に与えられているが、これはボアソナードの著わした仏文草案を翻訳した者が中止犯の成立範囲を限定するために入れた言葉で、ボアソナード本人は中止犯の成立範囲をこの中止の原因に限定すべき必要性を考えてはいなかったのだとされている[72]。もっとも、ボアソナードの講述を翻訳のうえ筆記した一部の講義録や、会議録には、彼は犯人が「本心ヨリ悔悟」することを中止の原因として要求していた旨の記述も見られる[73]。しかし、私の披見しえたボアソナード自身の手になる旧刑法修正草案の（仏文）注釈書 Projet révisé de Code Pénal pour l'Empire du japon accompagné d'un Commentaire, 1886. には、この点に関する見解が表わされていない。したがって、この点でボアソナードの主意の所在が不分明である。さらに継続して文献の収集にあたりこの点を後日補充したいと考えている。(74)

当時のフランスの通説ならびに旧刑法草案第一二七条は、中止未遂犯について、これを可罰的未遂犯としては論じないことにしていた。(75) そこで、ボアソナードは、中止犯の成立する場合には、（結果的に見て、という意味か）社会の損害が少なく、あるいは絶無であるから、法は犯人の訴追を免れさせることによって、彼に利益を与えることができるのだと説明をした上で、行為者が当初意図していた犯罪の既遂犯の法定刑を基礎に置いて刑を減軽するという考えはとらないとした。(76) すなわち、故殺罪を例にとれば、行為者のとった犯行の中止行為によって、最初に犯人の有していた故殺の意思の害悪を問うことを行なわないので、故殺未遂罪としては処理することはしないとしたわけである。そこで、この場合に、相手に既に傷害の結果を負わせていた場合には、傷害既遂罪として処断して、既に現実に相手に負わせていた傷害の程度に応じた処罰をするのだと説いている。(77) また、ボアソナードは、犯人が犯行中に被害者を殺害する意思を捨てて、すでに生ぜしめた傷害についてこれを治療する意思を生じた事例をも中止犯と認めた考察に及んだ際には、とくに次のように説いていた。つまり、この場合を中止犯として判断したことの理由としては、殺意が被害者を治療する意思によって（治療の効果が認められれば）消滅したからであるという説明を加えていた。(78) もっとも、犯人に治療の意思が認められる場合であってさえも、結局、死の結果が発生してしまえば、ただ情状酌量の減軽ができるに留まり、故殺既遂罪の法定刑を適用するとしている。(79) 今日の法律説に相当しうる考え方である。他方、彼の司法省での（旧）刑法典の編纂作業中の発言では、中止未遂犯に刑を科さないことは、犯罪を成し遂げないようにさせる利益があり、改心を導く最良の法であるとも評価していた。(80) ボアソナードは政策説の考え方にもやぶさかではないと看取されるのである。(81)

**註記**

(68) 今日いう着手未遂、commencement d'exécution ou tentative. 当時の翻訳によれば、「犯罪着手」あるいは「未遂犯」。

(69) exécution. 当時の翻訳によれば、「執行」。

(70) 今日いう実行未遂に相当、crime manqué. 当時の翻訳によれば、「闕効犯」。

(71) Boissonade, op. cit., pp. 410 et 414. ボアソナード・「註釋上」五三四、五四〇頁、同・「注解上」二七五頁、同・「講義」一二九頁、「筆記Ⅰ」四五五頁。ただし、同・「撮要」二六三頁以下、二六七頁以下をも参照。

(72) 宮城浩蔵『刑法正義上巻』〔明治二六年初版、特別認可私立明治法律學校講法會〕八一六～八一八頁。ボアソナード・「撮要」二六四頁では、中止犯となるべき中止の原因動機をさらにいっそう広汎に認めていた。すなわち、彼は、行為者自身が犯罪を「止絶」すれば、その中止の原因が、他人の存在や有形の障害に起因していても、物音や偶然生じた恐怖に起因していても、その原因の如何を区別せず、均しく中止犯たるの原因として認めるとさえしていた。ただし、彼があえてこのように説いていたことの理由は必ずしも明らかではない。

(73) ボアソナード・「講義」一二九頁以下、「筆記Ⅰ」四五五頁以下。

(74) 中止犯において、その止めた理由の如何を問わないと明言するのはオルトラン、グロースらである。その理由として、オルトランは、現実に人の内心を探索することはできないからであると説いている。Ortolan, op. cit., p. 438. 他方、グロースは、法律の趣旨は、改心の芽生えがあれば、それが生じた由来の如何を論ぜず、努めてその芽生えを促進してその人を善良にさせることにある。だから、犯人の自止に至った内心の状況を詮索しないのだと説いていた。グロース・『グロース氏　佛國刑法講義』〔前出註3〕五八頁。なお、野澤充『中止犯の理論的構造』〔平成二四年〕三〇～三二頁をも参照。

(75) 「筆記Ⅰ」四五五頁以下。Boissonade, op. cit., pp. 404 et 405, 414 et s.. ボアソナード・「註釋上」五二七、五四〇頁以下、同・「注解上」二七九頁以下、早稲田大学鶴田文書研究会編『日本刑法草案会議筆記　第Ⅳ分冊』〔昭和五二年〕三一一九、三一二〇頁。

（76）Boissonade, op. cit., pp. 414 et 415. ボアソナード・「註釋上」五四〇頁以下、同・「注解上」二七九頁以下。

（77）Boissonade, op. cit., p. 415. ボアソナード・「註釋上」五四一頁、同・「注解上」二七九頁。オルトランも同じ例を掲げ、同様の説明を加えている。Ortolan, op. cit., pp. 438-439.

（78）Boissonade, op. cit., p. 415. ボアソナード・「註釋上」五四一頁、同・「注解上」二七九頁。なお、ボアソナード・「講義」一三一頁では、中止犯不処罰の理由を「何トナレハ悪事ヲ爲サントシテ其非ヲ改メ悔悟スレハ固ヨリ其遅速ニ拘ラス何時ニテモ直チニ中止スルヲ以テ道理上ニ適セリトナス」（傍線は筆者）と説明して「道理」すなわち「道徳」にその理由を求めていたのである。

（79）Boissonade, op. cit., p. 415. ボアソナード・「註釋上」五四一頁、同・「注解上」二八〇頁、「筆記Ⅰ」四五五頁。なお、ボアソナード・「筆記」一二三丁参照。

（80）「筆記Ⅰ」四五五頁、ボアソナード・「筆記」一二四丁、同旨、Ortolan, op. cit., pp. 438 et 527. オルトランは、この法律効果の由来を純正正義ではなくして、犯罪の中止を勧誘する公益のためであると指摘している。Ortolan, op. cit., p. 438.

（81）グロースは、犯罪予防を重視する立場から、この政策説を大いに高く評価していた。グロース・『グロース氏　佛國刑法講義』（前出註3）五二～五四頁。

## 第四款　不能犯

最後に、ボアソナードは、不能犯[82]について、これを如何に考えていたのかを見ておこう。彼は、まず不能犯に次のような定義を与えていた。（Ⅰ）行為者が犯罪を犯す意思をもって、これを生ぜしめるに違いないようにみえる行為を全てなしたが、その行為によっては行為者の予定したところの犯罪が本来成立しえないという理由で、犯罪の効果が生じなかった場合のことであるとし、[83]あるいは、（Ⅱ）「發者ノ意中ニ於テハ十分ニ他人ヲ害スルヲ得可シト思ヒ而シテ有形ノ所作ヲ行フト雖モ此害悪ヲ生スル能ハス是レ他事ノ爲メニ支障セラレテ然ルニ非ス自然ノ理ニ於テ爲スヲ得可カラサル事ヲ爲スカ故ナリ故ニ是ヲ不能爲ノ悪」[84]、これをもって不能犯であると定義した。[85]

彼が実際に不能犯であると認定している諸例をつぎに紹介する。それは、迷信犯に相当する場合のほかには、[86] すなわち、①夜間荒野に旅人が通行するのを知り、そこで待ち伏せをしていたが、樹々が動くのを見てその人が来たと誤信して発砲した場合、[87] ②夜中に家に入り、そこに死骸があるのを見たが、死骸であるとは気づかずに、その家の番人であると思ってこれを刺した場合、[88] ③他人の家で窃盗をしようとしたが、知らず知らずに自分の財物を窃取していた場合、[89][90] ④退職した裁判官に、そうとは知らずに贈賄をした場合、[91] ⑤寝室のなかの人を殺そうとして切りかかったが、実は人形であった場合、[92] ⑥人を毒殺しようとして、砒素と信じて無害の塩類を飲ませた場合、[93] ⑦弾丸が装填してあると誤信してその銃を発砲した場合の諸例を挙げている。[94] これらの事案を不能犯とした結論を今日いうところの客体の不能と方法の不能との例に対応させて整理してみれば、前者については①から⑤までの事例が相当し、後者については⑥、⑦の事例が相当する。ボアソナード自身は、⑥の事例を、用いた事物の「固有ノ性質」において不能の場合とし、⑦の事例を「施用シタル方法ノ性質」において不能の場合とした。[95] 不能犯となりうるのは、これらの類型にあたる場合に限定されるのであろうか。ボアソナードの説いた犯罪論に関する原資料中で、私の披見することができたものの限りでは、主体の不能にあたる例としてあげられていた事例を見出すことはできなかった。なお、オルトランの著書においては、今日説かれている意味での主体の不能に相当すると考えられる事例としては、ある婦人が自分は懐胎したと誤想して、堕胎薬を施用した自己堕胎の場合に関する記述を見出すことができるが、これをオルトランは客体（objet）の不能に分類していた。[96] 他方、グロースも、今日説かれている主体の不能に相当すると考えられる事例を論じていたことがある。すなわち、彼は、治安判事が裁判をするに際し賄賂を収受し請託を受けたが、実は既にこの裁判官は職務を免ぜられ、本件審判に関係してはいなかった場合を挙げていた。ところが、彼はこの事例を「不能犯」の項目に分類をせず、あえて別に「無効犯」[97]の名の下に分類して、この裁判官は免官されているので、「訴訟上何等ノ効験ヲ發セサレハナリ是ニ由テ之ヲ觀レハ之ヲ未遂犯中ニ混同スルノ不可ナルヤ明ナリ」と説いていたのである[98]。

次に、ボアソナードが不能犯の成立を否定した場合を紹介しよう。殺人の目的で、⑧弾丸の装填してある銃を発砲したが、銃に込めた火薬の量が少なく弾丸が相手に到達しなかった場合[99]、⑨距離が遠すぎたので、弾丸が相手に到達しなかった場合[100]、⑩銃に弾丸を装填しても、その方法が拙劣であったため、発射されなかった場合[101]、⑪雷管のみ発火したが、装薬に火を伝えなかった場合[102]、⑫砒素を投与したがその量が十分ではなかったので結果が発生しなかった場合である[103]。いずれも「方法の不能」にあたる場合に限定されている。彼はこれらの事例を未遂犯とし、『自然ノ理』において不能にはあたらないとして、不能犯たることを認めなかったが、特にその理由として、犯人が犯罪を再発したその時には既遂に至りうるからという説明を与えていた[104]。

さて、彼が不能犯を可罰的未遂犯の範疇から外して、不可罰とすることの理由を考えてみよう。彼は、その理由として、「道徳上の悪」は既遂犯の場合と同じであることを認めるが、「社会上の悪」（実害）は絶無であると説いている[105]。これは不能犯の場合、行為者の意図した害悪は発生しえないので、社会に対する「危険 danger」さえもないからだという、不能犯不処罰の積極的な理由づけを述べているものとうかがえる[106]。ただ、そう語るものの、他方で彼は、これは制定法において、このように見做しているからであって、自然法では事情を異にすると述べていた。すなわち、性法（自然法）の立場からすれば、客観的には不能かどうかは判断できないが、社会が損害の発生を疑い恐れる（「疑懼スル」）ところがあるから、これをもって処罰することができる。しかし、人為法（制定法）では、不能犯を処罰すべき旨を明示した法文がないので、法律が「社会上の悪」を存在しないものとしていることになると説明を与えていた[107]。ここにおいてもまた、中止犯の場合と同様に、罪刑法定主義の思想に対する彼の忠実さを表わしているものといえよう。しかし、この理由づけを先に挙げた理由づけと比較すると、不能犯不処罰の根拠としては薄弱である。彼の不能犯不処罰の理由づけの本意とは何れにあるのだろうか。

ところで、ここで説かれている社会に対する「危険」(danger)とはいかなる概念かもいまひとつ不分明である。いま、この危険の概念を明らかにすることは、ボアソナードの未遂犯論の中核を明らかにすることにつながることは言を待たない。そこで、この危険の概念を、彼の示した前掲の諸事例から可能な限りで明らかにしてみよう。もっとも、ここで示す私の見解は現時点での仮説にとどまる。この見解の確認は、さらに一層の資料の集積に待たざるをえない。それは、私の披見することのできた原資料中においては彼の不能犯に関する法理論的に一般化された記述はあまり詳細とはいえず、また、彼が種々な所で示した事例がその不能犯の思想体系の中においてどの程度の象徴的意味合いが込められていたのかもはっきりとした記録が残されてはいないからである。小野博士は、この概念を「具体的危険」であると理解されているが[108]、私にとっては、これを一般人の判断(危険感)に従属しているとされている今日の一般的意味での具体的危険を意味するものではなく、むしろ、行為者の主観的認識事実や計画をその考慮から排除して、現に結果の発生に直接に結びつく危険源(したがって、犯罪の不能の原因としての危険源の重点を―方法の不能の場合―銃の事例ではこれを装薬の仕方の方にではなく弾丸の存在に置き、また―客体の不能の場合―行為の向けられた犯罪の客体そのものに置いているものと考えられる)が、実行(exécution)に際し、客観的に「まったく存在しなかった」かどうかを、ボアソナードは問題にしていたと理解することも可能ではないかと思慮される。というのも、彼が、最終的に行為者の主観の所在から不能犯にあたるかどうかの判定を論じたことはないし、実際に不能犯であると認定した右の諸事例から推し測れば、とくに、今日の方法の不能に相当する場合⑥、⑦は、一般人から見れば、いずれも危険性（感）がなかったとは言い切れない事例ばかりだからである。[109] この⑥、⑦の場合や客体の不能に相当する①から③、⑤の場合などは、むしろこの危険源の視点から判断するかぎりで、ボアソナードの語る不能犯に当てはまるかどうかという意味での結果発生の危険性がよりよく捕捉されることになると考えられる。したがって、この今日の一般的な意味での具体的危険ではなかったといえるのである。また、もし一般人の観点の強調から事態を捉えれば、規範的観点（規範的な相当性の考慮）の入り込む間隙を提供することにもなりうるが、私のボアソナードの所論についての理解が誤っていないとして、かかる観点から事態を理解すれば、結果発生の直接的危険源が実行に際し現存していたか否かという観点から、彼の場合、はじめて不能犯が捉えられていると理解することができる。ボアソナードは、前記⑧から⑫までの場合には、前記の不能犯に該当するとされる諸事例と異なり、犯行に際し結果発生の直接的危険源が現存しているので、もはや不能犯にはあたらないと考えていたと理解して異論がなかろう。そして、ボアソナードがこれらの事例に下した結論から、彼は犯行の際に結果発生の直接的危険源が現に存在している場合には、その後とられた犯行のプロセス（犯罪実現のための薬物、器具等の操作）が稚拙等の理由によって不能であっても、それを理由にして不能犯の成立を否定したわけではなかろうと考えられる。すなわち、ボアソナードは、行為者が犯罪を行なうに際し、結果発生の直接的危険源が現存しなかったために意図していた犯罪の実現が不能である場合と、このような危険源は現存していたがその後犯罪の実現に向けて採用された手段ないし技術が適切でなかったので不能に至った場合とを分けて、前者の場合には不能犯とするが、後者の場合にはこれを認めなかったのではないだろうか。[110] したがって、ここでのボアソナードの挙例から判断するかぎりで、主としてこのような観点に判断基準の重点を置きつつ、実行に際し現に結果発生の直接的危険源が「まったく現存しなかった」かどうかを問題にしていたと理解してよいだろう。単に今日いわれている一般的な意味での具体的危険ではなかったということは確かであると思われるのである。

さらに、彼の説く不能犯の考え方の特徴の詳細を検討しよう。それは、すなわち、犯罪の不能に至った原因が偶然の効果、あるいは他人の手によるものであったとしても、不能犯を認めるとすることにある。[111]たとえば、他人が密かに毒物を非毒物に取り替えていた場合、[112]あるいは行為者が非毒物を毒物と誤って施用した場合、[113]他人によって弾丸をあらかじめ抜かれた銃であることを知らずにそれを使用して人を射殺しようとした場合、[114]あるいは犯人が誤って弾丸を籠めずに被害者に向かって発砲した場合等である。[115]ボアソナードは、他人の意思によって結果の発生が不能になった場合も不能犯に入れる理由を次のように説明している。すなわち、もし、他人の意思による不能犯を意外の障害による欠効犯と位置づけることに理由があるとすれば、「不可抗力」(cas fortuit)によって結果の発生が不能になった不能犯はこれを欠効犯とみなさざるを得ない。なぜならば、欠効犯の成立にとっては、行為者の意外の障害で充分なので、この場合さらにそれが他人の意思による障害と偶然による障害とを区別しないのであるから、と説いている。[116]彼の与えた説明は、この単にロジカルな説明のみで、他に積極的に不能犯であるとして不処罰にすべきだとする根拠を付言するところがないので、彼が今日から見てかなり広範囲にわたり不能犯の成立範囲を認める理由が今ひとつ明瞭ではない。また、そもそも、右にいう「不可抗力」(cas fortuit)の概念内容とは厳密には何であろうか。しかのみならず、犯罪の不能に至った原因が偶然の効果などであってもよいというこの点は、本款の冒頭に掲げたボアソナード自身の採用する不能犯の定義(Ⅱ)と抵触するようにさえ思われる。これは、ボアソナード自身の不注意にとどまるものなのか、あるいは当該危険源の不存在の由来をまったく意に介せずに単にひたすら結果発生に直接結びつく危険源が現存していたのかどうかに固執していたのであろうか。ともあれ、この問題についての解明は、本書では保留せざるを得ない。というのは、この問題は、現在の私の手持ちの原資料だけからはつまびらかにできないので、この点で彼の採用した不能犯論には矛盾のごとき問題を孕んでいるという点を指摘しておくにとどめておきたい。将来の資料の積み重ねに待つよりほかはない。それはそうとして、前段落で私の示した結論と、不能犯における犯罪の完成が不能に至ったその原因の如何を問い、不能犯の成立すべき原因要件を積極的に制限することにあまり関心を払わなかったということ、不能犯の認定に際しては行為者の主観をまったく考慮に入れていないということ、しかも、不能犯をたびたび「自然ノ理ニ於テ」あるいは「元来」不能である場合と言明していたことなどから考えると、[117] 実行行為を物理的（因果蓋然的）に理解していたと考えられる。したがって、先に紹介をしたオルトランにならい、いわゆる絶対的不能、相対的不能説[118]に「明示的」にではないが、左袒していたことは確かであると思われる。[119] 要するに、ボアソナードは、行為者が現に犯行に用いた薬物などが当初から不能であった場合、その薬物などを使用するに至ったプロセス（当初意図していた薬物との取り違えがあったかどうか）を考慮することなく、これを絶対的不能に相当するものと理解し、他方、犯行に用いた手段の操作においてはじめて不能に至った場合を相対的不能に相当するものと理解したと考えられる。異論は見受けられるが、[120] こうした思考方法はボアソナードに影響を与えたとされるオルトランの考えがかなり流れ込んでいると私は評価をしている。

不能犯の処罰については、未遂罪としてはこれを処罰しないとしたが、幾分の損害を被害者に与え、なおかつそれが別に犯罪を構成している場合には、その損害についての罪を別に論じると述べている。[121] しかし、彼も、犯罪としては不能犯に終わっても道徳を害することは大であり、その目的とする犯罪を再び行なう将来の危険があることについては無関心でいられなかったようで、[122] 司法省における（旧）刑法典の編纂会議での彼の発言によると、刑罰とは別に、保安的な色彩のある「監視」に付すべきであると説いている。[123]

**註記**

(82) crime impossible. 当時の翻訳によれば、「不能爲ノ罪」、「不可成犯罪」。

(83) Boissonade, op. cit., p. 416. 参照、ボアソナード・「註釋上」五四二頁、同・「注解上」二八〇頁。

(84) ボアソナード・「撮要」二七〇頁。

(85) ただし、着手未遂の段階、実行未遂の段階いずれにも不能犯の概念が適用されるべきことを承認していた。「筆記Ⅰ」四五九頁。

(86) 「筆記Ⅰ」四五八頁、Boissonade, op. cit., p. 417. ボアソナード・「註釋上」五四四頁、同・「注解上」二八一～二八二頁、同・「筆記」二二五丁。オルトランについては、Ortolan, op. cit., p. 444.

(87) Boissonade, op. cit., p. 416. ボアソナード・「註釋上」五四三頁、同・「注解上」二八〇頁、同・「撮要」二七〇～二七一頁、同・「筆記」二二六丁。類例をオルトランも不能犯とした。Ortolan, op. cit., p. 443. 類似した例をグロースも不能犯の一例として挙げていた。ちなみに、彼の場合には樹々ではなく、犬であった。グロース・『グロース氏　佛國刑法講義』（前出註3）五五頁。

(88) Boissonade, op. cit., p. 416. ボアソナード・「註釋上」五四三頁、同・「注解上」二八〇頁、同・「撮要」二七一頁、同・「筆記」二二四丁。類例、「筆記Ⅰ」四五七頁。類似の例をオルトラン、グロースも不能犯の一例として挙げていた。Ortolan, op. cit., p. 443. グロース・『グロース氏　佛國刑法講義』（前出註3）六〇～六一頁。

(89) Boissonade, op. cit., p. 417. ボアソナード・「註釋上」五四三頁、同・「注解上」二八一頁。同旨参照、ボアソナード・「撮要」二七〇～二七一頁。なお、他人の物を盗ったつもりが自分の親の物であった場合も事物の性質において不能として、この場合も不能犯として理解していたものである。「筆記Ⅰ」四四七頁。

(90) 類似の例をグロースも不能犯の一例として挙げていた。グロース・『グロース氏　佛國刑法講義』（前出註3）六〇頁。オルトランは他人の所有地において樹木を伐採したと思っていたところが、実は遺贈によりすでに自分のものになっていた土地において樹木を伐採していたという場合を、不能犯の例としてあげていた。Ortolan, op. cit., p. 443.

(91) ボアソナード・「筆記」二二五～二二六丁。

(92) 「筆記Ⅰ」四五七頁。

(93) Boissonade, op. cit., p. 416. ボアソナード・「註釋上」五四三頁、同・「注解上」二八一頁、同・「撮要」二七〇頁、同・「筆記」二二五丁。類例、「筆記Ｉ」四五七頁。類似の例をグロースも不能犯の一例として挙げていた。グロース・『グロース氏　佛國刑法講義』（前出註３）五九～六〇頁。

(94) Boissonade, op. cit., pp. 416-417. ボアソナード・「註釋上」五四三頁、同・「注解上」二八一頁、同・「撮要」二七〇頁、同・「筆記」二二五丁、「筆記Ｉ」四五四、四五七頁。この例をグロースも不能犯の一例として挙げていた。グロース・『グロース氏　佛國刑法講義』（前出註３）六〇頁。

(95) 「筆記Ｉ」四五八頁等参照。

(96) Ortolan, op. cit., p. 443.

(97) 彼の場合、この「無効犯」の概念とは、今日の欠効犯の概念に対応していると大要考えてよいだろう。具体的には、時系列上、翻訳書に現われた言葉でいうところの「未遂犯」（今日の着手未遂犯に相当）と既遂犯との中間段階にある犯罪形態のことである。グロース・『グロース氏　佛國刑法講義』（前出註３）三九～四〇頁等参照。

(98) グロース・『グロース氏　佛國刑法講義』（前出註３）四〇～四一頁。

(99) 「筆記Ｉ」四五四頁、ボアソナード・「筆記」二二五丁。

(100) ボアソナード・「撮要」二七二頁、同・「筆記」二二五丁。

(101) ボアソナード・「撮要」二七二頁。

(102) ボアソナード・「撮要」二七二頁。

(103) ボアソナード・「筆記」二二五丁。

(104) ボアソナード・「撮要」二七二～二七三頁。

(105) なお、グロースは、道徳上の罪を免れることはできないが、社会を害するという一点から事を論じれば、「未タ必スシモ甚シキ者トセス」と評価していた。グロース・『グロース氏　佛國刑法講義』（前出註３）六一頁。

(106) Boissonade, op. cit., p. 417. ボアソナード・「註釋上」五四三頁。同旨、同・「撮要」二七一頁、「筆記Ｉ」四五七頁。

(107) ボアソナード・「撮要」二七二頁。なお、オルトランは心的領域内においては行為者は道徳上の犯罪者であるが、これを処罰しようとする純粋正義は、人間社会に妥当する正義ではないと明言した。Ortolan, op. cit., pp. 445-446.

(108) 小野清一郎「舊刑法とボアソナードの刑法學」・同『刑罰の本質について・その他』〔昭和三〇年〕所収四五三頁。

(109) 現にボアソナード自身の感覚においても、第三者の手によってこれら二つの場合が不能犯たるに至った場合について、「性法ニ依テ論スルキハ裁判官ノ見込ヲ以テ刑ヲ科スルヲ得可シ何トナレハ社會ニハ疑懼スル所アレハナリ假令外人ハ竊ニ彈藥ヲ去リ或ハ解毒劑ヲ施スモ世上ノ見ル所ニテハ猶ホ彈藥ヲ込メ置キシモ知ル可カラス或ハ毒劑ノ存在セシモ測ル可カラサレハナリ」として、疑懼の念を抱くところではあったのである。同・「撮要」二七二頁。

(110) このように理解することによって、両者において公益を害する程度、「社会上の悪」の程度にも自ずと差異が生じ、彼の採用していた折衷説の立場にもかなうことになりうる。というのは、当初より不能だった場合と犯罪を遂行途中に不能に至った場合とでは、―ちょうど犯罪の予備が不十分であった場合とそうではなかった場合とで、公益を害する程度に彼が違いを設けていたことに擬することができるように―公益を害する程度に違いがあると見て不都合があるとは思われないからである。したがって、「方法の不能」にあたる場合でも、不能犯になる場合と未遂犯になる場合とが区別されることになる。

(111) Boissonade, op. cit., p. 417. ボアソナード・「註釋上」五四三頁、同・「注解上」二八一頁。

(112) Boissonade, op. cit., p. 417. ボアソナード・「註釋上」五四三頁、同・「注解上」二八一頁。

(113) 先の⑥の例。

(114) Boissonade, op. cit., p. 417. ボアソナード・「註釋上」五四三頁、同・「注解上」二八一頁。

(115) 先の⑦の例。

(116) Boissonade, op. cit., p. 417. ボアソナード・「註釋上」五四三〜五四四頁、同・「注解上」二八一頁。

(117) ボアソナード・「撮要」二七〇、二七二〜二七三頁。Boissonade, op. cit., pp. 416 et s.. ボアソナード・「註釋上」五四二頁以下、同・「注解上」二八〇頁以下。なお、この言葉は、彼の師オルトランも用いていた。Ortolan, op. cit., pp. 445, 448 et 527.

(118) ただし、これは今日我が国で有力になりつつある結果無価値論者の説く所説と結論においてみれば大きな隔たりがあるとは思われない。しかし、ボアソナードは（科学的）一般人が結果発生の危険を感じるかどうかで判断するという発想を採用してはいない。そして、事後的観点から遡って不能に至った原因の如何を問おうとする態度も明示してはいないので、それらの点で着眼点の置き所が異なる。中山研一『刑法総論』（昭和六〇年）四二六頁、内田文昭『改訂刑法Ⅰ（総論）』（昭和六二年）二六七頁。

(119) なお、オルトランは、「犯罪の手段」について、明らかに意識的にその不能なる原因の如何を詳細に問うに至り、原因の如何によっては不能犯ではなくて相対的不能犯、つまり可罰的未遂犯にあたる場合を意識的に積極的に認めていた。その説くところ、要するに、彼が不能犯を認めず、相対的不能犯の例であるとしたのは、不能の原因がその手段方法を用いた特定の人や特定の状況の如何に関わっているに過ぎない場合のことであると考えたのである。つまり、この手段についての具体的不能の場合は不能犯ではなく、相対的不能犯であると考えていたと位置づけてよいであろう。Ortolan, op. cit., p.4 43. 参照、内田・前掲書二六七頁。西山教授は、ボアソナードの来日後に、彼の師オルトランがその著書 Éléments de Droit Pénal. $4^e$ éd., 1875, p. 443. において、はじめて、相対的不能にあたる場合をはっきりと区別するに至った絶対的不能・相対的不能説を表明するようになったと解説されている。西山富夫「黎明期の不能犯判例史」・『名城大学創立二十周年記念論文集　法学篇』〔昭和四一年〕所収五七頁、五九頁注4。ただ、この経緯に関する解説はともかくとして、私がこの第四版の原典にあたったところでは、記述の内容から見て実は原典の四四五頁の方がより的確な説明を加えている箇所ではないかと思うのである。というのは、原典の四四三頁は、オルトランが客体の不能を不能犯として処理すべきことを述べているのみであり、方法の不能を絶対的不能犯と相対的不能犯とに分けて論じているのは、原典の四四五頁だからである。

(120)　末道教授は、この私の所論に対し反対の意向を示され、オルトランは絶対的不能相対的不能説、ボアソナードは客観説に立脚していたとされている。たしかにボアソナードは自説がどの立場に立つか明言をしていない。しかし、その用例をつぶさに検討をしても、その結論のほとんどがオルトランの下していた結論と軌を一にしている点、また、他人の手によって毒物が無毒物に取り替えられたとしてもなお不能犯を認める点などを勘案するとオルトランの所説の継承者といいうるのではないか。ただ、私自身は客観説と絶対的不能相対的不能説を厳密に区別する必要を認識してはいないのである。その意味で、本文で用いた絶対的不能相対的不能説という概念を客観説に対立させて用いているわけではなく、むしろ能不能の標準を危険性評価にもとめる具体的危険説に対応させて観念しているのであるが如何がであろうか。参照、末道康之『フランス刑法における未遂犯論』〔平成一〇年〕一八三～一八四頁、一八六頁註45

(121)　Boissonade, op. cit., pp. 417-418. ボアソナード・「註釋上」五四四頁、同・「注解上」二八二頁。同旨、Ortolan, op. cit., pp. 447 et 527.

(122)　ボアソナード・「撮要」二七二～二七三頁においても類似のことを述べていた。他方、オルトランは「再犯の危険」や「犯罪の模倣の危険」はいささかも存在しないとしていた。Ortolan, op. cit., p. 446.

(123)　「筆記Ⅰ」四五九頁以下。ほかに、ボアソナード・「筆記」二二六丁参照。

## 小括

これまで、ボアソナードの採用した未遂犯論に関する立場を中心に概観してきた。[124] もとより、この概観の目的とするところは、前にも述べたとおり、次章以下で取り上げていく我が国における明治（前期）の刑法学者たちの採用した未遂犯論に関する考え方を考察していくための準備である。直接に参照しえた文献も、一部を除いては、我が国の「言葉」に置き換えられた文献に限定されている。しかも、これらの文献も彼の自由な立場での論述というよりも、その来日の目的である我が国の立法に参画し実務に指針を与えるという立場から行なわれた講述の関係に限られている。もっとも、こうした自由な立場での論述如何という事情は本書で検討を加えた他の論者、その多くが司法官にも程度の差こそあれ、また姿を変え当てはまろう。なにより、当時は天皇絶対主義のもと、今日ふつうに保障されている学問の自由、思想表現の自由など保障すべきか否か論議の対象にすべきこと自体禁忌の事柄に属していたのだから。また、ボアソナードの刑法理論に関する原資料は、彼がフランス語で講述したものを当時の講筵に列した人々が邦語訳して残したものが大部分を占めている。[125] 現に私の披見することができた彼じしんの手になる刑法理論についての文献は、Projet révisé de Code Pénal pour l'Empire du Japon accompagné d'un Commentaire, 1886. のみに限られている。したがって、もとより彼の考え方の全てをもれなく正確に伝えているといいうるか心許ない。この点の解明については、継続して文献の収集に努めるとして、他日を期したい。ところで、ボアソナード等の使用していたフランス語で表わされた術語・専門用語は、もとより言語体系の異なる我が国では、そのままの形で踏襲されるということはなく、日本語に置き換えられて普及していった（例えば cas de désistment volontaire は、我が国では中止犯と呼び慣わされて伝えられた）。そして、その任にあたった人々の多くが、我が国の明治期（前期）の刑法学者たちであったことを見落としてはならないのである。[126] 一定の観念を表象している、この置き換えられた「日本語」が、当時の学界における共有財産なのである。このことなどを考慮すれば、この「日本語」を手がかりにして我が国の当時の理論状況を知ることはできる。この意味で、邦語訳の文献を利用することの意義は失われてはいない。

さて、ボアソナードの未遂犯論についてのまとめに入ろう。

ボアソナードは、当時のフランスで有力であった「新古典学派」（折衷説）の立場に立ち、「道徳上の悪」（mal moral）と「社会上の悪」（mal social）という各々独立した二つの物差しを用いて罪質を決めていこうとする多元的な犯罪観をもっていた。彼は、未遂犯論についてもこの考え方を踏襲した。この二つの物差しを用いるための便宜として、犯罪一般の各発展段階を時系列に沿って詳細に分け、それぞれ思想・意思・決心・予備行為・着手行為・舛錯・既遂とした。これに、この二つの物差しを当てはめて罪質を決定して、ここに示した犯罪の各段階に応じて量刑にも差異を設けていったのである。

未遂犯論に関しては、この物差しを用いた結果、犯罪を完成させた既遂犯よりも刑を減軽すべきであるという説明を採用したほか、とくに彼の特色として、既遂犯との間に刑に格差をもうけて未遂犯に量刑上の便宜を図ることによって、犯人に犯行を中止する利益を残しておこうという政策的な考慮をも怠ってはいなかった。

また、実行の着手の判定に関して、彼は、今日のように結果発生の危険性を基準にして考えていこうとする態度は見られず、行為のもつ結果への直接的な結びつきを重視したうえで、犯人の日頃の行状などから第三者に一定の犯罪を行なおうとしていることが判明すれば実行の着手を認定するという、採証上の観点をも中心においた考え方を採用していた[127]。しかし、犯人の日頃の行状をも考慮にいれるのでは、理論構成としてみた場合、かねてより嫌疑を負担していた行為者かどうかで着手の判定にあたって恣意的な傾向のある差別が生じうる余地を与えかねないので適切とはいえない。行為外のものも取り込んだ形式的な認定論主導の方向で構成された実行の着手の理論は実行の着手の現実の認定に際しては、その判断から不安定な側面、恣意性を排除することができないと考えることができよう。少なくとも、彼は実行の着手の概念を結果発生への直接的な行為として、極めて形式的に理解していたといえる（第三章第二節第二款）。

中止犯に関して、彼は着手未遂、実行未遂いずれの段階においても中止犯の法律効果を及ぼし、これを可罰的未遂犯のカタログから外している。そして、彼の中止犯論の特色としては、行為者の主観の所在を重視した点にある。つまり、自らの意思によって犯行を中止していれば、その中止の原因動機の如何を仔細に詮索して中止犯の成立を制限しようとまではしなかった点にある。また、未遂犯と既遂犯との間に法定刑に差を設けることの趣旨として、犯行を中止させるに至る政策的考慮があったことは前述の通りである。さらに、彼は、中止犯を未遂犯としては不処罰とすることによって、犯行を中止させる利益があることを評価しており、政策的な考慮をも怠ってはいなかった（第三章第二節第三款）。

彼は実行の着手の判定には「危険性」の観念を入れずに判断したが、不能犯においてもその判定にあたって一定の結果発生の「危険性」の観念を入れずに、むしろ一定の結果を客観的に発生させる「直接的危険源」が実行に際して現存していたかどうかによって、不能犯にあたるかどうかを決めるという物理的ないし因果論的な思考方法を採用していたといえる。しかも、行為者の主観や犯行計画がどこにあるのかの詮索を捨象して、現に結果発生の因果的危険源が現存していたかどうかだけを客観的に問題にしていたにすぎないのである（第三章第二節第四款）。

結局、ボアソナードはその社会刑罰権論よりすれば刑法一般においては、社会の安寧や犯罪によって国民一般に与えられた騒擾恐懼を重視すべきことを説く点に鑑みて、実害のほかに「危険」（騒擾恐懼：danger social）概念を重視すべきことを考慮していたと一応窺えるが[128]、今日のように行為から直接惹起ないし惹起した危険の観念を未遂犯論の中核に据えて考察を進めていこうとする理念は[129]、彼の場合、明示的には強く見受けられなかったといえる。

実行の着手の判定には、「危険」観念を入れずに「形式」的に評価していたことが明らかになったが、さらに不能犯においては、物理的に判断していた。そこで、ボアソナードの未遂犯論の特徴は、犯行の中止を誘引しようとする政策的配慮が所々で示されていることのほかにも、「規範」的観点を強調することなく、事実（ただし、実行の着手の判定においては行為者本人に限定されない、第三者によって認識された現象としての事実）に即して考察していこうという観点と証拠に対する配慮を中心に構成されているということに認めることができよう。また、彼の未遂犯論は、未遂犯の処罰についても、もっぱら現に発生している結果（つまり、実害）の範囲（これが、「社会上の悪」mal social の観念とまったく重なり合うかは、彼の刑法の目的とする ordre social の観念とのすり合わせの作業を別に行なわなければならないが）で責任を問おうとする事実的な構成を採用している点に特徴があるといえる。これは、犯人が犯行を継続していれば被害者にいかなる被害を与えたか、を正確に知ることは現実に不可能であるとして殴打創傷罪の未遂行為を現に加えた損害の範囲で処罰しようという主張[130]、あるいはまた犯人がさらに犯行を中止するかもしれないことを配慮して実行未遂犯の刑に比較して着手未遂犯の刑を減軽するという、この理由づけ[131]からも汲み取ることができる。

わけても、彼の我が国に示した未遂犯論は、採証上の考慮をしてかなり事実の認定論に注意を払いながら、犯罪の構造を示していくという構成を採用する点にも、その特徴を認めることができる。未遂犯の体系論を示したというよりも、採証上の観点を重視した未遂犯の認定論を示したという印象をすら与える論述が、とくにその実行の着手論においては顕著であった。思うに、このような論述が見られるのも、もとより、フランス刑法学（当時の新古典学派）が明瞭さ（clarté）[132]を重んじ現実の訴訟の進め方に則して犯罪論を展開していくという傾向にあったということのほかに、とくにボアソナードにおいては、司法官の育成という任務の下で、近代司法の担い手として歩み出したばかりの我が国の立法官、実務家に適正な事実認定の仕方を示しながら、その中で刑法理論を示そうと意図したことのあらわれではないかと思われる。

**註記**

(124) 最近の参照すべき文献として、澤登俊雄「ボアソナードと明治初期の刑法理論」『総合的研究』九頁以下、とくに一三頁以下。

(125) 澤登・前掲論文二一頁をも参照。

(126) 宮城浩蔵、井上正一らはボアソナードの講筵ほかに列し、彼らは本書において取り上げたオルトランの文献を翻訳して、『司法省蔵版　佛國刑法原論』二帙上下各二巻計四巻を明治二一年から二三年にかけて江湖に問うている。

(127) Boissonade, op. cit., p. 1113. ボアソナード『ボアソナード氏　刑法草案註釋下巻』森順正他訳〔明治一九年〕復刻版六五〇頁などをも参照。

(128) 参照、本書第一部第三章第一節。

(129) 中山・『刑法総論』（前出註118）四二〇頁など参照

(130) Boissonade, op. cit., p. 412. ボアソナード・「註釋上」五三七～五三八頁。なお、参照、Boissonade, op. cit., pp. 413-414. ボアソナード・「註釋上」五三九～五四〇頁。

(131) 参照、本書第一部第三章第二節第二款。

(132) Cf. Boissonade, op. cit., pp. 6-7.

# 第四章　宮城浩蔵の未遂犯論

本章では、これまでのオルトラン、ボアソナードらの理論についての考察を踏まえ、我が国近代刑法学の祖であるとされている宮城浩蔵（嘉永三〔一八五〇〕年～明治二六〔一八九四〕年）の未遂犯の理論について考察することを目的とする。(1)

さて、当時の新刑法典は、フランスを中心とした西欧近代刑法理論に基づいて立法化されたので、かかる刑法理論に通暁し実務に有効な指針を与える者が必要とされていた。宮城は、司法省明法寮において刑法はボアソナードの手解きを受け、その後、渡仏してパリ大学などに学んだ。(2)宮城の学説も当時のフランスの学者の学説の影響下にあるとされている。すなわち、宮城が自然法主義者であり、新古典学派、とりわけ折衷説の論陣に属していたことは一般に指摘されているところである。(3)宮城は、当時のフランスの刑法理論を正確に学習し、それによって、我が国の刑法解釈学の基礎を固めた。宮城の著書はいずれも実務家の手引書の体裁を採用している。その理由は、（旧）刑法典施行直後における当時の社会では、理論書よりも、具体的で実用的な法律知識を書いたものが求められていたからであろう。(4)宮城自身は、逐条講義体を重視することについて、次のように常に語っていたという。いわく、「法律ノ精神ト法理トヲ明晰ナラシムルニハ、學理的順序ヲ逐ハンヨリハ、寧ロ法文ヲ逐條ニ解釈スルヲ優レリト爲スト」(5)。宮城がフランス法を学んで我が国で実用的な解釈論を展開しえた背景には、まったく新しい概念を我が国の言葉に置き換える仕事に従事する過程において、また複雑な理論の中から我が国の法律実務にとって不可欠なものを正確に取捨選択しつつ、全体としての理論的整合性を失わないように工夫する仕事に従事する過程において、彼の独創性がおおいに発揮されたという事実が存在することにも注意をしておかなければならない[6]。また、宮城自身が判・検事を歴任した実務家としての経験もこの仕事を助けたことであろう。

しかし、宮城がフランスの学者たちの問題意識、学説形成における当時のフランスの個人主義的・自由主義的な思想をどこまで理解し、実践しえたかは検討を要する[7]。あるいは、たんに宮城は外来刑法学を我が国に紹介して、近代刑法学に基礎を置く来たるべき本格的議論のための契機を与えたという役割を演じたに留まるのかもしれない。

だが、この点の詳細な考察は、宮城の国家観や社会観について現存する資料などの関係で制約を受けざるを得ないので別稿に譲ることとして、本書では、前章で明かにした同じ新古典学派・折衷説の論者である、宮城の師ボアソナード、オルトランの所説と宮城の所説との異同を明かにし、出来得ればその異同の生じた原因をも探っていきたいと考えている。考察の具体的な手順としては、ボアソナードやオルトランの所説との違いを明かにし、また宮城の著した各著書の相互比較をしながら、宮城流の未遂犯についての考え方を考察していく。

ところで、以下の論述においては、宮城の遺著になり、その学説の最終的な姿をとどめた『刑法正義上巻』〔明治二六年、初版、特別認可私立明治法律學校講法會〕を基本にして宮城の所説を考察する[8][9]。というのも、宮城の著書の内容には若干の遍歴が見られるからである。未遂犯論においては、この『刑法正義上巻』と宮城の別著『刑法講義巻之一』〔刊年不詳、特別認可私立明治法律學校講法會〕とは、本文の逐条註釈式の構成及び表現、内容の点でほとんど変わるところがない。他方、『日本刑法講義第一冊』〔刊年不詳、特別認可私立明治法律學校講法會[10]〕とでは本文の構成及び表現において若干異なる点が認められるものの、内容の点ではほとんど変わるところがない。しかし、宮城の初期の著作である『刑法講義第一巻』（初版明治一七年、披見したのは明治二〇年第四版、明治法律學校）においては表現のほかに内容の点でも少なからず微妙に異なる点が存在する。(11) また、叙述の構成の点においても、関連する概論的叙述を前置してから次に逐条的叙述を置いている。つまり、この文献では、構成上、逐条的叙述というよりも、より体系的あるいは概論的叙述に意を用いているところに特色が認められるのである。

註記

（1） 宮城浩蔵の評価については、駒沢貞志＝川端博「解題　宮城浩蔵の人と刑法思想」宮城浩蔵『刑法正義』復刻版（明治大学昭和五九年）八五〇頁、そして木田純一「旧刑法と宮城浩蔵の刑法学」愛知大学法経論集法律篇六八号三五～三六頁参照。

（2） 宮城の生い立ちと経歴については佐々木忠藏「先師宮城浩藏先生小傳」『刑法正義上卷』（初版明治二六年六月二三日、特別認可私立明治法律學校講法會出版）所収同論文一頁以下、東京日日新聞第六三九三号明治二六年二月一六日所掲の宮城のための追悼記事、澤登俊雄「宮城浩蔵の刑法理論一」法律時報五〇巻五号六三頁、同「宮城浩蔵の刑法理論」『総合的研究』二八～二九頁、宮川康「年譜」前掲『刑法正義』八三八頁以下、駒沢・川端・前掲「解題　宮城浩蔵の人と刑法思想」『刑法正義』八四四頁以下、佐伯千仭＝小林好信「刑法学史」鵜飼信成＝福島正夫＝川島武宜＝辻清明責任編集『講座日本近代法発達史一一巻』（昭和四二年）二二八頁、最近のものとして簡略であるが霞信彦「『東洋のオルトラン』宮城浩蔵をめぐって」書斎の窓四六九号五二～五三頁など参照。宮城と縁のあった人については、渡辺隆喜「宮城浩蔵と天童人脈」明治大学大学史料委員会・紫紺の歴程（大学史紀要三号）一二一頁以下。

（3） 澤登・「宮城浩蔵の刑法理論一」法律時報五〇巻五号六三頁、同「宮城浩蔵の刑法理論」『総合的研究』二五頁、駒沢＝川端・「解題　宮城浩蔵の人と刑法思想」『刑法正義』（前出註1）八五三頁。

（4） 参照、阿部純二＝木村亀二「明治法律学校創立当時の刑法および刑事訴訟法の講義とその内容」明治大学法学部八十五年史編集委員会『法律論叢別冊　明治法律学校における法学と法学教育』（昭和四一年）一〇四頁、駒沢＝川端・「解題　宮城浩蔵の人と刑法思想」『刑法正義』（前出註1）八五一頁。

（5）岸本辰雄「緒言」『刑法正義』二～三頁。
（6）澤登俊雄「ボアソナードと明治初期の刑法理論」『総合的研究』一九～二〇頁、同「フランス刑法継受の時代」法律時報五〇巻四号八七頁。
（7）松岡教授によると、これは、宮城が、独裁的な官憲の介入に対して、法律の註釈によって権利と自由を守ろうという姿勢を打ち立てようとした点において、歴史的意味を与えることができるとして、宮城の姿勢に評価を与えている。松岡三郎「明治法律学校の背景、その学風と法学教育」明治大学法学部八十五年史編集委員会『法律論叢別冊　明治法律学校における法学と法学教育』（昭和四一年）一四二～一四三頁。
（8）ただし、本書には明治大学から、復刻本として、上巻と下巻を合せ編集し直した宮城浩蔵『刑法正義』が昭和五九年に出ているが、これには表記を現代風に改め編集の手が入っているので、本書ではこれを使用せず、もっぱら原典を使用する。
（9）以後、とくに断わりのないかぎり「刑法正義」で引用表記する。
（10）以後、とくに断わりのないかぎり「日本刑法講義」で引用表記する。
（11）熊谷開作＝井ヶ田良治＝山中永之佑＝橋本久『日本法史年表』（昭和五六年）二五一頁によると、宮城はこれにさきだちすでに明治一四年に『日本刑法論』を著わしているようであるが、私はこれを披見することができなかった。

## 第一節　宮城浩蔵の犯罪観―社会正当防衛主義と絶対正義主義（純正主義）との「折衷主義」―

宮城は、「緒論」の章下において「社會刑罰權」の名の下で、いかなる場合に国が刑罰を科することができるのか、あるいは「罪トシ論スル所爲ヲ定ムルノ基本」についての思想を論じた。(12) この議論は、宮城の犯罪観の基礎を示しているので、彼の未遂犯論を考察する前に、ここで紹介しておきたい。

ところで、ボアソナードは折衷主義について、絶対正義主義と社会功利主義との二面から刑罰権を説明していたことは、前章で述べたところである。(13)しかし、宮城は直接に社会功利主義（「必要主義」）を採ることをせず、代わりにはじめから正当防衛主義をもって刑罰権の基礎を説明していた。しかし、宮城自身、正当防衛主義も必要主義の一派であると述べ、(14)また本書で参照しえた彼の著書は、いずれも簡潔な表現と個別事例の分析を中心に置いた注釈書の域を出ておらず、体系書ではないので、このニュアンスの違いが、その刑法理論の本質的な違いをも導くことを宮城が意図していたのかどうか、判然とさせるには自ずと限界がある。したがって、ここでは宮城自身の言葉をなるべく多く引用し具体的に彼の所説を紹介して、次節における考察の基礎とする。

さて、宮城は、社会刑罰権の基礎について提出されている諸説を一〇説にまとめて、各説の利点欠点を比較衡量しながら論評を加えている（「復讎主義」、「恐嚇主義」、「民約主義」（ルソーの名を挙げる）、「承認主義」、「正當防衛主義」、「必要主義」（「要用主義」）、「賠償主義」、「純正主義」、「命令主義」（ベルトールの名を挙げる）、「折衷主義」（オルトランの名を挙げる）を挙げている）。ただし、「刑法講義第一巻」四七頁以下では、その叙述が「ボワソナード先生カ嘗テ余ニ伝ヘタル所ヲルトラン及ヒフヲースタンエリー等諸氏ノ著書」の影響の下にあることを特に断わり書きしたうえで、(15)諸説を七説にまとめている（「復讐主義」、「合約主義」（ルソー、モンテスキューの名を挙げる）、「社會正當防衛主義」（フラ子ルの名を挙げる）、「緊要主義」（アベッス、パンセーヌの名を挙げる）、「命令主義」（ブラクリ、ベソールの名を挙げる）、「純正主義」（カントの名を挙げる）、「折衷主義」（ヲルトラン、フオースタン・エリー、ボワソナードの名を挙げる）を挙げている）。宮城は、これらの各説に対してどのように応接したかについて要点を説明した文献がすでに存在しているが、(16)あらためて彼の応接の要諦を取り上げることにする。宮城は、基本的に、社会刑罰権の存在根拠を社会が社会秩序の維持の観点に求める考え方に与しているが、他方、諸説に対する批判の要点は、適正な科刑のための刑罰の制限（あるいは刑罰の正当性）を論じていないことや観念論的な点にある。すなわち、「善人」や「白痴、瘋癲者」までが処罰されうること（「復讐主義」、「恐嚇主義」、「正當防衛主義」、「必要主義」ないし「要用主義」）、思想の自由を束縛牽制すること（「純正主義」）、処罰に遺漏が生じること（「賠償主義」）、科刑のために人々の契約や承認を必要とすること（「民約主義」、「承認主義」）などに集約できるだろう(17)。

宮城は、「折衷主義」の内容について、「其説ニ曰ク夫レ人ハ唯事ノ善惡正邪ヲ辨別スルノ智識ヲ有スルノミナラス尚ホ其爲不爲ヲ決定スルノ自由ヲ有ス故ニ惡ヲ爲セハ惡報ヲ受ケ善ヲ行ヘハ善報ヲ蒙ムルハ自然ノ數ト謂ハサルヲ得ス是レ人、社會ニ在リテ惡事ヲ爲セハ即チ其應報トシテ刑罰ヲ受クルノ甚タ至当ナル所爲ナリ是レ純正主義ノ説ニシテ刑罰ヲ行フノ正當ナル理由ハ説キ得テ尽クセリ、然レﾓ惜ヒ哉純正主義ハ社會カ何ニヨリテ其惡報ニ干渉シテ刑罰ヲ行フノ權アリヤト云フ點ニ至リテハ之ヲ辨明セス然ルニ正當防衛主義ハ社會カ自己ノ安寧秩序ヲ維持スルカ爲メニ正當ニ防衛スルノ權ヲ有スルヲ以テ茲ニ刑罰權ヲ生スト説ケリ社會カ何故ニ惡報ニ干渉シテ刑罰ヲ与ヘ得ルカノ疑問ニ對シテハ此説ヲ措キテ他ニ見ル可キモノ無シ然レﾓ此説ハ刑罰ヲ行フノ正當ナル理由ヲ説明スルヿ無シ之ニ由リテ之ヲ觀レハ二説共ニ甚タ佳ナル所アリマタ甚タ欠クル所アリト謂フヘシ即チ此二説ヲ合スレハ甲ノ欠漏ハ乙之ヲ補ヒ乙ノ不備ハ甲之ヲ充タシ兩者相待チテ初メテ完全ヲ得ヘシ之ヲ折衷主義ノ要旨トス」と述べ、「純正主義」と「正當防衛主義」のそれぞれの果たすべき役割について言及して、「即チ純正主義ノ點ニ於テハ罪惡ヲ爲セハ惡報トシテ必ス刑罰ヲ受クル所以ヲ表示シ正當防衛主義ノ點ニ於テハ社會ノ刑罰權ヲ有スル理由ヲ説明シタ」とし、そこで「純正主義」と「正當防衛主義」の具体的な「折衷」の姿について言及して、「道徳ニ背戻シタル惡爲アリト雖モ社會ヲ損害セサルトキハ之ニ刑罰ヲ加フルコトヲ得ス何トナレハ惡報ヲ受クヘキ所爲ナルモ社會ハ自ラ防衛スルノ必要ナケレハナリ又社會ヲ損害シタル兇行アリト雖モ道徳ニ背戻シタル所ナケレハ是レ亦刑罰ヲ科スルヲ得ス何トナレハ社會ハ自ラ防衛スルノ必要アルモ惡報ヲ受クヘキ所爲ニ非サルヲ以テナリ」と詳論している[18]。そして、この折衷主義の採用する社会刑罰権によると、犯罪とは、「道徳ニ背キ社會ヲ害シ社會ヲシテ刑罰ヲ以テ自カラ防衛スルニ必要ナラシメタル所爲ナリ」となる[19]。しかし、宮城は、この折衷主義の与えた定義が、具体的に如何なる行為が刑罰を以て処罰されるのかについては、何も答えてはいないことを自ら認めていた。そのうえで、宮城は、立法上あるいは理論上からみれば、人間の通常の注意と知識で自己の権利の侵害を防衛できる所為は民事の制裁（損害賠償）の対象とし、他方、人間の通常の注意と知識で自己の権利の侵害を防衛できない所為を犯罪として刑事の制裁の対象とするのだと説き、成文法（刑法）上からみれば、法律において罰すべき所為を犯罪というと述べた[20]。そこで、犯罪かどうかの識別については、「刑罰ハ背徳加害ノ所爲ニ加フルモノナリ而シテ其背徳ノ行爲タル吾人ノ感覚ニ於テ之ヲ知ルヿ難キニ非ス即チ吾人ハ或所爲ノ善タリ悪タルコトハ之ヲ良心ニ問ヒテ辨別スルヲ得ヘシ」と述べ、罪刑法定条項（旧刑法典第二条）との連関から「社會ヲ害スル點ニ至リテハ特ニ之ヲ正條ニ規定シテ後始メテ之ヲ知ルヲ通例トス」との結論を導きだし、結局社会を害するか否かという点は立法者の判断に任せていたと考えられる[21]。しかし、背徳と加害のいずれもが存在している下での刑の量定の基準については、明瞭な論述は見当たらず、「罪ノ重大ナルモノハ道徳ニ背キ社會ヲ害スルモ亦重大ナレハ其刑ヲ重クシテ社會公衆ニ表示セサル可カラス」ということを示すに留まる[22]。

以上より、ここで宮城は「純正主義」によって応報の論理（応報原理）を提示して行為者が刑罰を受ける義務（行為者と刑罰の帰属関係）とその要素（背徳性）を、「正當防衛主義」によって社会が刑罰を行なう権利とその要素（社会的害悪）を説明できるものと考えていたことが読み取れる。しかし、宮城のこれまでの折衷説に関する説明は、背徳か加害かのいずれかが欠如している場合を例示することによって行なわれていたにすぎない。量刑基準、さらには犯罪の罪質決定の基準としての背徳の程度と加害の程度との間の相互関係については明かにされていない。

次に、「刑法講義第一巻」では、社会刑罰権に関し、「刑法正義」等よりも若干詳細な説明が加えられているのでこれも紹介しておきたい。すなわち、『夫レ善悪応報ハ自然ノ數ニシテ人々已ニ天賦ノ智能ト識靈トヲ具ヘ善ヲ擇テ悪ヲ避ケ邪ヲ悪ンテ正ニ歸スルノ義務アリ然ルニ若シ之レニ背テ邪悪ヲ行ヒ道徳ヲ破ルノ所爲アルキハ其報トシテ刑罰ヲ受ク可キヤ當然ノ理ニシテ純正主義ノ說ノ專ラ根據トスル所ナリ然リト雖ヒ是レ唯罪悪必罰ノ理ヲ現ハスノミニシテ社會ノ此ニ關渉シ自ラ任シテ法ヲ立テ刑罰ヲ施ス所以ノ理ヲ證スルニ足ラス之レニ反シ社會防衛主義ノ說ハ社會ノ刑罰ヲ施ス所以ノ理ヲ示スノミニシテ罪悪必罰ノ理ヲ現ハサス曰ク人ニ天賦ノ防衛權アリ社會モ亦天賦ノ防衛權ナカル可ラス故ニ苟モ社會ノ秩序ヲ害スル者アラハ刑罰ヲ加ヘテ之ヲ防衛ス可キナリト而シテ如何ナル所爲ヲ罰スルヿヲ指定セス是レ二說ノ短所ニシテ非難ヲ免レサル所ナリ」此ニ於テカ純正主義ノ說ニ和スルニ防衛主義ノ說ヲ以テシタル折衷主義ノ說起リタリ曰ク人ノ所爲ノ善悪ハ社會ノ休戚ニ關係スルヿ大ナリ故ニ其所爲邪悪ニシテ背徳ノ甚タシク其害ノ社會ニ及フモノハ社會敢テ刑罰ヲ施シ以テ自ラ防衛セサル可ラス若シ然ラスンハ悪ヲナスモノ陸續踵ヲ接シ社會ハ終ニ社會ノ社會タル所以ヲ維持スルヿ能ハサルニ至ルヘシ是レ社會ノ刑罰ヲ行フ所以ナリ』と述べた。[23] そして、「正當防衛主義」は社会が人を処罰することの根拠を説き、「純正主義」は誰がその罪を負担するかを説いている。[24] したがって、「純正主義」でこの両方の役割を行なうと、道徳に反することを考えた者はそれだけで処罰される。「社會正當防衛主義」でこの両方の役割を行なうと、社会防衛をすべき行為や結果を生じさせた者はそれだけでその罪を負担しなければならない。これを宮城は、「唯道徳ニ背クモノ、ミヲ以テ罪トシ論スルヿアラハ大ニ人ノ思想ノ自由ヲ害シ又社會ヲ害スルノミヲ以テ之ヲ罪トシ論スルヿアラハ苛虐ニ渉リ事ノ成否ヲ問ハサルニ至ルノ弊ヲ生シ人ヲ保護スル法律ニシテ却テ人ヲ害スルノ譏ヲ免レサルニ至ラン」と説いた。[25]

以上より、ここでも宮城は「純正主義」によって応報の論理（応報原理）を提示して行為者が刑罰を受ける義務

（行為者と刑罰の帰属関係）とその要素（背徳性）を、「正當防衛主義」によって社会が刑罰を行なう権利とその要素（社会的害悪）を説明できるものと考えていたことがわかる。しかし、結局ここでも、量刑基準、さらには犯罪の罪質決定の基準として背徳の程度と加害の程度との間の相互関係については以然明瞭とはなっていないように見受けられる。

したがって、オルトラン、ボアソナードらは「道徳上の悪」の程度と「社会上の悪」の程度とをあわせて犯罪を捕えることを明かにしたうえでその未遂犯論に論及していたが[26]、同じく折衷説を採用する宮城がこの点の明瞭さに欠けるのはいかなることであろうか。次節でとりあげる宮城の未遂犯論の分析を通じてその詳細を明らかにしたい。

最後に、注意をしておかなければならないことがある。即ち、「社会の害」という概念をめぐる説明である。宮城は、「刑法講義第一巻」の末尾に補述としてわずかな頁を割いて、「犯罪ノ原素」のテーマの下で犯罪を構成する諸要素について説明をしていた[27]。宮城は、オルトランに従うとして[28]、犯罪として処罰するためは「道徳ニ背キ併セテ社會ヲ害スルノ所爲ニシテ明ニ成文法ニ掲ケタル」ことが必要であるとして[29]、犯罪原素を「事實」、「方法」、「時」、「場所」、「結果」とに分けた。そして、「結果」において犯罪の結果を「直接ノ結果」と「間接ノ結果」とに分類し、前者は殺人における人の死亡など直ちに発生する（損害、実害などを示す）「結果」のことを示し、後者は「犯罪アリタルカ爲メ之ニ因テ世人ノ畏懼心ヲ生スル如キ間接ニ來ルモノヲ云」うとして[30]、「所謂社會ノ害トハ即チ此間接ノ結果ニシテ刑ノ基礎ハ専ラ此點ニ存リ然レトモ刑名ヲ附スルハ直接ノ結果ニ因ルモノナリ又犯罪ノ結果ニ因テ其刑ヲ減輕シ或ハ加重スルモノハ是皆直接ノ結果ニ因ルモノナリ」と説き[31]、「刑法ハ直接ノ結果ヲ生セサルモ社會ニ害ヲ加ヘタル點ノミヲ以テ罰スルヿアリ」と説いていた[32]。したがって、宮城は、次節以下で見るように、犯罪の各発展段階ごとに社会の害を問題にするが、少なくとも「刑法講義第一巻」においてその意味するところは、ここにいう「世人ノ畏懼心」（「間接ノ結果」）のことを示していると考えられる。ボアソナードも、「社会上の悪」（mal social: danger social）の内容に国民一般に与えた騒擾恐懼を考慮していたことはすでに述べたところである。[33] そして、私見によれば、この騒擾恐懼こそが、ボアソナードの説く折衷説の要目としての社会秩序（ordre social）を考える上で重要な要素を構成すると思われる。[34]

**註記**

(12)「刑法正義」一二三頁以下、「刑法講義巻之一」一二三頁以下、「日本刑法講義」一二三頁以下、「刑法講義第一巻」四五頁以下参照。

(13) 本書第一部第三章第一節。

(14)「刑法正義」三五頁、「刑法講義巻之一」三五頁、「日本刑法講義」三五頁。

(15)「刑法講義第一巻」四六頁。

(16) 前者の文献中「刑法正義」に則したものとして、駒沢＝川端・前掲「解題　宮城浩蔵の人と刑法思想」（前出註1）八五五頁以下。後者の文献中「刑法講義第一巻」などに則したものとして、澤登・「宮城浩蔵の刑法理論一」法律時報五〇巻五号六四頁、同「宮城浩蔵の刑法理論」『総合的研究』二九頁。

(17) これを各説につき具体的に見ると次のとおりである。必要主義ないし要用主義（「復讎主義」・「恐嚇主義」・「正當防衛主義」）は、自然人と同様に社会も無形人として権利の享有主体であると考えることにやぶさかでなく、結局刑罰は社会を成立させるため、社会の安寧、社会秩序を維持するために必要だと主張するにとどまる。さらに行為者が刑罰を負担する正当性を論じていない旨を指摘していた。そして、社会秩序を論じるにあたって、犯人自身のもつ生命、自由、権利の尊重へと向かう考慮が見られないことを批判した。また、一般予防を重視するのあまり、刑が過酷になるのを顧みず、「無垢、善人」「白痴、瘋癲者」を処罰するのを厭わない所説であると批判を加えた。「民約主義」は、社会の成立について、人々各人の相互約束を引き受けて、人々の権利を保護して成り立つものと考えていたので、民事契約からのアナロジー（「甲說」）では、社会は生命や自由を処分できない、あるいは人々は社会を構成するにあたり自己の正当防衛権の一部を社会に提供した（「乙說」）としても、正当防衛権は加害者が去った後には行使できないと批判した。ゆえに、刑罰権としてこの権利を主張することはできないとした。しかし、宮城がここで用いた「正當防衛権」と、彼が別に「必要主義」（「要用主義」）の一派として批判した「正當防衛主義」とは異なった批判の態度を示していたことに注意しなければならない。その理由は、宮城は必要主義の一派としての「正當防衛主義」については人と同様に社会（無形人）もそれ自体自己を防衛する権利をもっているとして正当防衛権を自然人と社会とにそれぞれ認めて二元的に捕えると理解していたが、乙説の正当防衛権についてはあくまでもその由来を人々に直接置いていたと理解していたことにあると考えられる。結局、彼は市民相互間の契約関係から、刑罰権を導き出すことには消極的であったといえる。「承認主義」は、社会が法律を作りこれを人民が承認しつつ法律に違反したときは社会はその承認を根拠にして刑罰を科すことができるとした所説であると紹介した。そこで、ある者は自分を害しようとする加害者がいることを偶々一方的に知りながらその害に会った場合に、その被害者はその害を承認していたことから直ちに加害者の犯罪が正当化されるものではないということのアナロジーからこの説への批判を導き、人民（具体的には犯人を指すと考えられる）が法律（刑法）を承認していたかどうかによって彼に対する処罰が正当化されると論じることはできないと批判した。刑罰権の説明にはならないと考えたわけである。「賠償主義」については、刑罰のもつ威嚇（「譴責」）という性質、および風俗犯に代表されるいわゆる被害者なき犯罪の処罰が説明できないとした。「命令主義」については、社会は秩序維持のために法律を制定する「命令権」をもち「命令権」がある以上その実効性を維持するために制裁権（刑罰権）があるとする趣旨であるとし、所論である「コノ説ハ法律ノ命令スル所ハ必ス正當ニシテ命令ノ輕重ニ応シ刑ノ輕重ヲ定メ以テ有罪者ニ科ストイフニ在ルカ故ニ此點ヨリ観レハ敢テ非難ス可キモノナキカ如シ」と評価を与え、刑罰権の説明としては成立しているとするが、なぜ制裁として苦痛を与えることができるのか、二つの命令（例として生命毀損の禁令と他人の財貨窃取の禁令を挙げる）のうち、なぜ一方が重く他方が軽いのか説明していないと批判した。以上の諸説に対するこれまでの宮城の批判よりすれば、刑罰権の説明に社会秩序の維持の観点を重視していることがわかる。ただ、「純正主義」には、社会秩序の維持の観点が盛られていなかったにもかかわらず、応報の観点から刑罰を説くことは「善ヲ爲セハ善報アリ悪ヲ爲セハ悪報アルハ自然ノ理免ル可カラサルノ數ニシテ（中略）實ニ正當」であると述べ、あるいは「此説ハ事物自然ノ道理タル応報ヨリシテ刑罰ヲ論シタルモノニシテ實ニ感服スヘキノ點アリ」と述べ、一定の評価を下していた。ただし、誰が何のために刑罰を科すのか述べていないので結局は刑罰権の説明になっていないとした。また、「此説ニ拠ルトキハ如何ナル微少ノ害悪ト雖モ応報ナキコト能ハサルカ故ニ之ヲ刑セサル可カラス又吾人カ有形的悪事ノミナラス心裏ニ立チ入リテ無形的ノ悪念ヲモ罰セサル可カラサルニ至リ遂ニ吾人思想ノ自由ヲ束縛牽制シ延ヒテ総テノ自由ヲ害スルニ至ル可シ」と説いて、むしろ「恐ル可キ哉」と嘆じていた。以上は、「刑法正義」一二五～四二頁の記述を参照引用した（同旨、「刑法講義巻之一」二六～四二頁、「日本刑法講義」二六～四二頁。）。しかし、「刑法講義第一巻」では、多少ニュアンスを異にした方面からの簡略な批判がなされている。「復讎主義ノ説ニアリテハ能ク社會ニ人ヲ刑スルノ権アルヿヲ證明シタルニ似タリト雖モ如何ナル所爲ヲ罪トシ論スルヿヲ得ルヤヲ辨明セス合約主義（筆者注、「刑法正義」では「民約主義」に相当する）ノ甲乙二説ハ約束ニ因リテハ如何ナル所爲ヲモ罪トシ論スルヿヲ得ヘク、如何ナル酷刑ヲモ用ルヲ得可ク、白痴瘋癲人ニモ刑ヲ加フルヲ得可シト實ニ道理ノ容サヽル疎暴ノ辨解ヲ與ヘ、正當防衛主義ノ説ニアリテハ所爲ノ罰ス可キ者ト否トハ固ヨリ之ヲ辨明セスシテ防衛ニ必要ナルキハ如何ナル酷刑ヲモ施スヿヲ得ルカ如ク論シ、緊要主義ノ説ニアリテハ正善ノ所爲モ場合ニ由リテハ之ヲ罰スルヿヲ得ルモノヽ如ク説キ命令主義ノ説ハ善悪邪正ノ區別ヲ一ニ立法者ニ任シ、最終ニ純正主義ノ説ニ至リテハ毫モ社會ニ於テ刑ヲ加フルノ権ヲ有スルヿヲ證明セス」と批判を加え、各所説を個別に捕えていたのでは、何が犯罪なのか特定できないこと及び刑の制限がなく酷刑に至ることを主張していた（「刑法講義第一巻」五八～五九頁）。

(18)「刑法正義」四三～四五頁。「刑法講義巻之一」四四～四五頁、「日本刑法講義」四四～四五頁は、表現の瑣末が異なるのみ。
(19)「刑法正義」四九頁、「刑法講義巻之一」五〇頁、「日本刑法講義」五〇頁。
(20)「刑法正義」四九～五三頁、「刑法講義巻之一」五〇～五五頁、「日本刑法講義」五〇～五五頁。
(21)「刑法正義」一〇一頁、「刑法講義巻之一」一〇四～一〇五頁、「日本刑法講義」一〇五～一〇六頁。なお、Ortolan, op. cit., P. 94.
(22)「刑法正義」五四頁、「刑法講義巻之一」五五頁、「日本刑法講義」五五頁。
(23)「刑法講義第一巻」六〇～六一頁。
(24)「刑法講義第一巻」五九～六〇頁。
(25)「刑法講義第一巻」六二頁。
(26)本書第一部第二章第五節第一款、第三章第一節およびそこで挙げた註記を参照。
(27)「刑法講義第一巻」六七四頁以下。
(28)オルトランについては、cf. Ortolan, op. cit., pp. 423 et s.

(29) 「刑法講義第一巻」六七七頁。
(30) 「刑法講義第一巻」六九三頁。
(31) 「刑法講義第一巻」六九三〜六九四頁。
(32) 「刑法講義第一巻」六九四頁。
(33) 本書第一部第三章第一節。ほかに、ボアソナード・『刑法草案講義筆記』栗本貞次郎訳〔明治一六年〕〔慶應義塾大学所蔵本〕五頁以下参照〔以後「草案筆記」と略称〕。
(34) 本書第一部第三章第一節。

## 第二節　宮城浩蔵の未遂犯論

### 第一款　犯罪の段階

宮城の社会刑罰権の説明においては、罪質の決定や量刑において背徳と加害の程度をどのように衡量するのかについての明瞭な言及を見ることはできなかった。しかし、「未遂犯罪」の章下においては、オルトラン、ボアソナード等の折衷説に基づく分析に倣らい、背徳性と社会的害悪の存否および大小を基準として、行為の発展順序と行為の性質の詳細な分類とその分類に基づく未遂犯及びその処罰についての詳細な分析を行ないその可罰性を論じている[35]。ただ、後述するように「刑法講義第一巻」では、他の著書と比べて説明の構成の仕方が若干異なる。

さて、宮城はまず人の「行為」の観念を広く取り、まったく外界に発現されていない精神活動から行為の結果までを含ませたうえで、この行為を「學理上ヨリ」大別して「内部的行爲」と「外部的行爲」とに分けたうえで、各々を分説している。[36] しかし、『刑法講義第一巻』では、特にこのような行為の自然的発展の流れに則した詳細な分類に基づく説明を設けておらず、逆に初めから法律上の犯罪類型の発展の流れに則した「豫謀」、「豫備」、「着手」という三項目に分けたうえで説明を始めていた。[37]

「内部的行爲」とは、人間の精神活動（宮城はこれを「心意ノ所作」とも表記した）であるとする。[38] これを分析して、まず人は①犯罪に関する思想を発起する、次にこれは②犯罪を行なおうとする希望となり、③犯罪を行なう考案となり（ボアソナードは以上の②③をまとめて「意思」としていた。[39]）、遂に④犯罪を行なう決心をなすに至るとしている。『刑法講義第一巻』では、この①から④までをまとめて、「豫謀」と分類していた。[40]

宮城は、①については社会を害することなく、「悪性」を備えることはないわけではないが未だ「道徳上ノ責任」はあるとは言いえないとしている。②から③と至るに及んで、道徳に違反はするが未だ社会に危険を発生させてはいないと説いている。そして、④では道徳に違反することはすでに顕著であるとするが、まだ外部に表われてはいないので社会に対する危険性はないとしている。したがって、④までの「内部的行爲」は、道徳違反はあるいは存在しても社会を害するに至っていないので法は関与できないとしている。特に、人間界の裁判権の及ぶ範囲という問題の観点からは、「内部的行爲」を処罰することになると、人々の（思想）の自由を保障できないと指摘している。[41] 他方、「決心」が外部に表われたときは、人間の裁判権は及ぶが、社会の危険の度はまだ刑罰権が及ぶには不足である場合が多いので、処罰しないのを原則にするとした。[42]

しかし、例外として「決心」の結果が「外部的行爲」によって表われたときは例外的に処罰することがあるとし、内乱陰謀罪（（旧）刑法典第一二五条二項）、皇室に対する罪（同法典第一一六、一一八条）をこの例外と位置づけた[43]。これらは、今日で言う企行犯[44]に相当するものの処罰を説明したものと思われる。ただし、『刑法講義第一巻』では、企行犯の処罰にあたる観念を「未遂犯トシテ罰スルニ非ス（中略）一罪トシテ罰スルモノナリ」と説いていた[45]。その処罰根拠は、「内部的行爲」である決心が一定の犯罪を実現させるために「外部的行爲」によって表われたときには、その行為が「国家ノ組織権」や「皇室ノ尊厳」に関して実に大きな危険を及ぼし[46]、行為の段階が進むにつれ「将ニ圖ル可カラサル」害が生じるので、これを未然に予防するために処罰するとしている[47][48]。しかし、このような場合であっても、宮城は「決心ノ結果外部的行爲ニヨリテ表覚シタル時ト内部ニ止マリタル決心ノ偶然発覚シタル時トヲ混淆スルヿ勿カレ」ということを強調し、「発議」にはあたらない単なる「決心」の客観化（偶然に人に犯罪を犯す決意を漏らしたり、その決意を良心の呵責から告白すること等）をもって処罰するのではなく、一身上の決心に留まらず「決心」の結果「他人ニ対スル謀議」という「発議以上ノ」行為によって「外部的行爲」の範疇に入るのを待って処罰するのであるということを強調している[49]。つまり、刑法が干渉できるのは、単なる犯罪意思の客観化だけでは足りず、次の段階の行為へのステップとして評価される客観的行為（具体的には、犯罪の「発議」）も行なわれていなければならないということであろう。

しかし、このような例外（今日で言う企行犯の処罰）を含めても処罰限界の一線を画していることで、何れの著書においても共通していることは、人の内心に留まっている「内部的所爲」を処罰することまでは考えなかったということである。

他方、「外部的行爲」とは、「躰力ニ關スル所ノ者」であるとして「内部的行爲」に次いで起こる「行爲」として位置づけている[50]。したがって、これについて見るに、宮城は、⑤「豫備」から始まり、⑥「着手」までに分類している。[51]

宮城は、「豫備」とは「例ヘハ罪ヲ犯スノ場所ヲ擇ミ或ハ殺サントスル人ヲ捜シ或ハ犯罪ノ用ニ供スル器具ヲ求メ或ハ共犯者ヲ索メ或ハ方略ヲ定ムルカ如キ是ナリ」とする。これは今日の予備行為の概念に対応する。他方、「着手」に対しては、「此ニ因テ以テ犯罪ノ目的タル結果ヲ生スヘキ所爲ニシテ例ヘハ人ヲ殺サント欲シ刀剣ヲ以テ既ニ切傷シタルカ如キ盜ヲ爲サント欲シテ財物ニ觸レタルカ如キ是ナリ」という定義を与えている。[52]

さて、⑤の「豫備」については、これに道徳違反、及び「外部的行爲」に属するために「少小ニ非ス」の程度の社会に対する危険性も存在することを認めて、社会刑罰権を行使することが不可能ではないとするが、[53]（旧）刑法典が原則的に予備を不処罰とすること（第一一一条）の理由として次の二つを挙げた。

(1)予備を処罰することにすると、問題の行為が予備罪にあたるのかどうか本来判別しがたいので、無辜の者まで処罰してしまう恐れがあること。例えば、刀剣を購入する者がいたとしても、行為の外形からは、彼が強盗をするために購入したのか、謀殺のためか、あるいは護身具として購入したのか行為者本人の意図が判別しがたいからというのである。したがって、主として行為者の故意の認定が外形的行為からは容易に判別しがたいという事情を重視して、この認定論の観点から予備罪の原則不処罰を導き出していると考えられる。この考え方は、ボアソナードの説くところと軌を一つにしている。[54]

(2)それのみならず、そもそも、たとえ一定の犯罪の予備にあたることが明らかであっても、（旧）刑法典第一一六条、一一八条、一二五条二項、一八六条二項所定の各犯罪を除いて）、社会刑罰権を行使するだけの価値がないものであるということを認めている。[55]

ところで、予備に相当する行為を処罰する場合であっても、宮城はこれをすべて予備罪として処罰すべきであるとは説かず、独立犯罪として処罰すべき場合（たとえば、詐欺取財罪の予備行為に相当するものとして貨幣偽造罪、文書偽造罪を挙げる）と「予備罪」として処罰すべき場合とがあると説いている。つまり、既に当該行為がそれ自体としてもつ「背徳加害ノ度甚ダ大」である場合には「予備罪」としてではなく、これを独立犯罪として処罰すべき旨を認めていた(56)。そして、「予備罪」を処罰する狙いは、「着手」に至る「不測ノ禍害ヲ豫防スル」ことにあるとしている(57)。

註記

(35) 澤登俊雄「宮城浩蔵の刑法理論・二完」法律時報五〇巻七号九四頁、同「宮城浩蔵の刑法理論」『総合的研究』四八頁。

(36) 「刑法正義」七八六頁、「刑法講義巻之二」八一四頁、「日本刑法講義」八二〇頁。オルトランの説明も類似の分類の仕方をとっていた。ただし、前者を「第一類」に、後者を行為者の実行行為が終了したかどうかによって「第二類」と「第三類」とに分類した（Ortolan, op. cit., pp. 526 et 527.）。

(37) 「刑法講義第一巻」六四六頁。

(38) 「刑法正義」七八六頁以下、「刑法講義巻之二」八一四頁以下、「日本刑法講義」八二〇頁以下。

(39) 本書第一部第三章第二節第一款。

(40) 「刑法講義第一巻」六四六～六四七頁。

(41) 「刑法講義第一巻」六四九頁では、人の内心の行為は人知では認識することは不可能なのでこの段階の行為を処罰するのは「想像ヲ以テ」処罰することであるとの指摘がなされたが、これは無辜の処罰を恐れたことも理由の一つであろう。

(42) 以上、「刑法正義」七八七～七八八頁、「刑法講義巻之二」八一四～八一六頁、「日本刑法講義」八二〇～八二二頁、「刑法講義第一巻」六四九頁。

(43) 「刑法正義」七八八頁、「刑法講義巻之二」八一六頁、「日本刑法講義」八二二頁。

(44) Attentat. cf. Ortolan, op. cit., pp. 463 et s. 当時の翻訳語に従うと「試犯」。

(45) 「刑法講義第一巻」六六七頁。

(46)「刑法講義第一巻」六六七〜六六八頁では、皇室の尊厳について指摘するほか、「天皇三后皇太子ニ危害ヲ加ヘントスル時ハ恰モ我國民ニ對シテ加ヘントシタルト同ク其害甚タ大ナル」と指摘していた。
(47)「刑法正義」七八八〜七八九頁、「刑法講義巻之一」八一六〜八一七頁、「日本刑法講義」八二三〜八二三頁。
(48)「刑法講義第一巻」六六七頁では、この犯罪の発覚することは非常に困難であり、たとえ発覚してもその時は既に「着手」時にかかっており、その時には害が甚大だからであるとの説明を付していた。
(49)「刑法正義」七九〇〜七九一頁、「刑法講義巻之一」八一八頁、「日本刑法講義」八二四頁。
(50)「刑法正義」七九一頁、「刑法講義巻之一」八一九頁、「日本刑法講義」八二五頁。
(51)「刑法正義」七九一頁、「刑法講義巻之一」八一九頁、「日本刑法講義」八二五頁。
(52)以上、「刑法正義」七九一頁、「刑法講義巻之一」八一九頁、「日本刑法講義」八二五頁。同旨、「刑法講義第一巻」六四七頁。
(53)「刑法正義」七九二頁、「刑法講義巻之一」八二〇頁、「日本刑法講義」八二六頁。
(54)参照、本書第一部第三章第二節第一款。
(55)以上、(1)、(2)につき、「刑法正義」七九二〜七九三頁、「刑法講義巻之一」八二〇〜八二二頁、「日本刑法講義」八二六〜八二八頁参照。
(56)以上につき、「刑法正義」七九三〜七九四頁、「刑法講義巻之一」八二一〜八二三頁、「日本刑法講義」八二七〜八二九頁。
(57)「刑法正義」七九四〜七九五頁、「刑法講義巻之一」八二一〜八二二頁、「日本刑法講義」八二八〜八二九頁。同旨、「刑法講義第一巻」六六七頁。「刑法講義第一巻」六六七頁では、さらに予備罪の処罰の理由としてこのほかにも犯罪の発見の著しい困難性を挙げていた。

## 第二款　未遂犯

次いで、宮城は、⑥の「着手」をさらに「着手未遂」と「着手既遂」とに分ける。彼は、各々につき次のように定義している。「着手未遂トハ着手シテ未タ充分ニ其所爲ヲ遂ケサル者ニシテ此場合ハ目的タル結果ノ生スルコト無シ（中略）着手既遂トハ着手シテ既ニ充分其所爲ヲ行ヒ遂ケタル者」であるとした[58]。そして、「着手未遂」については、これをさらにその未遂に至った原因の如何によって「中止犯」と「意外ノ障礙ニ因テ目的ヲ遂ケサル者」（または単に『着手未遂』）とに分けている。「着手既遂」については、実行行為を「既遂ニ致シタ」ものであるとして、目的たる結果を生じたか否かによって「欠効犯」と既遂とに分類している[59]。そして、「未遂犯」とは『着手未遂』と「欠効犯」の場合であるとした[60]。この分類は、加害の程度、背徳の程度によって刑を決める折衷説の「用刑」の考え方に則したものとみることができるが、もう一つの意義がある。今日の未遂犯の一般的な分類からみて、注目すべきは、中止犯の射程を「着手未遂」の概念に連結させ、「着手既遂」（厳密には「欠効犯」）の段階にまで延ばしていないことである。ところで、ボアソナードは、中止犯を「着手未遂」の段階のみならず、欠効犯の段階でも認めていた[61]ので、右は宮城の所説の特徴をなすといえる。詳細は、後述する。

まず、着手行為と予備行為との区別、今日で言う実行の着手についていかなる概念構成をしていたかを見ておきたい[62]。

宮城は、『刑法正義上巻』等では、実行の着手（「着手」）の基準について、「犯人ノ所爲カ犯罪構成ノ事實ノ範囲内ニ入リタル時ハ疑モ無ク着手ナリ假令然ラサルモ犯人ノ所爲カ犯罪構成ノ事實ト密接連結シテ分離ス可カラサル時ハ着手ノ所爲ナリト云フコ是ナリ」と説いている[63]。彼が我が国においてボアソナードも明言してはいなかった基準を公式の形で既に明かにしたことは、重要な業績であると評価できよう[64]。もっとも、この基準といえども、実際に得られる結論には、判断者の個人差が入るのを不可避と考え、「到頭吾人ノ感想ニ一任スルヨリ外ナシト論決セサル可カラサルニ至ル」と述べた[65]。次にこれの具体的な事案への適用を見てみよう。彼は一例を挙げている。すなわち、「門戸牆壁ヲ踰越スルノ所爲」を挙げ、これについて「其目的窃盗ニアレハ財物ヲ取ルト云フ所爲即チ犯罪構成ノ事實ト密接スル」ので窃盗罪の着手ということができ、「若シ其目的強姦ニアレハ強姦ト門戸牆壁ヲ踰越スル所爲トハ密接」しないので強姦罪の着手ということはできないという説明を与えている(66)。宮城自身は明言してはいないが、挙例の犯罪の態様から、これは（旧）刑法典第三六八条所定の住居侵入窃盗罪の実行の着手に相当する例と考えられる。そうだとすると、この罪の各則上の解釈論で、宮城は、「鎖鑰ヲ開ク」行為を例にとって、単に錠前（鎖鑰）を開けただけでは本罪に問擬できず、さらに邸宅倉庫に必ず入らなければならないと説いていたことから、邸宅倉庫への侵入に先立つ「踰越」行為は本罪に密接した行為を意味すると解することになるのであろう(67)。

他方、『刑法講義第一巻』では、おそらく師オルトランの表現を参考にしたものであろうが(68)、「其犯サント欲スル目的ノ生スル事ヲ直接ニ爲シタルトキハ着手ナリ」とする基準を提示していた(69)。次に、彼が本書で示した具体的な事案の処理を見てみよう。彼は二例を挙げていた。彼は、はじめに『刑法正義上巻』等で示したものと類似した例を含む事例を取り上げてこれを論じた。すなわち、「夜中私カニ人ノ邸宅ニ入ルカ如キ或ハ人家ニ入テ金箱ノ蓋ヲ開キ其中ヲ覗ヒ居ル」事案を窃盗罪の実行の着手か予備かと設問し、「人ノ邸宅ニ入リタルハ密カニ其家ノ女ニ通セント欲スルノ意ナルカ知ル可カラス」と付言し、あるいは「其金箱ノ蓋ヲ開キタルハ其構造ヲ見ンカ爲ナルヤ知ル可カラス」と付言して行為者の主観の外形的所在の不明瞭さを理由にしながら、続けて「故ニ此等ハ竊盗ノ豫備又ハ着手ニ非スシテ即チ住居ヲ侵スノ罪ナリ」と判断している(70)。もっとも、本書でもこの結論を絶対視する意図はなく、少し離れたところでは、「人家ニ入ル者ノ如キハ常ニ盗ヲ爲サントスルノ目的ヲ有スル者多キヲ以テ窃盗ノ未遂犯ト爲スヿヲ得可シ」と説いて、結局かかる事案が窃盗罪の実行の着手にあたるかどうかは裁判官の任務であると結論づけていた(71)(72)。第二の例は、「人ニ負傷セシメタル如キハ殺傷ノ着手タルヤ將タ毆打創傷タルヤ」とする設例である(73)。そして、この例については、前記の基準「其犯サント欲スル目的ノ生スル事ヲ直接ニ爲シタルトキハ着手ナリ」を適用して、「故ニ人ヲ殺サント欲シテ負傷セシメタル時ハ殺傷ノ着手ニシテ否ラサル時ハ毆打ナリ」と述べるものの、やはり結論を「一般ニ論定スル能ハス」と但し書きを付していた(74)。

さて、本書で示した「着手」と「予備」との弁別に関する二つの基準ならびにその具体的適用の説明を見る限りでは、両方の定義に説明上の単なるニュアンスの違いを超えてさらに微細な点で違いがあるかの検証はなお検討を続けなければならないが、当該行為の持つ危険性の質や程度に準拠して実行の着手時期を決めようとする発想は見られず、かつ基本的には着手を形式的に理解していたといえる。この点は、ボアソナードのそれと親近性が認められる(75)。しかし、『刑法講義第一巻』における前記の住居侵入窃盗についての説明を別にすれば、『刑法正義上巻』『刑法講義巻之二』『日本刑法講義第一冊』においては、特定の故意の存在を始めから所与のものとして考慮に入れながら「着手」を説明していた。ボアソナードは、採証上の観点に注意を払いながら故意の認定を実行の着手の認定の中で行為者のとった外形的行為態様と関連づけて説明をしていたので、この点で両者の実行の着手の認定にかかる考え方には開きが生じているということができよう(76)。

次に、それでは『着手未遂』と「欠効犯」との区別について考えなければならない。これは、今日の着手未遂と実行未遂との区別に関わる議論に重なるものであるが、宮城の与えた説明は粗く漠然とし時として類似の事例に下した結論の間に齟齬とも見られるような部分も認められるので、その正確な理解は極めて困難である。

まず、宮城の示した『着手未遂』と「欠効犯」との相違と要件に関する部分を次に示しておこう。いわく、「欠効ノ場合ハ…（中略）…着手未遂ノ場合ニ比スレハ加害ノ點ハ彼此異ナルナキモ背徳ノ度ハ反テ重大ナリト謂ハサル可カラス何トナレハ犯人既ニ其為サント欲スル所ノ者ヲ執行シ了リタル者ナルヲ以テ背徳ノ度ハ其頂點ニ達シタル者ト謂ハサル可カラサレハナリ」と説いていた(77)。また、旧刑法典第一一二条は『着手未遂』については「意外ノ障礙」を、「欠効犯」については「舛錯」を要件としたが、宮城はそれぞれの要件に次の定義を与えた。「意外ノ障礙」とは、「自己ノ意ニ關スルヿ無キ他ノ事情ノ妨害ト云フヿ」であるとする。(78)これは、今日の意味での着手未遂と欠効犯（実行未遂）の区別を直接に説くものではなく、いわゆる障礙未遂と中止犯との区別を語るものである。しかし、宮城の場合、論理的には、自己の意思によって犯罪を中止できる余地のあった場合、つまり中止犯が成立しえた場合には、『着手未遂』のテリトリーにあることになるので、これを反対解釈すれば、逆に「欠効犯」は成立しないといえることにもなる。つまり、「中止犯」の成立する余地の認められた場合と、『着手未遂』と「欠効犯」との区別は密接に関連していることになる。(79)他方、「舛錯」について、宮城は、「犯者已ニ其行ハント欲スル所爲ヲ充分ニ遂ケタルモ尚ホ其目的ヲ達スル能ハサリシモノ(80)」であるとしている。これは、直接に「欠効犯」とそうでないものとを区別する基準を語っている。したがって、以上より宮城の与えた「意外ノ障礙」と「舛錯」との概念は同じレベルの上で相互に排斥しあいながら決まるものではなく、それぞれが異なるレベルの上にある基準が用意された跛行的な概念であることがわかる。『着手未遂』と「欠効犯」との区別は、総合すると、行為者の「意欲」した行為を成し遂げているかどうかということ、かつ、自己の「意思」による中止によって結果の発生を阻止する余地があるか——中止犯が成り立つか——ということから決定されるはずである。宮城は、『着手未遂』と「欠効犯」とを区別する一般論について触れ、「犯罪執行ノ情状ニ因リ換言スレハ其所爲ヲ中止スルヲ得ルト得サルトノ點ニ因リテコレヲ区別スルヲ要ス」と述べているが、その内容はこのように解せざるを得ないだろう。(81)

　しかし、宮城が実際に下した『着手未遂』と「欠効犯」との判断は、次に具体的に見るように、今日から見ると厳密に行なわれているとは見受けられないように見える場合も認められる（毒殺の事例）。

　宮城の示した具体的な事例を紹介しよう。

まず、『着手未遂』の段階にあたる事例としては、次の六つの事例が見られる。(1)「財物ヲ盗マントシテ人ノ家屋ニ侵入シ其財産ヲ握取セントスル時主人ノ爲メニ捕ハレタル」場合[82]。(2)「人ヲ斬ラント欲シテ之ニ向ヒタルニ人ノ抑ユル所ト爲ル時」[83]。(3)「人ヲ殺サント欲シ…（中略）…既ニ刀ヲ加ヘタルモ他人ノ爲メニ支ヘラレテ之ヲ遂ケサル」場合[84]。(4)人を殺そうとして刀を振り下ろしたが偶々舛錯によってその目的を達せず、「因テ再ヒ其刀ヲ挙ケテ之ヲ斬ラントシタルニ人ノ爲メニ捕ヘラレタル時」[85]ないしは、刀を「再ヒ下サントシタル時他ノ障礙ニ因リテ目的ヲ遂ケサル場合」[86][87]。(5)「人ヲ殺サントシテ既ニ刀ヲ加ヘタルモ其人膂力絶群ナルヲ以テ障碍セラレタル」場合[88]。(6)人を殺そうとして被害者に毒薬を飲ませたが、彼が苦しむのを見てただちに解毒剤を投与した結果、死の結果を免れた場合[89]。以上が、宮城の著書に見える『着手未遂』に該当する全ての事例である。

他方、「欠効犯」（「着手既遂」）の段階にあたる事例としては、次の三つの事例が見られる。(7)「人ヲ斬ラント欲シテ一刀ヲ下シ了リタルニ誤リテ其軀ニ觸レス而シテ遂ニ人ノ捕フル所トナリタル時」[90]。(8)「人ヲ殺サント欲シテ銃ヲ放チタルニ意外ノ舛錯ニヨリテ之ニ命中セサルカ或ハ命中スルモ創傷ニ止マル時」[91]。(9)「毒殺セント欲シテ毒藥ヲ飲マシタルニ其人直チニ消毒藥ヲ服シテ死セサルカ如キ場合」[92]。以上が、宮城の著書に見える「欠効犯」に該当する全ての事例である。

まず、(1)の事例は、住居侵入をともなう窃盗罪である。ただし、「欠効犯」にあたる事例は示されていない。なお宮城は、「盗罪」について、これを、他人に所属する有形動産をその人の所持（占有）中から現実に自分に移す（奪取）ことをいうと理解していた[93]。奪取罪に関するめぼしい事例はこのくらいしか示されていないのでこれ以上は考察を進めない。注目すべきは一連の殺人に関する事例についてである。

次に、斬殺に関し、『着手未遂』にあたるとした(2)、(3)、(4)、(5)の事例を考察すると、殺人の意図をもって、相手に向かい、そして刀を振りかぶり、振り下ろし終わる前（「刀ヲ加ヘタ」）までの段階で、被害者を含む他人などの手により、犯行の継続が阻止された場合を示していると考えられる。「欠効犯」にあたるとした(7)の事例は、殺人の意図をもって既に刀を振り下ろし終わった状態を意味する。(8)に見えるのは、「欠効犯」にあたるとした銃殺の事例であるが、殺人の意図をもって、発砲し終わった状態を意味する。さらに、(6)と(9)に見えるのは、毒殺の事例であるが、毒殺の意図をもって被害者に毒薬を飲ませ、その後行為者または被害者自身が解毒剤を服用して事なきをえた場合である。ただし、この事例は、微妙である。行為者が被害者に解毒剤を服用させた場合には『着手未遂』の段階にあると評価するが、被害者本人の判断で解毒剤を飲んだときは「着手既遂」にあたるとしている。これは、今日からみると齟齬と認められる厳密を欠く評価に見えるであろう。

さて、宮城の所説は前にも指摘しておいたようにボアソナードとは異なる点が見られる。その点についての検討に入りたい。ところで、宮城は、『着手未遂』と「着手既遂」とを区別することから生じることがらについて三点をあげていた。「中止ト不中止トノ権力全ク犯人ノ意中ニアル時」障礙に会った『着手未遂』は意欲していた行為を遂げた「欠効犯」よりも背徳性が少ないので、両者の間に背徳性の程度に違いが生じること、そこから、両者の法定刑の相違が生じ、また中止不中止の権力が行為者の意中にあるかどうかを判断する構造の点で中止犯との連関を指摘した[94]。

実際に宮城の指摘を詳細に分析すると次の三つの特徴が明らかになる。

(i)　宮城は『着手未遂』段階においても、「欠効犯」との比較の上で、その成否や罪質を決めるために社会的害悪のほかに背徳性に所属する「意欲」の存在を論じていた。宮城は、「學理上」ボアソナードとは異なり着手以降の段階でも、「背徳ノ度」を考慮し続けて行為者の主観（意欲）の達成の度合に応じて、『着手未遂』と「欠効犯」

との違いを説明するに至っていたことがうかがわれる。これは、宮城の所論の特徴である。ボアソナードも「道徳上の悪」を論じていたが[95]、「着手」以降の段階ではもっぱら行為者が将来とるかもしれない犯行の中止行動（「道徳上の悪」が消滅する）への期待を理由とした予測的配慮にとどまり、背徳性の程度そのものを積極的に罪質の評価に組み込もうとするものではなかった[96][97]。

（ⅱ）したがって、宮城は、両者の法定刑に必要的差別を設けることを認識することになる。ところが、それは「學理上」の思考にとどまり、実際上の考慮、つまり正確な犯罪事実の認定の困難性の観点から、これに強く反対を表明した。つまり、彼は、行為の通常の発展順序にしたがって犯罪がおこなわれた場合を例に示して、順々に『着手未遂』、「欠効犯」を認定し、「此等ハ區別判然」としていると断言しながら、「例ヲ轉シテ之ヲ觀レハ大ニ困難ナルヲ覺ユ」と述べ、それを論証するために、人を殺そうとして相手に向かって刀を振り下ろしたが失敗して目的を遂げなかったので、再度試みて刀を振り上げて相手に斬りかかろうとしたところを人に逮捕された事例を提示した。理論的には、逮捕されたときは『着手未遂』であり、最初の一刀を振り降ろした時点は「欠効犯」となるが、実際問題としては「裁判官ヲシテ其區別ニ困マシムルニ至ル」と評価した。そこで、「裁判官カ以上ノ如キ區別ノ困難ナル實例ニ遭遇シテ着手未遂トスヘキヲ欠効トシ若シクハ欠効トスヘキヲ着手未遂トスル時ハ大審院ノ破棄スル所トナル可シ」、これを危惧して（旧）刑法典の立法者は着手未遂と欠効犯とを法定刑上区別せず規定して困難を回避する論理構成をとるに至ったわけであるとする[98]。

そもそも、彼の「學理」によれば、行為者の主観（「意欲」）がどの程度まで達成されたかによって、行為の範囲（終了時期）が決まることになる。ただし、実際にはその判断は行為の発展順序にしたがって行なうのではなく、逆に行為者が中止行為に出てから初めて行なっていたのではないかと推測される。これは前掲の毒殺に該当する事例

⑹と⑼とに対して宮城が下した判断結果を比較すると明らかである。そこでは、「欠効犯」と判断されたことのある事案に対して『着手未遂』を認めていた[99]。その原因は、宮城の『着手未遂』と「欠効犯」との分水嶺となるものを障害未遂の概念に対して外在的な中止犯の成否に連関させるような他者（中止犯）従属的な中核に設定をし、他方で一連の行為の進展それ自体の中で行為の開始時点と終了時点を決める内在的、他者独立的な中核（今日の定型や実行行為概念に相当するもの）を定めることに意識を置いていなかったことにあると思われる。むしろ、中止犯を現実に行なわれた中止行為に対する報奨という政策的観点をもにらみ合わせてどのように有効に作用させることができるか、という視点に、『着手未遂』と「欠効犯」との区別を連関させていたという色彩が出ているものと思われる。ちなみに、ボアソナードは、現在の、ではなく、将来の中止行動を期待してこれを着手未遂の減軽事由とした。しかし、これが宮城の未遂犯論を複雑化する原因となったと解することができる。それは、判断を迫られた事案が、事実認定上、行為者の行為の成り行きをすべて正確に見届けやすい性質のものではなく、いくつかの行為が接続し、しかも行為の展開途中で行為者の中止行為のみられない場合に明らかになる。それが宮城自身の挙げた上掲の被害者の行為の介在した毒殺や一度目の斬殺に引き続き再度の斬殺を試みた問題事例であると考えられる。しかし、そこで宮城の示した結論に至る論理構成は、ボアソナードとは異なる。ボアソナードは行為者の主観の所在を詳細に詮索することを回避し、彼が将来とるかもしれない犯行を中止する行動を事前に「期待」することによって、欠効犯よりも着手既遂を減軽するという自由主義的な考え方をとっている。なぜ、宮城は事実認定の困難性を理由に逆に同一刑主義をとったのだろうか。宮城が実務の効率的な運営の保障を優先させたことを前にして、彼の自由主義的な意識に疑問を感じざるをえない。

（iii）そして、すでに指摘したように中止不中止の権力が行為者の意中にある、『着手未遂』だけを「中止犯」の成否と連結させていたことから、ボアソナードの説く、欠効犯の段階でも中止犯の成立を認める見解とは構造を異にした。そして、この点がボアソナード等の所説と比較して、宮城の所説の大きな特徴を構成する。[100] 宮城は、ボアソナードとは異なり、さらに『着手未遂』の概念を、「意欲」の達成の度合をかすがいとして「中止犯」の問題に直接に連結させたのである。つまり、『着手未遂』には、「意外ノ障礙」によりその所為を遂げなかった場合と「自ラ中止」したことによりその所為を遂げなかった場合（「中止犯」）とがあると認めていた。[101] 反対に、「意外ノ舛錯」により未遂に終わった場合、すなわち欠効犯の場合について、すでに見たようにボアソナード自身は、この段階でも中止犯の成否を議論していたにもかかわらず、[102] 宮城は中止犯について触れるところが見当たらない。宮城は、「欠効ノ場合」とは「犯人ノ爲サント欲スル方法ヲ執行シ了リタル者ナレハ中止セント欲スルモ固ヨリ爲ス可カラスト雖モ着手未遂ノ場合ハ其方法ヲ執行シ終ラサルニヨリ其中止スルト中止セサルトハ犯人ノ意中ニ存ス約言スレハ着手未遂ニハ中止スルヲ得ル余地アレトモ欠効ニハ到頭中止スルヲ得サル者ナリ」と述べ、この段階の中止行為にあたる結果発生防止行為について触れるところがない。[103] 「欠効犯」はつねに障害未遂であり中止未遂たりえないとするもののようである。[104] これは、すでに示した宮城の概念規定には明確に述べられていないが、実際上彼の説くところから判断すると、『着手未遂』とは、行なおうと意欲している行為の継続中に、行為継続中の認識を持ちつつなされた自己の任意の中止行為、または他人の手による障害によって、既遂には至らなかった場合を示し、「欠効犯」とは、行なおうと意欲した行為をすべて達成させたとする認識を行為者が持った後で、既遂に至らなかった場合であると解するのが妥当であろう。だとすると、論理的には、欠効犯では既にその行為者自らが行なおうと意欲した行為をすべて達成させてしまっている（つまり、行為者自身そう認識していることでもある）はずなので、行為者自身の意思に基づく中止行為を論じえない段階を意味するということになろう。ゆえに、この『着手未遂』と「欠効犯」の限界は、客観的な定型として一般化的に決まるものではなく、個別の行為者の意欲した行為を遂げたかどうかにしたがい、個別化的、主観的に本来決まるものであろう。さらに言い得ることは、中止犯が認められる場合であれば、行為をすべて完了しておらず中止する余地があったと評価できるので、おそらく結論としては、中止前にすでに生じた傷害を治療してなんらの結果も発生させなかったという事例を除いては、ボアソナードが中止犯を認めた事例を宮城は『着手未遂』と考えることに到ると推量しうる。

**註記**

(58)「刑法正義」七九六～七九七頁、「刑法講義巻之一」八二四～八二五頁、「日本刑法講義」八三〇～八三一頁、「刑法講義第一巻」六五一～六五二頁。

(59)以上、「刑法正義」七九六～七九八、八〇三、八〇八～八〇九頁、「刑法講義巻之一」八二四～八二五、八三二、八三六～八三七頁、「日本刑法講義」八三〇～八三一、八三八、八三四頁。「刑法講義第一巻」は、「中止犯」、「欠効犯」という名称こそ用いてはいなかったが、内容は同じである（同書六五一～六五二、六五七頁）。

(60)「刑法正義」七九八頁、「刑法講義巻之一」八二五頁、「日本刑法講義」八三二頁。同旨、「刑法講義第一巻」六六八頁。

(61)本書第一部第三章第二節第三款。

(62)宮城は、実行の着手という語を用いず、単に「着手」と称していた。

(63)「刑法正義」八〇二頁、「刑法講義巻之一」八三〇頁、「日本刑法講義」八三六頁。

(64)本書第一部第三章第二節第二款。

(65)「刑法正義」八〇三頁、「刑法講義巻之一」八三〇頁、「日本刑法講義」八三六頁。

(66)「刑法正義」八〇二～八〇三頁、「刑法講義巻之一」八三一頁、「日本刑法講義」八三七頁。

(67)『刑法正義下巻』〔明治二六年、初版、特別認可私立明治法律學校講法會〕八一二頁、『刑法講義巻之二』〔刊行年不詳、特別認可私立明治法律學校講法會〕七五〇頁。なお、『日本刑法講義』の各則篇にあたる文献は披見することができなかった。

(68)本書第一部二章第五節第二款。もっとも、オルトラン自身も自分の示した基準を一応の基準と考えており、窃盗罪への適用では基本的には目的物に手をつけることを要求しているものの、部屋に侵入して窃盗する場合では目的物をしまってある引き出しの鍵を壊したところで着手を認める口吻の処もあり、そこでは着手の基準の適用を過大評価す（exagérer）べきではないとしていた（Ortolan, op. cit., pp. 449 et 450.）。

(69)「刑法講義第一巻」六六五〜六六六頁。

(70)「刑法講義第一巻」六六五頁。

(71)「刑法講義第一巻」六六六頁。

(72)この「刑法講義第一巻」で示された例には「門戸牆壁」という言葉が見えないので、（旧）刑法典第三六八条所定の住居侵入窃盗罪に該当しない例であり、「刑法正義」等で示された事例とは別であると考えられる。その理由は『刑法講義第二巻』（明治一九年刊第三版、明治法律學校）六三九頁において、宮城は、この罪が成立するためには必ず門戸・障壁・鎖鑰の場合であることを要していると厳密に理解していたからである。

(73)「刑法講義第一巻」六六五頁。

(74)「刑法講義第一巻」六六六頁。

(75)本書第一部第三章第二節第二款参照。

(76)本書第一部第三章第二節第二款、第三章小括参照。ボアソナード・「草案筆記」三二七頁では、通貨偽造罪（ただし、条文は示されていない）について、行使の目的が必要と考え、地金を型にいれ貨幣の形に整えて鋳造しただけでは実行の着手を構成しないと考えた。そして、その説明では、採証上の観点（犯人の言い逃れの防止）を持ち込んでいた。つまり、通貨の形に整えただけでは、単に金貨を鋳造して実験していただけだという犯人の口実が成り立ちうることを考慮していた。

(77)「刑法正義」八〇四〜八〇五頁、「刑法講義巻之一」八三二〜八三三頁、「日本刑法講義」八三九頁。

(78)「刑法正義」七九八頁、「刑法講義巻之一」八二六頁、「日本刑法講義」八三二頁、「刑法講義第一巻」六五一〜六五二頁。

(79)「刑法正義」八〇七頁、「刑法講義巻之一」八三五頁、「日本刑法講義」八四一〜八四二頁、「刑法講義第一巻」六五二頁。なお、山中敬一「着手中止と実行中止—中止行為の意義に関する考察—」関西大学法学論集三四巻三＝四＝五号二八七頁以下をも参照。

(80)「刑法正義」八〇四頁、「刑法講義巻之一」八三二頁、「日本刑法講義」八三八〜八三九頁。同旨「刑法講義第一巻」六五二頁。

(81)「刑法正義」八〇七頁、「刑法講義巻之二」八三五頁、「日本刑法講義」八四一～八四二頁。
(82)「刑法正義」七九九頁、「刑法講義巻之二」八二六頁、「日本刑法講義」八三三頁。
(83)「刑法正義」八〇五頁、「刑法講義巻之二」八三三頁、「日本刑法講義」八三九～八四〇頁。
(84)「刑法正義」七九七頁、「刑法講義巻之二」八二五頁、「日本刑法講義」八三一頁、「刑法講義第一巻」六五一～六五二頁。
(85)「刑法正義」八〇六頁、「刑法講義巻之二」八三三～八三四頁、「日本刑法講義」八四〇頁。
(86)「刑法正義」八〇七～八〇八頁、「刑法講義巻之二」八三五頁、「日本刑法講義」八四二頁。
(87) なお、この場合につき、現代から見ると、ひとたび欠効犯となった後、再び着手未遂を認めるのは不思議なことに映るかも知れないが、これは当時の罪数論（当時の言葉では「數罪倶發」という）の影響を受けているからである。『着手未遂』の場合には犯意が継続しているので、その継続中は一罪と評価するが、「欠効犯」の場合には行為者自らが罪を遂げたと信じた場合であるので、再びその目的を遂げるために犯す場合には、その犯意は最初の犯意とは断絶しており、あらためて一罪が成立すると評価するからである。参照、林正太郎＝水内喜治＝平松福三郎＝豊田鉦三郎『日本刑法博議』〔初版、明治二二年七月、日本書籍会社〕六四一頁。
(88)「刑法正義」七九八頁、「刑法講義巻之二」八二六頁、「日本刑法講義」八三二～八三三頁。
(89) これは、中止犯を論じていた章下で『着手未遂』段階にある事例として提出されている。「刑法講義第一巻」六五三頁。
(90)「刑法正義」八〇五頁、「刑法講義巻之二」八三三頁、「日本刑法講義」八四〇頁。
(91)「刑法正義」七九七、八〇四頁、「刑法講義巻之二」八二五、八三二頁、「日本刑法講義」八三一、八三八頁、「刑法講義第一巻」六五六、六六九頁。
(92)「刑法正義」八〇四頁、「刑法講義巻之二」八三二頁、「日本刑法講義」八三八頁、「刑法講義第一巻」六五六、六六九頁。
(93) 前掲『刑法正義下巻』七九六頁、「刑法講義巻之二」七三六、七三七頁。また、「刑法講義第二巻」六二二頁など。
(94)「刑法正義」八〇七頁、「刑法講義巻之二」八三四～八三五頁、「日本刑法講義」八四一頁。「刑法講義第一巻」では、『着手未遂』と「着手既遂」（「欠効犯」）との法定刑の差別を規定しない旧刑法典第一一二条を前提にして議論を行なっているので、法定刑の相違については特に論じていない。『着手未遂』の場合も「着手既遂」の場合も共に既遂犯との比較から既遂犯との間で法定刑の差別が生じることを「用刑ノ原則」を構成する、社会に与えた害が小さいことから説くにとどまり、『着手未遂』と着手既遂の間の量刑の差別については触れていない。同書・六五五〔『着手未遂』について〕六五六、〔着手既遂について〕六六九～六七〇頁。
(95) その程度を積極的に論じていたのは、「決心」の段階までである。本書第一部第三章第二節第一款を参照。
(96) 本書第一部第三章第二節第二款。
(97) なお、「道徳上の悪」を刑の軽重に関係させることの影響につき、澤登俊雄「ボアソナードと明治初期の刑法理論」『総合的研究』一四頁を参照。
(98) 以上、「刑法正義」八〇五～八〇六頁、「刑法講義巻之一」八三三～八三五頁、「日本刑法講義」八三九～八四二頁。
(99) しかしながら、林正太郎ほかは、「井上博士」(井上正一を指すものであろう)、「井上学士」(井上操を指すものであろう)「高木、堀田両氏等」(高木豊三、堀田正忠を指すものであろう)とともに、宮城も毒殺の場合に解毒剤を与えて未遂に終わらせたときを「欠効犯」の段階にあるとしていたと評し、宮城は「欠効犯」についても中止犯を認めていたとする。林正太郎ほか『日本刑法博議』(前出註87)六五六頁。
(100) 本書第一部第四章第二節第二款。
(101) 本書第一部第四章第二節第二款。
(102) 参照、本書第一部第三章第二節第三款。
(103) 「刑法正義」八〇七頁、「刑法講義巻之一」八三五頁、「日本刑法講義」八四一頁。
(104) ちなみに、現在、着手未遂についてのみ中止犯を認めるのは、植松正博士である。植松正『再訂刑法概論Ｉ総論』〔昭六〇〕三二五頁。ただし、博士の場合には、「中止」の字句に形式的に忠実な結果、犯罪の続行を放棄(「中止」)しただけで結果が発生しないときだけを、着手未遂とするので、宮城のアプローチとは事情を異にする。

## 第三款　中止犯

中止犯とは、宮城によれば、「意外ノ原因ニヨラスシテ全ク犯人意内ノ原因ニ因リテ中止シタル者ナル」という。[105]『刑法講義第一巻』には、中止犯にあたるものとして「着手未遂ノ犯者ノ自止ニ出テタル時」という言葉がみえる。[106]宮城は、中止犯についての主要論点として、中止犯の可罰性とその要件に重点をおいて論じていた。宮城は、中止犯の不可罰性を認めていたが、中止行為の際にすでに生じていた傷害結果については、これを当該未遂罪とは別の一罪として処理すべきだと考えていた。[107]宮城の中止犯の不可罰性の根拠づけについては、その著書の間で変遷が見られるので、後で詳述する。

そこで、宮城が、中止犯の要件としては何を考えていたのかを考えてみよう。それは、すでに述べたように客観的要件としては『着手未遂』段階で犯罪を中止し犯罪の完成が妨げられたこと、主観的要件としては行為者自らの意思決定に基づくことである。このうちとくに宮城が詳細に取り組んだのは、後者についてであった。ところで、「真心悔悟」という言葉が（旧）刑法草案（日本文草案）第一一七条に中止犯の要件として盛り込まれていた。宮城は、この言葉の妥当性について、次のように批評を加えていた。当該条項の編纂の基礎となった、ボアソナードの手になる仏文草案にはこのような言葉は見あたらない。そこで、この経緯について、宮城は起草者が「其制限ヲ加ヘタルハ別ニ深意アルニアラス日本文草案起草者以為ク佛文草案ニヨレハ中止犯ハ中止ノ原因ノ如何ヲ問ハス總テ目的タル犯罪ニ付キテハ無罪ニシテ…（中略）…甚泛キニ過キ實ニ危険ニ堪エス」と思い込んでいたにすぎないと、皮肉を込めて紹介をしている。[108]そして、この日本文草案の見解に対して、宮城は裁断して、「今日ヨリ之ヲ見レハ笑止ニ堪ヘス夫レ真心悔悟ハ人間ノ心意内ノ現象ニシテ有形上ヨリハ之ヲ了知スヘカラサル者ナリ」と述べた(109)。つまり、この真心悔悟という動機を証明する上で、犯人が自分はそう思って止めたのだと主張をした場合には、検事はこれに対して反証することができない。笑止なり、とするのである。主として事実認定論の観点を前面に押し出して、議論を起こしていたといえる。

ところで、初期の著作『刑法講義第一巻』では、この認定論の観点のほかに法理論上の考慮からも、中止の原因動機の詳細を詮索しないことを明らかにしていた。そこでは、そもそも中止の原因は「内部ニ關スル所爲」でありこの場合省みればそもそもはじめから実際に犯意を有していたかどうかすらも外部から明らかにすることはできない。また、中止の原因が仮になかったとしたら犯罪を遂行したであろうと推断すべき必然性はなく、中止の原因の存在の究明に急ぐことは却って「想像」で処罰することに至らざるを得ない。さらに、折衷説の立場から批判を加え、そもそも刑罰を加えるべき場合とは、道徳に背く度合いと社会を害する度合いとが甚だしい場合でなければならないということも指摘したうえで、「自止」の場合にはその理由を問わず処罰できないと説いていた。つまり、人を殺そうとして毒薬を被害者に飲ませたが、彼が苦しむのを見てただちに解毒剤を与えた場合を例にとり、道徳上は「大罪人」であることに変わりはないが、――ただし、他方で、犯行の中止による、殺意の事後的消滅を認めていたが(110)――実際に結果の発生を見なかったので社会に害を及ぼさなかった点を考慮しなければならないとするわけである(111)。これは、今日では法律説として説かれているもののうち明確に違法減少説といわれるものに相当するものを説いたといえよう。さらに犯罪予防の観点からこの指摘を補強して、ボアソナード等の考慮と同様に『着手未遂』段階で犯行を思い止まらせる道を用意しておかなければならない旨も強調していた(112)。今日の政策説に相当するものといえよう。また、おそらくこの「自止」の場合とは、その理由の如何を問わないとするので、結果的には、他者の介在によって結果の発生が妨げられた場合ではないということを意味するに過ぎないであろう。なお、このような論理を用いて、彼は、予備罪の原則不処罰の理由をも説いていたことがある。つまり、予備の段階に犯罪が留まったときには、どういう理由で留まったのかを考えなければならない、とした。そこで、「之ヲ止ムルハ偶然ニ出ツルニ非ス機會ヲ失シタルカ或ハ刑ヲ恐レタルカ或ハ人ニ諫メラレタルカ或ハ悔悟シタル等ニ原因スル者ナレハ尚ホ犯スコナキヲ保ス可カラスト雖ﾓ是レ唯想像上ノコ」に過ぎず、これをもって犯罪とし、処罰することはできないと理由づけをしていた(113)。彼は中止犯を含め行為者の内心それ自体を問題にするときには、人の行動の自由を保障する意味から、非常に慎重な態度を堅持していたことがうかがわれる(114)。

ところが、注目すべきは、宮城がその後に態度を改めたことである。彼が後に著わした『刑法正義上巻』に代表される著書では、「法理上ノ論」としては、たとえ実害が発生しなかったとしても中止犯を処罰することは可能であると考えていた(115)。これは、ボアソナードの説いていた考え方とは異なる考え方である(116)。そこで、この「法理上ノ論」とは何か、について耳を傾けてみよう。これについて彼は、実行の着手によって「既ニ法律上罰ス可キ所爲ニ着手シタル後ハ假令自ラ其所爲ヲ遂ケサルモ其背徳ノ點ニ於テハ言ヲ待タス」と述べ、続けて――一転して、先の『刑法講義第一巻』とは態度を変えて――「社會ヲ害スルコモ亦鮮少ニ非ス」と宣明した(117)。ただ、法律に明文規定がない限り罪を論じることはできないとする罪刑法定主義の立場からすれば、法律は中止犯の処罰を明記していないので、その点から中止犯の処罰については不問におかざるを得ないのだとした(118)。この説明は、明らかに、彼の師、ボアソナードのそれとは背馳するところとなった。ボアソナードは、中止犯の場合には、結果的にみて「社会上の悪」が少ないのであり、あるいは特に故殺の故意をもちすでに傷害結果を生じさせていた場合であっても、被害者を殺害する意思を捨ててこれを治療する意思を持ちかつそれが奏効すれば、殺意が消滅するとまで明言していたことが想起されなければならない[119]。それにもかかわらず、宮城の場合には、一旦成立した社会的害悪や背徳性に対しては、事後の成り行きの影響を「法理上ノ論」としては受け付けないとするもののようである。これは、中止犯を未遂罪のカテゴリーから外すフランス法の伝統から解離して、ドイツ法に倣い中止犯を未遂罪の形態ないし処罰観念中に組み入れる契機のひとつを孕んでいたかもしれない。この点の解明は、当時の実務の要求の解明のほか、フランス法の隆盛を極めていたさなか、また宮城自身が東洋のオルトランであるとさえいわれフランス刑法の祖述者として考えられていた中で、中止犯を未遂犯の形態ないし処罰観念の中に組み入れて考えていたドイツ法その他これに与する法体系をどの程度評価していたかという点をも究明しなければ容易には断を下せないので、さらに資料の収集に努めたい。ともあれ、このような思考の変化の中には、おそらく彼とボアソナードとの犯罪観に於ける立場の微妙なニュアンスの違いが顕在化してきたものと思われる[120]。

**註記**

(105)「刑法正義」八〇九頁、「刑法講義巻之二」八三七頁、「日本刑法講義」八四三頁。

(106)「刑法講義第一巻」六五二頁。

(107) 現実の立法は、ボアソナード案を退けて、中止犯の規定を（旧）刑法典には置かなかった。そこで宮城は、学者の間で中止犯にあたる場合の処分をめぐって、次の三説に別れたとする。第一説は、中止犯について罪刑法定主義を形式主義的に墨守した結果「律ニ正條ナキヲ以テ無罪ト爲スニ在リ」とする。さらに、謀殺しようとしたが、傷害結果を生じせしめただけで中止した場合については、殴打創傷罪（今日の暴行による傷害罪にあたる）にすら問責できないとした。その理由は、殺意をもって傷害結果を与えたので、暴行の意思で傷害結果を発生させてはじめて成立する殴打創傷罪には問いえないからだとした。ゆえに、全て不処罰とする所説。第二説は、旧刑法典第一一二条にある「意外」の定義を「豫期セサル偶然ノコト」と解する。そこで、中止犯もこの意外の原因によって自力で（未遂犯は他力で）中止したにすぎないので、当該条文の「意外」の概念中に包摂され、すべて未遂罪として処罰されるとする所説。第三説は、現実に生じた毀傷損害の限度で罪を論じるべきだとする所説。そこで、宮城は第三説をとり、「中止犯ハ現ニ生シタル毀傷損害ニ付キテ之ヲ罰シ毀傷損害ノ生セサルトキハ律ニ正條ナキヲ以テ之ヲ無罪トス可シ」と結論づけた。「刑法正義」八一〇～八二〇頁、「刑法講義巻之一」八四七～八四八頁、「日本刑法講義」八五四～八五五頁。同旨「刑法講義第一巻」六五四頁。

(108) 「刑法正義」八一七～八一八頁、「刑法講義巻之一」八四五～八四六頁、「日本刑法講義」八五二頁。
(109) 「刑法正義」八一八頁、「刑法講義巻之一」八四六頁、「日本刑法講義」八五三頁。
(110) 「刑法講義第一巻」六六八～六六九頁。
(111) なお、各則における毒殺罪（旧刑法典第二九三条）の項においても、これと同様の例について同じ説明を与えていた。「刑法講義第二巻」四五〇～四五一頁。
(112) 以上、「刑法講義第一巻」六五二～六五三頁。
(113) 「刑法講義第一巻」六五〇頁。
(114) 予謀については、第一部第四章第二節第一款註記（41）参照。
(115) 「刑法正義」八一二頁、「刑法講義巻之一」八四〇頁、「日本刑法講義」八四七頁。
(116) 第一部第三章第二節第三款。
(117) 「刑法正義」八一二頁、「刑法講義巻之一」八四〇頁、「日本刑法講義」八四七頁。
(118) 「刑法正義」八一二～八一三頁、「刑法講義巻之一」八四〇頁、「日本刑法講義」八四七頁。
(119) 第一部第三章第二節第三款。
(120) 第一部第四章第一節参照。

## 第四款　不能犯

最後に、宮城は、不能犯について、これをいかに考えていたのかを見ておこう。彼は、まず不能犯に次のような定義を与えていた。「不能犯ナル者ハ夫ノ欠効犯ノ如ク犯罪ノ目的タル悪結果ノ生セサル所ノ者ナレトモ其悪結果ノ生セサルハ或ハ事物ノ所爲ノ性質ニ因リ或ハ施用ノ方法ニ因リ到頭悪結果ノ生スル能ハサル者ヲ想像シタルナリ[121]」。あるいは「犯罪ノ結果カ事物ノ性質上或ハ施用ノ方法上絶對的不能ナル場合ヲ称シテ不能犯ト謂フ[122]」。なお、『刑法講義第一巻』では、「悪結果ノ少シモ生セサル場合ヲ稱シテ不能犯ト云フ」と簡略に述べていた[123]。

宮城は、不能犯が問題となりうる未遂犯の事例を分類して二つの類型に分けて事を論じている。「事物ノ所爲ノ性質」による場合と、「施用ノ方法」による場合とである。前者は、結論的に今日いわれている「客体の不能」の観念に相当するといってよいであろう。彼の挙げた不能犯にあたるとされる事例は次の通りである。「死者[124]」に対する殺人行為。あるいは、人と信じて「樹木」に対して発砲するという、殺人行為。懐胎していない「張満病」の婦女に対して堕胎剤を飲ませる堕胎行為。「或原因ヨリシテ既ニ自己ニ属セシ」財物に対する窃盗行為。後者は、今日の「方法の不能」の観念に相当するといってよいであろう。彼の挙げた不能犯にあたるとされる事例は次の通りである。毒薬と信じて「毒藥ナラサル藥」を被害者に飲ませる毒殺行為。装弾されていると考えて「人ノ其弾丸ヲ抜キ去リタリシヲ識ラスシテ」発砲した殺人行為。以上である[125]。『刑法正義上巻』、『刑法講義巻之一』、『日本刑法講義』においては、以上の事例については不能犯として分類し、未遂犯（「欠効犯」）としての処罰から外していた。そして、「事物ノ所爲ノ性質」の類型に当てはまる場合は「常ニ」不能犯として処理するとした[126]。もっとも、

「施用ノ方法」の類型に当てはまる未遂事例はこれに尽きるものではないが、この類型に該当するからといってすべて不能犯として処理されることを意味するものではなかったということだけを指摘するにとどめて、詳細は後述する。

ところで、宮城の不能犯論を検討するにあたり重大であり看過してはならないことは、初期の著書『刑法講義第一巻』では態度を異にしていたことである。とくに、これは「施用ノ方法」に分類される場合について、その用例を見る限りでは、一律に「未遂犯ヲ以テ論セサル可カラス」と主張していたことに見てとることができる[127]。そこで、『刑法正義上巻』等に現われた不能犯論の分析に入る前に、本書に現われた不能犯論の分析から行ないたい。

ただし、(1)「事物ノ所爲ノ性質」の類型にあたる場合については、先に上げた事例と同旨のものばかりで、さらに付け加えるべきものは何も見い出されない。この用例に対する評価は、「如何ナル方法ヲ施スモ道理上犯ス能ハサル者ニシテ其悪結果ヲ生セサルハ所謂泰山ヲ挾テ北海ヲ超ユル能ハサルト一般天然自然ニ原因スル者ナレハ是等ハ未遂犯ヲ以テ論ス可ラス」ということで、不能犯とするものであった[128]。なお、この「道理」とは、道義的あるいは規範論的なアプローチを意識して示しているものではなく、宮城自身同義として使用しているように、「天然自然」つまり物理自然法則に即したアプローチを意味しているにすぎない[129]。問題は(2)「施用ノ方法」に分類される場合に対する評価である。先に挙げた諸事例に加えて、人に向かって発砲したが、「距離遠長」のために命中しなかった、殺人行為。「消毒薬ト知ラスシテ」その解毒剤を毒薬に混ぜて人に投与した、毒殺の場合。以上が挙げられている[130]。なお、迷信犯に相当する事例に関する評価は見られない。そうして、宮城は、これらの事例を論評して、「未遂犯ヲ以テ論セサル可カラス」と裁断し[131]、『刑法正義上巻』などとは異なる結論を導き出していたのである。その理由について、まず見てみよう。いわく、「假令悪結果ヲ生セスト雖𪜈其之ヲ生セサルヤ道理上生シ能ハサルニ非スシテ犯ス方法ノ拙ナルニ原因スル者ナレハ未遂犯ヲ以テ論セサル可カラス如何トナレハ若シ其方法ノ拙ナラサル時即チ前例ノ場合ニ於テ毒薬ナルヤ否ヤヲ知リ得タルカ又ハ彈丸ヲ抜キ取ラレサルカ又ハ距離遠長ナラサルカ或ハ射的術ニ熟シタルカ又ハ化學術ニ達シタル時ハ必ス悪結果ヲ生ス可キノ危険アレハナリ」と。[132] つまり、(2)に分類される場合には、(1)の場合とは異なり、仮定的判断、抽象化判断を許容して、実行に際し「其方法ノ拙ナラサル」場合を想定して、「悪結果」が生じる「危険」の有無を考定しようとしたことが読み取れる。それでは、なぜ、(2)の場合には、(1)と異なる判断を許したのであろうか。ところで、宮城は、(1)の場合が不能犯なることについては、「少ク辯明ヲ要ス可キコアリ」と断わり書きを与えた上で、次のように説明を与えていた。[133] いわく、「法律上罪トシ論スル所ノ者ハ背徳加害ノ二質ヲ有スル所爲ナルヲ必要トス」と論じ、続けて「不能犯ノ如キ道徳ニ背クノ點アルノミニシテ未タ社會ヲ害スルノ點ナキヲ以テ其罪ヲ構造セサレハナリ」と分析した。さらに、分析を加えて、「犯意アル者」は他日に再びその犯罪を行なう危険があるが、この者に対する手当はどうするかに及んで、「未来ヲ罰スルハ法律ノ許サヽル所ナル」とともに「唯犯意アルノミヲ以テ之ヲ罰スルトキハ則チ道徳ニ背クノ點ノミヲ以テ罰セサル可カラサルニ致ラン」と述べた。[134][135] しかし、この説明は客体の抽象化について論じているものではない。なぜ(1)の場合にも客体の抽象化判断を容れて同様に論じないのだろうか。この点について手がかりを与えてくれるような、彼の説明は「未遂犯罪」の章下には見出せない。しかし、これについて考える際には、彼の「用刑ノ原則」である社会刑罰権の基礎についても顧みられなければならない。そこで、彼が、「社會ノ害」を原理的に如何に考えていたかに関する説明を探さなければならない。それは、「世人ノ畏懼心」のことを示すように考えられる。[136] (1)と(2)の違いは、結局この点に求めざるを得ないだろう。差し当って、ここで『仮説』として示しておくと、(1)では、行為の客体が実在していなかったので、世の中に存在しないものに「如何ナル方法ヲ施スモ」結果は生じえず、以て「世人ノ畏懼心」に動揺を与えないが、⑵では、行為の客体は実在しているが、単に行為者の思慮や技量不足が障害となっていたに過ぎなく、行為者自身がその行動の不適切なことに気づけば、行為が因果的に結果発生の方向に匡正され得るので、その点で「世人ノ畏懼心」に動揺を与えると考えていたものとうかがわれる。さらに言えば、結果の不発生が因果的に偶然であったのか、必然といえたかという判断を、具体的な客体の存否を中心に因果系列を実存的に遡って、行なっていたのではないかと想定できる。[137] これらの点の考証については、さらに資料が集積してから考究したい。とはいえ、はっきりとしているのは、彼は未遂犯を⑴と⑵とに分け、客体の存在を抽象化せず、前者（客体の不能）を不可罰の「不能犯」とし、後者（方法の不能）を「未遂犯」というように範疇論的に二分していたことである。以上は、初期の著書『刑法講義第一巻』に現われた彼の所説についての考察である。

それでは、元に戻り、『刑法正義上巻』等の著書に現われた不能犯の不可罰性の理由づけについて見てみよう。ここでは、不能犯不処罰の理由について「事物若シクハ方法上決シテ犯罪ノ悪結果ヲ生セサル者ナレハ道徳ニ背戻スルコハ之レ有ルモ社會ノ害ハ到頭生スルコト無キニヨリテ方法上之ヲ無罪ト決セサル可カラス」とした。そこで注目すべきは、宮城は「犯罪ノ結果カ事物ノ性質上或ハ施用ノ方法上絶対的不能ナル場合ヲ称シテ不能犯ト謂フ」と主張し、前著で示した「客体の不能→不能犯」、「方法の不能→未遂犯」という割り切りのよい形式的な二分論的シェーマを捨て、⑶「客体の不能→不能犯」、⑷「方法の不能→不能犯」、⑸「方法の不能→未遂犯」という実質的な三分論的シェーマを採用した点にある。今、関連ある叙述を抜き出して、この関係を示そう。⑶「事物ノ所爲ノ性質」ないし「事物ノ性質」の場合（「客体の不能」に相当）について、「事物ノ不能ヨリシテ犯罪ノ目的トスル結果ノ生セサル場合ハ常ニ不能犯ニシテ之ヲ欠効犯ト區別スルノ必要アルヲ見ス」と評価を下した。「施用ノ方法」ないし「施用シタル方法」の場合（「方法の不能」に相当）について、⑷「其結果ノ生セサルハ方法ノ拙劣ニ出ルニ非スシテ方法カ性質上不能ナルトキハ不能犯ナリト謂フ可シ」、⑸「今一般的ニ其區別ヲ言フ時ハ犯罪ニ使用シタル方法拙劣ナルカ爲メニ其目的トスル結果ヲ生セサルトキハ欠効犯」ないし⑷「犯罪ニ使用シタル方法カ絶對的不能ナルトキハ不能犯」、⑸「關係的不能ナルトキハ欠効犯ナリト謂フ可シ」と。つまり、方法の不能に相当する場合は、これを形式的に未遂犯（欠効犯）と理解するのをやめ、さらに分析を加え、未遂犯（「關係的不能」）のほか、不能犯（「絶對的不能」）の場合があると踏み込んだ考察を加えたわけである。⑷については、人を殺そうとして「呪咀シタル」殺人の行為、⑸については、人を毒殺しようとして薬物を飲ませたが「其毒少量ニシテ害ヲ生スルニ至ラサル時」という評価が見られる(138)。

しかし、割りきりのよい範疇論的シェーマを改めた以上、新たな悩みに宮城は直面せざるを得ない。従前からの⑴（ここでは⑶）か⑵かの区別は、観察者にとっては、現われた所為の態様などから客観的形式的な判断に馴染む。しかし、さらに進んで⑷か⑸かの区別は何を拠り所とするのか。行為の生成発展過程を時系列に即して存在論的に観察する手法を採るのが、折衷説の論客としては自然であろう。現に宮城自身、各著書における「未遂犯罪」の冒頭で犯罪の発現段階に即して、「思想」、「希望」から「着手」、「既遂」にまで及んで、それぞれに背徳性と社会的害悪とを対応させて、各犯罪の罪質を論じていたことが、ここで再び想起されなければならないのである(139)。そこで、宮城は、不能の原因（「加害」の原因）が着手時に生じたものか、予備の時に生じたかにより区別しようとする考え方を初めて明確に打ち出すことになったと考えることができる(140)。これは、場合分けと事例に対する評価の相違は別にして、『刑法講義第一巻』で示された不能犯に関わる考え方の筋道をさらに詳細に分析し精密化するに至った成果であり、改説ではないと評価するのが妥当であろう。

宮城は、不能犯を「着手既遂」の範疇で「欠効犯」と対照させながら論じるにとどまり、「着手未遂」の範疇ではは論じていない。したがって、宮城の場合にはいわゆる実行行為が完了した時点以後をもってはじめて不能犯に当るかどうかを論じることになるはずである。しかし、不能犯を「着手既遂」の段階で初めて論じる点が、ボアソナードとは異なり、宮城の未遂犯論の独自の特徴を構成しているかのようだが、「着手未遂」段階で未遂に終了した場合の不能犯の成立を積極的に否定するというものではないであろう。それは、不能犯か否かの実際の判断に臨んでは、宮城も不能の原因が予備時に生じたものか、着手時かで区別の基準を置いていることに現われているし、またこの点からみれば結論において実質的にはボアソナードと大きな径庭をもつものではない(141)。これはおそらく宮城が、ボアソナードとは異なり、いわゆる実行行為の概念を明確に観念していなかったことに原因があるのではないであろうか。つまり、実行行為の中で不能犯を論じる発想(142)ではなく、むしろ、不能の原因が着手時に存在していたのかそれ以前の段階に既に存在していたのかという発想をとり、「実行の着手（原因）↔未遂（結果）」という因果連関的な議論のなかに不能犯論を組み込み、欠効犯とはこの因果連関が成立した場合のことをいい、不能犯とは既に「着手」以前に不能の原因が認められた場合をいうのでこの因果連関が成立せず、たかだか予備罪ないし故意の結びつきの認められる限りで生じた結果の既遂罪を論じる発想があることを汲み取ることができるのではないかと思われるのである。

**註記**

(121)「刑法正義」八二〇～八二一頁、「刑法講義巻之二」八四九頁、「日本刑法講義」八五五頁。
(122)「刑法正義」八二三頁、「刑法講義巻之二」八五〇頁、「日本刑法講義」八五七頁。
(123)「刑法講義第一巻」六五七頁。

(124) 今にいう肥満。「刑法講義第一巻」六五七頁では「肥満」と表現していた。
(125) 以上、「刑法正義」八二〇～八二三頁、「刑法講義巻之二」八四八～八五〇頁、「日本刑法講義」八五五～八五六頁。
(126) 「刑法正義」八二四頁、「刑法講義巻之二」八五二頁、「日本刑法講義」八五九頁。
(127) 「刑法講義第一巻」六六一頁。
(128) 「刑法講義第一巻」六六〇～六六一頁。
(129) 「刑法講義第一巻」六六二頁。
(130) 「刑法講義第一巻」六六一頁。毒殺の例については、さらに「刑法講義第二巻」四五六～四五七頁にも同じ趣旨の叙述が見られる。
(131) 「刑法講義第一巻」六五一頁。
(132) 「刑法講義第一巻」六六一～六六二頁。
(133) 「刑法講義第一巻」六六二頁。
(134) 以上、「刑法講義第一巻」六六三頁。
(135) なお、宮城も、ボアソナードと同様に、行為者のもつ将来の危険については、罪として刑罰を論じるのではなく、監視に付すべきことを説いていた。「刑法講義第一巻」六六三～六六四頁。
(136) 本書第一部第四章第一節。
(137) フォイエルバッハの所説。P. J. A. von Feuerbach, Lehrbuch des gemeinen in Deutschland gültigen Peinlichen Rechts, 14 Aufl., 1847, S. 71ff. 今日、結果の不発へと向かう救助的契機から、因果系列を重視しながら、実存主義哲学の知見を借りて、結果の不発生が因果的に「偶然」であったのか、「必然」といえたかという基準で不能犯かどうかを判定している所説があるが、この発想にも近いものがあるだろう。宗岡嗣郎『客観的未遂論の基本構造』〔平成二年〕一八頁以下等。なお、この考えを共犯論に及ぼしたものとして、森川恭剛「因果的共犯論の課題—教唆の未遂の否定と正犯と共犯の区別—」九大法学第六八号一頁以下がある。
(138) 以上、「刑法正義」八二一～八二五頁、「刑法講義巻之二」八五〇～八五三頁、「日本刑法講義」八五七～八六〇頁。
(139) 本書第一部第四章第二節第一款参照。

(140) 「刑法正義」八二六～八二七頁、「刑法講義巻之一」八五四頁、「日本刑法講義」八六一頁。
(141) 本書第一部第三章第二節第四款参照。
(142) 今日の小野清一郎博士を代表とする形式的客観説の論者やその流れを汲む大塚仁博士を代表とする行為無価値論者など。

## 小括

宮城の犯罪観も、その師ボアソナードに倣い当時のフランスで有力であった「新古典学派」（折衷説）を基本においていた。しかし、宮城はボアソナードのように直接に社会功利主義をとらず、正当防衛主義をあてていた。これは、宮城が社会刑罰権の存在根拠として社会秩序維持に重点を置いていることを明瞭に押し出した態度の現われと見てとることができる（第一節）。彼は、折衷説に基づく分析枠組みを踏襲し、背徳性と社会的害悪の存否及びその大小を基準として、行為の発展順序（思想、希望、考案、決心、予備、着手未遂、着手既遂）と行為の性質（「内部的行爲」と「外部的行爲」）を詳細に分類し、その分類に基づいて、未遂犯およびその処罰についての詳細な分析を行ないその可罰性を論じている（第二節第一、二款）。基本的には、宮城は、師ボアソナードの所説を忠実に踏襲しているといえる。先行研究によれば、宮城らの学説はその師の学説の繰り返しであって、独創的な点は少なかったようであると指摘されている(143)。しかし、子細に検討するとその下した結論やその理由づけなどをめぐって、宮城の工夫や、師の見解とはやや異なる所論が見え隠れしていることが分かる。注目すべきは、ボアソナードすら説いていなかったことだが、折衷説による背徳性をもって『着手未遂』と「欠効犯」の法定刑に差別が生じることを理論上（「學理上」）ではあるがはじめて説いたこと、中止犯を『着手未遂』の段階についてだけ認めていたことである（第二節第二款)。ボアソナードはそのような理論構成をとってはいなかった。また、実行の着手の基準に関しては宮城自身の所説が現われている。初期の著書『刑法講義第一巻』では、オルトランの公式を参考にした考え方が提示されていた。しかし、後の著書(『刑法正義上巻』、『刑法講義巻之一』、『日本刑法講義第一冊』)では、彼自身の見解を示して、行為者の行為が「犯罪構成ノ事實」の範囲内に入っているか、あるいは「犯罪構成ノ事實」と密接連結して分離することができないときに実行の着手があるという基準を主張している。ただし、宮城においてもボアソナードと親近性が認められることであるが、当該行為のもつ危険性の質や程度に準拠して実行の着手時期を決めようとする発想は見られず、かつ基本的には実行の着手を「犯罪構成ノ事實」との関連で形式的に理解していたといえる(第二節第二款)。ボアソナードと比較して特徴的であるのは、宮城の説いた『着手未遂』と「欠効犯」との区別で示された見解である。宮城の所説は必ずしも明らかではないが、私は、宮城が両者の区別を行為者が意欲した行為を成し遂げているか、および自己の意思に基づく中止によって結果の発生を阻止する余地があるかに求めていたのではないかと考えた。ゆえに、宮城の所説によれば、背徳性を構成すべき行為者の主観面から両者の法定刑の差別も導かれるはずである。しかし、宮城がボアソナードと大きく異なるのは、理論と実際との二面性を認容する二元的な構成をとっていた点にある。つまり、右に明らかにした両未遂の区別は理論にとどまると宮城自身は限界づけをしたうえで、実際に右の基準を適用するのは事実認定の面から困難であるとし、ボアソナードのように市民の行動の自由に考慮をするのではなく、裁判の円滑な運営を図ることにもっぱら注目し、あっさりと両者の法定刑に差を設けることを断念、いな反対の態度に出たのである。ボアソナードと対比するとき、自由主義に対する宮城の意識に疑問を認めざるをえない。宮城の場合、『着手未遂』と「欠効犯」との限界は行為者自身の意思に基づく中止行為を論じる余地のある段階にとどまっているかどうかにかかっているので、『着手未遂』と「欠効犯」とはあらかじめ一般化的な客観的定型として決まるものではなく、個別化的、主観的に本来決まる性質のものであろう（第二節第二款）。中止犯論に関しては、折衷説の立場から興味深い重大な改説が認められた。宮城は、はじめ、『日本刑法講義第一巻』では、道徳上の点は別論として、中止によって社会に害を及ぼさなかった点を評価し、かつ犯行の継続を思いとどまらさせる効果を期待して、今日の違法減少説と政策説に相当する考え方を示したが、後に至り、『刑法正義上巻』、『刑法講義巻之二』、『日本刑法講義第一冊』で「法理上ノ論」として提示した考え方はボアソナードの説いていた考え方とは異なる、いな背馳するものとなった。ここで、宮城は、背徳の点も社会を害する点も「鮮少」でないと規定するに至り、しかし法律が中止犯の処罰を明文で詠っていないから処罰されないにすぎない、と分析するに至ったのである（第二節第三款）。宮城の示した不能犯論は、やはりその基準じたいはボアソナードのそれと変わるものではなかったと思われる。宮城も一定の結果を発生させる原因が、着手（実行）時に存在したか、それ以前に存在したかで決める思考方法を踏襲していたといえる。しかし、その理論構成には変遷が認められるものの、中止犯などの改説の認められる場合とは異なり、不能犯に対する考え方の筋道をさらに詳細に分析し一層の精密化がなされる方向での理論的変遷が認められた。未遂犯と不能犯の範疇について、はじめ宮城は客体の不能にあたる場合を後者に、方法の不能にあたる場合を前者に類型的に分けていたが、のちに至り方法の不能にあたる場合をさらに分析して未遂犯と不能犯に分けるに至った（第二節第四款）。

結局、宮城は、折衷説の一要素である社会の害についてこれを「世人ノ畏懼心」と明確に指摘していたことがある。(144) この点をとらえれば、宮城は「危険」概念を中心において未遂犯論を構成するように見える。しかし、宮城は『刑法講義第一巻』を除いて、それ以降の著書において実際には行為の性質を判断する上で「危険」の語を使用したことはなく、また実行の着手や不能犯の構成を分析しても、規範的観点にではなく、事実に即して考察していこうとする観点が認められる。しかし、人の行動の自由を保障する意味での証拠や事実認定に対する配慮は、ボアソナードよりも希薄化してきたのではないかということが、『着手未遂』と「欠効犯」との区別に関わる議論からうかがわれた。また、中止犯不処罰の根拠については法律に処罰規定がないから処罰しないにすぎないと論定するに至っていることが認められた。

宮城も、ボアソナードと同じように、根気よく適切な事実認定（人権保障）に注意を払いながら、犯罪論を示していた。これは、将来の司法官に対する教育的意味を超えて、実際（現実）と理論との乖離を来さないように原則的に最大限の注意を払っていたともいえる。彼らは、刑法の眼目とする社会秩序維持は刑法の運用・政策から展望して、人権保障を通してはじめて全うされるという立場に立っていたからではないかということがうかがえる。(145) しかし、当時の我が国は近代法体制準備期ではあったものの同時に封建的残存物に満ちていたことは一般にいわれていることである。そこでは、封建的風土を払拭し切れないまま短期間に国家体制を西欧化、近代化しようとした歪みのしわ寄せが、国家的利益と制度的に結びつきにくい人権保障の面に出てきやすいと思われる。そこで、のちに検討していく、井上正一の未遂犯論をも通して、ボアソナード、宮城らが注意を払っていた、適切な事実認定、刑法の運用・政策に対する視点がどのように変化して行くか（実際と理論の解離）を見ていくことや、実際と理念との乖離をいかに合理的に説明するかという解釈技術を見ていくことにも注意をしていきたい。このことが、フランス法からドイツ法への法継受の転回を知るうえで重要な鍵のひとつになり、それがさらには我が国の固有の未遂犯論を見出しうる手がかりともなるのではないかと考えるからである。

(143) 佐伯千仭＝小林好信「刑法学史」鵜飼信成＝福島正夫＝川島武宣＝辻清明責任編集『講座・日本近代法発達史第一一巻』

〔昭和四二年〕所収二二八頁。

(144)　本書第一部第四章第一節。

(145)　彼らの社会刑罰権の基礎の構成を参照。オルトラン、ボアソナードについては、本書第一部第二章第三節、第三章第一節。宮城浩蔵については、本書第一部第四章第一節。

# 第五章　井上正一の未遂犯論

井上正一（嘉永三〔一八五〇〕年～昭和一一〔一九三六〕年）は、明治一四〔一八八一〕年九月、フランスのデイジョン大学で日本人として初めてフランスの法学博士号を取得し、帰国後、司法省雇となり、法制官僚として歩み始め、その後、明治政府による旧民法改正など諸立法作業に関与し、その傍ら、明治法律学校（現・明治大学）の教育と経営において重きをなし、他方で、刑法学上の立場としては、とりわけ宮城浩蔵らの採用していた折衷説に意識的に対抗して、命令説を唱導した刑法家である(1)。この命令説とは、新古典学派に所属するが、折衷説に対立して現われた新しい所説である。これは、フランスでは、当時カァン（Cane）大学法学部教授であったベルトール（Bertauld. Alfred Charles 1812～1882）が主張していたものである。これを井上正一らが我が国に導入したのである。そこで本書では、明治前期の我が国において通説の地位を維持し続けてきた折衷説の論客である、ボアソナード、オルトラン、宮城浩蔵らの未遂犯論についての、これまでの考察を踏まえて、主として井上のとる命令説に基づく未遂犯論を考察する。具体的な考察の手順としては、ボアソナード、オルトラン、宮城浩蔵らの所論を対向軸とし、フランスにおいて命令説を主張したベルトールの所論(2)と我が国で井上と並んで命令説を説いた林正太郎＝水内喜治＝平松福三郎＝豊田鉦三郎の所論(3)とを比較しながら(4)、井上の説いた命令説を浮き彫りにし、ドイツ法への法継受の展開の流れを知る上での一つの契機としたい。

ところで、井上の刑法に関する著書は僅少である。[5] 刑法の総論の部のみを記述し、いくらか版を重ねた『日本刑法講義』のほかは、刑法書を残していないようである。私が被見しえたものは、そのうち『日本刑法講義』（明治二一年五月印行、合冊版。奥付には、分冊第一号は明治二〇年七月（なお、日付は不詳）、第二号乃至第四号は各々明治二一年一月二四日、四月二五日、五月二五日に出版されている旨の記録が見える。各分冊発行のたびに順次合冊して本書を作成したようである。発行者には長尾景弼、斎藤孝治のほかは見えないが、発売所には後の「訂正版」を発行した明法堂の名が見える）[6] のほか、これを訂正した『訂正日本刑法講義』（再版、明治二六年。明法堂）[7] である。いずれの著書においても共通していることは、個々の条文解釈に意を用いるのではなく、体系化思考を採っていることである。そこで、本書では、井上の著書について『訂正日本刑法講義』を基礎にして、あわせて旧著『日本刑法講義』を参照しながら、考察を進めていくことにする。

井上の講義にみられる特色は、宮城らに代表されるように当時一般的であった逐条注釈の流儀をとらず、敢えてこれに対抗して意識的に体系的叙述を採用していたことにみてとることができる。その事情につき、井上自身に語らせると次のようになる。いわく、「予カ講義ノ方法ヲ告ケ置クベシ盖シ世ノ法律ヲ説ク者多クハ逐條講義方ニ依レリ此講義法タルヤ亦便益ナキニアラス然リト雖ﾓ凡ソ法律ハ一條一項ヲ以テ必スシモ一事項ヲ規定シ得ルモノニアラサレハ彼此相牽キ甲條乙條ト相聯ルヿ此々皆ナ然ラサルハナシ而〆刑法ニ於テハ殊ニ甚シトスコレ予カ其方法ニ依ラサル所以ナリ」と。[8] また、この事情を彼の講義の筆記者（川淵龍起、山田豊策）に語らせると次のようになる。いわく、「講説ノ躰敢テ夫ノ世間逐條義ヲ付スルノ顰ニ傚ハス専ハラ學理ノ順序ニ基キ篇章ヲ束テ縦横論辯殆ント餘蘊ヲ遺サス龤テ滋旨アル者先生特リ其美ヲ恣ニス」と。[9] このように、明治後期のドイツ法の導入に先駆けて、井上がその犯罪論構成についてすでにして体系化思考を意欲的に持っていたことは、特筆に価する。

註記

（1）彼の経歴の詳細については、澤登俊雄「井上正一の刑法理論」『総合的研究』五六～五七頁およびそこに挙げられた文献、明治大学法学部八十五年史編纂委員会『明治法律学校における法学と法学教育』〔昭和四一年〕付録「明治法律学校講師公職就任一覧表」を参照。

（2）Bertauld, Cours de code pénal et leçons de législation criminelle, explication théorique et pratique, 4e éd., 1873.

（3）林正太郎＝水内喜治＝平松福三郎＝豊田鉦三郎『日本刑法博議』〔初版、明治二一年七月。日本書籍會社〕。なお、共著者中、平松福三郎という人物については、極めて簡略であるが、明治大学歴史編纂事務室『歴史編纂事務室報告第一九集　明治大学と校友（Ⅰ）』二九頁、および四五頁掲記の文献を参照。

（4）その他に、我が国で命令説を説いた者として、福井淳がいる。福井淳『刑法刑事訴訟法註釋大全　附　改正監獄則施行細則註釋』〔第九版、明治二五年一一月。なお、初版は明治二三年一二月。大阪明昇堂〕。

（5）刑事法一般に視野を広げると、井上は、明治二一年までに『日本治罪法講義』〔長尾景弼・斎藤孝治発行〕を、また明治二六年までに『刑事訴訟法義解』〔明法堂〕を著わしているようである。各々、井上正一『日本刑法講義』、『訂正日本刑法講義』の末尾、既刊図書広告、また、西村捨也編著『明治時代法律書解題』〔昭和四七年〕をも参照。

（6）以後、「講義」で引用表記する。

（7）以後、「訂正講義」で引用表記する。

（8）「訂正講義」五頁、「講義」六頁。

（9）「講義」筆記者序文一頁。

## 第一節　井上正一の犯罪観—社会刑罰権の基礎・「命令ノ説」—

さて、井上正一の採用した社会刑罰権の基礎に関する思想を、その犯罪観を知るために後述する未遂犯論との関係をもってくる部分を中心としながら紹介してゆきたい。井上も、宮城らと同様に、一章を割いて、当時のフランス刑法学の流儀にならい仔細に社会刑罰権論を展開している。しかし、この社会刑罰権論は、命令説に基づいているので、折衷説に立脚する宮城らとは異なる。この相違は、一般的に指摘すると、次のふたつを挙げることができる。①井上は、折衷説が絶対正義主義ないし純正主義（井上の用語法に従えば、「正義ノ説」）のうちからどのような原理を主として折衷していたかを誤解して、その誤解を基にして折衷説を批判し「道徳」を所説の積極的な根拠づけとして取り入れることに消極的な態度を示していたこと。②折衷説が折衷していた「効用」に意識的にもたせていた、為政者の国家権力の冒用への防波堤と意味づける視点が、井上においては脆弱化し、逆に、一定の効用を実現させるための政府の意思、政府のくだす政策判断そのものを正当化するための形式的技術的な意味を「命令」に与えた点に現われていると思われる。[10] 他方、ボアソナード、宮城、井上らに一貫して共通している点は、①の態度と関連するが、③一定の「道徳」を国民一般に対して強制するのではなく、逆に社会刑罰権の行使を制約する原理として、国家に対して、その存在を確認してから刑罰権を発動するように要求している点にあると思われる。これは、―もっぱら道徳上の側面からではあるが―「社会上の悪」などに示される功利的な要請が独り歩きすることを抑制するものとして、新古典学派に独自の考え方である。具体的には、宮城などと同じように刑事責任を応報刑を中核として構成しようとする態度に現われるであろう。[11] このような社会刑罰権論における命令説と折衷説との相違点などのうち、未遂犯論に関連させて指摘すれば、①は主として予備より前の段階の犯罪の処罰根拠や中止犯不処罰の根拠に影響し、②は主として未遂犯の処罰根拠に影響を及ぼす。なお、③については、未遂犯論以外の領域、具体的にはその責任論、すなわち井上の言葉を用いれば行為者の「辨知力」と「自由力」とに関する議論をも検討した上で、考察を加えなければならないので、別の機会に論じたい。

それでは、これらの点に意識を払いながら井上の考えるところを具体的に明かにしてみよう。

井上は、社会刑罰権に関する所説を八つの説にまとめて、各説の利点欠点を比較衡量しながら論評を加えている。すなわち、「社會復讐ノ説」、「民約ノ説」（さらに二つの説に分かれるとし、そのうちの「第二説」にルソーの名を挙げている。ちなみに、その「第一説」[12]は宮城の分類にいう「乙説」に、「第二説」は「甲説」に対応するように見受けられる）[13]、「社會防衛ノ説」、「無責任ノ説」、「最大多數ノ利益説」、「正義ノ説」、「折衷説」、「命令ノ説」である。[14]宮城らと異なるのは、「無責任ノ説」を加えている点にある。[15]これは、いわゆる実証学派の説く責任論であり、今日の社会的責任論にあたるものと解して差し支えないであろう。[16]新古典学派は、一般に自由意思の存在を前提にして議論を行なう点にその特質があるので、これを否定する立場は井上にとって刑法学説としては全く埒外のものに映るのであろう。[17]また、井上の与えた「社會復讐ノ説」、「民約ノ説」、「社會防衛ノ説」、「最大多數ノ利益説」、「正義ノ説」の各所説に対する批判の要点がいずれも適正な科刑のための刑罰の制限（あるいは刑罰の正当性）を論じていないことに集約できる点では、宮城の与えた批判と大差はない。[18]

そこで、折衷説に属する宮城の場合と比較しながら、井上の態度を検討していきたい。

井上は、折衷説の特徴を「道徳ト社會ノ利益トヲ中和シタルモノ」であるとまとめるが、[19]その構造理解に及んでは「道徳ヲ以テ主タル基礎トナシ社會ノ利益ヲ以テ之ヲ制限シタル者ナリ」と記している。[20]そのうえで、井上はこのように「社會ノ利益」や「道徳」を用刑の原理として用いることにつき、次のように認識していた。「社會ノ利益」については、宮城の抱いていた認識とは正反対に、その度合い（「其度ノ區域」）を知ることは「酷ダ難キニ非サルヘキ」ものであるとする。[21]しかし、他方、「道徳」については、とくにこれを社会刑罰権の「基礎」と位置づけることについては、次のように批判している。井上は、飢餓に耐えきれず隣人の食物を盗んで食べたがその不正を覚り深く改悛した貧者の例を引いて、「純然タル道徳ヲ以テ論スレハ既ニ自カラ良心ノ刑罰ヲ受ケタルモノナレハ最早其罪タル消滅シタルモノト謂ハサルヲ得ス」と指摘している。[22] 要するに、井上は、折衷説に依拠すれば、道徳上、犯した罪を悔い反省している者について「事後的に」その罪（不正）が消滅してなくなるということに逢着せざるをえないのだと理解した。そうして、これを前提にして、折衷説を批判している。

そこで、井上においては折衷説の理解に次のような根本的に重大な誤解が生じていると思われるのである。まず、折衷説の論者、とりわけ宮城は、折衷すべき二つの原理のうち何れか一方を基本原理として設定して論じていたことはない。[23] また、宮城の説く折衷説は「純正主義」（絶対正義主義）の所説から、「道徳」を、もっぱら、不正をなせば悪報として必ず刑罰を受けるという応報原理を説いた部分を切り出して、換言すれば行為者と刑罰の帰属の関係を正当化させるために主として位置づけていたにすぎず、―井上が想定していたように[24]―その前提としての不正という社会功利的な内容についてまであえて道徳的観点（行為者の悪意）から単一的に明かにしようとしてはいなかった。[25] そして、道徳違反が改悛によって事後的に消滅すれば直ちに不正も消滅すると述べたことはない（この点は中止犯の罪責の分析において明かである。もし道徳違反の点だけから犯罪を説明しようとすれば、改悛の意思を示し［悪意が消滅し］中止した時点で既になんらかの侵害結果が生じていたとしてもその責めを当該行為者に負担させないはずである。）。折衷説の論者によれば、不正の内容は、社会の利益（いわゆる社会秩序の維持）に照らして明かにすべきだとして、とくに宮城においては「要用主義」を否定し自覚的に社会秩序の維持の観点を前面に押し出し「正當防衛主義」によってこれを明かにするのだとした。つまり、応報の前提としての不正の原理の内容の点をも「道徳」を基本原理にして単一的に明かにしようと意図してはいないのである。これは、彼らが、応報原理一本で不正の内容にまで及ぼうとした「絶対正義主義」（「純正主義」）に批判的であった経緯に照らしても明かである。[26] 折衷説は「道徳」が直ちに正・不正を決める基準になるということを意図していない。[27] ただし、前章までに述べたとおり「道徳」違反が「不正」の内容を決めるうえでまったく考慮されていないということはできない。ただ、だからといって今日のような故意過失を含む主観的違法要素の観念に重なりうるものかどうかはさらに責任論との連関をも射程に入れた全犯罪論体系からの検討を要し、本書の範囲を超えることになる。とはいえ、犯罪を複合的に見ようとするのが「折衷説」なのであり、「道徳」も「社會ノ利益」もどちらも社会刑罰権の基本原理なのであった。井上が折衷説の特徴をこの二つの原理を「中和」したところに認めた点は正しいが、その構造理解には誤解が認められるといわざるをえない。

次に、折衷説に対するこのような井上の誤解が認められることを踏まえたうえで、命令説と折衷説との相違を具体的に検討していこう。①についてはすでに以上の文脈のなかであわせ論じてきたつもりである。次に検討するのは、主として先に挙げた②の点についてである。

井上において、わけてもボアソナードの場合と比較して、その特徴をなすものは政府の専横を抑えようとする強い意欲よりも、[28]むしろ国民の統治機構としての政府の意思、その具体化としての政府の施策（効用の追求実現）そのものを所与のものとして受け取りこれの正当化を図ることを重視している点にあるといえよう。それは、井上がその所説「命令ノ説」を主張する過程で示した次のような国家観からも明確に伺い知ることができよう。すなわち、井上は、「凡ソ人ノ此社會ヲ成スヤ天然ニシテ人造ニアラス人ノ社會ニアルハ則チ其目的ヲ達センカ爲メナリ苟モ其目的ヲ達セントスルニハ必スヤ自由權利ヲ推揮セサルヲ得ス然レ𪜈之ヲ各個人民ニ放任シ毫モ抑制スル所ナケレハ乃チ各個ノ自由權利ハ他ノ自由權利ト互ニ相牴觸シ牴觸ハ忽チ軋轢ト爲リ軋轢ノ生スル所、則チ爭鬪ノ存スル所タリ夫レ如是ナレハ幾ハクカ相率テ强喰弱肉ノ禽獸世界トナラサラン故ニ社會ノ安寧ヲ維持シ秩序ヲ紛亂セサラシメントスレハ到底政府ナキ能ハス巳ニ政府アレハ茲ニ命令權即チ法律制定ノ權アリ此命令權ノ制定スル所ハ即チ各人相互ノ自由權利ヲ安全ニ保護スル者」と述べる。[29][30]つまり、国民は各自自由を享受するが、これを各自に放任すれば強い者が弱い者の自由を抑圧することになる。そこで、国民各自の間の抵触・軋轢を調整する必要のあるために「政府」すなわち国家がなければならないのだと説く。そこでは、開明的人間像を前提とした個々人の自律性はあまり承認せられず、むしろ善意の調停者としての政府を貴尊する国家観を評価することが明らかにされている。所説は、各個人の自由権利の抵触を調整する必要から政府の存在理由を示し、政府が彼らの自由権利を守るために刑罰権を行使し社会の安寧の維持と自由権利を守るとする趣旨である。そして、井上がこのような善意の存在として想定された政府の意思を「命令」として尊重しようとしたことはむしろ当然のことといえよう。そうして、社会そして政府と刑罰権の関係につき、次のように述べた。すなわち、井上は「刑罰ハ命令ヨリ生シ命令ハ則チ政府ニ出ツ而シテ政府ハ社會團結ノ爲メニ成リ社會ノ團結ハ決シテ人造ニアラスシテ自然ニ出ルモノナリ故ニ社會ニ於テ刑罰權ヲ執行スルハ素ト自然ノ理ニ基クモノニシテ決メ他ノ道理アルニアラス之ヲ複言スレハ社會ノ成立ハ適正ナリ社會ノ成立ニシテ既ニ適正ナリトセハ政府ノ命令權ハ適正ナリ政府ノ命令權ニシテ既ニ適正ナリトセハ刑罰權ノ適正ナルヿハ自然ノ結果ナリトス」と形式論理にのっとり断言した[31]。井上によれば、市民の社会的集合体である社会があれば政府の命令権、刑罰権は存在するのが当然であるというに等しいもののようである[32]。ゆえに、この立場のもつ意義とは、政府の立場に立てば、刑罰法規を立法化することの根拠、刑罰法規の存在根拠を説明することはできる、という意味において見出すことはできるということであって、政府がどのような刑罰法規を立法できるのか、その理由自体の実質的な合理性についてまで説明を及ぼすことができるという意味ではないことに注意しておかなければならない。この井上の立場では政府は市民の社会的集合体である社会と同じ水平にありこれを内在的に統制するのではなく、社会を外在的に統制する存在として政府があるという認識もうかがうことができる。つまり、市民の社会的集合体としての社会に対して政府という独立した階級が学理上はじめて承認され生じたともいうことができるであろう。(33)他方、折衷説は、刑罰法規の立法理由自体の合理性を正義と効用とを自然調和的に伯仲させながら説明していた。問題は、政府が刑罰権を行使するにあたって、なぜ刑罰を人に科することが可能なのかその原理を国民の前に明かにする義務があることを井上が意識していたかどうかである。折衷説の論者たちは、用刑の原理〈なぜ社会は刑罰を人に科することができるのか〉を明かにしてこれを提示することによって、逆に政府の専横を抑止していた。しかし、井上にはこのような発想は見られない。(34)むしろ、政府の施策を所与のものとして受け取りこれの正当化を図ることを重視している。もちろん、政府の施策のすべてを手放しで肯定するものでない点で、国民個々人の利益の所在を軽視ないし無視した国家主義者ではないことは、以上に引用してきた井上の弁からも明かである。あくまでも、国民各自の間の抵触・軋轢を調整する必要のある範囲内にとどまる。この点は、後に井上の不能犯論などに分析を加えながら明らかにしたい。しかし、国家性善説に基づく、国家楽観主義者の一人であることは見てとることができる。折衷説が、政府の政策判断の内容を構成する正当化根拠を示したものだとすれば、命令説は政府の立場を正当化すべき根拠を示したものだといえよう。

最後に、井上の命令説に基づく犯罪評価における「結果」の取り扱いについて述べておきたい。何故ならば、本書の課題である未遂犯論にとって、いまさら詳説するまでもなく、「結果」のもつ意義は理論的にも重要な意義をもつからである。井上は、犯罪の結果を損害のような具体的、個別的なものに求める立場を否定し、直接に、抽象的なものに求めた。そして、これを称して、「社會ノ秩序ト吾人ノ安寧」とした。(35)(36)宮城も社会秩序の維持の観点を中心に据える点で、同様な考え方を持っていたが、理論構成は異なっていた。宮城も、「必要主義」を否定し「正當防衛主義」をとることによって社会秩序の維持を重視することを明らかにした。(37)この点は井上と同じであるが、犯罪の結果を二つに分け「直接ノ結果」と「間接ノ結果」との二層構造とし、社会秩序の面は「間接ノ結果」すなわち「世人ノ畏懼心」として問題にしていた。[38] なお、井上と同じく命令説の立場に立つことを自認する林正太郎ほかは、[39] やや特異な立場に立つもののようである。林正太郎ほかは、その議論の基本的な枠組みを命令説に依拠するものであるが、その著書のなかの一項目「(第三號) 罪ノ程度ハ如何ナル標準ニ依リテ定ムヘキ乎」に於いて次のように述べていた。すなわち、「命令主義ニ従ヘハ命令ノ輕重ヲ以テ標準トナシ苟モ加害アレハ以テ罪トナスカ故ニ敢テ背徳ノ点如何ニ關セサルナリ即チ命令ノ遵奉セシムルニ付必要ナル度ニ超ユヘカラス』ト云フニアリ余輩之レニ附加シテ曰ハン」と述べ、つづけて彼らの独自の意見の開陳にわたると思われるが「命令ノ輕重ハ社會必要ノ大小ニアリ而シテ社會必要ノ大小ハ加害ノ度量及ヒ背徳ノ深淺ヲ參酌セサルヘカラスト換言セハ加害ノ一ヲ以テ罰スルヿヲ得ヘシト雖モ加害ノ程度ヲ超ユヘカラス而メ背徳深キニ従テ社會ノ害モ大ナレハ之ヲ重罰スルノ必要アルモノトス」と述べ、「加害」すなわち個別具体的な損害の程度、有無をも重視していることを明らかにした。[40] このように、林正太郎ほかは、命令説に準拠しながら、折衷説を併せ考えて、本来折衷説の要素をなす「加害」をもその社会刑罰権論に取り込んで論じていたことがわかる。この点は、後にその未遂犯論において実行未遂と既遂犯の法定刑の関係に分析を加える際に、井上の議論と比較しながら論じるものである。ちなみに、宮城と同様折衷説に属するオルトランは、犯罪の害悪をその犠牲となった人の被った損害(私害)のほかに別途社会の安寧あるいはその保存に危害を醸す結果を生じるものにも認める。[41] そこでオルトランは犯罪の性質を、二種類に分ける。一つを直接の害悪、つまり直接に被害を被った者の感じる権利と利益の侵害をいうとする。具体的には、個人に対する犯罪では私害をいい、国に対する犯罪では公害をいうとする。他方を間接の害悪、つまり社会一般の被る害悪のことをいうとする。すなわち、人民の危懼、法律や官憲の信用を落とさせること、再犯や悪例の危険のことをいうとする。[42] ボアソナードも実は実際に発生した実害のほかにも、社会の安寧を害すること、国民一般に対して与えた騒擾恐懼をも考慮していたことをここで再び記しておこう。[43]

井上は、体系上、既遂犯ではなく、未遂犯を犯罪の基本に置く趣旨を明らかにした。これは、その命令説と密接な関係がある。なぜならば、井上は「犯罪トハ單ニ社會ニ對シ又ハ一私人ニ對シテ損害ヲ生シタル所爲ノ謂ニ非ス」と指摘し生じた個別具体的な実害を犯罪と見る立場を否定したうえで、[44]「凡ソ法律ハ社會一般ノ秩序ヲ保護スルカ爲メニ生シ犯罪ハ即チ法律ニ違犯シタルニ因リテ成ルモノト知ルヘシ」と指摘し社会秩序違反＝法律の禁令違反の行為それ自体を犯罪であると明言したからである。[45][46]さらに、考察を加えると、井上は、この法律の禁令違反にいう法律について次のように認識をしていた。法律は、「社會ノ秩序ト吾人ノ安寧ヲ保護」するために必需のものである。そして、一国の主権によって法律は制定される。国民は法律を遵守しなければならないが、それは個別具体的に実害が発生したからそうすべきものではなく、まさに「凡ソ國民タルモノ須ラク之ヲ遵守スルノ義務」があるからそうすべきだとするのである。[47][48]宮城らの説くような個別具体的な実害には学理上顧慮しない。井上は、直截に行為によって侵害される社会秩序そのものに注目をしている。実害が生じたか否かではなく、法律の禁令違反の行為そのものを中心にして考えているのである。ここでは、既遂犯が犯罪の中核を構成するのではなく、まさしく未遂犯、換言すれば法律の禁令違反の行為そのものが犯罪の中核を構成することになっているのである。

**註記**

(10)　この点は、端的には罪刑法定主義への認識の相違になって現われる。詳細は、澤登・「宮城浩蔵の刑法理論」『総合的研究』三七頁以下を参照。

(11)　この③の点で井上、宮城に対立するのは明治後期の学者、富井政章であると目される。井上は、宮城などと同様に、刑罰の適用にあたり道徳に違反しないこと、すなわち応報刑を説いたが、富井は再犯防止や犯人の改善の点を強調していた。井上は、

「無責任ノ説」（実証学派）に拒絶的態度をとることによって、やはり宮城などと同様に応報刑の論陣のなかにとどまるのであり、（新）古典学派にとどまるのである。ところが、富井に至っては、どちらかというと新派・実証学派の責任論、正確には抑止刑や教育刑の論陣にあるといえよう。富井政章『訂正再版刑法論綱』〔訂正再版、明治二六年九月一日、岡島寶文館〕五頁以下、また二二七〜二二八頁参照。なお、井上と富井の比較につき、澤登・「井上正一の刑法理論」『総合的研究』五八頁以下参照。富井につき、小林好信「富井政章の刑法理論」『総合的研究』九〇頁以下参照。

(12) 井上はこれを、「社會防衛ノ説」に対立させて、「民約防衛ノ説」と称したこともある。「訂正講義」一二頁、「講義」一五、一六頁。

(13) 本書第一部第四章第一節註（17）、「訂正講義」七〜一〇頁〔第一説〕、一〇〜一二頁〔第二説〕、「講義」九〜一三頁〔第一説〕、一三〜一五頁〔第二説〕を参照。

(14) 「訂正講義」七〜一八頁、「講義」八〜二三頁。

(15) この点に関する詳細な解説は、澤登・「井上正一の刑法理論」『総合的研究』五七頁以下。

(16) 宮城浩蔵も、「無責任ノ説」を知らなかったわけではないようであるが、あえてその考察には及ばなかったようである。その事情につき、岸本辰雄の筆になる「序」を参照。宮城浩蔵『刑法正義上巻』〔初版、明治二六年、特別認可私立明治法律學校講法會〕〈刑法正義　序〉六頁。

(17) 「訂正講義」一四〜一六、二五頁以下、「講義」一七〜二一、三三頁。

(18) 井上については、「訂正講義」七〜一八頁、とくに二四〜二六頁、「講義」八〜二三頁、とくに三一〜三三頁を参照。宮城については、本書第一部第四章第一節を参照。

(19) 「訂正講義」一八頁、「講義」二三頁。

(20) 「訂正講義」一九頁、「講義」二四頁。

(21) 「訂正講義」一九頁、「講義」二四頁。宮城は、社会の利益、すなわち換言すれば社会的害悪というものはそれを処罰する法律規定が立法者によって規定されて初めて一般に認識されるのであり、人々に先験的に認識されている性質のものではないと考えていた。本書第一部第四章第一節参照。これは、とくに彼らの説いていた罪刑法定主義の在り方に関する認識からも明らかになる。澤登「宮城浩蔵の刑法理論」『総合的研究』三六頁、三八頁註（2）参照。

(22)「訂正講義」一九頁、「講義」二四〜二五頁。
(23) ボアソナードについては本書第一部第三章第一節を、宮城については本書第一部第四章第一節を参照。ただし、折衷説を井上のように理解して紹介していた節が見られるのは、高木豊三である。彼は、折衷説について、たしかに、その基本原理を道徳違反におき、第二位的にその制限原理として要用主義をおいていた。高木豊三『刑法義解増補第一巻』(明治一七年。時習社・博聞社) 六七〜六八頁。ほかに、フランスではもとよりロッシの所説である。P. Rossi, Traité de droit pénal, 2^e éd., 1855, t. I, p. 253.
(24) 例えば井上は、背徳的色彩の認められないとされる阿片煙に関する罪や違警罪のようなもっぱら行政上の取り締まり目的を重視した、いわゆる今日語られている行政犯について「道徳ニ背戻スルᄀ」はないので、折衷説ではこのような罪を処罰することはできないとしている。また、折衷説にとり同様の解決困難の事例として井上は、兵隊がその父母の危篤を知り、その看護のため軍隊を脱走した事例を挙げるが、これは法律に違反するが、道徳に背反してはいないとする。「訂正講義」二一〜二二、二八〜二九頁など、「講義」二七〜二九、三六〜三七頁。このように、ここで、井上のいう「道徳」とは今日の違法性論で使用されている行為無価値論の中核である社会倫理とほぼ重なると思われる。
(25) ボアソナードについては、とくに、本書第一部第三章第一節を参照。
(26) 宮城については本書第一部第四章第一節を参照。
(27) もしも、「道徳」がただちに正・不正を決める基準になると意図していたとするのならば、未遂犯論において、予備行為以前の「内部的行為」に留まる、思想、希望、考案、決心をも道徳違反として処罰するはずである。しかし、すでにみたとおり宮城、ボアソナード、オルトランはいずれも原則的に処罰しないことを宣明している。
(28) ボアソナードが「社会功利主義」を否定した意図を想起せよ。本書第一部第三章第一節参照。また、澤登俊雄「ボアソナードと明治初期の刑法理論」『総合的研究』一一頁をも参照。
(29)「訂正講義」一〇〜一一頁。なお、『日本刑法講義』によれば、紹介した本文の「…必スヤ自由権利ヲ…」の文言が「…必スヤ自由即チ権利ヲ…」というように表現されていた。「講義」一五〜一六頁。
(30) この国家観の認識は、林正太郎ほかも変わるところはないようである。彼らは「政府」という語を用いず、「社會」ないし「權力」という語を以て次のように述べていた。いわく、「人類社會ノ團結タル期セサル自然ノ結果ニシテ合約ヲ以テ今日ヲ成シタルモノニアラス而シテ人類團結シテ社會ヲ成スヤ生活ノ必要ヨリ相互ノ關係ヲ生スルハ是亦自然ノ勢ナリ既ニ關係アリ相互ノ権利ノ抵觸ヲ来スハ止ムヲ得サル數ニシテ而シテ其抵觸ハ變シテ軋轢トナリ軋轢ハ進ンテ社會ノ攪擾ヲ釀シ人生ノ康浣遂ニ安全ヲ保ツ可ラサルニ至ル是ニ於テ乎社會ノ危害ヲ芟除シ秩序ヲ整理シ安寧ヲ保全センカ爲メ命令權ノ必要ヲ生ス是レ社會ニ命令權アル所以ニシテ因テ以テ法律ヲ制定スルモノナリ既ニ制定ノ法律アリ之ヲ施行スルノ權力莫カル可ラス施行スルノ權力アリ其制裁トメ刑罰ノ設ケナカラサルヲ得ス」と。林正太郎ほか・『日本刑法博議』（前出註3）一六～一七頁。また、福井も「社會ノ成ルヤ自然ニ依ルモノニシテ決シテ人造ニアラサルナリ人ノ社會ニ在ルハ自己ノ目的ヲ達センカ爲ナリ已ニ自己ノ目的ヲ達セント欲セハ宜シク先ツ自由ヲ推揮セサル可ラス然ルニ其自由活用ヲシテ各自ニ放任セシムル𪜈ハ各々權利ヲ推揮セント欲シテ遂ニ他人ヲ害シ他人ノ權利ヲ侵シ大ニ秩序ヲ亂スニ至ラントス之ヲ以テ政府ヲ組織シ法律命令ヲ制定セシメタリ」と述べていた。表現の些末の点に至るまで、井上の所説の引き写しのような感を覚えるものである。福井・『刑法刑事訴訟法註釋大全　附　改正監獄則施行細則註釋』（前出註4）六頁。

(31)　「訂正講義」二三～二四頁。なお、『日本刑法講義』によれば、紹介した本文の「…政府ハ社會團結ノ爲メニ成リ…社會ノ團結ハ決シテ人造ニアラスシテ自然ニ出ルモノナリ…」の文言が「…政府ハ社會ノ團結ニ成リ…社會ノ團結ハ決シテ人造ニアラスシテ自然ニ出ルモノナリ…」というように表現されていた。「講義」三〇頁。

(32)　この点につき、林正太郎ほかも変わるところはないようである。彼らも「刑罰ハ命令權ノ附屬器械ニシテ社會ニ刑罰權アルハ其命令權アルカ故ナリ命令權アルハ社會ノ團結体アルカ故ナリ社會ノ團結アルハ事物自然ノ理ニ因テ然ルナリ然レハ社會ニ刑罰權アルハ自然ノミ自然ノ社會ハ正理ニ適セリ社會ノ構成既ニ適正ナレハ之ヨリ生スル所ノ命令權モ亦適正ナリ命令權ニシテ果シテ適正ナレハ之レカ附屬タル刑罰權モ亦適正ナルハ自然ノ結果ナリ」と述べている。林ほか・『日本刑法博議』（前出註3）一七頁。福井も井上らと同じ認識をもつようである。福井も「刑罰ハ命令ニ出テ命令ハ政府ヨリ出ツ政府ハ社會ノ團結ヨリ成立チ社會ノ團結ハ自然ニ出ツ之ヲ以テ之ヲ見ル𪜈ハ刑罰權ハ自然ヨリ出ツルモノト斷定セサル可ラス之ヲ約言スル𪜈ハ社會ノ成立ニシテ適正ナル以上ハ政府ノ命令モ又適正ナリト斷定セサル可ラサルナリ」と述べている。福井・『刑法刑事訴訟法註釋大全　附　改正監獄則施行細則註釋』（前出註4）六頁。

(33)　ただし、ベルトールは刑罰法規を立法する政府の正当性そのものの考察にまで及んで、そこから政府の「命令」の正当性を積極的に論じていた。つまり、その APPENDICE. において「第二章　権力および法律を正当化する諸条件」Chapitre II. Conditions de légitimité du pouvoir et de la loi. の章下「第一款　権力を正当化する諸条件とはどのようなものか」§1er.- Quelles sont les conditions de la légitimité du pouvoir? と論じそこから、「第二款　命令を正当化する諸条件とはどのようなものか」§2.-Quelles sont les conditions de la légitimité du commandement? を論じていたのである。Bertauld, op. cit., pp. 675-682.

(34)　林正太郎ほかは、その著書の中で次のような態度を示していた。著書の冒頭「刑法　原理論」の章下、「(第二號)　用刑ノ原理如何」とする問いに対して、「社會ニ刑罰權アルハ自然且正當ニシテ敢テ社會ノ權力ヲ濫用スルニアラサルヿハ一般學者ノ是認スル所ナリ」とする国家楽観主義的な認識を示していたが、ここで「宮城學士」、「高木氏」を例に引いて、彼らは命令説に反駁して、「命令ヲ下ス以前ノ原理即チ何故痛苦ヲ受ケシムルカヲ証明セス」と主張しているとし、自分はこれに次のように対応するとしている。いわく、「痛苦ヲ受クルハ遵フヘキ義務アル法律ニ違フカ故ニシテ巳レ自カラ招ク所ナリト」とし、「夫レ法律ハ吾人ノ幸福ヲ保全スルノ要具タリ然レハ人各々循々焉トシテ相互ニ背カサランヿヲ務メサルヲ得ス然ルニ之ニ遵ハス爲メニ痛苦ヲ受クルハ所謂自業自得ニシテ應報ノ理ヲ然ラシムル所ナリ」と述べている。すなわち、林正太郎ほかは、このように法律を遵守することは国民の義務だから、彼が法律に違反すれば刑罰を受けることは自業自得であるとしている。なぜ社会や国、政府が刑罰を国民に科することが可能なのかの理由についての深く掘り下げた実質的な議論は見受けられない。ただ、法律は我々の幸福を保全するために必要であると説くにとどまる。林ほか・『日本刑法博議』(前出註3)六、一八頁。

(35)　「訂正講義」一〇二頁、「講義」一三六～一三七頁。

(36)　この「秩序」、「安寧」について、井上は理論的定義を特に示していたので、これをここに示しておこう。まず、「秩序トハ」と項目を立て、いわく「秩序トハ即チ社會ヲ構成スル原素タル人民ニ固有セル自由ノ互ニ相維持セラレタル態容ヲ云フ故ニ人ノ自由ヲ妨害スル者ハ即チ社會ノ秩序ヲ紊亂スルモノナリ社會ノ秩序ヲ紊亂スル者ハ復タ常ニ法律ノ制裁ヲ受ク可キ者タリ…(中略)…要スルニ秩序ハ各人皆其分ヲ守リ自己ノ權内ニ在リテ運動シ敢テ漫リニ他人ノ自由ヲ妨害セサル有様ヲ云フナリ」とし、その例を示している。「例ヘハ人ノ財物ヲ竊取シ又ハ騙取スル者ハ社會ノ秩序ヲ紊亂スル者ナルカ故ニ各其刑罰ヲ得クルカ如シ」とする。ここで注意しておかなければならないことは、井上は「竊取シ又ハ騙取シタル者」とするのではなく、「竊取シ又ハ騙取スル者」とする点である。井上は、実際に財物が窃取ないし騙取されてしまった結果を見ているのではなく、窃取の行為ないし騙取の行為それ自体を考慮に入れているのである。「訂正講義」三二～三三頁、「講義」四二頁。次に、「安寧トハ何ソ」と項目を立て、いわく「安寧トハ即チ社會平穏ニシテ人皆ナ其堵ニ安スルノ態容ヲ云フ」とし、先の「秩序」との関係に言及して「結局秩序ト同一ニ帰着スルモノトス奈何トナレハ秩序井然タレハ即チ社會安寧タラサラント欲スルモ決メ得ヘカラサレハナリ然リト雖𪜈彼ノ犯罪人ヲ處罰スルヲ以テ人ノ自由ヲ奪フモノ即チ社會ノ秩序ヲ紊亂シ安寧ヲ毀害スルモノト速了スヘカラス何トナレハ犯罪人ヲ處罰スルハ即チ社會ノ利益ヲ計ルカ爲メ否ナ社會ノ秩序ヲ維持シ安寧ヲ保全スルカ爲メナレハナリ要スルニ安寧トハ社會平穏ニシテ人身静粛ナルノ有様ヲ云フト解スヘキナリ」とする。「訂正講義」三三～三四頁、「講義」四一～四三頁。

(37) 澤登・「宮城浩蔵の刑法理論」『総合的研究』三〇頁以下。本書第一部第四章第一節。

(38) 本書第一部第四章第一節。

(39) 林ほか・『日本刑法博議』（前出註３）一七頁など。

(40) 林ほか・『日本刑法博議』（前出註３）三〇～三一頁。

(41) Ortolan, Éléments de Droit Pénal, 4e éd., t. 1, 1875, n°192.

(42) Ortolan, op. cit., n°957.

(43) 本書第一部第三章第一節。

(44) 井上は、「犯罪構成ノ原素ヲ論ス」の章下で、「實害」の犯罪論上の意義を述べる項目を立て、命令主義の社会刑罰権の主旨に依拠すれば「犯罪ハ社會ノ禁令即チ法律ニ違犯スルニ依テ成ル故ニ苟クモ法律ニ違犯シタル所爲アルトキハ其所爲ノ果シテ實害ヲ加ヘタルヤ否ハ殆ント犯罪ノ成立ニ必要ナキモノ」と断じていた。「訂正講義」一三八頁、「講義」一八二頁。

(45) 井上は、「犯罪トハ何ソ」と自問し、命令説の立場に依拠して「犯罪」の定義を行なう面からも、この本文と同じく「犯罪、即チ社會ノ秩序ヲ維持シ安寧ヲ保全センカ爲メニ刑罰ヲ帯ハシメタル禁止又ハ命令ヲ犯スノ所爲是ナリ」と述べていた。「訂正講義」三一頁、「講義」三九頁。

(46) 「訂正講義」一〇一、一〇二頁、「講義」一三六、一三七～一三八頁。井上は、刑法の本質を述べた、「刑法ノ性質及効力ヲ論ス」の章下「第一款　刑法ノ性質ヲ論ス」においても、「刑法ハ必スシモ人ノ權利ヲ傷害シタルヲ要セス唯タ其所爲ノ法律ニ背戻シタルヲ以テ直ニ之ヲ處罰ス」と指摘していた。「訂正講義」三六頁。ただし、『日本刑法講義』では、右の「…唯タ其所爲ノ法律ニ背戻シタルヲ以テ…」の文言が「…唯タ其所爲ノ法律ニ抵觸シタルヲ以テ…」というように表現されていた。「講義」四六頁。

(47) 「訂正講義」一〇二頁、「講義」一三六～一三七頁。

(48) 林正太郎ほかも、同様の見解を明らかにしていた。前出註（34）参照。

# 第二節　井上正一の未遂犯論

## 第一款　犯罪の段階

井上は、論述全体を三編に大きく分け、今日では刑法の基礎理論一般の叙述にあたる部分を「第一編　刑法総論」と位置づけ、以下、「第二編　犯罪論」、そして、今日では刑罰論にあたるもののほかにも罪数論と共犯論をも取り扱う「第三編　刑罰論」をそれぞれ分説していた。そのうち、「犯罪論」では、「第一章」において未遂犯論を説き、「第二章」において「犯罪構成ノ原素ヲ論ス」とし、当時のフランスでは犯罪構成事実（faits constitutifs de l'infraction）にあたる議論を行なっている。[49] そして、「第三章」において、「犯人ノ責任ヲ論ス」として、帰責ないし罪過（l'imputabilité et la culpabilité）[50] に関わる議論をしている。ここでは責任論の中で、さらに今日では違法論にあたるもの（正当防衛など）[51] をも含めて議論していた。最後に、「第四章」において、「犯罪ノ區別ヲ論ス」とし、犯罪の分類（Classification des délits）に関わる議論をしている。

もっとも、その体系的叙述の成果が今日の眼から見て現代に通じるものとして成功しているかどうかは、問題のあることが指摘されている。[52] しかし、井上は当時のフランスの刑法学（オルトランやベルトール）の成果を正確に把握していたといえる。誇張した言い方が許されるとすれば、フランスの刑法学の伝統は、観念や論理すなわち抽象化や体系化を重視するドイツ刑法学[53]とは異なり、実務を意識し「明瞭、妥当、寛容」(sa clarté, sa sagesse et sa modération.)[54]を骨子とした直感を重視していることにある。ドイツ刑法学が隆盛となる以前の時期に、フランス刑法学の成果を彼なりにともかくも「体系化」しようとした、井上の姿勢と熱意とは、上記のような特質をもったフランス刑法学をほぼ尊重した宮城刑法学を主流にした当時の我が国においては、その「命令説」と同様に、注目すべきものといえよう。

さて、井上は、未遂犯論の地位について、その「犯罪論」の冒頭に章を設けて「第一章　犯罪ノ順序特ニ未遂犯ヲ論ス」と位置づけている[55]。これは、今日の犯罪論体系構成から見れば奇異に写るであろう。しかし、井上は、ここで「行為論」を主として展開しているのである。つまり、何が刑法の規制の対象となるのか（「所爲」の内容とは何か）、ということを示そうとしていたと考えられる。さらにその対象に対して、刑法はどのような評価を与えるべきであるか（「法律ノ禁令ニ違反」するとは何か）、を述べている[56]。井上は、行為（「所爲」）の構造とは、内部的意思と外部的行為とを因果的に理解すべきものとし、この構造理解の上に立脚して、行為の各段階において、それぞれ固有の評価を与え、分析を加える手法を採用している。そこで、行為（「所爲」）から生じる「結果」のもつ刑法的意義が問題となるが、ここで井上の採る命令説の立場から、未遂犯論につき固有の見解が明らかにされることになる。すなわち、井上は、犯罪論においてその基本を、既遂犯に見出すのではなく、あえて未遂犯に置くことによって自説の特徴を押し出そうとする強い意思を見てとることができるのである。つまり、井上の犯罪論の特徴をもっともよく示す部分が、その未遂犯論であるといわれている所以である[57]。ここで井上のいう「結果」とは、ここで繰り返すまでもなく、歴史的に社会や一私人などに生じた個別の結果を示すものではない。このような害悪の如何によって刑法の評価が影響を受けるものではないと明言した。(58) このような考え方を分析することは、井上の法秩序観を知るうえでも重要である。本書の考察ではこの部分を中心におく。

しかし、このような体系構成は、井上独りの創見にかかるものではないようである。遡ると、フランスですでに命令説を唱導していたベルトールに行き着く。ベルトールも、その著書において、「犯罪論」(DE L'INFRACTION)の冒頭で、未遂犯論を展開していた。そこでは、命令説の立場から、刑罰とは命令を犯した者に加えられる応報であると位置づけるが、犯罪となる条件とは何か、命令に違反する場合とはどういう場合であるか、を示すことを目的とすると述べていた。(59)

さて、井上も、未遂を論じるに際して、ボアソナード、宮城らと同様に、行為の発展順序と行為の性質の詳細な分類とその分類に基づく未遂犯及びその処罰についての詳細な分析を行ないその可罰性を論じている。これは、「命令説」に所属する所説に独特のものではなく、広く当時フランス刑法学を学んでいた者に一般的な分類法のようである。オルトラン、ボアソナード、宮城も同様の分類をしていたことは既に見た通りである。(60) ただし、井上は、ボアソナード、宮城らと異なり、背徳性と社会的害悪の存否および大小を直接に基準とするのではなく、命令説に基づく固有の基準を明らかにしている。

井上は、既遂に至る犯罪の発展順序を時系列に則して①「發意」、②「決心」(「集合的決心」としての陰謀―旧刑法典第一二五条二項所定の陰謀罪―を含む)(61)、③「豫備」、④「着手」、⑤「實行」に分けている。(62) そして、各段階につき次のような定義を与えている。すなわち、①「發意」とは、法律を犯そうとする思想を意味する。(63) ②「決心」とは、「決心ハ發意ノ漸ク堅固ニ至リタル者」ないし「罪ヲ犯スノ發意アリテ後チ之ヲ決行スルニ付テノ手段又ハ決行ヨリ生スヘキ利害得失等ヲ熟考シ識別力ノ指導スル所ニ従ヒ其意嚮ノ確定シタルモノ」とする。(64) ③「豫備」とは、単に人の脳裏にとどまらず、さらに行為（「所爲」）に現われたものであるとし、そのことを理由にして、「正ニ法律ヲ犯スノ機會ニ接近シタル者」であると位置づけている。[65]

ところで、一方、『訂正日本刑法講義』では、④「着手」には犯罪に着手したが中途で悔悟または畏怖の情を生じて「自カラ其犯罪ヲ遂ケサル時」と「犯人意外ノ障礙」によって犯罪を遂げない時とがあるとし、それぞれ「好意ノ未遂犯」と、「未遂犯」または「純然タル未遂犯」ないし「意外ノ障礙ニ因ル未遂犯」と名づけ今日の中止犯と着手未遂犯とにあたる場合があることを認め、さらに⑤「實行」には「犯人意外ノ舛錯」によって犯罪を遂げない時と「犯人犯サントスル罪ヲ實行シテ其目的ヲ達シタル時」とがあるとし、それぞれ「未遂犯」または（「純然タル未遂犯」に対応させて）「無効犯」ないし（「意外ノ障礙ニ因ル未遂犯」に対応させて）「舛錯ニ因ル未遂犯」と「既遂犯」と名づけ今日の実行未遂犯と既遂犯とにあたる場合があることを認めている。[66] しかしながら、この⑤「實行」のことばの使用について統一を欠くきらいが認められるのである。それは、この段階を「即チ既遂犯」にあたるともっぱら位置づけて説明を加えている箇所も認められるからである。[67] ところが、他方、旧著『日本刑法講義』では、④「着手」には着手未遂犯と中止犯にあたる「純然タル未遂犯」と「好意ノ未遂犯」のほかに、さきの実行未遂犯にあたる「無効犯」を加え（ただし、観念上、着手未遂犯また中止犯と、「無効犯」とを混交させることなく厳格に区別していた態度には変更はない）、⑤「實行」は既遂犯の場合であることを指摘するにとどめていた。[68] したがって、犯罪の「階級」としての「着手」そしてとりわけ「實行」のことばの使用及び概念の広狭について、二つの著書の間でも、また同一の著書の中でも統一性を欠くきらいが認められるのである。

次に、ここで井上の説明にならい各段階を具体的に例示してみよう。この例示は、旧著『日本刑法講義』とさまつな表現の点でも同一である。井上は射殺の事例を挙げている。①とは、甲が乙に含むところがあり、乙を殺そうと「欲スルノ意」をいう。次に、②とは、「發意」があり、そののち甲は自分の識別力に問いいよいよ「實行ノ心ヲ定ム」ことをいう。③とは、「決心」があり、以後小銃や装薬を購入するようなことをいう。④とは、「豫備」行為が既に終わり乙をその途上に待ち伏せし雷管を装填してまさに弾丸を発射しようとすることをいう。⑤とは、既に乙が至りそこで彼に対して弾丸を発射したことをいうとする。(69)

なお、ベルトールは、犯罪をつぎの七つの発展順序に分けている。❶法を犯す心 Pensée、❷法を犯す決心 Résolution、❸法を犯す予備行為 Acte préparatoire、❹法を犯す実行の着手（Commencement d'exécution）があり、行為者の意思によって留まったこと、❺法を犯す実行の着手はあるが、偶然意外の事情によって無力化したこと Tentative、❻法を犯した（violation）が、法の予防する損害（le préjudice）は実現しなかったこと Infraction manquée、❼法を犯しかつ法の予防する損害を実現したこと Infraction consomée、とに分けている。(70)これは、井上の分類に対応させると、ベルトールの❶が、井上の①に、以下順に❷が②に、❸が③に、❹が④「好意ノ未遂犯」に、❺が④「純然タル未遂犯」に、❻が⑤（④）「無効犯」に、❼が⑤「既遂犯」に対応していると大略指摘することができよう。また、林正太郎ほかは、①「發意」、②「決心」、③「豫備」、④「着手」、⑤「決行」に分けている。(71)これは、井上の示した五段階の分類にほぼ対応している。(72)

そして、井上は、これらの位置づけについて、「發意」から「決心」までを「内部」、つまり「人ノ意思」に所属するとし、「豫備」以下を「外顯」(73)、つまり「人ノ行爲」に所属するとした。(74)林正太郎ほかも、犯罪事実を「内部」に所属するものと「外部」に所属するものとに分けて分析を加えていた。(75)

問題はこのような分類のうえで示された井上の罪質の分析である。各段階の罪質について、井上は、これを如何に考えていたかを見てみよう。

井上は、「發意」を不処罰であると考えた。そこで、井上が与えたその根拠について考えなければならない。井上は、人の思想の所在を正確に確認することの不確実性、すなわち事実認定の困難性とそこから導かれる無辜の処罰の弊害を理由にして、不処罰とする所説を紹介するが、その意思が書面や自白などにより明瞭になる場合も認められるので、このような場合には「發意」を処罰せざるをえなくなるので、ほかに不処罰の理由づけを見つけなければならないと位置づける旨を示して排斥している[76]。そこで、井上は、人の思想は浮動的であり一定しないものであるので、法律を犯す意思があっても、それは必ずしも行為に発現し社会の秩序を乱さずに終わるかもしれない。ゆえに法律によって「發意」を処罰すべき根拠はないとしたわけである[77]。

また、井上は、「決心」も原則的に不処罰と考えた[78]。そこで、井上が与えたその根拠について考えなければならない。井上は、この段階に至れば、その意思は「發意」よりも確定し、はるかに進展しているので、「決心」が口外や筆記などにより客観化されれば、第三者は「畏懼危殆ノ念」を感じるに充分であり、これを処罰すべき根拠はあるが、しかしながら法律の立場からは依然として不処罰にとどまると説いている。その理由として、井上は次の二つの理由を挙げている。(1)「決心」とは本来（「固ト」）人の脳裏にとどまるので、いまだ実際の社会に危険を与えていないこと、それだけでなくいろいろな原因によってついに行為にまで至らずに止むことがあるかもしれないこと。(2)「決心」の段階から処罰することになると、むしろ犯罪を遂げさせることを助長する弊害が生じるとする。すなわち、一度「決心」をした以上は、それを実行に移しても移さなくても刑罰を免れないので、むしろ実行して処罰されたほうがよいとする利害計算がなされるとするのである[79]。(1)は現象面からの理解に由来するものであり、(2)は政策的配慮に基づくものである。

しかし、例外として「決心」を処罰することを認めていた。すなわち、(旧)刑法典第一二五条第二項所定の内乱陰謀罪についてである。これを、井上は、「集合的決心」であると位置づけて、陰謀罪としたわけである。[80]だが、その処罰根拠については、処罰規定の所在を明示するのみで、なんらその実質は明らかにはされていない。[81]また、井上は、「決心」に相当する行為を「決心」として処罰するのではなく、独立した犯罪として処罰する場合があることを認めていた。すなわち、新聞紙条令違反の罪、（旧）刑法典第三二六条所定の脅迫罪についてである。具体的にいえば、前者は記者の思想そのものを処罰するのではなく、そのような危険な思想を世間に伝播させ、そのために社会の秩序を乱し我々の安寧を害する媒介となる行為それ自体を処罰する趣旨であるとし、後者は殺人や放火等の行為をなすべき内心の「決心」を処罰するものとしてではなく、それをなそうとする強迫それ自体を処罰するのだとした。[82][83]これは、今日の企行犯の処罰をめぐる議論に重なる。[84]

また、井上は③「豫備」をも原則的に不処罰と考えた。[85]そこで、井上が与えたその根拠について考えなければならない。井上は、人の「思想」の所在を予備の段階で正確に立証することの不確実性、すなわち事実認定の困難性を理由にして、不処罰とする所説を紹介するが、その犯行の目的に関して「確證」がある場合には処罰せざるをえない結果になるとしてこの見解を排斥している。[86]井上自身は、さきに「決心」の不処罰で示した政策的な考え方をここでも敷衍して、予備行為の処罰はむしろ犯罪を既遂にまで押し進めることを助長する弊害を生じるので、反対にこれを不処罰とすることで、「犯罪ノ決心ヲ中途ニ飜スノ利益ヲ計ルカ爲メナル」とし、これを唯一の理由づけとした。しかしながら、井上は同時に、「豫備ノ所爲」は社会に対して「幾分カ畏懼危殆ノ念」を抱かさせるが「實際ニ其害悪ヲ加ヘタル」わけではないという評価をもあわせて指摘していた。[87]井上は、予備不処罰の理由として、予備を処罰することによって得られる利益よりも、不問におく利益のほうが大きいとする利益衡量に基づくものであると明示したわけであるが、さらにこのような理由づけを採択することについて井上自身の心情としては

「尺ヲ枉テ尋ヲ直フルノ要訣ヲ採択シタ」ものであるとも表現をしていた(88)。すなわち、井上自身の心情としては、予備は社会に対して危険感をいだかさせることを認めおそらく処罰すべき価値を見出すのであるが(89)、尺を枉て、むしろ犯行継続の中止の方を促そうとする利益衡量に基づく政策的な考え方をとり、予備を不処罰とすると述べたものであろう。

しかし、例外として「豫備」を処罰することは認めていた。すなわち、(旧)刑法典第一二五条第一項所定の内乱予備罪(90)、第一三三条所定の私戦予備罪、そして第一八六条第二項所定の貨幣偽造予備罪についてである。その処罰根拠として、井上は、「其事ノ最モ重大ニ渉ルカ爲メ」特に処罰する必要があるのだと説いていた(91)。これは、このような罪は予備行為から処罰しないと、将来重大な事態の発生を招くことにつながることを危惧するものであろう。そして、この点につき宮城の説く、予備の処罰は犯罪の着手に至る不測の禍害を予防するものという所説と径庭はないであろう(92)(93)。また、井上は、予備行為にあたるものであっても、これを予備罪としてではなく、独立した一つの犯罪として処罰すべき場合があることを認めていた。これについて、井上は、(旧)刑法典第二二九条所定の罪(偽造度量衡所持罪)を例に挙げて、詐欺取財の予備として処罰するのではなく、目盛りに手を加えた度量衡を所持することそれ自体を処罰するのだと説いている(94)。しかし、宮城のようにその処罰根拠そのものに触れる記述は見当たらない。

以上より、井上の立論の特徴をみてみよう。井上は、ボアソナードや宮城浩蔵等が配慮していた適切な事実認定の観点をも重視する立場に批判を加えるかたちをとり、無垢の処罰の防止などに示される自由主義的な観点を取り入れることよりも、むしろ、合理的利害計算のできる人間像を前提にして、いかにすれば行為者が犯罪を思い止まり、社会秩序を維持させることができるかという、主としてこの政策的観点、ないし功利的観点から各段階の犯罪の処罰根拠に一貫して言及していたことがうかがわれた[95]。そして、「決心」の段階までにおいて、このような理由づけとあわせて、「社會ノ安寧」を害するところがないこと（「發意」の場合[96]）、あるいは「實際社會ニ危險」を与えないこと（「決心」の場合[97]）を挙げていた。そして、井上は、予備の段階では社会に対して「幾分カ畏懼危殆ノ念」を抱かせているとし、その限りで処罰価値を見出すことは認めていたようである[98]。しかし、井上は、犯行を中途で思い止まらせる政策判断を優先させていた。これは、折衷説の論者たちの立論と対比すると、井上の命令説のひとつの特徴をよく表わしている。つまり、折衷説の論者は一般に道徳上の責任（「道徳上の悪」）の有無とその程度をも検証して、これらの犯罪の可罰性を否定していたことを想起しなければならない[99]。ところが、井上においてはこの観点は見受けられず、代わりに犯罪の進展の予防という政策判断の観点が前面に出てきているということである。他方、気になるのは井上が、宮城らの注意を払っていた、適切な事実認定を保障して冤罪の防止などを図るについて有効な裁判手続きの実現にも配慮を怠らない立場をいとも簡単に排斥していった点に認められる。理論的には確かに井上の説くとおり、事実認定の難易によって犯罪の成否一般を左右させるべき必要はないであろうし、この意味では井上のほうが宮城らの見解よりも洗練されたともいえよう。しかし、この事実認定の適正の保障に関する視点をまったく排斥する態度に出たことは井上の当時の人権意識をはかるうえで注目すべきである[100]。

**註記**

（49）cf. Ortolan, op. cit., n$^{os}$1053 et 1059.
（50）cf. Ortolan, op. cit., n$^{os}$220 et 227.
（51）cf. Ortolan, op. cit., n$^{os}$417 et s..
（52）その問題点の詳細については、澤登・「井上正一の刑法理論」『総合的研究』五三頁以下を参照。

(53) もっとも、W. ハッセマーらの刑法社会学的な動向に見られるように、戦後は変化が見られる。W. Hassemer, Theorie und Soziologie des Verbrechens, 1990.; G. Kaiser, Strategien und Prozesse strafrechtlicher Sozialkontrolle, 1972. u. s. w..
(54) cf. G. Boissonade, Projet révisé de Code pénal pour l'Empire du Japon accompagné d'un commentaire, 1886, pp. 6-7.
(55) 「訂正講義」目次一頁。なお、旧著『日本刑法講義』では、題目を「第一章　犯罪ノ意思及ヒ未遂犯罪ヲ論ス」としていた。「講義」目次一頁。
(56) 「訂正講義」一〇一頁、「講義」一三六頁。
(57) 澤登・「井上正一の刑法理論」『総合的研究』五四頁。
(58) 「訂正講義」一〇一～一〇二頁、「講義」一三六～一三八頁参照。
(59) Bertauld, op. cit., pp. 192-193.
(60) 本書第一部第二章第五節第一款、第三章第二節第一款、第四章第二節第一款。
(61) 「訂正講義」一一二頁、「講義」一四九頁。
(62) 「訂正講義」一〇三頁、「講義」一三八頁。
(63) 「訂正講義」一〇六～一〇七頁、「講義」一四二～一四三頁。
(64) 「訂正講義」一〇八頁。やや表現を異にするが、「講義」一四四頁。
(65) 「訂正講義」一一〇頁、「講義」一四六頁。
(66) 「訂正講義」一〇三～一〇四頁。
(67) 「訂正講義」一三〇頁。
(68) 「講義」一三九頁。
(69) 以上、「訂正講義」一〇四～一〇五頁、「講義」一四〇頁。
(70) Bertauld, op. cit., pp. 193-197.
(71) 林ほか・『日本刑法博議』（前出註3）六二九頁。
(72) ただし、ここで「決行」が既遂犯をも含むものかどうかは、留保をしておきたい。
(73) 「講義」一三八頁では、「外題」ではなく、「外部」という言葉を充てていたが内容は変わらない。

(74)「訂正講義」一〇三頁、「講義」一三八～一三九頁。

(75)林ほか・『日本刑法博議』(前出註3)六二九頁。

(76)「訂正講義」一〇六～一〇七頁、「講義」一四二～一四三頁。ベルトールも発意の所在の確認の困難性を説くボワターBoitard の所説を批判するかたちで同様に論じていた。Bertauld, op. cit., pp. 193–194.

(77)「訂正講義」一〇七～一〇八頁、「講義」一四三～一四四頁。ただし、あわせて、ベルトールは個人の主権 la souveraineté de l'homme に立ち返って考えることを重視することも指摘していた。Bertauld, op. cit., pp. 193–194.

(78)「訂正講義」一一一頁、「講義」一四八頁。

(79)「訂正講義」一〇八～一〇九頁、「講義」一四四～一四六頁。ベルトールは、異なる。彼は、ここでは個人の主権 la souveraineté individuelle を尊重すべきことを専ら理由にして、決心を不処罰にすると述べていた。Bertauld, op. cit., p. 494.

(80)「訂正講義」一〇八～一〇九頁、「講義」一四四～一四六頁。

(81)命令説に折衷説を併せ考える立場に立つ林正太郎ほかによれば、旧刑法典第一二五条のほか、第一一六、一一八、一三三、そして第一八六条を例に引いて、これらは我々の最も尊敬すべき一国の財政の変動を醸し、一朝にして国家の紊乱を来たし、ついに生命を塗炭に陥れ、またそれが回復できないような荼毒を流すものである。そこで、このような決心が外形に現われた時、さらにまた予備に発展した時は「社會ニ大ナル危殆ヲ来タセシ者」となるから、処罰するのだと述べていた。林ほか・『日本刑法博議』(前出註3)六三二～六三三頁。

(82)『訂正日本刑法講義』によれば、「行爲」ではなく「所爲」とあるが、意味は変わらないであろう。「訂正講義」一一三頁。

(83)「訂正講義」一一二～一一三頁、「講義」一五〇～一五一頁。

(84)宮城については、本書第一部第四章第二節第一款を参照。

(85)「訂正講義」一一一頁、「講義」一四八頁。

(86)「訂正講義」一一〇～一一一頁、「講義」一四六～一四七頁。ベルトールも同様である。Bertauld, op. cit., p. 195.

(87)林正太郎ほかは、このような政策的な考え方を推し進めると、予備によって既に生じた危害をも不問におきうることになるとして、これを批判した。そこで、林正太郎ほかは、むしろ、予備不処罰の理由として、処罰するほどの危害を社会に加えていないという理由づけを挙げるにとどめていた。林ほか・『日本刑法博議』(前出註3)六三一～六三二頁。

(88)「訂正講義」一一一頁、「講義」一四八頁。
(89) ベルトールは、その命令説の立場に則して、理論上、予備も処罰できると明言していたことはすでに述べたとおりである。本書第一部第三章第二節第一款。Bertauld, op. cit., p. 195.
(90)『日本刑法講義』によれば（旧）刑法典第一二五条二項を指示しているが、これは内乱陰謀罪にあたるので誤植であろう。「講義」一四九頁。
(91)「訂正講義」一一二頁、「講義」一四九頁。
(92) 宮城につき、本書第一部第四章第二節第一款を参照。
(93) 前出註（81）に同じ。
(94)「訂正講義」一一三頁、「講義」一五〇〜一五一頁。
(95) なお、ベルトールではこのような政策的な発想は、予備の段階に至ってはじめて現われている。Bertauld, op. cit., p. 195.
(96)「訂正講義」一〇八頁、「講義」一四四頁。
(97)「訂正講義」一〇九頁、「講義」一四五頁。
(98)「訂正講義」一一一頁、「講義」一四八頁。
(99) ボアソナードらについては、本書第一部第三章第二節第一款。宮城については、本書第一部第四章第二節第一款。
(100) ただし、この点の更なる究明は彼の治罪法、あるいは刑事訴訟法に関する著作を披見して、その証拠法に関する叙述を検討しなければならない。

## 第二款　未遂犯

まず、着手行為と予備行為との区別について、これをどのように井上は認識していたのかを考えてみよう[101]。井上は、建造物への侵入を伴う窃盗の事例を挙げて、ボアソナードや宮城らと同様に両者の区別は実際にははなはだ困難である場合があることを認める。つまり、門戸障壁を乗り越え、あるいは損壊し、または施錠を開いて他人の邸宅倉庫に忍び込んだときに、逮捕された例を挙げて、窃盗の予備とすべきか窃盗に着手しているとすべきかその判断が困難であるとする。しかし、井上は、ボアソナードや宮城浩蔵らとは異なり予備行為と着手行為との区別を一般的に論定することにはいっそう強く否定的な立場をとることを明らかにした。これは、井上が予備行為と着手行為の区別を明確に法律上議論すべき問題ではないとしたことに理由がある。(102)そこで、井上は、右の事例につき実行の着手が認められるのではないかとして上告のあった当時のフランスの判例を紹介した。そこでは、着手行為と予備行為との区別の問題はそもそも事実に関する問題か法律の解釈の問題かが問題にされたとする。しかし、フランスの「大審院」(103)の示した判断によれば、法律は未遂犯の成立に必要な「事狀」(104)を規定しているがその「事狀構成ノ要素」(105)(106)を規定していないので事実に関する問題であるとされ、事実審裁判官の全権に属する問題であると位置づけられたとする。つまり、着手行為と予備行為との区別の問題は、事実に関する問題であり法律上の審議の対象にはならないと判断されたと紹介したわけである。なお、このような見解は、実行の着手を法律問題であると解する現代のフランス刑法学の流れとは逆に、基本的に当時のフランスの刑法学者に一般的であったようである。(107)そこで、井上は、このフランスの判例の立場をそのまま受けついで、「我國ニ於テモ…（中略）…全ク事實上ノ問題ニシテ法律上ノ問題ニ非スト思考ス」と指摘した。ただし、井上は、参考としてであると断った上で、実行の着手の有無を認定すべき事実審裁判官の心得として、被告人の素性、行為の前後の状況などを斟酌すべきであると指摘する。(108)しかし、旧著『日本刑法講義』では、このような『訂正日本刑法講義』に示された対応とは少しく異なり、彼自身の判断を積極的に示す一例をもあわせて示していたことがある。井上は、先の建造物への侵入を伴う窃盗の事例をひいて、行為者が他人の邸宅内に忍び込んだだけではなくさらに物品を握取しようとするに至り、その時に何らかの障害にあって逃走したような場合に至らなければ、窃盗の未遂犯にはならないと判断した。(109)比較的に謙抑的な考え方が示されていたのである。しかし、井上の示したこの事例判断の部分も、『訂正日本刑法講義』に至ると削除されるに至っている。すでに見てきたように予備の分析、未遂の分析の両者に銃殺を試みた事例を例に用いていたことはあるが、予備と実行の着手との対比は行なわれていない。結局、いずれの著書にも、実行の着手と予備との区別の方法に関する一般的な基準を見出すための示唆となるべきものは見当たらない。だが、井上が事実審裁判官の心得として前述の諸点を実行の着手と予備との区別にあたり考慮すべき事柄として説いていた点は、次のようにつとにベルトールが説いていたことに影響を受けていたようにも思われるのである。すなわち、ベルトールは、実行の着手と予備とを弁別する判断について語るときに、彼も実行の着手とするか予備とするかは、法律や一般化的な方法では決めることはできない（impossible）と指摘していたが[110]、しかし行為そのもののもつ性質にのみ着目するのではなく、その行為の行なわれたときの周囲の状況（circonstances）、例えば、情を知らない被害者に毒杯を仰がせる場合には被害者の行動の如何、住居侵入窃盗の場合には行為者がたびたび窃盗を行ないそのために処罰された経験を持つ者である否か、などをも併せて考慮して判断しなければならないと、つとに指摘していた[111]。おそらく井上もこのような意識を共通に有していたのではないかと推測されるのである。この点の究明はさらなる資料の集積に期したい[112]。

次に、「未遂犯」と「無効犯」との関係について考えなければならない。これを分析することは、今日の着手未遂と実行未遂とに関わる議論に重なるものであるが、井上の命令説の中核を構成する重要な意義を持つものでもある。

まず、④の段階（「着手」）にある行為、すなわち「犯罪ニ着手シタル所爲[113]」について見てみよう。井上は、この「着手」をさらにその未遂に至った原因の相違に応じて「未遂犯」または「純然タル未遂犯[114]」と「好意ノ未遂犯」

とに分ける。すでに述べた通り、前者は、今日の着手未遂にあたるものであり、後者は、今日の中止犯にあたるものである。このうち、前者について井上は、前款で挙げた例に即して、甲は乙の来るのを見て銃に雷管を装填したが、雷管が適していなかったかまたは湿潤していたために発火せず発砲の機会を逸した場合であるとする(115)。後者について井上は、同じ例に即して、甲はまさに発射しようとしたが翻然として自ら悔いてあるいは忽然として法律を畏れる意思を生じ銃殺を遂げない場合であるとする(116)。このように、井上は「着手」に着手未遂にあたるものを入れているが、しかしこれを形式的にではなく、実質的に、しかも物理的に解しているように見受けられる。それは先の事例判断を見ればわかるように、—銃の引金を引いたかということよりも—実際に弾丸が射出されるよう雷管が発火しない限りこの段階にとどまるとして議論を進めている井上の態度から伺い知ることができるのである。しかし、井上は、弾丸が実際に発射されれば、もはや「未遂犯」の段階にはなく、着手未遂の段階を越えることになるとするのである(118)。

他方、⑤の段階にある行為、「實行」について見てみよう。井上は、この「實行」をさらに既遂結果を生じたか否かによって「無効犯」と「既遂犯」とに分ける。井上は、各々につき次のように定義している。「無効犯」の定義について、「即チ犯人ハ其力ノ能スル限リ犯罪ノ所爲ヲ實行シタルモノ(119)」あるいは「犯人意外ノ舛錯ニ因リテ犯罪ヲ遂ケサル時(120)」とする。これを前款で挙げた例に則していえば、「無効犯」とは、甲は小銃をすでに発砲したが技術が拙かったり正鵠を得なかったので乙に命中しなかった場合をいうことになる(121)。他方、「既遂犯」とは、「犯人犯サントスル罪ヲ實行シテ其目的ヲ達シタル時」とする(122)。「無効犯」とは、今日の実行未遂にあたるものであり、「既遂犯」とは今日の既遂犯のことを意味する。

ゆえに、「未遂犯」には、概念上、今日の着手未遂にあたる「純然タル未遂犯」(「純然未遂犯」、「意外ノ障礙ニ因ル未遂犯」）のみが入り、この「未遂犯」と「既遂犯」との間に今日の実行未遂にあたる「無効犯」[123]が存在することになる。しかし、このような分類は、折衷説に属する宮城などの分類と比較すると、特徴的である。[124]しかし、井上は、宮城のような分類を採用してはいない。井上は、着手未遂にあたる「純然タル未遂犯」を「着手」の段階で取り上げ、実行未遂にあたる「無効犯」を、「着手」とは別に「實行」の段階で論じ、それらを順に中止犯、既遂犯と対比させて分析を加えるという手法を採用していたことが明らかになった。このような分類法は、後にも見るように、実害の発生にではなく、行為が法の禁令に違反しているかどうかによって罪質を決める命令説の「用刑」の考え方に即したものと見ることができるのである。

それでは、井上の説く、「未遂犯」と「無効犯」の各要件について考えてみよう。

まず、井上は「未遂犯」の要件として、次の二つを挙げていた。つまり、(1)一定の目的（「確乎タル目的」）が当該行為に表象されたこと、そして、(2)行為の中途で自らの意思により行為を中止しようと意欲したとき当該行為を中止することができること、の二つを挙げている。[125]すなわち、人を射殺しようとして、道端で銃を構えていれば、殺人の目的が行為となって外に現われたことになる。また、銃に弾薬を装填し発砲しようと構えたが弾丸をまだ射出させていなければ、行為者の意向によってその射殺行為を中止することができる場合であるとする。[126]結局、井上は、「未遂犯」にあたる具体的な例として、人を銃殺しようとするにあたり第三者の妨害するところとなったとき、人を毒殺しようとして毒薬を供したが被害者がそれを服用しないときあるいは他人の所有物を窃取しようとするにあたりその物に手をつけたときに所有者の誰何するところとなり逃走したときを挙げている。[127]そこで、この第一の要件のもつ意味についてさらに研究してみよう。井上は、未遂犯の段階では「決心」や「豫備」よりもさらにその目的を行為の外形に現わしているので、「之ヲ認定スルニ於テモ亦甚タ難シトセス随テ社會ノ危險ヲ來シ公衆ヲシテ不安ノ念ヲ生セシムルヤ明ナリ」と述べる。[128] つまり、井上は、すでに行為によって行為者がいだいていた目的が外形に現われていると第三者が認定したことは、すなわち社会の危険を来たし公衆に不安の念を生ぜしめていることでもあると理解しているようである。この点は、すでに「發意」や「決心」などの（不）可罰的評価の理由づけにも見られたところである。[129] このように、井上の特徴は、ある行為が特定の意味をもったものとして第三者に理解、認定されるほど、それは併せて刑法の目的とする社会秩序の維持の観点よりして一定の危険をもっていると も評価しうるというように、両者を連関させていることに認めることができる。

次に、井上は今日の実行未遂にあたる「無効犯」についてどのように認識していたかを考えてみよう。井上は「無効犯」について、これを「未遂犯」（「純然タル未遂犯」）と対照させて、その要件として、行為者が行なおうとした行為（「所爲」）は既になし尽くして余すところがないことを挙げている。行為（「所爲」）そのものについてみれば、「未遂犯」とは決して同一に論じるべきものではないとする。[130] これは前の「未遂犯」で示した第二の要件とも連関して、中止犯の成立範囲の境界とリンクさせて理解していたものとも伺われる。

そこで、さいごに「未遂犯」と「無効犯」の量刑に言及しよう。井上は、その量刑を規定した旧刑法典第一一二条を二元的に解釈することによって、命令説の立場に忠実であろうとした。

井上は、今日の着手未遂にあたる「未遂犯」について、次のように説いていた。井上は、この「純然タル未遂犯」について、これを既遂犯よりも軽く処罰するとした。しかしその理由づけは二つの場合で異なるようである。井上は、行為者が銃殺の目的で発砲しようとする時に第三者による邪魔が入り未遂に終わった場合を例に挙げている。そして、この第三者の介入時期に応じて二つの場合に分類するのである。第一は、発砲しようとしたその時すぐに（「忽チ」）第三者の介入があり未遂に終わった場合である。第二は、すでに発砲しようとした時かろうじて

〔「纔カニ」〕第三者の介入があり未遂に終わった場合である。第一の場合につき、井上は、第三者の障碍が介在しなくても、良心の誘導や畏怖の念慮などにより行為者自ら進んで中止する余地も否定できないことを理由にして、既遂犯と同刑に処すべきではないとしている[131]。この事情につき、井上は、「豈ニ犯罪ニ着手シタル者ハ苟モ意外ノ障礙ニ因ルニアラサレハ必ス之ヲ中止スルヿナシ否ナ自カラ悔悟シテ其罪辟ヲ遂ケサルカ如キモノナシト速斷スヘキモノナランヤ何トナレハ如斯ハ或ハ事實ニ反スル苛酷ノ推測タルヲ免レサル」とさえ評していたものである[132]。刑を減軽することによって犯行の中止を期待する井上のこだわりが看取されるのである。しかしながら、井上は、事案の中には、まさに発砲しようとした所でかろうじて〔「纔カニ」〕第三者による介入があり犯罪を遂げなかった場合も存在することを指摘して、事案に応じて刑の減軽の程度に差を生じさせるべきことも説いていた。これが、第二の場合である。この場合にも井上は、行為者が自ら進んで行為を中止する場合も存在することを認めるが、第三者の介入が行為者のまさに発砲せんとするわずかの間隙のところで存在したので、「既ニ意外ノ障礙アリシカ爲メ罪ヲ遂クル能ハサリシトノ事實定マル[133]」すなわちこの場合にはもっぱら第三者による障害によって未遂に終わることがはっきりしていると評価しているのである。行為者による中止の余地を論じるのならばまさに引き金を引くその瞬間にまで期待をすべきであろうが、一転して一種の規範的な観点からこれを否定するに及んでいる[134]。そして、この第二の場合には、社会の安寧を害していることを認めて、まさにこれを処罰する価値があるとするのである。そこで、既遂の法定刑に対して刑一等または二等を減じることが適切であると説くに及んでいた。このように、井上は、右の第二の場合も含めて旧刑法典第一一二条に即して今日の着手未遂に相当する「未遂犯」を既遂より減軽処罰すべきことを説いた。

　しかし、井上は今日の実行未遂にあたる「無効犯」の刑について、次のように説いていた。井上は、これについてはとくに折衷説と命令説とを対比させながら説明を加えていた。井上は「無効犯」の場合には、既遂犯と同等に処罰するとした。井上の説くところ、折衷説によれば、道徳に反する点では無効犯も既遂犯も同じであるが、公益を害する点に至っては既遂犯とはもとより雲泥の差があるから量刑についても既遂犯よりも軽くならざるを得ないことになるとする。他方、自説である命令説によれば、無効犯は「全ク法律ノ禁令ニ違反シタ」ものであり、また「法律ニ背テ其禁止シタル所爲ヲ爲シ盡シタルモノ」である。[135]その点で実害発生（有効性）のいかんにかかわらず既遂犯と同視され、刑に差異を認める必要はないとするわけである。[136][137]なお、井上は、法理としては右に述べた通りであるが、実際上は、裁判官が既遂犯と「無効犯」との間の刑に差異を設けても構わないと断っている。[138]ここでは、結局、本来必要的減軽主義を規定した（旧）刑法典第一一二条は裁量的減軽主義に解釈されている。このように、井上においてはその命令説の立場に応じるために（旧）刑法典第一一二条は二元的に解釈されていた。

ところが、命令説に属する所説のなかにあっても井上の考えに対して異説を唱える者も見受けられるのでこれについて一言しておきたい。それは、林正太郎ほかである。林らは、「余輩モ亦命令主義ヲ採ルモノナリ」と明言しながらも、刑の程度については「社會ノ害悪」の大小を標準とするとし、欠効犯について、その「害悪」の生じた既遂犯よりも刑を減軽することはあえて不当ではないと断じていた。[139]これは、林正太郎ほかが、基本的に命令説をとりながらも、あわせて、折衷説における「社会上の悪」を取り入れようと考慮していたことに由来するのである。[140][141]このような林正太郎ほかの所説と比較すると、井上は、もっぱら法律の禁令（＝命令）違反の如何によって構成された「無効犯」に関する所論から、未遂犯の構成につきいわゆる形式犯的な理解を示していたことが明らかになる。

## 註記

(101) なお、井上は、「講義」では、この予備と着手との区別について言及する場面において、とくに予備行為について予備の「手段」という語を用いて、着手行為を意味する着手の「所爲」と区別していた。ところが、「訂正講義」では、予備も着手も一様に、予備の「所爲」あるいは着手の「所爲」というように用いるようになっていた。このような語の用い方が井上の未遂犯論ないしいわゆる実行行為の理解にとってどのようなことを意味するのかはさらに研究を要する。

(102) 井上の文献の中からその典拠を明らかにすることはできないが、事案の概要などを斟酌すると、推測ではあるが、ベルトールが紹介していたCour de Bordeauxの判決に対する上告審の判例にあたるものかと思われるのである。Bertauld, Cours de code pénal et leçons de législation criminelle, explication théorique et pratique, 4ᵉ éd., 1873, pp. 210-211.

(103) 当時流布していた一般的な名称であるCour de cassation、つまり破棄院のことである。

(104) 『日本刑法講義』では、「情狀」と表記されていた。「講義」一六三頁。

(105) 『日本刑法講義』では、「情狀構成ノ原素」と表記されていた。「講義」一六三頁。

(106) おそらく、当時のフランスでcirconstances constitutivesとして説かれていた概念を意味する言葉ではなかろうか。cf. Ortolan, Élément de Droit Pénal, 1ʳᵉ éd., 1855, nº1055.

(107) 当時の状況につき、Bertauld, op. cit., p. 209. 現在の状況につき、G. Stefani, G. Levasseur et B. Bouloc, Droit pénal général, 17ᵉ éd., 2000, §235.

(108) 以上、「訂正講義」一一三～一一四頁。

(109) 「講義」一六四頁。

(110) Bertauld, op. cit., p. 211.

(111) Bertauld, op. cit., pp. 209 et s..

(112) なお、林正太郎ほかも、井上と同様に未遂犯と予備との区別の問題は、基本的に事実の問題に属し（林ほか・『日本刑法博議』（前出註3）六三六頁）、裁判官の「斷定ニ放任スヘキ」であるとしていた（林ほか・前掲書六三八頁）。しかし、窃盗を実行しようとして、物品を握取しようとしあるいはそれに手を触れたような場合には、未遂犯であるとする事例判断を示していた（林ほか・前掲書六三七～六三八頁）。だが、さらにすすんで予備と着手とを弁別する一般的な基準をも示していた。すなわち、両者は行為者が直接に犯罪の結果に対する行為の実行に着手したかどうかで区別されると明示していた（林ほか・前掲書六三八頁）。これは、宮城の初期の見解と同旨であるが、当時オルトランやロッシ、福井なども示していた所説でもある（宮城、オルトランについては、本書第一部第四章第二節第二款、第二章第五節第二款。ロッシについては、Rossi, Traité de Droit pénal, tome II, p. 299. 福井については、福井・『刑法刑事訴訟法註釋大全　附　改正監獄則施行細目註釋』（前出註4）一六四頁）。

(113)「訂正講義」一一三頁、「講義」一五一頁。

(114)「純然未遂犯」、「意外ノ障礙ニ因ル未遂犯」と表記していたこともある。各々、「訂正講義」一〇五、一〇六頁の欄外における見出しを参照。

(115)「訂正講義」一〇六頁、「講義」一四一頁。

(116)ただし、『日本刑法講義』では「俄カニ」と表現していた。「講義」一四〇～一四一頁。

(117)「訂正講義」一〇五頁、「講義」一四〇～一四一頁。

(118)「訂正講義」一一四頁、「講義」一五二頁。

(119)「訂正講義」一二四頁、「講義」一六五頁。

(120)「訂正講義」一〇四頁、「講義」一三九頁。

(121)「訂正講義」一〇六頁、「講義」一四一～一四二頁。

(122)「訂正講義」一〇四頁、「講義」一三九頁。

(123)ただし、これを既遂犯の一種に数えていたときもある。「講義」一六五頁。

(124)宮城は、前にも記したように「着手」の段階の中で着手未遂にあたる『着手未遂』と実行未遂にあたる「欠効犯」とを対比させて分析を加えるという手法を採用した。本書第一部第四章第二節第二款。

(125)「訂正講義」一一四頁、「講義」一五一～一五二頁。

(126)「訂正講義」一一四頁、「講義」一五一～一五二頁。

(127)「訂正講義」一一五頁、「講義」一五三頁。ただし、表現の点で、『訂正日本刑法講義』と『日本刑法講義』との間には若干の差異が認められる。

(128)「訂正講義」一一五～一一六頁。用いた表現をいささか異にするも、「講義」一五三頁。

(129) 本書第一部第五章第二節第一款。

(130) 「訂正講義」一二四～一二五頁。

(131) 「訂正講義」一一八頁、「講義」一五六～一五七頁。

(132) 「訂正講義」一一八頁、「講義」一五七頁。

(133) 「訂正講義」一一九頁。旧著『日本刑法講義』にはこの引用部分がまだ書かれてはいなかった。単にこの第二の場合にも行為者が自ら進んで行為を中止する場合も存在することを述べるにとどまる。そのために第一の場合と区別して特にこの第二の場合を取り上げるべき理由が明確ではなかった。井上は、『訂正日本刑法講義』でこの引用部分の一節を加えたことによって、叙述を明確にさせたとみることができよう。

(134) ボアソナードは、着手未遂について一様に行為者の中止行為を期待していた。本書第一部第三章第二節第二款。

(135) 「訂正講義」一二五頁、「講義」一六五～一六六頁。

(136) 「訂正講義」一二五～一二六頁、「講義」一六六頁。

(137) これは、当時の刑法解釈学において、今日のような違法論がすでに存在し議論されていたわけではないが、政府の発する「命令」というかたちにより――結果と独立した行為規範そのものを違法判断の基礎に置くという点を考慮する限りでは――、いわゆる徹底した行為無価値一元説的な所説の魁と述べても大きな誤りはないであろう。

(138) 「訂正講義」一二六頁、「講義」一六六～一六七頁。

(139) 林ほか・『日本刑法博議』（前出註3）六四一頁。

(140) 本書第一部第五章第一節。

(141) この社会上の悪を取り入れることの意味が、命令の正当性の実質ないし正当性を担保することにあるとすれば、行為無価値に結果無価値をあわせ斟酌する、いわゆる行為無価値二元説の萌芽と述べても大きな誤りはないであろう。

みよう。

## 第三款　中止犯（「好意ノ未遂犯」）

井上は、中止犯（井上の用語法では、「好意ノ未遂犯」と称した）について、これをどのように認識していたかをみて

中止犯とは、井上によれば、「犯罪ニ着手シタリト雖モ犯人畏怖若クハ悔悟ニ因リテ其事ヲ遂ケサル場合」、あるいは犯罪を既遂に至らせることを「意外ノ障碍」によってなしとげなかったのではなく「自カラ好テ爲サヽル場合」であるする。(142) つまり、着手未遂の段階で任意に（井上の用語では「好意ニ」）その犯罪を犯す意思（井上の用語では「犯罪ノ決心」）を放棄したので実害を生じなかった場合とするのである。(143) 井上は、中止犯を、もっぱら着手未遂の段階（井上の用語法にしたがえば、「着手」）で問題になると分類し議論を構成していたのである。(144) この点は、井上の採用した、犯罪を中途で中止（放棄）する余地が存在するかどうかにより「未遂犯」と「無効犯」との概念を分ける考えに由来し、用語法は異なるが宮城の与えた『着手未遂』と「欠効犯」の概念も同趣旨であるがゆえに、彼が中止犯を着手未遂段階でのみ議論していた態度とも共通するのである。(145) しかし、宮城の場合には、中止犯を「欠効犯」の段階で論じない理由は行為者の主観面に存在していたようである。端的に述べれば「欠効犯」とは、行なおうと意欲した行為を全て成し遂げていると行為者が認識した段階をいうので、結果として、行為者の自発的な意思決定に基づく中止犯が論じられる余地は事実上はありえないにすぎない。(146) しかし、井上の場合は宮城と異なる。井上は、その命令説の立場に基づき、中止犯を「無効犯」の段階では論じないとするわけである。すでに実行未遂（「無効犯」）の段階に這入れば、中止犯を認める余地は理論上なくなることを意味する。井上は、実行未遂（「無効

犯」）を定義して「犯人ハ其力ノ能スル限リ犯罪ノ所爲ヲ實行シタルモノ」とし、すでに「法律ノ禁令ニ違反シタル者ナリ」さらには明確に「法律ニ背テ其禁止シタル所爲ヲ爲シ盡シタルモノ」と、命令説の立場に基づいて考えていたからである。(147) 命令説は、実害の発生にではなく、法律の禁令に違反したことそのものを犯罪の本質と考えているので、着手未遂（「未遂犯」）の段階でのみ中止犯は論じられることになると考えられる。ここでは、実害の発生にではなく、法律が禁令の対象とする行為がどの程度なされているかにより罪質が定まることになるので、実行未遂（「無効犯」）と既遂とは区別されるべき理論的根拠は見出されないのである。(148) 両者は同視されるので、実行未遂の段階ですでに中止犯を認めるべき理論的根拠はないことになる。(149)(150)

中止に至った原因動機は、井上もボアソナードや宮城らと同じく、哀憐の情などによる悔悟、良心の誘導から由来する場合と、法律を恐れ後日の処罰を怖れることによる畏怖の念に由来する場合とを問わず広く認めるものである。(151) これは、もっぱら井上が中止犯不処罰とすることによってひろく犯行を遂げさせないようにすることを促進しようとする政策的意図から出るものである。(152) 宮城のように中止の原因動機の詮索は困難であることを理由にした主として事実認定論の観点から中止の原因に制限を設けないとする意向は、伺えない。(153)

それでは、井上の説く中止犯不処罰の根拠について考えてみよう。

井上は、中止犯不処罰の根拠として、今日の政策説に相当する考え方をとっていた。かつ、それが唯一の根拠づけでもあった。すなわち、井上は、犯人に中止犯不処罰という利益を与えることで犯罪を最後まで遂げさせない特別予防効果を期待できるとした。(154) また、中止犯の場合を考慮せず一律に未遂犯として必ず処罰することになると却って犯罪を遂げさせる方へ誘導することにつながることへの憂慮があるが、中止犯不処罰によって犯罪を遂げさせないことから社会に「大益」をもたらすことをも期待していたのである。(155) ところで、林正太郎ほかは、基本的に命令説の論者であるが、折衷説をも合わせ考慮する論者であるので、井上の説くような見解に批判を加え、折衷説寄りの独自の見解を押し出している。林正太郎ほかは井上のような「自止ヲ誘導スル一点ノ理由ヲ以テ法意ヲ説ク」という政策的な理由づけを第一にもってくるような所説には批判的であり「此理由タル既生ノ犯罪ヲ消滅セシムルノ効力アルモノニアラス」と述べ、右のような政策的な理由づけはただ付随的な理由にすぎないと位置づけをした。そこで、中止犯とは当初目的とした結果の発生する以前にその「所爲」を取り消した以上、害悪は発生しないので未遂となることはないとした(156)。つまり、処罰されるべき未遂犯の観念にはそもそも中止犯は入らないから中止犯は処罰されないとして、中止犯を可罰的な未遂犯の範ちゅうから外して不処罰と考えることを明らかにしたものといえる。

また井上は、中止犯の適用が認められることは予備の所為と同視されることを意味するので、予備罪の成立は否定されないことをとくに断り書きしていた(157)。ただし、中止時点ですでに生じていた「實害」は、これを不問に置くことに反対した(158)。例えば、人の殺害を意欲していたが、中止時点ですでに被害者の両手を切断していた場合には、殴打創傷罪（旧刑法典第三〇〇条第二項）として処断するのだと説いていた(159)。

なお、井上は、予備の中止について述べるところがないが、林正太郎ほかは予備だけでなく(160)、陰謀（「決心」）についても中止犯を認めていたようである(161)。しかし、その根拠は、定かではない。

井上の中止犯論の特色は、利益衡量に基づく政策的な見解が前面に出てくる点にあるといえる。中止犯が犯罪性そのものを減少ないし消滅させるというような、ボアソナードや宮城らのとっていた今日の法律説に相当する考え方はまったく姿を見せないのである(162)。

**註記**

(142)「訂正講義」一一九頁、「講義」一五八頁。
(143)「訂正講義」一〇五頁、「講義」一四一頁。
(144)「訂正講義」一〇三～一〇四頁、「講義」一三八～一三九頁。
(145) 宮城につき、本書第一部第四章第二節第二款参照。
(146) 本書第一部第四章第二節第二款参照。
(147)「訂正講義」一二四、一二五頁、「講義」一六五、一六六頁。
(148)「訂正講義」一二四、一二五頁、「講義」一六五、一六六頁。
(149) 澤登俊雄「井上正一の刑法理論」『総合的研究』六四頁。
(150) ただし、林正太郎ほかは、着手未遂（林ほかの用語によれば「未遂犯」）だけでなく、あえて「欠効犯」の場合についても中止犯の成立を認めると指摘し、その理由を次のように述べていた。意図した結果の生じる以前に、自らその「所爲」を取り消した以上は、もはや「外形ノ害悪」が発生することはないので、当初目的としていた犯罪の未遂とすべきでないのは「理ノ然ル所ナレハナリ」と述べていたのである（林ほか・『日本刑法博議』（前出註3）六五六～六五七頁）。つまり、このような理解を林ほかが示したのは、井上と異なり、命令説の禁止の対象となる「所爲」のなかで行為と同じように結果をも重視して併せ含ませていたからである。林ほかが命令説を採用していたとはいえ、このような理解を示していたことは怪しむべきことではない。ここで、林ほかは命令の根拠にはっきりと折衷説の成果である社会上の悪の観念をも取り入れて考えていたことを想起しなければならない。林ほかの所説は、いわば命令説と折衷説とを合わせた複合的な所説なのである。ゆえに、林ほかの立場によれば、結果の発生する以前にその「所爲」を取り消した（結果の発生を回避した）以上は、それが着手未遂の段階だけでなく、「欠効犯」の段階であっても、均しくその罪の未遂とならないことは「理ノ然ル所」となるのであろう。林ほか・前掲書同所を参照。
(151) ベルトールは、さらに急進的である。行為者の中止に至った原因が、その罪を告発するぞという第三者の威迫（menace）によって犯行の中止を迫られた場合であってもよいとした。このような場合でも、行為者の中止不中止の原因はなお依然として行為者の任意にあるのであり、このような威迫に基づくものであっても強制 contrainte（による中止）と考えてはならないとした。Bertauld, op. cit., p. 215.

(152)「訂正講義」一〇五、一一九～一二〇頁、「講義」一五八～一五九頁。
(153)本書第一部第四章第二節第三款。
(154)「訂正講義」一〇五頁。ただし、この点の指摘は、旧著「講義」では存在しない。
(155)「訂正講義」一二〇頁、「講義」一五九頁。
(156)林ほか・『日本刑法博議』（前出註3）六五七～六五八頁。
(157)「訂正講義」一〇五、一二〇頁、「講義」一四一、一五九～一六〇頁。林ほか・前掲書六五八頁も同旨。ベルトールも、中止犯が成立する場合には、単純予備罪と同様の地位にあるものとして論じると明言していた。Bertauld, op. cit., p. 196.
(158)「訂正講義」一二〇～一二一頁、「講義」一六〇頁。林正太郎ほかも同様である。林ほか・『日本刑法博議』（前出註3）六三五～六三六頁。
(159)「訂正講義」一二〇～一二一頁、「講義」一六〇頁。
(160)なお、福井は、殺人の目的で刀剣を購入したがこの段階で犯行を中止したという予備についての中止犯にあたる例だけを挙げて中止犯を説明していた。福井・『刑法刑事訴訟法註釋大全　附　改正監獄則施行細目註釋』（前出註4）一五九頁。
(161)林ほか・『日本刑法博議』（前出註3）六五八頁。
(162)ボアソナードについては、本書第一部第三章第二節第三款。宮城浩蔵については、その初期の著作『刑法講義第一巻』においてとくに違法減少説に相当する考え方が述べられていた。本書第一部第四章第二節第三款。

## 第四款　不能犯

最後に、井上は、不能犯について、これをどのように認識していたのかを見ておこう。井上は、不能犯の地位について、「所爲ノ既遂ナル」場合[163]、すなわち、井上の言葉では「無効犯」、今日では実行未遂に相当する場合に問題になると位置づけている。この点、実行未遂の場合だけに限定しないボアソナードとは異なり、むしろ宮城と同様の位置づけである。そして、井上は、不能犯の定義について、「犯人ニ於テ或ル物ニ就キ又ハ或ル事ニ付テ誤認スル所アルカ爲メ其事ヲ實行スルモ物理上其目的ヲ達スル能ハサル場合」であるとした[164][165]。

井上は、不能犯に該当する例として、すべて殺人に関わる事例についてであるが、①暗夜に人であると誤認して樹幹に向けて発砲したり、②生存していると誤解して遺体を切断したり、③毒薬と誤信して水を飲ませた場合を示している[166][167]。これらの事例判断はすべてボアソナードや宮城も不能犯であると結論づけていたものばかりである[168]。しかし、さらに未遂犯との限界事例を積極的に分析し検討するということはなかった[169]。いずれも、今日の客体の不能や方法の不能に相当しうる事例であるが、主体の不能にあたる例は見受けられない。ただし、井上は、章を別にして「犯罪構成ノ原素ヲ論ス」の章下において、「犯人ノ地位」、「犯人ノ民籍」、「犯人ノ身分」の細目を立て各々、官吏涜職罪（旧刑法典第二編第九章）における真正官吏の地位の有無、外患に関する罪（旧刑法典第一二九条以下）における行為者の日本国籍の有無、姦通罪や重婚罪（旧刑法典第三五三、三五四条）における婚姻の有無が各犯罪の成否一般にとって必須であると説いていたので[170]、未遂犯論（不能犯論）とは別立てで、今日の構成要件該当事実欠缺論（Die Lehre vom Mangel am Tatbestand）あるいは幻覚犯（stafloses Wahnverbrechen: Putativdelikt）にあたる一般的議論を行なっていることが見える。しかし、本書の対象であるこの未遂犯論の章下では、むしろ不能犯にあたる事例をもっぱら掲げながら個別事例判断が示されるにとどまっている[171]。

井上は、不能犯を不可罰とすることの根拠として次のような説明を与えていた。いわく、道徳上の方面からみれば、「其意志ノ悪ムヘキハ素ヨリ言ヲ竢タス即チ道徳ノ罪人タルヤ勿論ナリ」と意義づけるが、他方、法律上の方面からみれば、不能犯は法律が「固ト」（『日本刑法講義』によれば「元ト」という表現が当てられていた[172]）禁止していない行為（「所爲」）であることを理由として「法律ノ罪人ト謂フ可ラス」とした(173)。そこで、この法律の禁止の内容が問題になる。井上は、これについて「法律ノ豫防シタル禁止ニ違犯セサル所爲」であると指摘する(174)(175)。この法律の予防すべき禁止の実質は明らかではないが、彼の採用した不能犯の定義とその用例から判断する限りでは、その意思（事実の認識、犯行計画）の所在とは独立に、実行終了（「所爲既遂」）時に実際に行為の向けられていた個別具体的な客体や実際にとられた個別具体的な行為の方法を取り出して、その純物理的性質を客観的に観察して、結果の発生の能不能を判断していたものとうかがわれる(176)。また、物理的性質を観察している以上、井上のとる法律の禁止することの内容とは、国家が任意に危険と判断したことがそのままこの法律の禁止するところと必ずしも直結することになるわけではないであろう。行為の物理的性質が考慮されている点で、必ずしも国家の独自の意思、政策判断が手放しで肯定されうる構成はとられていないと思われる。

**註記**

(163)「訂正講義」一二八頁、「講義」一六九頁。
(164)「訂正講義」一二八頁、「講義」一六九頁。
(165)なお、ベルトールは、不能犯については、犯罪の決心が行為によって外に現われたが、その方法に内在する不能性（impuissance）によって、または目的の不能性（impossibilité）によって、始めから（dès son principe）無害である場合を想定していた（Bertauld, op. cit., p. 201.）。林正太郎ほかは、「不能犯トハ犯人罪ヲ犯サント欲スレモ犯罪ノ目的物又ハ犯罪手段道理上ノ不能ニ依リ到底犯シ能ハサルモノ」をいうとする。林ほか・『日本刑法博議』（前出註3）六六六～六六七頁。福井は、「不能犯トハ到底目的ヲ達シ得可ラサルモノ」であるとしていたが、これは林ほかとほぼ同様の見解を明らかにしていたといえよう。福井・『刑法刑事訴訟法註釋大全　附　改正監獄則施行細目註釋』（前出註4）一六一頁。
(166)「訂正講義」一二八頁、「講義」一六九～一七〇頁。

(167) 林正太郎ほかは、このほかに不能犯に該当する事例としてさらに、自分の財物を他人の財物と誤信してこれを窃取した事例、銃に弾丸を込めていないことを知らずに発砲した事例を挙げている（林ほか・『日本刑法博議』（前出註3）六六七頁）。福井も、このほかに、人を銃殺しようとして発銃したがその射程距離が遠いために銃弾が相手にまで到達しなかった事例を不能犯に該当するものとして挙げている。これは思い切った判断であるか、彼はその根拠として、行為の目的物として人を狙っており犯罪を遂げることができないわけではないが、「銃丸ノ達セサルモノナレハ如何ニ之ヲ数回スルモ到底遂ケサルモノニテ此種ノモノハ犯罪ノ方法到底罪ヲ遂クルﾕ能ハサルモノナリ」と指摘していた（福井・『刑法刑事訴訟法註釋大全　附　改正監獄則施行細目註釋』（前出註4）一六一頁）。その詳細は明らかにはされていない。仮説であるが、これは、観察対象を実行の着手時に限定していたと考えることも不可能ではないと思われる。こう理解しないと、福井が他処で毒殺の事例について、実行未遂時（「犯罪執行後」）、被害者が解毒剤を飲んで未遂（「舛錯」）に終わった場合を未遂犯（「無効犯」）として処断していたこと（福井・前掲書一六〇頁）との統一的理解が困難になるからである。ベルトールは、死体に対する殺人行為やすでに自分に相続済みの財産をそうとは知らずに窃取した事例を挙げていた。Bertauld, op. cit., p. 202.

(168) ボアソナードについては、本書第一部第三章第二節第四款を参照。宮城については、本書第一部第四章第二節第四款を参照。

(169) 林正太郎ほかは、未遂犯（「欠効犯」）にあたる場合も紹介している。すなわち、毒物が少量であったために相手を殺害することができなかった場合、刀が折れ相手を斬ることができなかった場合、そして距離遠長であったため弾丸が相手にあたらなかった場合である。林ほか・『日本刑法博議』（前出註3）六六七～六六八頁。ベルトールは、射殺しようとして射程距離を見誤った場合や毒殺しようとして無害の薬品を使用した場合などを挙げていた。Bertauld, op. cit., pp. 203 et s..

(170) 「訂正講義」一三二～一三三頁、「講義」一七四～一七六頁。

(171) 林正太郎ほかは、不能犯を絶対的不能とし、未遂犯を相対的不能に分ける分類を採用していた。そして、両者を分ける基準として「事物自然ノ道理」を置きこの観点から犯罪の能不能を判断するとしていた。林ほか・『日本刑法博議』（前出註3）六六八頁。福井も、不能犯を「絶對的ノ不能犯」と「相對的ノ不能犯」とに分けたが、いずれも犯罪としてこれを論じないと主張した。福井・『刑法刑事訴訟法註釋大全　附　改正監獄則施行細目註釋』（前出註4）一六一頁。しかし、その詳細は必ずしも明らかではない。このように論者によって絶対的不能、相対的不能という概念の使用につき均一ではないところも見受けられる。

(172) 「講義」一七〇頁。

(173)「訂正講義」一二八頁、「講義」一六九～一七〇頁。
(174)「訂正講義」一二九頁、「講義」一七〇頁。
(175) なお、林正太郎ほかも、法律は不能犯にあたる行為を法律の禁令に違反したものとすることはできないとしたが、その実質的な理由づけとして道徳に違反するのみで社会に危害を与えていないからであるという説明を与えていた。林ほか・『日本刑法博議』（前出註3）六六八頁。
(176) この点、ベルトールは、社会的法の命令（le commandement de la loi sociale）に違反するのは、法の予防しようとした損害を自然に（naturellement）実現することが出来、まったく行為者の意思から独立した事情によって効果を欠いた所為（fait）でなければならないと指摘していた（Bertauld, op. cit., p. 208.）が、naturellement という語を使用していることに鑑みると能不能を客観的に判断しようとする井上と趣旨を異にすることはなかろうと思われるのである。なお、ベルトールの場合には、不能犯の判断は、不能となる必然的な原因がすでに実行行為の開始時点に存在していたかどうかにより行なわれていた（Bertauld, op. cit., p. 202.）。

## 小　括

井上の犯罪観は命令説に基づくものであった。この所説も新古典学派に所属するとはいえ、井上は宮城らの折衷説に激しい批判を加え命令説を唱導した。この命令説に基づき井上は以下のような見解を具体的に明らかにした。ボアソナードは、政府の専横を押えようとする強い意欲を持って折衷説を構成していたが、井上はむしろ国民の統治機構としての政府の意思、その具体化としての政府の施策の正当化を図ることを重視していた。その国家観は国民各自の間に生じる抵触軋轢を調整する善意の調停者として政府を評価するものであった。また、犯罪評価における結果の取り扱いは未遂犯論を検討する上で重要である。ボアソナードや宮城らは、社会秩序のほか実害をも考慮していた。井上はこれを具体的、個別的な実害に求める立場を否定し、直接に社会秩序に求めた。そこで、井上は、犯罪論体系上、犯罪の基本を既遂犯にではなく未遂犯に置く立場を明らかにした。社会秩序違反とはすなわち法律の禁令違反なのである。ここでは、未遂犯、換言すれば法律の禁令違反の行為が犯罪の基本となっている（第一節）。井上も行為の発展順序（「發意」、「決心」、「豫備」、「着手」、「實行」）を追いながら未遂犯の分析を行なっていた。ボアソナードや宮城らはその分析にあたり適切な事実認定の観点を重視し自由主義的な立場をとっていた。しかし、井上において特徴的なことは、このような立場をとることよりも、むしろ合理的利害計算のできる人間像を前提にして、いかにすれば行為者が犯罪を思い止まり、社会秩序を維持させることができるのかという、政策的観点を重視して各段階にある犯罪の分析を行なっていたことにある（第二節第一款）。また実行の着手の基準については、井上はこれを事実の問題であるとして事実審裁判官の全権に属する問題であるとしており、その基準につき示唆となるべきものは見当たらなかった（第二節第二款）。折衷説と比較して命令説の特徴をもっともよく示すものは、その「未遂犯」（着手未遂）と「無効犯」（実行未遂）の分類と量刑について明らかにされた見解である。折衷説に属する宮城は「着手」の概念の中で着手未遂にあたる『着手未遂』と実行未遂にあたる「欠効犯」を論じた。しかし、井上はこれとは異なり、着手未遂にあたる「未遂犯」を「着手」で論じ、別途、実行未遂にあたる「無効犯」を「實行」の中で既遂犯と並べて論じていた。また井上は両者の量刑について次のように考えていた。井上は「未遂犯」については、行為者が自ら進んで行為の中止を行なう余地が認められることなどを論じて既遂犯の刑に対して必要的減軽主義をとることを明らかにした。しかし、井上は「無効犯」については理論上既遂犯と同等に処罰すべきことを論じていた。井上は、実行未遂と既遂との間に刑に差を設ける折衷説を批判して、すでに「無効犯」は法律の禁令に違反しているので既遂犯と同視され、刑に差を認める必要はないとするのである。もっとも、裁判官が裁量により実行未遂と既遂犯との間で刑に差を設けることを否定はしなかった。結果的には、必要的減軽主義を説いた折衷説の論者たちと結論を異にすることはあまりないであろう。またこのような法律の禁令（「命令」）違反の如何によって構成された「無効犯」に関する井上の所論から未遂犯につき形式犯的な理解を示していることが明らかになる（第二節第二款）。また、「無効犯」は既に法律の禁令に違反しているので、中止犯を論じる余地はない。「未遂犯」（着手未遂）の段階限りで中止犯は議論されている。これは宮城の場合と異なり、命令説の立場に基づくものである。また中止の原因動機についてこれを限定的に理解していない。これは宮城などのように動機という主観面の所在を探ることは困難であるという点に基づくものではなく、もっぱら中止犯不処罰によって広く犯行を遂げさせないようにする政策的意図からでている。井上は中止犯不処罰の根拠を唯一、不処罰の余地を残すことによって行為者に犯罪を遂げさせないようにする特別予防の効果を期待し、今日の政策説に相当する考え方に求めていた（第二節第三款）。井上の不能犯論は簡略である。井上は不能犯を未遂犯としては処罰しないとする立場をとったが、その根拠は法律が予防すべき禁止の対象ではないとするものである。しかし、不能犯にあたるとする事例などを検討する限りでは、行為者の意思とは独立に、実行終了時に実際に行為の向けられた個別具体的な客体や実際にとられた個別具体的な行為の方法について、その純物理的性質を客観的に観察して結果発生の能不能を判断していたのではないかと考えた（第二節第四款）。

結局、その未遂犯論を概観すると、井上は、利益衡量に基づく政策的な見解を前面に押し出してきている。そして、これが命令説の「命令」の背後にある政府の政策判断であるように思われる。この政策判断とは、本書で明らかにした未遂犯論に関して述べれば、犯罪の各発展段階において、可罰的評価から解放させること（「決心」、「豫備」、中止犯など）あるいは刑を減軽することによって（「未遂犯」など）、行為者ないし一般の人々が利害計算を行ない犯罪の実行を放棄し思い止まることを期待すると言うものであった。一律に合理的理性人を前提にして議論を進めていたように思われるのである。この点は実証学派の一般化する前夜にあたる時代の刑法理論であったことを示すものであろう。しかし、井上においてはボアソナードが配慮していた人の行動の自由を保障する意味での証拠や事実認定に対する観点は簡単に排除されるに至った。また、ボアソナードは、実行の着手や不能犯に関する議論において規範的な観点を排除し事実に即して考察していこうという観点をとり、できる限り形式的客観的に概念を構成していた[177]。宮城は人の行動の自由を保障する意味での証拠や事実認定に関する配慮は、ボアソナードに比べれば希薄化したが、規範的観点は排除されていた[178]。ところが、井上においてはそれらに代わって政府の意思、政策判断を基にして概念が規範的に構成されていたといえよう。しかも、「無効犯」に関する所論のほか、その命令説に基づく犯罪観、社会刑罰権論をも鑑みると、折衷説のように正義（応報）と効用（実害）という概念を対立させることによって政府の意向とは独立して自然調和的に犯罪の可罰性を導き出してくる思考方法をとるのではなく、政府の人為的な政策判断を「命令」によって実現しようとしたのである[179]。この「命令」に違反することによって犯罪が成立するという形式犯的な理解が提示されている。井上の未遂犯論は規範的、形式犯的に概念が構成されているということができる。

しかしながら、その未遂犯論に関して、井上が実際に下した結論部分はボアソナードや宮城などの示したところと全般的に見て依然として著しく異なるものではなかった[180]。

**註記**

（177）本書第一部第三章小括を参照。
（178）本書第一部第四章小括。
（179）井上は、未遂犯論とは別に、犯罪一般の成立要件を策定する「犯罪構成ノ原素」を論じる箇所でも、命令説の立場からすれば行為が実際に実害を発生させたかどうかはほとんど犯罪の成立にとって必要ではないと明言していた。「訂正講義」一三八頁、「講義」一八二頁。
（180）折衷説との理論的対立がもっとも尖鋭に現われる「無効犯」と既遂犯との刑の異同についての議論でも、実際には量刑に差を設けることを否定しないので、ボアソナードや宮城などの下した結論と径庭を異にすることはないであろう。

# 第六章　総　括

およそ新古典学派の刑法理論の展開は、そのオリジナルである大革命を経たフランスのそれが、今日から見れば、とりわけ個人の権利・自由の保護をその任務とする、自由主義共和制国家を前提にし、他方で、自己の理性にしたがって、他人の権利、自由を尊重しながら行動する人間を想定して、その理論を構築していたと一般にいわれていることからも伺い知ることができるように、基本的には国家権力の牽制に比較的重きがおかれたものであったといってよいであろう。

しかし、我が国に新古典学派の社会刑罰権論が導入され、唱導されていく過程で、未遂犯論における犯罪統制の在り方が、はじめは意識して国家（政府）と国民とを共に制約する原理として国家（政府）と国民の両者に向けられていたベクトル（ボアソナード、宮城浩蔵）が徐々に国家（政府）から市民へと向かう国家（政府）中心の統制のベクトルへと移り変わっていくことに意識を払わない傾向が見られるようになった（井上正一）。これは、未遂犯論の構成の仕方においてはじめ事実に即して行為の性質を形式的客観的に分析しようとする議論（とりわけ実行の着手や不能犯の構成など）、市民の行動の自由の保障と適切な事実認定による冤罪の防止への未遂犯論上の配慮を重視した議論がなされていたことから、次第にそのような色彩が色あせ、代わって政府の定立した法律の禁令（「命令」）という政策に即して行為の性質を分析しようとする方向性を出してくるに至っていることから伺い知ることができる。しかし、国家的観点が出てきたといっても、井上は国家主義を肯定的に取り入れているわけではない。市民と市民の衝突を調整する、善意の調停者として国家が基本的に観念されており、その意味にとどまる「国家楽観主義者」[1]であったといえる。[2]現にその未遂犯論の議論においてもその結論部分の多くはボアソナードや宮城らと見解を異にするに到ることはなかった。だが、井上は、その未遂犯論の形式犯的な構成を見る限りでは、刑法理論上、社会から国家や政府の意思、政策判断が独立する論理を正当化すべき一つの契機を我が国に与えたということができるかもしれない。

そこで、検討しなければならなくなってくるのは、フランスの新古典学派とりわけ折衷説に意識的に対抗して、「近世折衷主義」なるものを主張しドイツ法に多くを学んだ江木衷とそれ以降の刑法理論についてである。ここでは、近代国家の形成・揺籃期に見られる、国家刑罰権の原理論的意義や機能の検討は背後に退き、既に存在している一定の国家刑罰権の正当化が始まる。そこで、次に部を改めて、江木の未遂犯論について考察を加えたい。

**註記**

（1）　フランスで一般に国家という言葉を使用する場合に多くは市民の集合体である社会と同義であるとされている。社会刑罰権—ただし、フランスでは droit social de punir と表現される—に代表される権力—ただし、フランスでは pouvoir social と表現される—も本来的に個人（市民）の集合体として観念される社会 Societe に由来するが、社会がこれを行使するための機構として国家や政府が存在していると一般に理解されている。個人の集合体である社会の意思が国家、政府の意思であると観念されているのである。

（2）　国家になぜ犯罪者からその自由を取り上げる権限が認められるのかという視点が、犯罪者の処遇という大義名分の前で霞んでいるように映る点で、新社会防衛論の提唱者、マルク・アンセルのもっていた楽観的な国家観を想起させるものがある。cf. Marc Ancel, La défense sociale nouvelle, 3e éd., 1981, p. 317.

# 第二部　明治後期における我が国の未遂犯論

# 第一章　明治後期の未遂犯論

明治前期については、本書第一部においてすでに考察した。そこで、本書第二部で考察を加えようとするのは、明治後期についてである。

本書では、活動年代また研究資料、理論的精巧性の他、特に旧刑法典に対する代表的な批判者として出色の認められる関係より、江木衷、そして古賀廉造を中心にして考察を進めていきたい。とりわけ、江木は、旧刑法典を通じて、その立法に与ったボアソナードの刑法学に対決する姿勢を強く維持し続けていたことから、旧刑法典から現行刑法典へと大きく転回しようとしていたこの時期の刑法理論、未遂犯論を検討する上でも見逃してはならない刑法家である。江木は、当時の政府が目指していた欧米諸国との不平等条約の撤廃に向けてひたすら我が国を西欧化しようとする気風に対して厳然と否定的態度を貫いていた。一般に江木を称して国粋主義者と評価されている所以である。(1) 江木は、我が国がいたずらに西欧に模倣しこれと同化することによって近代化（我が国の辿った歴史よりもヨーロッパの歴史を踏まえた近代化、西洋文化化）すべきだとするのではなく、むしろ我が国の国情、とりわけ天皇制を基幹とする伝統的な国家体制に即した形で近代化（我が国の歴史を踏まえた近代化、日本文化化）を果たすべきだと説いた点で、国粋主義者であると考えられるのである。(2) まさしく江木のこの態度は旧刑法典、そして新刑法典への批判的評価と、(3) 新律綱領を通して大寶律令への回帰的評価に現われることになる。(4) これに対して、古賀廉造は、刑法改正審査委員として、旧刑法典を批判し、新刑法典の成立に向けて尽力した論者として令名を馳せている。

**註記**

（1）　木田純一〈吉川経夫補訂〉「江木衷の刑法理論」『総合的研究』七五頁以下、佐伯千仭＝小林好信「刑法学史」鵜飼信成＝福島正夫＝川島武宜＝辻清明責任編集『講座日本近代法発達史』第一一巻（昭和四二年）二三三頁以下など。

（2）　江木の近代化概念とは、おおよそ次のようなものである。江木は、ボアソナードが旧刑法典を通じて我が国に導入しようとした主義を①利益主義（その例として「ルーソー輩ノ民約説」が挙げられていた）、②折衷主義、③カトリック主義にまとめる。これに対して、江木は天皇制を基幹として構成される伝統的な国家社会の維持を重視するので、①天皇を頂点とする国体の観念、この国体を神祇として尊重する大寳律令の賛美という立場から、②実際に外界に生じた損害を罪の基本において、これと刑との均衡を図る反坐（正義）を基本においた近世折衷主義、③宗教（天皇以外に至重至尊なるキリストの存在を認め博愛平等君臣尊卑の別なきものとする「耶蘇教」）と法との分離を基礎においた権威主義であると言えよう。江木はこのような観念に基づいて我が国を近代化しようとしたのである。筆者の確認したところでは、江木が論文にこのような観念の一部を示したのは明治二二年一月からである。江木衷「現行刑法ニ於ケル折衷主義ノ適用」法理精華一巻一号二二頁以下、同「現行刑法ニ於ケル加特力教旨ノ摘發」法理精華一巻三号六頁以下。また、まとまった著書にこのような観念を示しはじめたのは、江木衷『訂正増補四版現行刑法汎論　全』（明治二四年一一月二〇日、有斐閣）五七頁以下である。

（3）　冷灰（江木衷のペンネーム）「改正刑法草案批評」（一）（二）、法學新報八二号一頁以下、八三号一頁以下など。

（4）　江木衷『訂正増補四版現行刑法汎論　全』一五頁以下など。

# 第二章　江木衷の未遂犯論

江木衷（安政五（一八五八）年〜大正一四（一九二五）年）は、漢籍をよくし、また東京大学法学部において英法科に在籍（明治一七（一八八四）年七月卒業）をし、卒業後は警視庁に採用され、司法省参事官、英吉利法律学校（現・中央大学）の創立に関わり、内務省参事官、弁護士となり、法典調査会委員等を歴任しながらもなお仏独の両法をも修め、法学一般に通暁し、実定法に限定しても憲法をはじめとして民法、民事訴訟法、そして刑法、治罪法・刑事訴訟法、陪審法に関する著書や論文を遺している。(1)

刑法書としては、一般に、旧刑法典に基づいて書かれた『現行刑法汎論　全』（初版、明治二〇（一八八七）年）、『現行刑法各論』（初版、明治二一（一八八八）年）、そして両著作の内容を併せたものと思われる『現行刑法原論』（初版、明治二五（一八九二）年）、また新刑法典に準拠しているが監修書として『理論應用現行刑法通義』（大正五（一九一六）年）があると指摘されている。(2)このうち私が主として披見することができたものは、『現行刑法汎論　全』の初版（明治二〇（一八八七）年六月二五日。博聞社・有斐閣）(3)、再版（〔背文字には「第二版」という言葉が見える〕明治二〇（一八八七）年一二月。博聞社・有斐閣・開新堂）(4)および訂補四版（明治二四（一八九一）年一一月。有斐閣）(5)、また『現行刑法原論』の初版（明治二五（一八九二）年九月一日、東京法學院。和装三冊本）(6)、第二版（明治二七（一八九四）年九月一〇日、東京法學院。洋装一冊本だが頁表示は三巻毎に分かれる）(7)、そして『理論應用現行刑法通義』（背文字の表示は第一七版、なお奥付が欠損していたため刊行年不詳、日本法學會）である。[8]

なお、上記の著書のうち、前者、すなわち『現行刑法汎論　全』は江木の単著になる刑法総論の体系書であるが、欄外に本文に対する増島（英法家である増島六一郎〈嘉永四〔一八五一〕～昭和二三〔一九四八〕年、明治一一〔一八七八〕年東大法卒〉のことではないかと思われる）[9]と倉富（仏法家である倉富勇三郎〈嘉永六〔一八五三〕～昭和二三〔一九四八〕年〉のことではないかと思われる）の両氏による短い批評をも併載している。

他方、後者、すなわち『理論應用現行刑法通義』については、これが江木の著書になるものかどうかがつとに佐々木和夫氏により批判されている。[10]私も著書の装丁などから佐々木氏の考えに与するものであるので、本書ではこの著書は資料とするにとどめ、考察の対象から除いておく。さらに、この他にも私は、江木が所々の法学校などで講義したものをまとめたものと思われる江木の講義録の体裁を採っている『刑法汎論之部』あるいはまた『刑法汎論』、『日本刑法汎論之部』などと題する書物を数種類閲覧することができた。具体的には次の通りである。江木衷述『刑法（本邦）（汎論ノ部）』（明治二一？年、奥付欠）[11]、同述・鳥居鍗次郎（校友）編『日本刑法（汎論ノ部）』〈東京法學院明治二三年度第一年級講義録〉（明治二三？年、東京法學院、奥付欠）[12]、同述・北岡保定（卒業生）編輯『日本刑法（汎論ノ部）』（明治二三？年、東京法學院、奥付欠）[13]、同講義『刑法汎論』（明治二四？年、専修學校、奥付欠）[14]、同述・依田弘（卒業生）編輯『刑法（汎論之部）』〈東京法學院明治二五年度第一年級講義録〉（明治二五？年、東京法學院、奥付欠）[15]、同講義・依田弘（卒業生）編輯『刑法（汎論之部）（完）』〈東京法學院講義録〉（明治二六年九月六日、東京法學院）[16]、同講義・高松太喜次（卒業生）編輯『刑法（汎論之部）』〈東京法學院明治二六年度第一年級講義録〉（明治二六？年、東京法學院、奥付欠）[17]、同講義・田中文藏（卒業生）編輯『刑法汎論』〈東京法學院明治二七年度第一年級講義録〉（明治二八？年、東京法學院、奥付欠）[18]、同講述『刑法汎論　完』〈東京法學院明治三一年度第一年級講義録〉（明治三一？年、東京法學院、奥付欠）[19]である。

本書では、これらの著書のうち、もっとも詳細であり、かつ江木晩年に近い作でもある『現行刑法原論』第二版を基本にしながら考察を進めていくことにする。

ところで、江木は、その著書『現行刑法汎論　全』、『現行刑法原論』をはじめとして、私の参照したいずれの著書の中でもとりわけ頻繁にベルナーの刑法書[20]（Lehrbuch des deutschen Strafrechtes.）を参照している。[21]これは、リストの教科書が現われるまで、ドイツでもっとも流布していた刑法書として高名であり、決定版は第一八版（一八九八年）を数えている。なかんづく江木の『刑法汎論』については、穂積陳重によって「獨逸流の刑法論」であると位置づけられていたことからもうかがい知ることができるように、[22]ドイツ刑法学、ことにヘーゲリアナーであったベルナーの体系構成をかなり導入している。犯罪の分析方法にみる理論的構想を認識するためにもっとも便宜であるのは、その目次を見ることにある。江木とベルナーとの著書の間には、篇別の構成の仕方など細かい項目に至るまで大差はみられないのである。[23]

さて、江木は、『現行刑法汎論　全』の「参照書目」で指示したベルナーの著書は一八八四年の刊行になるものとして記録しているが、版は明らかにしていない。[24]これにあたる版は、私の確認しえたものでは、第一三版であるように思われる。なお、本書（初版・明治二〇年〈一八八七年〉六月二五日刊）の書評を行なった穂積陳重の指摘も江木の参照したベルナーの教科書は第一三版であることを明らかにしていた。[25]しかし、私としては、その前後の版を実際に見ていないので、同じ年に複数の版が刊行されていないということを確認できなかった。[26]さしあたり、私は、現時点ではこの第一三版を江木が参照した版にあたると仮定して考察を進める。[27]

江木の叙述は、ボアソナード批判を主とする刑罰権論（「緒論」のもと「第三篇　現行刑法ノ主義」）とベルナー譲りの犯罪論（「汎論」）からなるようである。もっともボアソナード批判とベルナーに負う部分とは並置されているに過ぎず、相互に有機的な連関は見られないように見受けられる。なぜ連関がみられないのか。江木がさしあたりベルナーの犯罪論を我が国に忠実に紹介するためにあえて意図的にこうしたのか、あるいは、それほどまでにベルナーの犯罪論に心酔していたのか、[28]あるいは意図的なものではないのか、興味はつきない。この点は江木とベルナーの著作との出会いを明らかにしてみないと容易には回答は得られないであろうが、手持ちの諸資料との関係から別稿に譲りたい。

**註記**

（1）その詳細は、末繁彌次郎編『江木冷灰先生追憶譚』〔大正一四（一九三九）年一〇月八日、非売品〕、冷灰全集刊行會編纂『冷灰全集第一巻』〔昭和二年三月二五日、冷灰全集刊行會〕にみえる「冷灰全集發刊の趣旨」と題する記事、同編纂『冷灰全集第四巻』〔昭和二年三月二五日、冷灰全集刊行會〕にみえる実兄、江木千之による「冷灰全集の後に書す」と題する記事、そのほかにも小林俊三『私の会った明治の名法曹物語』〔昭和四八年〕六一頁以下、利谷信義「江木衷」潮見俊隆編著『日本の弁護士』〔昭和四七年〕一〇二頁以下、木田純一〈吉川経夫補訂〉「江木衷の刑法理論」『総合的研究』八一～八三頁、小林好信「江木衷の刑法理論」大阪学院大学法学研究八巻二号一頁以下などを参照。
（2）木田〈吉川補訂〉・前出註（1）八二～八三頁。
（3）本書では、「汎論」と略称する。
（4）本書では、「汎論再版」と略称する。
（5）本書では、「汎論四版」と略称する。
（6）本書では、「原論」〔巻数〕と引用表記する。
（7）本書では、「原論二版」〔巻数〕と略称する。
（8）なお、本書は、佐々木和夫氏の論文がその存在を推定していた昭和二年〈一九二七年〉の刊行になるべき「第一七版」であるかも知れない。佐々木和夫「江木衷の刑法理論と旧刑法の改正」『専修大学法学研究所紀要一八号・刑事法の諸問題Ⅳ』一五四頁。

（9）増島の略伝につき、小林俊三・前出註（1）一五頁以下、ほかに利谷信義「増島六一郎」『日本の弁護士』（前出註1）八三頁以下参照。

（10）佐々木・前出註（8）九五以下。ただし、佐々木氏の研究は、主として増訂三版・大正六年、第一五版・大正一一年の著書によるもののようである。

（11）本書では、「本邦汎論」と略称する。

（12）本書では、「鳥居編汎論」と略称する。

（13）本書では、「北岡編汎論」と略称する。

（14）本書では、「専修学校版汎論」と略称する。

（15）本書では、「法学院二五年度講義録版汎論」と略称する。

（16）本書では、「法学院講義録版汎論」と略称する。

（17）本書では、「法学院二六年度講義録版汎論」と略称する。

（18）本書では、「法学院二七年度講義録版汎論」と略称する。

（19）本書では、「法学院三一年度講義録版汎論」と略称する。

（20）Albert Friedrich Berner, 1818–1907. 彼の生涯と業績については、Wolfgang Schild, Die systematische Strafrechtslehre von Albert Friedrich Berner; in Lehrbuch des deutschen Strafrechtes von A. F. Berner, Neudruck der 18 Auflage Leipzig 1898. 1986, S. 769ff. が非常に詳しい。

（21）なお、穂積陳重「江木法學士新著刑法汎論ノ批評」法學協會雑誌四二号五四頁（本書評は、江木の『現行刑法汎論　全』〔再版・明治二〇年一二月（日付けは空欄のため不詳）刊〕に於ける巻末にも再録されている）、小山松吉「富井先生を追想して」法學志林三七巻一一号二〇頁、小野清一郎「刑法学小史」『刑罰の本質について・その他』〔昭和三〇年〕四一二頁など。

（22）穂積・前出註（21）五四頁。

（23）ここにその骨格を示しておこう。江木の著書の犯罪論にあたる部分の構成は大略次の通り。その落陽の紙価を高からしめたと書肆有斐閣社主江草に言わしめた『現行刑法汎論　全』は、「第一篇　犯罪」の下、

第一章　犯罪ノ定義
第二章　犯罪ノ區別
第三章　犯罪ノ成立とした。

そして、この第三章の下に、新たに款、章、節、段の順序を設け、

第一欵　犯罪ノ主體物體及ヒ手段
第一章　犯罪ノ主體
第一節　犯罪ノ主體タルヘキ者
第二節　主體タル犯罪者ノ能力
第三節　犯罪主體ノ不能力
第二章　犯罪ノ物體
第一節　犯罪物體ノ物理的能力
第二節　犯罪物體ノ法律上能力
第三節　犯罪物體ノ法律上不能力
第三章　犯罪ノ手段

次に第二欵　犯罪タル所爲の下、

第一章　所爲ト責任トノ關係
第二章　犯意及ヒ過怠
第一節　犯意
第一段　犯意總説
第二段　決心
第三段　故意
第四段　目的
第五段　犯意ノ證明

第二節　過怠、

第一段　過怠總説

第二段　過怠ノ種類

第三節　故意及ヒ過怠の混交

第三章　已遂犯及ヒ未遂犯

第一節　已遂犯

第二節　未遂犯

第一段　總説

第二段　豫備

第三段　執行ノ着手

第四段　未遂犯ノ種類

第五段　中止犯

第三章　已遂犯及ヒ未遂犯ノ混交

第三欵　數人共犯

などとしている。同書目次（「目録」）一頁以下。『現行刑法原論』初版、第二版も同様である。同書目次及び本文各項目見出し。

これに対して、ベルナーの著書の構成は大略次の通り。

第一巻　犯罪　Erstes Buch: Das Verbrechen、の下、

第一章　犯罪の概念　Ⅰ. Begriff des Verbrechen

第二章　犯罪の区別　Ⅱ. Eintheilungen des Verbrechens

第三章　構成要件の概観　Ⅲ. Ueberblick über den Thatbestand　に分け、

そして、この第三章の下に、新たに編、章、節等の順序を設け、

第一篇　犯罪の主体客体及び手段 Erster Titel: Subjekte, Objekte und Mittel des Verbrechens

第一章　主体　Ⅰ．Von den Subjekten

A．人的主体 Menschliches Subjekt

B．責任能力 Zurechnungsfähigkeit

C．責任無能力 Zurechnungsunfähigkeit

第二章　客体　Ⅱ．Von den Objekten

A．客体の物理的能力（幻覚犯）Physische Tauglichkeit des Objektes.（Wahnverbrechen.）

B．客体の法律的性質 Rechtliche Beschaffenheit des Objektes

C．客体の法律的性質の欠如 Abwesenheit der rechtlichen Beschaffenheit des Objektes

第三章　手段　Ⅲ．Von den Mitteln

第二篇　犯罪行為 Zweiter Titel: Die verbrecherische Handlung

第一章　行為と責任　Ⅰ．Die handlung und die Zurechnung

第二章　故意と過失　Ⅱ．Dolus und Kulpa

A．故意 Dolus（Böswilligkeit）

§93．故意総説 Dolus im Allgemeinen

§94．故意 Vorsatz

§95．意図 Absicht

§96．目的 Zweck

§97．故意の証明 Beweis des Dolus

B．過失 Kulpa（Fahrlässigkeit）

§98．過失総説 Kulpa im Allgemeinen

§99．過失の種類 Arten der Kulpa

C．故意と過失の併存 Zusammentreffen von Dolus und Kulpa

第三章　既遂犯と未遂犯　Ⅲ．Vollendung und Versuch

A．既遂犯 Vollendung
B．未遂犯 Versuch
§102. 未遂犯総説 Versuch im Allgemeinen
§103. 予備行為 Vorbereitungshandlungen
§104. 実行の着手 Anfang der Ausführung
§105. 未遂犯の種類 Arten des Versuches
§106. 中止と結果発生の阻止 Rucktritt und Verhinderung des Erfolges
C．既遂犯と未遂犯の併存 Zusammentreffen von Vollendung und Versuch
第三篇　犯罪の共犯 Dritter Titel: Die Theilnahme am Verbrechen

としている。Berner, Lehrbuch des deutschen Strafrechtes. 13 Aufl, 1884, S. IX～X. なお、この構成の仕方は、その原典に当たり直接確認したところでは、その初版（一八五七年）、第二版（一八六三年）、第三版（一八六六年）、第五版（一八七一年）、第七版（一八七四年）、第一二版（一八八二年）、第一七版（一八九五年）、決定版である第一八版（一八九八年）にわたり、大きな変化は見受けられない。このように江木とベルナーの著書の間にはその犯罪論の構成の仕方の点につきほとんど差違はみられない。

(24)「汎論」三九三頁、「汎論再版」三九二頁、「汎論四版」四九一頁。

(25) 穂積・前出註（21）五二頁。

(26) ちなみに、私の披見しえたものは、第一三版、そして決定版に該当する第一八版のほか、初版、第二版、第三版、第五版、第七版、第一二版、第一七版であるがこれらはそれぞれ一八五七年、一八六三年、一八六六年、一八七一年、一八七四年、一八八二年、一八九五年の刊行である。なお、ベルナーの不能犯論を初版から決定版に至るまで検討したSandra-Jakobea Mintz によると、第一四版は一八八六年の刊行であるとしている。Sandra-Jakobea Mintz, Die Entwicklung des sogenannten untauglichen Versuchs im 19. Jahrhundert unter dem besonderen Aspekt der Einordnung als Wahnverbrechen, 1994, S. IX.

(27) 佐々木・前出註（8）一二二頁註7も江木が参照していたのはこの第一三版であるとしている。

(28) 江木は同じドイツ刑法学の代表的な論客であったにもかかわらず、ベルナーの論敵、フォン・リストの著作に対しては憎悪のごときまでの強い敵対感情を包み隠さなかった。この悪感情の源にはどうやら当時の改正刑法草案の起案をめぐり、リストの所説が主導的地位を誇っていたとされていたことにも由来するもののようである。江木衷「新説奇論」『冷灰漫筆』〔明治四二年六年五日、有斐閣書房〕一五頁以下。

## 第一節　江木衷の犯罪観――「近世折衷主義」その他――

さて、江木衷は、その学風として、広く諸外国の刑法学説の状況をも視野に入れた比較法的手法を駆使しながらも、なお我が国に大寶律令以来伝統として存在する刑法を模索するというダイナミックな刑法家であるといわれている。(29)そこでは、江木は宮城浩蔵、井上正一らのような欧米の学説にまずはもっぱら範を求めるものとは異なり、はじめから自分の立場である大寶律令を尊重すべきだとする立場から見解を述べようとする意志の萌芽が明確に認められる。その「緒論」篇で行なわれている刑罰権論をめぐる議論はこれにあたるものといえるであろう。しかし、「緒論」篇に続いて江木が具体的に犯罪論を展開した「汎論」篇の内容を仔細に検討してみると、穂積陳重博士が評されるような「著者自ら主人公となり獨立獨行筆を縦横に回らして」(30)と言いうるかどうかはやや再考を要することになるのである。ところで、フランス流に刑法を論じた宮城浩蔵や井上正一は確かにその学理上の典拠をオルトランなどに求めながらも、本書第一部でつとに明らかにされたとおり、これを必ずしも模倣していたわけではないのである。だが、江木はどうもこれとは異なるといわざるをえない。江木は、外国法に広く目を配るとしながらも、その著書の目次がベルナーの教科書と酷似していたことからも明らかなとおり、(31)もっぱらドイツ法、なかんずくベルナーの犯罪論体系を抄訳しその理論構成を模しながら、その論述につき英仏の学説の状況を注記して体系書を完成させたといわざるを得ないと考えられるのである。(32)

(29)　なお、具体的に大寶律令を引用しながら、自分の刑法理論を構築しているわけではない。もっぱら、ドイツ刑法学をもってフランス刑法学を批判する観がないわけでもない。この種の方法論の点につき批判を加えるのは、我が国固有の日本法理探究の観点から刑法理論を構築しようとした小野清一郎である。小野・前出註(21)四一二頁。

(30)　穂積・前出註(21)五二頁以下。

(31)　前出註(23)を参照。

(32)　このようにドイツの特定の刑法家の体系書を翻訳しながら自らの体系書を完成させた理論家としてはほかに、小疇伝がいる。ただし、小疇の場合には、江木とは逆にフォン・リストの所説を祖述していた。その間の事情につき、宮澤浩一「小疇伝の刑法学」『総合的研究』二一四頁以下参照。

## 第一款　明治二八年以前の江木の犯罪観

つぎに、江木の刑罰権論をみてゆきたい。

江木はその刑罰権論を次のように三本の柱から構成している。「折衷主義」、「利益主義」、「加特力主義」がそれである。しかし、いずれも議論の相手を旧刑法典の「起草者」であり、フランス共和国の「平民」、「『カトリック』教旨ノ信徒」であったというボアソナード一人に向けているのがその大きな特徴である。(33) すなわち、刑罰権に関する原理論的観点（「刑罰権ニ關スル主義」）から折衷主義（「近世折衷主義」）を論じ、さらに法文化を重視し、国体上の観点から利益主義、宗教上の観点から加特力主義[34]に説き及んで彼独自の刑罰権論を総合的に「現行刑法ノ主義」の章名の下に構成しているのである。[35]もっとも江木の論調には、ボアソナード独りが旧刑法典を起草したかのような誇張評価が含まれている点に注意をしなければならない。[36]本書では、もっぱらその未遂犯論を検討することに目的を置いているので、「折衷主義」と「加特力主義」について取り上げて検討する。なお、「利益主義」では、ボアソナード、そして旧刑法典には、皇室に対する罪を人民の利益を図ることを目的とする社会の利益を保護する趣旨の罪の中に含ませており、そのために国家の主権に関わる国事犯として位置づける姿勢に欠けていたとして、江木は批判を加えていた。[37]

### (1)　折衷主義（「近世折衷主義」）

江木は、「刑罰權ニ關スル主義」を検討している。これは従来社会刑罰権論として説かれていたものにあたる議論である。明治前期の刑法家たちの議論を見ると、非常におびただしい数の所説を一つ一つ仔細に検討を加えながら、自分の考え方を丹念にまとめていったことを伺い知ることができた。しかし、江木の場合には、もはやそのような態度を伺い知ることはできない。江木は旧刑法典の立法化に少なからぬ影響を与えたボアソナードの議論だけを取り上げ、彼が旧刑法典の起案者であると強引に位置づけた上でその所論をもっぱら攻撃するかたちをとりながら、しかもベルナーの所説を借りながら自分の所説を明らかにしている。

江木は、折衷主義なるものを二つに分類している。一方をボアソナードの説いていた（i）「折衷主義」（あるいは侮蔑的意味を込めて「折衷主義中最モ古代ノ陳腐論」、あるいは所説である「近世折衷主義」と対比させて「舊説」と呼称したこともある）[38]とし、他方を、自分の所説である（ii）「近世折衷主義」とするのである。

（i）江木はボアソナードの説いた「折衷主義」を次のように紹介する。「純正利益主義ヲ参酌シ道徳上ノ本務ト社會上ノ本務トニ併セテ反對スヘキ所爲ヲ以テ犯罪トシテ之ニ刑罰ヲ科スヘキモノ」という趣旨で刑罰権を規定しているとする。[39] このような理解の上に立ち江木はおおよそ次のような攻撃を加える。純正主義と利益主義とは、「相互ニ反對シ共ニ協合スルコトヲ得ヘカラサル」ものであるから、その両者を折衷しようとすることは「到底爲シ得ヘカラサル架空ノ希望」にすぎないと批判している。[40] つまり、純正主義と利益主義とを共に並置して、科刑の標準を得ることは論理的に不可能であると断じているわけである。確かに江木が他方で草案起案者自身の意見を引用する通り、起案者自身も純正主義と利益主義という「此二者ハ『性質上共ニ對比スヘカラス又共ニ枰量シ得ヘカラスシテ常ニ適當ノ平均ヲ得ルコト能ハサルモノ』トナシ此説ノ適當ニ實行シ得ヘカラサル事實ヲ自認」しているとの指摘は正当であろう。[41] しかしながら、忘れてはならないことは、ボアソナードが社会刑罰権論としてその折衷主義を主張していた真意は、社会がなぜ国民に対して刑罰を科すことが可能なのか、そして国民はなぜ刑罰を受けることになるのか、という科刑の根本理由を明らかにしようとした点にある。ボアソナードが言いたかったことは、純正主義だけで刑罰権を発動すべきではなく、かといって利益主義だけによって刑罰権を発動すべきでもない。両方の存在を確認してはじめて国家は国民に対して刑罰権を発動することが可能になるのだということを明らかにしようとしたのである。[42] 後に宮城が明断に述べているように、正義と利益とは議論の位相を異にしていたのであり、単に並列的に枰量していたわけではない。単なる量刑基準を明らかにすることではなかったはずである。[43] だが、江木においては、このようなボアソナードらの認識を共有することはなかったようである。江木は、刑罰権を具体的にどのように発動すればよいのか（応報的正義を墨守するための「罪ト刑トノ權衡」の維持）という点にだけ議論を集中していたといいうるのである。もっぱら量刑基準の模索の視点のみに関心を払っていたと言えよう。[44] ボアソナードらとは議論の位相が異なるのである。明治前期、フランス刑法学の影響を受けていた刑法家、なかんずく宮城浩蔵などは国家（社会）が国民に刑罰を科すことが可能になる理由とともに国民はどうして刑罰を受けなければならないかという理由（正義としての応報）について関心をもっていた。正義とは、宮城などによれば、応報の原理を明かにするものなのであって、ただちに不正の内容にまで及ぶ基準としては捕えられてはいなかったはずだからである。(45) しかし、江木は何故このような関心に注意を払うことよりも、ただちに刑の量定という点に関心を移していたのだろうか。

（ii）江木は、所説でもある「近世學者ノ認メタル折衷主義ノ原理」を次のように説いている。「刑罰ハ正義ヲ回復シ不正不義ヲ消滅セシムルモノタルヲ以テ刑罰ハ正義ノ一種ナリ。語ヲ換ヘテ之ヲ言ハヾ刑罰ハ犯罪ノ應報ニシテ刑罰ノ基本ハ反坐ニ在リ。故ニ折衷主義ノ目的タル社會ノ利益若クハ改良脅嚇等ハ正義ノ範圍内ニ於テ之ヲ計畫セサルヲ得ス是レ近世折衷主義ノ眞相ナリ」と。(46) 折衷されるべき正義とは、応報的正義を意味し、その内容をなす反坐とは、「立法官」の手によって、あらかじめ各本条ごとに刑（上限と下限）を法定しておくことによって達成されると理解していた。(47) 折衷されるべき正義には、一定の幅が肯定されるというのがその特徴である。また、江木は、正義の内容として、「立法官」の意思を置いていたことがわかる。この点については（iii）において詳述する。さて、江木は応報を点として理解するのではなく、幅として理解していた。この点を江木はヘーゲル（著書『論理學』）の示していた比喩にならい、水が温度に応じて液体から固体へ、あるいは液体から気体へと変化する物質の三態の性質を例に出して、水が各状態に性質を変化させる場合には或る温度一点を境にして変化するのではなく、一定の温度帯にある段階では液体の状態にとどまることを類例として示していたのである。(48) もっとも、以上に紹介したところまでの江木の考え方は、実は、その論旨、用例の点に至るまでベルナーがその教科書の中で述べていた所説、統合説（Vereinigungstheorie）として述べているところと、ほとんど変わらない[49]。したがって、江木の指定する「近世學者」とは、ベルナーもその中に加えられていることは疑いを入れないであろう。江木は、このように理解された応報の性質を活かして実際の事案の処理において裁判官は社会の利益の所在に応じて量刑を行うべきことを示している。しかし、その際に行政官（行刑官）の存在をも眼中に入れて事を論じていた点は注目に価する。すなわち、「立法官ハ必ス刑ノ最長期ト最短期トヲ定メ以テ犯罪ノ性質ヲ明示シ而シテ此期間ノ範圍内ニ於テ法官ハ或ル犯罪ノ社会ノ利益ヲ害シタルノ程度ヲ斟酌シテ現ニ犯人ニ科スヘキ刑ヲ定メ行政官ハ又特赦假出獄等ノ制度ニ依リテ現ニ犯人ニ對シテ實行スヘキ刑期ヲ確定ス」[50]。これによって示された江木の見解は、むしろベルナーの統合説を修正した分配説（Verteilungstheorie）に親近性をもつ考え方が示されていることになる。けだし、江木はこの分配主義的な考え方を提示することによって、単純な統合主義の陥る欠点を回避している。統合主義は、正義と利益との結びつけ方につき、両者を同じ平面上に並べ、刑罰権発動の原理を、正義の範囲内で利益を追求するという構成をとる。しかし、もともと異質な存在である両者を統合という形でともに追求すると、いずれも反古に帰するということもありうる。正義は合目的性（利益）と本質的に異なる機能を持つから、両者を単純に統合させることはできないはずだからである[51]。この点、江木はその祖述したベルナーの見解に比し、工夫のある点が認められるのである。

(iii)　したがって、江木は、このように理解された応報の観念が、裁判官による量刑の裁量、すなわち各本条所定の法定刑から宣告刑を引き出すときに、当時の主権者である天皇の意思を具体化すべき立法官によってあらかじめ厳格に定められた各罪所定の法定刑が総則所定の規定を介して、一律に修正を加えられてしまうことに対してひどく禁忌感をあらわにしていた[52]。江木の未遂犯論を考える上でもこのことは見逃すことはできない。いうまでもなく、未遂減軽についての規定を置いた総則規定（第一一二条）も例外ではないのである。江木は応報によって得られる罪と刑との均衡は正義の範囲内で、社会の利益を追求することによって得られるとした。しかも、この正義は、（ii）において述べたように立法官の意思によって決めることができる。天皇の意思を示すべき立法官があらかじめ各則において各犯罪ごとに厳格に定立している所定の法定刑によって正義が実現されるものだと考えていたのである。したがって、正義を表現している各則所定の法定刑の刑の幅を総則所定の酌量減軽の法や再犯加重の法により後から裁判官の手により一般的に修正せしめられることは、結局正義を社会の利益に対して従たる地位に追いやることを許す考え方だとして、江木は批判を加えていたことになる。そして、このことから江木が、立法官が自らの立てた法によって、裁判官という司法官僚に対して自分の意思を正確に伝え、彼らをよく統制しようという姿勢をもっていたことが明らかになる。後に述べるように、このことは現行刑法典の基になった改正刑法草案（その嚆矢として明治二八年「刑法草案」（司法省刑法改正審査委員会））が旧刑法典よりも裁判官にいっそうの刑の裁量の枠を各則自体において広範に認める規定の仕方を採用することによって、これに対し江木はあれほどまでに嫌悪の感情を吐露していたボアソナードや旧刑法典を評して、自らをして、「我舊刑法は基督教國の一平民ボアソナード氏の手になる、而かも彼は能く人道を解せり」[53]あるいは「明治法典・舊刑法・に至りては能く二者〔大寶律令と各種の式目徳川氏乃至百カ條新律綱領をさす・筆者註記〕の長所を併有し實に我法制史上未曾有の一大壮觀たりしなり」[54]とまで言わしめて賛美することに向かわせる改正刑法草案批判の最重要論点となって現われる。

## (2) 「加特力主義」[55]

江木は、ボアソナードによって天皇制を基幹とする我が国の刑法に「カトリック」教旨が輸入されたとしている。この「加特力主義」とは、江木によれば「羅馬法皇ヲ尊報シテ之ヲ宗教的邦國ノ主權トスルモノナレハ宗教上ノ觀念ヲ以テ法律制度ノ理論ニ混入シ刑法上ニ於テ犯罪ト刑罰トノ權衡ヲ規定スルニモ亦主トシテ人類内部ノ心意上ヨリ考察シ大小ヲ以テ刑罰ノ輕重ヲ量定スヘキヤ最上ノ標準トセリ」と規定して我が国でとられている天皇主権主義（天皇制）に背馳するものと位置づけている。他方、この「加特力主義」を排除しまったく宗教上の思想を離れて刑法を論じる国についても述べている。江木はそのような国では、「單ニ犯罪ヲ外部ニ顯出シタル形跡結果ノ大小ニ従ヒ刑罰ノ輕重ヲ定ムヘキモノトセリ」としているのである。(56)(57)

そこで、江木は、「カトリック」信者であるとするボアソナードによって行為者自身のもつ心理上の道徳観念（「悪意」、「歸善心」）の犯罪論への取り込みが、旧刑法典を通して図られたものと考え、これに対して批判を加えているのである。(58)この状況を称して、江木は「蓋シ我立法官ハ特ニ加督力教旨ヲ以テ我刑法ヲ編纂スルノ意ナカリシヤ素ヨリ明白疑ナシト雖不知不識ノ間ニ於テ我帝國臣民ヲ擧テ遂ニ加督力教旨ノ拘束スル所トナラシメタリ。八萬四千ノ光明モ亦之ヲ照スノ勢ナク科戸ノ神ノ神風モ亦之ヲ拂ノ力ナシ」と嘆じるのである。(59)江木は、自らの認識するところの我が国古来の伝統に則ろうとし、現実に生じた結果（「犯罪ノ形跡ニ顯ハレタル結果」）の大小に応じて応報的刑罰を加えることを眼目にしたとする我が国古来の法文化を基本に置いて述べていたのである。(60)したがって、この応報（「罪、刑二者ノ權衡」）の観念を維持するために、行為者の主観の所在に応じて、総則規定を通じて応報的刑罰に修正が加えられることに対しては批判的な立場を堅持した。なぜならば、行為者の主観（「犯罪ノ悪意」）を基にして、刑法とは異なる「宗教ノ思想」をもって応報刑を構成することになるからである。(61)そして、この理解は、未遂犯の本質に関する理解にも大きな影響を直接に及ぼすことになる。未遂犯では、実害を発生させていなくてもその処罰が行なわれるのは「宗教的ノ思想ヲ以テ犯罪ノ悪意ノミヲ責ムルノ大ナルモノ」があると考えざるを得ず、(62)

また中止犯では既遂結果が生じていない点で外形上未遂犯と同じであるにもかかわらずその罪を論じないのは「宗教上ノ思想ニ基キ犯者ノ歸善心ヲ賞スルモノアリ」と考えざるを得ないと批判を加えていたのである。(63)

以上に概観してきた江木の犯罪観は、いずれも（旧）刑法典を前提とした江木の議論である。江木は、以上に概観した、ボアソナードの我が国に持ち込んだ「折衷主義」、「利益主義」、「加特力主義」とそれに対する批判を終えて、最後に「本章ニ論述スル所ニ依リ新舊刑法ヲ比較セハ舊法〔新律綱領を指す・筆者註記〕ハ一般ニ刑ノ殘酷ナルモノアリシニ關ハラス罪、刑ニ者ノ權衡ヲシテ其ノ平ヲ得セシムルカ如キ重要事項ニ就テハ遠ク現行刑法ノ及ハサルモノアルヲ知ルヘシ。況ンヤ大寶律令ノ如キニ至リテハ眞ニ萬國ニ對シテ其美ヲ誇稱スルニ足ルモノタルニ係ハラス今ヤ誤謬ノ折衷論ト民約說ト加特力教旨トヲ以テ悉ク我國固有ノ美質ヲ打破シ了レリ」と評価を与え、我が国の伝統である天皇制を法制面から支えた大寶律令を尊重すべきことを強調した。(64)

ところが、刑法改正事業が進展し、明治二八年に到りいよいよ現行刑法典のもととなる改正刑法草案がその姿を具体化してくると、江木はこの刑法草案を批判するために、かえって（旧）刑法典を擁護するの挙に転じ、これに積極的に評価を与えようとする態度をとるようになる。(65)

## 註記

(33)　江木は、つとにボアソナードのことを語るときに、「我刑法起草者ハボ氏ナリ」と呼称し、侮辱した表現方法を用いる。「原論二版」〔巻之二〕四一頁、「原論」〔巻之二〕四二頁、「汎論四版」五八頁。しかし、旧刑法典に代わって、新刑法典の立法化に向けての刑法改正事業が具体的に明らかにされるにつれ、「ボアソナード氏」というように表記に変遷が見受けられるのである。「法学院二六年度講義録版汎論」三九頁、「法学院二七年度講義録版汎論」三五頁、「法学院三一年度講義録版汎論」三八頁など。旧刑法典が改正され裁判官のもつ種々の権限を拡大した新刑法典が立法化されるに及び、新刑法典を批判する形で、逆に旧刑法典を擁護する立場に立つと、今度は各論文中においても「ボアソナード氏」（江木衷「廉價なる哉日本人民の生命」『冷灰全集』第四巻〔前出註1〕三〇六頁。なお、初出、「廉價なる哉日本人民の生命」江木衷『冷灰二筆山窓夜話』〔明治四二年一〇月一五日、有斐閣書房〕では「ポアソナード氏」となっていた。単純な誤植であろう）とか「ボアソナード先生」（江木衷「陪審制度談」『冷灰全集』第四巻〔前出註1〕三八五頁）というように表現に変化が見られる。

(34) 江木の場合には、法を理解する上でその国の宗教を尊重する。この点について江木は、「法理學者ハ容易ニ一國法律ノ淵源ヲ探究シテ習慣、宗教、判例、立法等ト分析スレトモ、這般ノ原素ハ必スシモ個々獨立シテ一國法律中ニ散在併存シ得ヘキモノニアラス、宗教ハ習慣ヲ作爲シ習慣ハ判例ニ影響シ判例ハ立法ノ作用ニ顯出スル等、彼此互ニ原因結果ヲ相成シテ以テ一國法律ノ全体ヲ構造ス」と述べるのである。江木衷「現行刑法ニ於ケル加特力教旨ノ摘發」法理精華一巻三号六頁。

(35) 「原論二版」〔巻之一〕四一～五二頁、「原論」〔巻之一〕四二～五三頁、「汎論四版」五七～七三頁、「法学院二六年度講義録版汎論」三八～四八頁、「法学院二七年度講義録版汎論」三四～四五頁、「法学院三一年度講義録版汎論」三八～四八頁。

(36) ボアソナードはもとより司法省の顧問として招聘されはしたが、その旧刑法典の立法化にあたり結局は事実上「纂集ノ助」としての地位に留め置かれていたのが事実であるので、江木の認識は正確ではないのである。「刑法編集日誌」鶴田文書研究会編『日本刑法草案会議筆記』別冊〔昭和五一年〕所収四頁。ちなみに、旧刑法典の立法化にあたり、ボアソナードは自らの希望が取り入れられていない点に不満を持ち、将来の刑法改正に希望を繫ぐために敢えて時の司法大臣山田顕義卿に宛てて上梓した、ボアソナード自身の考案になる改正（旧）刑法典草案の注釈書にあたる、大著、Boissonde, Projet révisé de Code Pénal pour l'Empire du Japon accompagné d'un Commentaire, 1886. 特にその序の存在もその間の事情を物語るにあまりあるであろう。

(37) 「原論二版」〔巻之一〕四五～四六頁、「原論」〔巻之一〕四六～四八頁、「汎論四版」六四～六六頁、「法学院二六年度講義録版汎論」四二～四四頁、「法学院二七年度講義録版汎論」三八～四〇頁、「法学院三一年度講義録版汎論」四一～四三頁。

(38) 「原論二版」〔巻之一〕四一頁、「原論」〔巻之一〕四二頁、「汎論四版」五八頁、「法学院二六年度講義録版汎論」三九頁、「法学院二七年度講義録版汎論」三五頁、「法学院三一年度講義録版汎論」三八～三九頁、江木衷「現行刑法ニ於ケル折衷主義ノ適用」法理精華一巻一号二三頁。

(39) 「原論二版」〔巻之一〕四一頁、「原論」〔巻之一〕四二頁、「汎論四版」五八頁、「法学院二六年度講義録版汎論」三九頁、

「法学院二七年度講義録版汎論」三五頁、「法学院三一年度講義録版汎論」三八頁、江木・前出註（38）「適用」二三頁。

（40）「原論二版」〔巻之二〕四一～四二頁、「原論」〔巻之二〕四二～四三頁、「汎論四版」五八～五九頁、「法学院二六年度講義録版汎論」三九頁、「法学院二七年度講義録版汎論」三五頁、「法学院三一年度講義録版汎論」三九頁、江木・前出註（38）「適用」二三～二四頁。

（41）「原論二版」〔巻之二〕四二頁、「原論」〔巻之二〕四三頁、「汎論四版」五九頁、「法学院二六年度講義録版汎論」四〇頁、「法学院二七年度講義録版汎論」三五～三六頁、「法学院三一年度講義録版汎論」三九頁、江木・前出註（38）「適用」二四頁。

（42）本書第一部第三章第一節。

（43）宮城浩蔵につき、本書第一部第四章第一節参照。

（44）「原論二版」〔巻之二〕四二～四三頁、「原論」〔巻之二〕四四頁、「汎論四版」五九～六一頁、「法学院二六年度講義録版汎論」三八頁、「法学院二七年度講義録版汎論」三六頁、「法学院三一年度講義録版汎論」三九～四〇頁、江木・前出註（38）「適用」二五頁。

（45）本書第一部第四章第一節参照。

（46）「原論二版」〔巻之二〕三六～三七頁、「原論」〔巻之二〕三七～三八頁。「汎論四版」五三頁、「法学院二六年度講義録版汎論」三五頁、「法学院二七年度講義録版汎論」三二頁、「法学院三一年度講義録版汎論」三四頁。

（47）「原論二版」〔巻之二〕三九～四〇頁、「原論」〔巻之二〕三九～四〇頁、「法学院二六年度講義録版汎論」三七頁、「法学院二七年度講義録版汎論」三三頁、「法学院三一年度講義録版汎論」三六頁。ただし、「汎論四版」では、この部分の叙述を欠いている。

（48）「原論二版」〔巻之二〕三七～三九頁、「原論」〔巻之二〕三八～三九頁、「汎論四版」五四～五六頁、「法学院二六年度講義録版汎論」三五～三七頁、「法学院二七年度講義録版汎論」三一～三二頁、「法学院三一年度講義録版汎論」三五～三六頁。ヘーゲルの名を出してはいないが同旨は、江木・前出註（38）「適用」二六頁、同論文を引用している講義録では、「北岡編汎論」二八頁、「法学院二五年度講義録版汎論」二八頁、「法学院講義録版汎論」二八頁。

（49）A. F. Berner, Lehrbuch des deutschen Strafrechtes, 13 Aufl., 1884, §§. 23-32. なお、この点について本書の叙述は、私の調べたところでは、初版、第二版、第三版、第五版、第七版、第一二版いずれにも変遷が見受けられない。ただし、第一七版、決定版にある第一八版では、所説の要領が六節から九節にわたり簡単に示されるにとどまる。

（50）「原論二版」〔巻之一〕三九～四〇頁、「原論」〔巻之一〕四〇頁、「法学院二六年度講義録版汎論」三七頁、「法学院二七年度講義録版汎論」三三頁、「法学院三一年度講義録版汎論」三六～三七頁。ただし、「汎論四版」では、この部分の叙述を欠いている。

（51）M. E. Mayer, Der Allgemeine Teil des deutschen Strafrechts, 1915, S. 435.

（52）「原論二版」〔巻之一〕四三～四四頁、「原論」〔巻之一〕四四～四六頁、「汎論四版」六一～六三頁、「専修学校版汎論」二〇頁、「法学院二六年度講義録版汎論」四一～四二頁、「法学院二七年度講義録版汎論」三七～三八頁、「法学院三一年度講義録版汎論」四〇～四一頁、江木・前出註（38）「適用」二七頁。同論文を引用している講義録では、「北岡編汎論」二九頁、「法学院二五年度講義録版汎論」二九頁、「法学院講義録版汎論」二九頁。

（53）江木・「廉価なる哉日本人民の生命」同『冷灰二筆山窓夜話』前出註（33）九六頁。

（54）江木・「刑法改正の奇觀」同『冷灰漫筆』前出註（28）九～一〇頁。

（55）なお、この部分を単行論文化しているものに江木・前出註（34）「摘發」六頁以下がある。

（56）以上、「原論二版」〔巻之一〕四七～四八頁、「原論」〔巻之一〕四九頁、「汎論四版」六八頁、「法学院二六年度講義録版汎論」四五頁、「法学院二七年度講義録版汎論」四一頁、「法学院三一年度講義録版汎論」四四頁、江木・前出註（34）「摘發」八頁。

（57）なお、江木によると両者の対立は西欧中世のキリスト主義とゲルマン主義との対立に遡るとされている。キリスト主義とは、「羅馬法王ニ密着シテ法王ヲ代表」する考え方であるとする。他方、ゲルマン主義とは、「羅馬皇帝ト密接シテ国家ヲ代表」する考え方であるとする。これを刑法の考え方に引きつけて論及すると、キリスト主義では、「犯罪ヲ以テ神意ニ反スル心裡ノ害悪トナシ刑罰ヲ以テ此害悪ノ心ヲ改良スルノ應報ト爲ス」とし、「苟モ悪意アル犯罪ハ未タ外形ニ顯出セサルモノト雖之ヲ處罰スルノ傾向ヲ有シタリ」と位置づけられることになる、とする。他方、ゲルマン主義では、「犯罪ヲ以テ全ク外形上ノ所爲トナシ刑罰ヲ以テ外形上ニ犯罪ノ損害ヲ賠償スルモノニ過キスト爲ス」とし、「犯者ノ心意ノ如何ハ全ク之ヲ度外ニ置キ過失罪ヲ罰スルコト巖ニシテ未遂犯ヲ罰スルコト極メテ寛ナルノ結果ヲ発生セシト雖、外形ノ所爲ニ顯出シタルモノニアラサレハ犯者トシテ之ヲ罰スルコト能ハストスル所ノ今日ノ原理ハ此主義ニ胚胎セリ」と位置づけられるとしていた。以上、「原論二版」〔巻之

一〕七〜九頁、「原論」〔巻之二〕七〜九頁、「汎論四版」一〇〜一三頁、「本邦汎論」一二〜一三頁、「鳥居編汎論」三五〜三九頁、「北岡編汎論」四〇〜四四頁、「専修学校版汎論」三〇〜三二頁、「法学院講義録版汎論」四〇〜四四頁、「法学院二五年度講義録版汎論」四〇〜四四頁、「法学院二六年度講義録版汎論」一一〜一三頁、「法学院二七年度講義録版汎論」七〜九頁、「法学院三一年度講義録版汎論」九〜一一頁。

(58)「原論二版」〔巻之二〕四九頁、「原論」〔巻之二〕五〇頁、「汎論四版」六九〜七〇頁、「法学院二六年度講義録版汎論」四六頁、「法学院二七年度講義録版汎論」四一〜四二頁、「法学院三一年度講義録版汎論」四五頁、江木・前出註（34）「摘發」九頁。

(59) 以上、「原論二版」〔巻之二〕五一頁、「原論」〔巻之二〕五二頁、「法学院二六年度講義録版汎論」四七〜四八頁、「法学院二七年度講義録版汎論」四三〜四四頁、「法学院三一年度講義録版汎論」四七頁、江木・前出註（34）「摘發」一一〜一二頁。「汎論四版」には、この言葉は見えない。

(60) キリスト教への否定的対応は当時の政府の方針でもあった。明治政府もキリスト教は唯一絶対の神としてキリスト一人だけを神として認めることを説いているので、絶対君主の神格性を否定する点で好ましくないとして、明治元年にキリシタン宗門を禁止する旨の太政官布告が発布されていた。

(61) 以上、「原論二版」〔巻之二〕四七〜五二頁、「原論」〔巻之二〕四八〜五三頁、「汎論四版」六六〜七三頁、「法学院二六年度講義録版汎論」四四〜四八頁、「法学院二七年度講義録版汎論」四〇〜四五頁、「法学院三一年度講義録版汎論」四三〜四八頁、江木・前出註（34）「摘發」六〜一二頁。

(62) この点で、（旧）刑法典を改正する改正刑法草案に一定の評価を加えていた。いわく、「新刑法カ未遂罪ヲ罰スルノ場合ヲ減少シタルハ大ニ佛國刑法ニ固有セル『カトリツキ』教旨ヲ排シタルカ如シ」と評価していたのである。冷灰〔江木衷のペンネーム〕「改正刑法草案批評」（一）法學新報八二号三頁。

(63)「原論二版」〔巻之二〕四八〜四九頁、「原論」〔巻之二〕五〇頁、「汎論四版」六九〜七〇頁、「法学院二六年度講義録版汎論」四六頁、「法学院二七年度講義録版汎論」四二頁、「法学院三一年度講義録版汎論」四五頁、江木・前出註（62）「批評」（一）九頁。

(64)「原論二版」〔巻之二〕五一〜五二頁、「原論」〔巻之二〕五二〜五三頁、「法学院二六年度講義録版汎論」四八頁、「法学院二七年度講義録版汎論」四五頁、「法学院三一年度講義録版汎論」四八頁。

(65) 江木は、かつては(旧)刑法典を我が国の人情を理解しないカトリック教徒ボアソナードの手になるものとして徹底的にこきおろしていたことがあるにもかかわらず、現行刑法典が制定されてしまった後でもボアソナードのことを「彼は能く人道を解せり」ともちあげつづけていた。江木・前出註(53)九六頁。明治二八年「刑法草案」の正文は、内田文昭ほか編著『刑法〔明治40年〕(2)日本立法資料全集21巻』(平成五年)一二六頁以下に所収。その特徴については同書一八頁(山火正則執筆)を参照。

## 第二款　明治二八年以降の江木の犯罪観

次に、改正刑法草案(「刑法草案」明治二八〔一八九五〕年一二月脱稿)の披露された後に書かれた江木の著書や論文では、どのような犯罪観が示されていたかを見ておこう。この時期、江木は官界を辞して弁護士として活躍していた。[66]「官場ノ驕兒」と称された江木も、[67]野に下り、身分も官界とは一線を画して弁護士として活躍しいよいよ官僚批判(司法官僚主導の司法制度批判)に熱がこもっていた時機にあたるといえる。

私は、ここで司法官僚主導の司法制度批判と述べたが、この批判が、司法制度改革としては、裁判官(有司)による(人権蹂躙)裁判に対決するために、江木をして我が国に陪審裁判制度の創設へと向かわせることになる。[68]また、司法官僚に対する根強い不信感から、改正刑法草案に対する批判も生まれてくるのである。

周知のとおり、この改正刑法草案の特徴は、それを下敷きとして立法化された現行刑法典もそうであるが、(旧)刑法典と比較して、各則上、はじめからかなりの幅をもった法定刑を定めた規定が置かれ、また犯罪概念を包括的に定めた規定も数多く置かれることになった。その結果、司法官僚である裁判官の裁量の余地が刑の適用や法解釈その他の方面で著しく拡張された。このことは、わけても現行刑法典が旧刑法典よりも裁判官にいっそう刑の裁量の枠を各則自体において広範に認める規定の仕方を採用すること、そして湖南事件を契機とした未遂必減主義の廃止により未遂罪の刑それ自体についても裁判官に大幅な裁量の権限が委譲されることによって（明治三三年「刑法改正案」第五八条など）、江木の刑法改正批判（したがって逆に旧刑法典の再評価）の最重要論点となって現われる。つまり先に（ｉ）折衷主義（「近世折衷主義」）においても江木の基本的な姿勢が明らかにされたように、立法官の厳格に設定した罪刑の均衡の維持の原則という観点から批判が展開されることになる。江木の改正刑法草案批判はこの点に集中する。江木が、この点について自分の立場をもっとも象徴的に述べている言葉のみをここに掲記しておこう。いわく「新刑法ニ至リテハ其根底ニ於テ折衷主義ヲ打破シ立法ノ要旨タル刑ト罪トノ權衡ニ至リテハ殆ト其標準トスル所ヲ見ルニ由ナシ、謀殺罪ニ一日以上十五年以下ノ懲役ヲ科スルコトヲ得セシメタル如キ刑罰ノ刑罰タルニ必要ナル反坐ノ性質ヲ失シテ放縦焉ヨリ甚シキハナカラン」として「起案者ハ所謂折衷主義ナルモノハ國家立法ノ大主義ニアラスシテ裁判官カ各事件ノ判定ニ就キ時々ニ酙酌スヘキ標準ナリト誤認シタル乎」と。(69) そして、江木は現行刑法典施行後もこの批判を主張し続けた。江木は、新刑法を「古今の立法例に反して密より疎に入れり。天下を法三章せんと企てたり。刑罰の範囲を放縦し、犯罪の圏界を澶漫し、絶大無限の權力を以て法官の專斷獨裁に一任す」と。(70) この批判は改正刑法草案にアイデアを提供したフォン・リスト自身の刑法理論(71)に対する感情的誹謗にまで及び、そこでは、江木は日頃その尊報するベルナーの古典派刑法論に対する意味であると思われるのだが、リストの所説を「似而非獨逸派ノ刑法」とまで邪揄するに至っている。(72)

もっとも、江木は、改正刑法草案の全てにわたり、反対の論陣を展開していたわけではない。先に述べた(2)「加特力主義」に関連することであるが、江木は「新刑法カ未遂罪ヲ罰スルノ場合ヲ減少シタルハ大ニ佛國刑法ニ固有セル『カトリッキ』教旨ヲ排シタルカ如シ」として、一定の評価を与えている。[73][74]

**註記**

（66）木田教授はこの時機の江木の業績を一覧表として残しておられる。木田〈吉川補訂〉・前出註（1）八二～八三頁。

（67）『冷灰全集』第一巻（前出註1）〈冷灰全集發刊の趣旨〉一頁。

（68）この間の事情については、江木とともに陪審制度確立のために運動していた花井卓藏による追悼記事に詳しい。花井卓藏「江木冷灰先生追悼談」『江木冷灰先生追悼譚』（前出註1）三一頁以下、およびそこに掲記された江木の著書を参照。

（69）江木・前出註（62）「批評」（一）二頁。

（70）江木・前出註（54）「奇觀」一四頁。

（71）当時、政府委員として刑法改正草案の作成に関与した平沼騏一郎自身、「日本で刑法を改正するにはリストの書いたものを参考にした」と述懐している。平沼騏一郎回顧録編纂委員会編纂『平沼騏一郎回顧録』（昭和三〇年）一九一頁。

（72）江木・前出註（62）「批評」（一）一頁。

（73）江木・前出註（62）「批評」（一）三頁。

（74）なお、この批評は、言うまでもなく、旧刑法典では法定刑によって犯罪を類別し、重罪、軽罪、違警罪とし、なかんずく重罪についてはその未遂をすべて処罰するといった態度（旧刑法典第一一三条）を廃して、未遂犯を処罰する場合にはすべて各則において逐一規定を置くという点を評価したものであろう。

## 第二節　江木衷の未遂犯論

### 第一款　所爲の状態

江木は、犯罪論を次のように理解していた。江木は、犯罪を今日のように犯罪行為の属性論として構成要件・違法・有責の順序で構成し、直列的に犯罪論を構成し分析するのではなく、犯罪を「所爲」Corpus delicti と理解し、この犯罪行為が成立するための必要条件として何が必要かを分析するために①犯罪の主体・客体・手段を並列的に論じ、その後で②「所爲」とはどのような性質をもつものであるかを検討している[75][76]。

江木においては、刑（ただし法定刑）と罪（実害を基本とする）との均衡を基本とする応報原理を守るために裁判官による量刑の裁量の余地を少なくするため法定刑の幅を狭く規定し、その分、量刑段階での刑事政策判断が制約を受けることになる理論構成を採用した。したがって、罪の基本である実害をまだ発生させていない段階、あるいは実害を発生させ損なった段階の犯罪では応報の基本となる要素が欠けていることになる。そこで、「所為」という実害を含みさらに実害を発生させうる条件となるものについて直接に目を向けざるを得なくなってくるのである。

そこで、江木によれば、未遂犯論とは、もっぱら犯罪行為論すなわち「所爲」論の中で、既遂と並ぶ所爲の状態の一つであると位置づけられる[77]。したがって、ここで不能犯にあたるものも今日のように既遂結果発生との可能性の文脈の中で理解するのではなく、「所爲」を論じる前提条件としての犯罪の手段、客体（江木の用語法に従えば「物體」)、主体の成否の問題として認識されてくるのである。[78] 詳細は、第四款で述べることにする。

さて、ここで、論述を進めるにあたり、江木の考える犯罪概念の基本となる「所爲」論を整理しておこう。

江木は、「所爲」を「責任」との関係から構成している。

まず「所爲」とは何かについて述べておきたい。江木によれば、「所爲」とは、「意思」と「事實」との結びつき(「連絡」)をいうとする。[79] すなわち江木は、「所爲ト云ヘハ意思モ事實モ自スカラ其ノ中ニ包含セラル」と観念しているのである。[80] 犯罪観念上、実行行為として今日用いられているものに相当しうるものである。

そこで、まず「事實」とは何かが問題になる。「事實」とは、人が殺されたり、家屋が焼けたり、内乱が起こったなど単に外界にある「出来事」を指しているに過ぎず、これは火が燃えたとか氷雪が冷たいということと同じことを意味する。[81] 客観的観点から犯罪を見た場合である。外界に現実に生じている物理的現象のことを示している。ここでは侵害犯における既遂状態が基本に置かれているようである。

これに対して、次に「意思」とは何か。「意思」とは、「犯人ノ意思」、「犯人ノ心中ニ發生スル所ノ意思」のことであるとする。[82] すなわち、「犯意」と「過怠」によって示される心理状態のことである。心理的責任論における故意と過失との観念にほぼ相当すると考えてよいであろう。つまり、行為者の主観的観点から犯罪を見た場合である。そして、この「意思」が「實行」を仲介として「事實」の上に現われることによって、それが刑法上の「所爲」となると理解するのである。[83]

さらに、江木は、付随してこの「所爲」以外に犯罪の成立するための「條件」として、この「所爲」を行なう「主體」すなわち犯人の存在、次にこの「所爲」を受ける「物體」すなわち被害者の存在、最後に「主體」が「物體」に向かって施す「手段」の存在が必要であるとした。[84] 要するに、犯罪が成立するためには、まず、「主體」、

「物體」、「手段」という、犯罪が成立するための前提となる三つの条件がそろっていることを確認した上で、さらに行為者に刑事責任が存在するために「意思」と「犯罪ノ事實」とから構成される「所爲」が存在することを要求するわけである。つまり、「主體」、「物體」、「手段」という犯罪成立のための前提条件がそろっているもとで、「意思」、「事實」、「意思、事實ノ連結」の三者の何れか一つを欠けば、犯罪は成立しないということになる。以上のごとき「所爲」が、「責任」と結びつくことによって犯罪が成立すると考えるのである。[85]

ゆえに、犯罪には次のような種類の場合（犯罪ノ状態）が生まれるのである。

「意思ト事實ト連結符合スル」所爲の状態にあるときを「故意」。「意思ト事實ト連結符合セサルモ注意若クハ謹愼ヲ缺キタル」所爲の状態にあるときを「過怠」。「已ニ遂ケタル」所爲の状態にある場合を「既遂犯」。「未タ遂ケサル」所爲の状態にある場合を「未遂犯」。

そして、「故意」・「過怠」と「既遂犯」・「未遂犯」とを組み合わせたものが「所爲」を構成することになる。つまり、「所爲」には、「故意」の「既遂犯」、「故意」の「未遂犯」、「過怠」の「既遂犯」、「過怠」の「未遂犯」の四つの状態がありうることになる。しかし、実際には、江木はその未遂犯論で、「過怠」の「未遂犯」の概念の成立を否定している。[86]詳細は後述するが、結局、江木の場合には、この場合を除いた三つの場合が「所爲」となる。

**註記**

(75) 江木衷「刑法汎論ニ關スル穂積教授ノ批評ニ答フ」法学協会雑誌四三号（明治二〇年九月号）五五～五六頁（同「刑法汎論」再版（明治二〇年一二月、博聞社・有斐閣・開新堂刊）巻末「刑法汎論ニ關スル穂積大學教授ノ批評及ヒ之ニ對スル著者ノ答辨」九～一〇頁再録）。

(76) これは、今日のように、犯罪とは構成要件に該当し違法にして有責な行為であるという、規範的価値判断関係的な犯罪論体系が行われるようになる以前の一般的な構成の仕方である。すなわち、行為者の行為を犯罪評価の対象として、これに構成要件該当性とは別に、違法性、有責性評価という規範関係的修飾語が被せられる今日行なわれている犯罪論につながる考え方とは異なり、記述的事実的要素から構成された犯罪論である。今日の（実質的ないし可罰的）違法性や規範的な責任とはまったく犯罪論の構成次元を異にしている。例えば、今日行なわれている犯罪行為の中に行為者の問題、例えば責任能力などをも組み入れて論じる考え方とは異なり、犯罪行為の問題と犯罪行為者の問題とを分別し、犯罪評価は犯罪行為（江木の用語に従えば「所爲」）の問題に制限しようとするのである。そのために、行為の主体である犯罪行為者の問題（責任能力、共犯者の責任など）を犯罪行為（故意・過失を含む）から切り放して分析する考え方をとる。ベルナーなどは犯罪行為（verbrecherische Handlung）とは別建てで犯罪の主体（Subjekte des Verbrechens）の項目の中で責任能力（Zurechnungsfähigkeit）を論じたり、犯罪行為の編とは独立した編別の中で共犯（Theilnahme am Verbrechen）の問題を論じている。Berner, Lehrbuch des deutschen Strafrechtes. 1884, 13 Aufl., §§. 76-79 u. §§. 108-115. ドイツではベーリングやフォン・リストの登場する以前に盛んに行われた古典的な考え方であり、—新刑法典の動向は予断を許さないが—フランスではこのような行為と行為者の問題を峻別する考え方がとられている。例えば、最近では、G. Stefani, G. Levasseur et B. Bouloc, Droit pénal général, 2000, 17e éd., §. 97. なぜ、これまでのフランスでこのような記述的事実的要素から構成された犯罪論の考え方が維持されているのかといえば、制定法の規定の仕方にあると思われるのである。刑法各則における制定法の規定が法定刑とあわせて法律要件が各犯罪類型ごとに比較的カズィステッシュに細密に規定されているため、裁判官は個々の行為がその規定に当てはまるかどうかを比較的機械的に判断するだけで足りるので、さらに裁判官の持つ規範的判断で法律要件を補充して法を適用する必要が乏しいと思われるからである。かつてモンテスキューの語った通り、正しく裁判官は制定法を適用する機械にとどまることができるのである。違法論は形式的違法論で足るのである。我が国の旧刑法典はこのような傾向を持つ法律であった。例えば、第三編身体財産ニ対スル重罪軽罪、第一章身体ニ対スル罪の章の下、第三節で殺傷ニ関スル宥恕及ビ不論罪を取り上げて論じていることきである。しかし、逆に言うと裁判段階での刑事政策的融通性は減少する。なぜならば、かような判断は既に立法の段階で決着が図られていると考えられるからである。しかし、ドイツでは帝国刑法典が立法化され、我が国では現行刑法典が立法化される議論の中で、徐々にカズイステッシュな立法様式を特質とする制定法が改められ、非常に抽象的、一般的包括的な立法様式が尊重され、刑法各則を構成する条文の数が激減し反対に従来各則に散在していた総則を構成すべき条文（故意・過失、正当化事由など）が挙げて刑法総則に集められ抽象的な総則規定が充実するのに伴ない、制定法を適用する裁判官も、とりわけまだ判例が充分に蓄積されていない段階では、単に刑法各本条を見ただけで直ちにそれを事実に当てはめることは困難になる。また総則規定が比較的抽象的なので、結果としてそこに規範関係的価値判断を加味して中身を具体的に補充しなければ制定法（刑法各則）を具体的な事実に当てはめることが困難になった。その規範関係的価値判断とは、マクロな意味では一国の刑事政策的価値判断であり、ミクロな意味では実質的違法ないし可罰的違法、あるいは規範的責任の観念のことを意味する。この裁判官の法創出的活動が高まるとその極みは不真正な犯罪概念、例えば不真正不作為犯などという、裁判官によって裁判の段階で新たに創出された新しい犯罪概念の尊重に赴くことになる。しかし職業裁判官が法律を適用しない国々では、法律の素人から成る陪審が法律を適用するから、陪審員たちはもとより規範関係的価値判断などという非常に専門的な技巧的な技術を持ち合わせていないために、依然としてカズイスティシュな立法様式にとどまらざるを得ず、またそうなっているのであろう。現にイギリスでは刑法の法源の主流は制定法ではなくカズイステッシュな判決の集積である判例法におうている。

(77)「原論二版」〔巻之二〕六三頁、「原論」〔巻之二〕六五頁、「汎論」九四～九五頁、「汎論再版」九四～九五頁、「汎論四版」一六七～一六八頁、「本邦汎論」一〇一～一〇二頁、「鳥居編汎論」一二六頁、「北岡編汎論」一三〇頁、「専修学校版汎論」一一八頁、「法学院講義録版汎論」一三〇～一三一頁、「法学院二五年度講義録版汎論」一三〇～一三一頁、「法学院二六年度講義録版汎論」一〇六～一〇七頁、「法学院二七年度講義録版汎論」一〇三頁、「法学院三一年度講義録版汎論」一〇八頁。

(78)　例えば、「原論二版」〔巻之二〕四五～四七頁（手段について）、二二～二三頁（客体について）、「原論」〔巻之二〕四七～四八頁（手段について）、二二～二四頁（客体について）、「汎論」七二頁（手段について）、三六頁（客体について）、「汎論再版」七二頁（手段について）、三六頁（客体について）、「汎論四版」一四五頁（手段について）、一〇八～一〇九頁（客体について）、「本邦汎論」八五～八六頁（手段について）、六六～六七頁（客体について）、「鳥居編汎論」一一〇～一一一頁（手段について）、九一頁（客体について）、「北岡編汎論」一一三～一一四頁（手段について）、九四頁（客体について）、「専修学校版汎論」一〇一～一〇二頁（手段について）、八二～八三頁（客体について）、「法学院講義録版汎論」一一三～一一四頁（手段について）、九四～九五頁（客体について）、「法学院二五年度講義録版汎論」一一三～一一四頁（手段について）、九四～九五頁（客体について）、「法学院二六年度講義録版汎論」九二頁（手段について）、七〇～七一頁（客体について）、「法学院二七年度講義録版汎論」八八頁（手段について）、六六～六七頁（客体について）、「法学院三一年度講義録版汎論」九三頁（手段について）、七〇～七一頁（客体について）。なお、主体の成否の問題としては、身分犯が議論されることになるが、これについては見受けられなかった。

(79)「原論二版」〔巻之二〕四七頁、「原論」〔巻之二〕四九頁、「汎論」七三頁、「汎論再版」七三頁、「汎論四版」一四五～一四六頁、「本邦汎論」八六～八七頁、「鳥居編汎論」一一一頁、「北岡編汎論」一一四頁、「専修学校版汎論」一〇三頁、「法学院講義録版汎論」一一四頁、「法学院二五年度講義録版汎論」一一四頁、「法学院二六年度講義録版汎論」九二頁、「法学院二七年度講義録版汎論」八九頁、「法学院三一年度講義録版汎論」九三～九四頁。

(80)「原論二版」〔巻之二〕四八頁、「原論」〔巻之二〕四九～五〇頁、「汎論」七四頁、「汎論再版」七四頁、「汎論四版」一四六～一四七頁、「法学院二六年度講義録版汎論」九三頁、「法学院二七年度講義録版汎論」八九頁、「法学院三一年度講義録版汎論」九四頁。なお、「本邦汎論」、「鳥居編汎論」、「北岡編汎論」、「専修学校版汎論」、「法学院講義録版汎論」、「法学院二五年度講義録版汎論」も、その全体を通して、これと異なる趣旨を述べているところは見当たらない。

(81)「原論二版」〔巻之二〕四七～四八頁、「原論」〔巻之二〕四九頁、「汎論」七三～七四頁、「汎論再版」七三～七四頁、「汎論四版」一四六頁、「法学院二六年度講義録版汎論」九二～九三頁、「法学院二七年度講義録版汎論」八九頁、「法学院三一年度講義録版汎論」九四頁。同旨、「本邦汎論」八七頁、「鳥居編汎論」一一一～一一二頁、「北岡編汎論」一一四～一一五頁、「専修学校版汎論」一〇三頁、「法学院講義録版汎論」一一五頁、「法学院二五年度講義録版汎論」一一五頁。

(82)「原論二版」〔巻之二〕四七頁、「原論」〔巻之二〕四九頁。「汎論」七三頁、「汎論再版」七三頁、「汎論四版」一四六頁、「本邦汎論」八六頁、「鳥居編汎論」一一一頁、「北岡編汎論」一一四頁、「専修学校版汎論」一〇三頁、「法学院講義録版汎論」一一四頁、「法学院二五年度講義録版汎論」一一四頁、「法学院二六年度講義録版汎論」九二頁、「法学院二七年度講義録版汎論」八九頁、「法学院三一年度講義録版汎論」九四頁。

(83) したがって、意思がなお依然として心の中にとどまり外形に顕出しなければ「事實」は存在しないと説いていた。「原論二版」〔巻之二〕五三頁、「原論」〔巻之二〕五四～五五頁、「汎論」八二頁、「汎論再版」八二頁、「汎論四版」一五五頁、「本邦汎論」九一頁、「鳥居編汎論」一一五～一一六頁、「北岡編汎論」一一八～一一九頁、「専修学校版汎論」一〇五頁、「法学院講義録版汎論」一一九頁、「法学院二五年度講義録版汎論」一一九頁、「法学院二六年度講義録版汎論」九七頁、「法学院二七年度講義録版汎論」九四頁、「法学院三一年度講義録版汎論」九八頁。

(84)「原論二版」〔巻之二〕一〇頁、「原論」〔巻之二〕一〇頁、「汎論」一七頁、「汎論再版」一七頁、「汎論四版」八九〜九〇頁、「本邦汎論」五三頁、「鳥居編汎論」七六〜七七頁、「北岡編汎論」八〇頁、「専修学校版汎論」六七頁、「法学院講義録版汎論」八〇〜八一頁、「法学院二五年度講義録版汎論」八〇〜八一頁、「法学院二六年度講義録版汎論」五八頁、「法学院二七年度講義録版汎論」五四〜五五頁、「法学院三一年度講義録版汎論」五八頁。

(85) 以上、「原論二版」〔巻之二〕五〇〜五一頁、「原論」〔巻之二〕五二頁。「汎論」七七頁、「汎論再版」七七頁、「汎論四版」一四九頁、「本邦汎論」八九頁、「鳥居編汎論」一一四頁、「北岡編汎論」一一七頁、「専修学校版汎論」一〇四頁、「法学院講義録版汎論」一一七頁、「法学院二五年度講義録版汎論」一一七頁、「法学院二六年度講義録版汎論」九五頁、「法学院二七年度講義録版汎論」九二頁、「法学院三一年度講義録版汎論」九六〜九七頁。

(86)「原論二版」〔巻之二〕八四頁、「原論」〔巻之二〕八四頁、「汎論」一二〇頁、「汎論再版」一二〇頁、「汎論四版」一九八〜一九九頁、「本邦汎論」一一四頁、「鳥居編汎論」一三九頁、「北岡編汎論」一四三頁、「専修学校版汎論」一三二頁、「法学院講義録版汎論」一四三頁、「法学院二五年度講義録版汎論」一四三頁、「法学院二六年度講義録版汎論」一二四頁、「法学院二七年度講義録版汎論」一二〇頁、「法学院三一年度講義録版汎論」一二五頁

## 第二款　未　遂　犯

江木は、未遂罪の成立しうる場合を故意犯に限定し、過失犯の場合を除外している。これは当時の学説の一般的傾向と合致する。江木がこのような考え方を採用した理由は理解に困難なことではない。当時の刑法理論はまだ規範的に構成された責任論を知らず、心理的責任論が通説であった。したがって、心理状態としての「過怠」は、刑事責任を成立させるために、既に発生していた結果（実害）が存在して初めてそれと行為者とを結びつけるための概念として案出されたにすぎない。「過怠」の実体は不注意であるので、それを放置していてもそれ自体からは何らの実害は発生しない。ところが、故意犯の場合には、一定の「犯罪ノ結果ヲ生セントスルノ意思」、厳密には

「唯タ其ノ所爲ヨリシテ或ル結果ヲ生スヘキコトヲ知リツ、之ヲ行フモノ」であるから[87]、それを放置しておけば、意図した結果の発生を見るか、少なくともその発生の仕損ないを観念することが充分に可能であるわけである。したがって、未遂罪の成立しうる範囲は故意犯に限定されるのである。

また、江木は、未遂犯の種類として、「着手ノ未遂犯」と「欠効ノ未遂犯」との二種類を認めている。これを、江木は刑法（第一一二条）の文言に符合させ、前者を「障擬ニ基クノ未遂犯」、後者を「舛錯ニ基クノ未遂犯」とも言うと述べている[88]。

なお、これまでに検討を加えてきた範囲内での江木の一連の著書『現行刑法原論』、『現行刑法汎論』、講義録、論文のいずれを見ても、「着手ノ未遂犯」と「欠効ノ未遂犯」との具体的な量刑をめぐり江木が自ら考察を加えた形跡は見受けられなかった。

次に、未遂犯の要件である実行の着手について、これをどのように江木は認識していたかを考えてみよう[89]。

まず、江木は、未遂犯の要件である実行の着手（「執行ノ着手」）の成否と不能犯の成否とを積極的に結びつけて観念している。それは、未遂犯やその要件である実行の着手も含まれる「所爲」が成立するための前提となる諸条件が不能であってはならないからである[90]。第四款で述べるように、これはベルナーの見解と同じである。

そして、江木は、その初期の見解では実行の着手についての一般的な基準をも明示していたが、後に到りその部分の叙述を削除してしまっている。江木は、実行の着手についての一般的な基準を提示することを撤回したのである。その理由は明らかにされていない。江木が初期の著作の中で明らかにしていた一般的な基準とは次のような見解である。すなわち、「執行ノ着手ハ犯罪ノ結果ニ直接ナルヲ要ストスル」と[91]。これと同じ叙述が、ベルナーの著書にも見えるので、おそらく江木はこのベルナーの見解に倣っていたものと考えられるのである[92]。事例として示されていたものは次の通りである。人を毒殺しようとして、毒薬を被害者が平生食事をする膳部に配合したときには、たとえ被害者がその膳部に手をつけなくても毒殺罪の実行に着手していると評価を加える。他方、毒殺のために用意した毒薬を被害者から二、三町も隔てたところに置いていたとすれば、少しも被害者本人には危険を及ぼす恐れが認められないと評価を下して、まだ毒殺罪の実行の着手と認めることはできない旨述べていた(93)。

しかし後に到り、江木は、このような実行の着手の一般的基準に関わる叙述を削除した。その代りに、実行の着手時期の論定はむしろ各犯罪事件ごとに個別に論定すべきである旨のみを主張するに至っている(94)。実行の着手は各論の問題であるとするのである(95)。このような改説をもたらした事情につき、江木は何も語るところがない。しかしながら、私には江木のつねに尊報し刑事立法とはかくあるべきものと認識していた我が国古来の刑法、大寶律令との関連があるのではないかと推測させられるのである。この改説は、むしろ江木にとっては、ベルナー(96)から離れて自分自身の学説を樹立させようとする強い意志の発露であると看取することができるのではないかと思うのである。江木は我が国の伝統的な刑法である大寶律令を尊重しながら刑法学説を立てることを意図しながらも、一般的未遂理論を定立することをベルナーに倣いながら行なっていた。ところが、大寶律令は、今日散逸してしまいその原型をたどることが困難ではあるものの、しかし一般的未遂立法を行なうことはしていないとされている(97)。大寶律令は、犯罪毎に個別化的に犯罪論を組み立てる方式をとるので、今日では通常見られる、全ての犯罪類型に共通して適用されるべき一般的未遂規定を立てる方式をとっていない(98)。したがって、実行の着手の問題を各論で解決しようとする方式に江木は見るべきものを見出したと考えることができるのではないかと思うのである。

註記

(87) 「原論二版」〔巻之二〕六八～六九頁、「原論」〔巻之二〕七〇頁、「汎論」一〇二頁、「汎論再版」一〇二頁、「汎論四版」一七五頁、「本邦汎論」一一四頁、「鳥居編汎論」一三三頁、「北岡編汎論」一三七頁、「専修学校版汎論」一二二頁、「法学院講義録版汎論」一三七頁、「法学院二五年度講義録版汎論」一三七頁、「法学院二六年度講義録版汎論」一一二頁、「法学院二七年度講義録版汎論」一〇八頁、「法学院三一年度講義録版汎論」一一三頁。

(88) 「原論二版」〔巻之二〕八八～九〇頁、「原論」〔巻之二〕九一～九二頁、「汎論」一二九～一三一頁、「汎論再版」一二九～一三一頁、「汎論四版」二〇七～二一〇頁、「本邦汎論」一二二頁、「鳥居編汎論」一四七～一四八頁、「北岡編汎論」一五〇～一五二頁、「専修学校版汎論」一三四～一三六頁、「法学院講義録版汎論」一五〇～一五二頁、「法学院二五年度講義録版汎論」一五〇～一五二頁、「法学院二六年度講義録版汎論」一三一～一三二頁、「法学院二七年度講義録版汎論」一二七～一二九頁、「法学院三一年度講義録版汎論」一三一～一三二頁。

(89) なお、「専修学校版汎論」では、実行の着手（「犯罪執行ノ着手」）が未遂犯の要件であることを示すのみにとどまり、以下に見るような不能犯との関係のほか、予備との限界についても触れるところが見受けられない。「専修学校版汎論」一三四頁。

(90) 「原論二版」〔巻之二〕八五頁、「原論」〔巻之二〕八八頁、「汎論」一二五～一二六頁、「汎論再版」一二五～一二六頁、「汎論四版」二〇四～二〇五頁、「本邦汎論」一一九～一二〇頁、「鳥居編汎論」一四四～一四五頁、「北岡編汎論」一四八頁、「法学院講義録版汎論」一四八～一四九頁、「法学院二五年度講義録版汎論」一四八～一四九頁、「法学院二六年度講義録版汎論」一二八頁、「法学院二七年度講義録版汎論」一二四頁、「法学院三一年度講義録版汎論」一二八頁。

(91) 「汎論」一二五頁、「再版」一二五頁、「汎論四版」二〇三頁。「本邦汎論」一一八頁、「鳥居編汎論」一四三頁、「北岡編汎論」一四七頁、「法学院講義録版汎論」一四七頁、「法学院二五年度講義録版汎論」一四七頁。

(92) Berner, a. a. O., S. 179 u. Anm. 1.

(93) 「本邦汎論」一一八頁、「鳥居編汎論」一四三頁、「北岡編汎論」一四七頁、「法学院講義録版汎論」一四七頁、「法学院二五年度講義録版汎論」一四七頁。

(94) 「原論二版」〔巻之二〕八五頁、「原論」〔巻之二〕八七～八八頁。なお、この部分について、「汎論」一二五頁、「汎論再版」一二五頁、「汎論四版」二〇三～二〇四頁、「本邦汎論」一一九頁、「鳥居編汎論」一四三～一四四頁、「北岡編汎論」一四七頁、

「法学院講義録版汎論」一四七～一四八頁、「法学院二五年度講義録版汎論」一四七～一四八頁。
(95)「法学院二六年度講義録版汎論」一二七～一二八頁、「法学院二七年度講義録版汎論」一二四頁、「法学院三一年度講義録版汎論」一二八頁。
(96) ベルナーはこの見解をその教科書の決定版に至るまで一貫して維持し続けた。Berner, Lehrbuch des deutschen Strafrechts. 18 Aufl. S. 144 u. Anm. 1.
(97) 滝川政次郎『律令の研究』〔昭和六年〕第一編第四章第一節。
(98) 例えば、西山富夫「日本刑法の歴史的変遷と未遂・不能犯―明治以前の法制について―」名城法学九巻一号一頁以下参照。なお、一般的未遂立法・学説を完成させるまでの西欧の事情につき詳述したものとして、中野正剛「未遂犯思想の形成史」國學院法政論叢第一五輯一四九頁以下を参照。

## 第三款　中止犯

宮城浩蔵は、中止犯を着手未遂についてのみ対応させ、欠効犯には対応させていない[99]。しかしながら、江木に至ると欠効犯についても中止犯の成立することを認めるに至った。すなわち、江木の弁によると、「中止犯ハ通常着手ノ未遂犯ノ場合ニ現出スル者ニシテ欠効犯ニ於テハ其ノ行爲ハ既ニ行ヒ了リタルモノナルヲ以テ之ヲ中止セントスルモ事既ニ晩キニ屬シ之ヲ中止シ得ヘキ場合甚タ少ナカラン（＊）然レトモ所爲執行ノ結果ニシテ尚中止スルコトヲ得ヘキ場合ニ於テハ之ヲ其ノ自然ノ成リ行キニ一任セス殊更ニ別箇ノ手段ヲ用ヰテ自然ノ結果ノ発生ヲ防止シ目的タル犯罪ノ結果ヲ生スルコトナカラシメタルトキハ之ヲ缺効犯ノ中止トスルコトヲ得ヘシ」ということである[100]。同じことはベルナーも説いていた[101]。

江木も中止の原因動機の如何は問わないとする考え方をとり、恐怖心からする中止であっても、真心悔悟によるものであってもよいとする考え方を維持した。[102] また、江木においては、行為者が犯行の中止の時に日を改めてふたたび同じ犯罪を行なう故意を持ち続けていたとしても、中止犯の成立を妨げない考え方を保持していた。[103]

最後に江木のとる中止犯の不処罰根拠についてみておきたい。ここでは、江木の理論に変遷が見られる。初期の江木の見解によれば、ベルナーなどの所説にならったものと考えられるが、[104] 中止犯不処罰の根拠を理論上の根拠（「法律上ノ理由」）と刑事政策上の根拠（「政畧上ノ理由」）との二つに求めていた。理論上の根拠とは次のごときである。

いわく、「凡ソ自己ノ意思ヲ以テ所爲ノ執行ヲ中止スルトキハ其所爲ハ未遂犯タル性質ヲ失ヒ従テ又其罪ヲ問フコトヲ得サルナリ何トナレハ中止犯ノ場合ニ於テハ犯罪ノ故意ハ其幾分ヲ外形ニ顯出スト雖モ尚未タ其實行セサル部分ハ之ヲ取消スコトヲ得ヘキカ故ニ犯人ニシテ自ラ之ヲ中止スルトキハ犯罪ノ眞意ハ未タ外形ニ顯出スルコトナキモノナレハナリ」と主張した。[105] 法律説に基づく考え方が提示されていた。

他方、刑事政策上の根拠とは次のごときである。

いわく、「犯人カ自ラ其犯罪ノ結果ヲ發生スルコトヲ防止スル以上ハ可成其結果ヲ防止スルハ甚タ好ミスヘキコトニシテ常ニ法律ノ希望スル所ナリ若シ中止ノ犯罪ト雖モ尚ホ之ヲ罰スヘキモノトセハ凡百ノ犯罪盡ク其悪結果ヲ見サレハ即チ止マサルニ至ルヘシ」と主張した。[106] また、共犯の中止に関する記述も見ることができる。ここでは、共犯の中止の法律効果は他の共犯についても及び、中止犯が成立すれば自ら中止をしなかった他の共犯も処罰しないとする考え方を主張していた。その理由として、「共犯ハ數人一體ノ共同ニ出タルモノニシテ一人ノ中止進取ハ其全體ヲ左右スルニ足ルヘキモノトスルノ原則ニ基タル結果ナリ」とする考え方を掲げている。[107] もっとも、中止したことによって既遂結果が生じなかった場合に限定するのか、既遂結果が生じた場合も含むかについては明確に言及するところがないが、おそらくは前者の場合に限定されるのであろう。ここでは、中止犯の法的性格につき、法律説のうち違法減少説の方に親和的な記述のように見受けられる。

しかし、明治二五年に至り『現行刑法原論』が公刊されるや、突然、かねてより天皇制擁護のために刑罰権論の部面において表明していたその反カトリック主義の立場を敷衍、未遂犯論上にも徹底させて、法が行為者の主観を考慮に入れる態度をとることは「全ク宗教的思想ニ基クモノ」であるとして、右に紹介をした考え方のうち理論上の根拠を捨てて、もっぱら刑事政策上の根拠のみに基づいて中止犯不処罰の根拠を説明するように態度を変更している。[108]これにともなうものと推測させられるが、初期の著作では記述が見られた共犯の中止に関する所見も削除されている。[109]

もっとも、このような改説の兆しは、すでに明治二四年の刊行と推測されている、江木の専修學校における講義録である『刑法汎論』〔専修學校〕に現われていたことを確認することが可能である。そこでは、中止の原因として行為者の「歸善心」にこだわり中止犯の成否を決める所説を「此ノ説タル宗教信者輩等ノ好ミテ主張スル所ナリ」と決めつけた上で、中止犯の要件としての中止の原因動機には当時の学説の傾向として何等道徳的な制約が加えられてはいなかったことに引きつけたものと思われるが、江木は「如何セン中止犯ナルモノハ斯ル狭義〔「歸善心」を指す――筆者註記〕ナルモノニ非スシテ毫モ善心ニ立歸ルコトナク只今日只今之ヲ執行スルコトハ自己ノ爲メ大ニ不利益ナルコトヲ覺リ暫ク時ヲ待テ之ヲ果サント欲シ中止シタルモノト雖モ苟モ自己ノ意ヲ以テ自ラ之ヲ中止シタルモノハ等シク是レ中止タルヘキモノナレハナリ果シテ然ラハ他ニ如何ナル理由アリテ之ヲ罰セサルヤ」と自問し、理論上の根拠を捨て、先に挙げた刑事政策上の根拠のみを中止犯不処罰の正当な根拠として認める立場に赴いたことを知ることができるのである。[110]

以上に見てきたところからすれば、江木が、中止の原因動機に道徳的なもの（「歸善」性）を求めない点、また中止犯不処罰の根拠として理論上の根拠を捨てた点は、やはり彼がわが国の天皇制（天皇を唯一絶対神と位置づける）とは矛盾するキリストを絶対神として認めるカトリック主義に反対する強硬な姿勢の表れとみてとることができるのである。

**註記**

(99)　本書第一部第四章第二節第二款。

(100)　「原論二版」〔巻之二〕九三～九四頁、「原論」〔巻之二〕九六～九七頁、「法学院二六年度講義録版汎論」一三六頁、「法学院二七年度講義録版汎論」一三二～一三三頁、「法学院三一年度講義録版汎論」一三五～一三六頁。なお、「専修学校版汎論」一三八頁は、欠効犯についても中止犯を認める点で説を異にしないが、（旧）刑法典一一二条の文言の形式論理から結論を導き出していた。（旧）刑法典一一二条は犯人意外の事情により未遂に至った場合を着手未遂ないし欠効犯として処罰すべきことを規定しており、したがって、未遂の場合でそれ以外の場合にあたる中止犯の場合（「犯人自己ノ意ヲ以テ自ラ其ノ執行ヲ爲サヽリシ場合」）には、形式論理上、単純にその裏面にあたる場合として、着手未遂にあたると実行未遂の場合にあたるとを問わず、いずれの場合にも均しく中止犯として犯罪とならないことを明言していた。なお、「汎論」一三七頁、「汎論再版」一三七頁、「汎論四版」二一五頁では、欠効犯の場合には「中止シ得ヘキ場合甚タ少ナカラン」という評価に換えて、「中止スヘキ行爲ノ存在スルモノナシ」という否定的評価が断定的に加えられてはいたが、欠効犯の場合であっても中止犯の成り立つ余地を認めていた点では説の実質に変更は見られない。この点、「本邦汎論」二一八～二一九頁、「鳥居編汎論」一五二～一五三頁、「北岡編汎論」一五六～一五七頁、「法学院講義録版汎論」一五六～一五七頁、「法学院二五年度講義録版汎論」一五六～一五七頁も同旨。なお、「現行刑法汎論」では、文中（＊）の部分に、「設例ヘハ白刃ヲ振テ人ヲ両斷シタルトキハ其人ノ死亡ヲ中止セントスルモ亦得ヘカラス如何トナレハ一タヒ之ヲ両斷シタルトキハ更ニ犯者ノ新ナル所爲ヲ待タス自然ノ結果トシテ其人ノ死ヲ来スヘキヤ必然ニシテ更ニ疑ナケレハナリ」という一例が添加されていた。「汎論」一三七頁、「汎論再版」一三七頁、「汎論四版」二一五～二一六頁。

(101) Berner, Lehrbuch des deutschen Strafrechtes, 13. Aufl., §. 106.

(102)「原論二版」〔巻之二〕九四〜九五頁、「原論」〔巻之二〕九七〜九八頁、「汎論」一三九頁、「汎論再版」一三九頁、「汎論四版」二一七〜二一八頁、「本邦汎論」一三〇〜一三一頁、「鳥居編汎論」一五三頁、「北岡編汎論」一五七頁、「法学院講義録版汎論」一五七頁、「法学院二五年度講義録版汎論」一五七頁、「法学院二六年度講義録版汎論」一三七頁、「法学院二七年度講義録版汎論」一三三頁、「法学院三一年度講義録版汎論」一三六頁。同旨、「専修学校版汎論」一三九頁。

(103)「原論二版」〔巻之二〕九三頁、「原論」〔巻之二〕九六頁、「汎論」一三六頁、「汎論再版」一三六頁、「汎論四版」二一五頁、「本邦汎論」一二八頁、「鳥居編汎論」一五二頁、「北岡編汎論」一五五〜一五六頁、「専修学校版汎論」一三九頁、「法学院講義録版汎論」一五六頁、「法学院二五年度講義録版汎論」一五六頁、「法学院二六年度講義録版汎論」一三六頁、「法学院二七年度講義録版汎論」一三二頁、「法学院三一年度講義録版汎論」一三五頁。

(104)「汎論」一三八頁、「汎論再版」一三八頁、「汎論四版」二一六頁欄外所載のベルナーの著書引用の態度と当該箇所に示されたベルナーの原書 a. a. O., §. 106. とを照合すると、江木はベルナーの所説を忠実に祖述していたことを認識することができる。

(105)「汎論」一四〇頁、「再版」一四〇頁、「汎論四版」二一八〜二一九頁。同旨、「本邦汎論」一三二頁、「鳥居編汎論」一五四頁、「北岡編汎論」一五八頁、「法学院講義録版汎論」一五八頁、「法学院二五年度講義録版汎論」一五八頁。

(106)「汎論」一四〇〜一四一頁、「再版」一四〇〜一四一頁、「汎論四版」二一九頁。同旨、「本邦汎論」一三二〜一三三頁、「鳥居編汎論」一五四〜一五五頁、「北岡編汎論」一五八〜一五九頁、「法学院講義録版汎論」一五八〜一五九頁、「法学院二五年度講義録版汎論」一五八〜一五九頁。

(107)「汎論」一四二頁、「再版」一四二頁、「本邦汎論」一三四頁、「鳥居編汎論」一五五頁、「北岡編汎論」一五九頁、「法学院講義録版汎論」一五九頁、「法学院二五年度講義録版汎論」一五九頁。なお、「汎論四版」には該当すべき記述が見受けられない。

(108)「原論二版」〔巻之二〕九五〜九六頁、「原論」〔巻之二〕九八〜九九頁、「法学院二六年度講義録版汎論」一三八〜一三九頁、「法学院二七年度講義録版汎論」一三四〜一三五頁、「法学院三一年度講義録版汎論」一三七〜一三八頁。

(109)「原論二版」〔巻之二〕九五〜九六頁、「原論」〔巻之二〕九八〜九九頁、「法学院二六年度講義録版汎論」一三八〜一三九頁、「法学院二七年度講義録版汎論」一三四〜一三五頁、「法学院三一年度講義録版汎論」一三七〜一三八頁。

(110)「専修学校版汎論」一三九〜一四〇頁。

## 第四款　「犯罪物體ニ能力ナキ場合」と「犯罪ノ手段ニ能力ナキ場合」

江木も、以下に見て行くように、不能犯にあたる観念を認め、未遂犯が成立しないことを肯定している。しかし、不能犯の犯罪論体系上の地位、したがって、その不可罰性の論じられる場所が、未遂犯の範ちゅうで行うこれまでに検討してきた、ボアソナード、宮城浩蔵、井上正一らとは異にしているのがその大きな特徴である(111)。そこで、はじめにこれらの点について明らかにし、次いでその不能犯の判断の実際についてみてゆくことにしたい。

江木は未遂犯が成立する場合とは、「犯罪ノ物體ニ能力アリ犯罪ノ手段ニ能力アルトキハ設ヒ犯罪ノ實効ヲ生セサルモ既ニ之ニ着手スル以上ハ尚ホ未遂犯トシテ之ヲ處分セサルヲ得ス」としている。ゆえに、「犯罪ノ手段若クハ物體ニシテ能力ナキトキハ犯罪ノ成立ナシ既ニ犯罪ノ成立ナキトキハ之ニ對スル未遂犯罪モ亦成立スルコトナカルヘシ」と構成することになる(112)。だが、江木は今日では一般に見受けられるように、体系上、実行行為を中心にして構成される未遂犯論の中に不能犯を含ませて論じることはしていない(113)。不能犯にかかわる議論の場所を未遂犯論とは明確に区別しているのである。江木は、これまでに取り上げてきたボアソナード、宮城浩蔵、井上正一らと比較すると、やはりはっきりとした体系を意識するドイツ刑法学の伝統をベルナーを通じて学んだものと推測せられるのであるが(114)、この点を意識的に明らかにしたことでは、我が国で最も初期の論者にあたるといえよう。江木はこのように説いている。いわく、「學者…（中略）…ハ所謂不能犯ナルモノハ犯罪ノ物體若クハ手段自身ニ能力ナキ場合タルヲ知ラス犯罪タル所爲ニ就キ其ノ不能ナルト否トヲ論定セントスル誤見ニ出ツルナリ」としていることから、今日の実行行為にあたる「所爲」の状態の一つである未遂犯論の中で不能犯を位置づけることには批判的な態度を表明している[115]。ゆえに、江木においては、未遂犯論の範ちゅうの中には不能犯の観念は存在しないことに注意をしておかなければならない。これは、未遂犯論も含まれるところの「所爲」が成立するかどうかの前提として必要な条件（「犯罪ノ物體」「犯罪ノ手段」など）を検討する議論の中で不能犯にあたる議論を行っていることを意味している。江木が常に注意を喚起して怠らないことであるのだが、不能犯の問題は、未遂犯の対象となるべき「所爲ノ不能」の問題として取り扱われるべきではなく、「物體ノ無能力」あるいは、「手段タル物質自身ノ不能」の問題として処理されなければならないということなのである[116]。ゆえに、不能犯が成立する場合には当然に未遂犯も成立しないことになるが、その事情を江木は次のように説くことになる。すなわち、「何トナレハ本来成立セサル犯罪ハ其ノ執行ニ着手セントスルモ得ヘカラサレハナリ」と[117]。江木は、不能犯の問題を、犯罪論の構成上、犯罪性の評価に入るための前提条件（「所爲」以外の諸「條件」）の成否を左右する問題として処理しているわけである。これは、ベルナーの所説でもある[118]。江木はこの間の事情につき「犯罪ノ成立」の章下、次のように述べていることに注意しておかなければならない。「凡犯罪ハ一ノ所爲タルコトハ前章ニ於テ巳ニ論述シタル所ナルカ此所爲ノ外犯罪ハ尚ホ他ニ必要ナル條件ヲ具備スルニアラサレハ成立スルコトナシ即チ（第一）此所爲ヲ行フ所ノ主體即チ犯人（第二）此所爲ヲ受クル所ノ物體即チ被害者（第三）主體ト物體トヲ連結スル所ノ手段アルヲ要ス。此三條件中其一ヲ缺クトキハ犯罪ハ決シテ成立スルコトヲ得サルナリ」とするのである[119][120]。

そこで、次に江木は不能犯をどのように判断していたのかについてみてみよう。

江木は、不能犯が問題になりうる事例を「犯罪物體ニ能力ナキ場合」と「犯罪手段ニ能力ナキ場合」とに分けて分析している[121]。

まず、「犯罪物體ニ能力ナキ場合」（今日の客体の不能にあたるもの）とは、江木によれば、特に「犯罪物體ノ物理的能力」と題する項目の下で論じられている。そこでは、江木の不能犯の実質に対する基本的な観念が明示されている。江木の語るところを示すと次のようである。いわく、「犯罪ハ物理上之ヲ行フコトヲ得ヘキ物體ニ對スルニアラサレハ成立スルコトヲ得ス」と。(122) ここから、江木の場合には、物理自然法則に従い能不能を判断しようとするアプローチに親和的であることを少なくとも認識することができよう。(123) 具体的な事例を引用すると次に示す殺人の場合と窃盗の場合とが見受けられる。①人と誤認して銃撃した相手が人影・偶像・死体などに示される「生命ナキ物體」に対する殺人一般を不能犯にあたると評価し、(124) ②目的とした宝物は現存するが、すでに他所に移されており行為時に犯行現場には不存在の下での窃盗を挙げていた。江木は特にこの②の場合につき、「犯罪物體ニ能力アルモ物體自身ノ存在セサルモノ」として、この場合も「犯罪ノ成立ナク従テ又未遂犯罪トシテ之ヲ罰スルコトヲ得サルナリ」と評価を下した。(125) ただし、他方で行為者は倉庫の中に侵入することはかなわなかったが、その倉庫内には彼の目的とした宝物が現実に存在していた場合には、未遂犯が成り立つと評価している。(126) この宝物の例で示された論理は、掏摸が金銭の入っていないポケットの中に手を入れた場合にも成り立つと指摘していた。(127)

僅少な事例から江木の所説を一般化して判断を下すことには慎重でなければならないが、おそらく江木はそれを論じる項目に与えた題目（「犯罪物體ノ物理的能力」）や不能犯の実質に対する基本的な観念からも推知することができるように、行為者が現に目的としていた客体（もっともそれが現に行為者が具体的に目的としていた個別の客体に限定されるのか、もっと一般化されるのかはさらに資料を収集しなければならないのだが）が、行為時にその犯行現場に物理上実在していたこと、すなわちその犯行時にその犯罪を成立させうる物理的能力を有していたことを要求していることは明らかであるといってよいであろう。事例を抽象化して能不能の判断を下すのではなく、あくまでも判断の対象となった事例に即してこれを個別具体的に分析していこうとする姿勢が強く伺えるのである。

次に、「犯罪手段ニ能力ナキ場合」（今日の手段の不能にあたるもの）についてはどのように判断していたのであろうか。不能犯となる場合と未遂犯が成り立つ場合とが示されている。まず、不能犯となる場合とは、他人を毒殺するために、清水や砂糖、コーヒーを毒薬としての効果をもつと理解した上で、これを被害者に投与すること。[128] 逆に、未遂犯が成り立つ場合とは、「人ヲ殺スニ足ラサル少量ノ毒薬」による殺人、あるいはまた発射した弾丸が被害者の装着していた「堅固ナル甲鎧」に遮られたためにその人体に命中しえなかった場合を例示していた。江木はこの二つの場合には、手段の能力を肯定し、その結果未遂犯の成立を認めている。[129]

僅少な事例から江木の所説を判断することには慎重でなければならないが、おそらく江木は、実際に毒殺に用いられた物質が―その量の多少を問わず―毒物に分類されるものであるかどうかに着眼して手段の能力を判断していたものと思われる。ただし、ここで注意しておかなくてはならない事情がある。それは、江木はつとに不能犯の問題は「所爲」の問題ではなく、その成立に必要な条件の一つである「手段ノ能力」の問題であると強調していた。ここから伺い知ることができるように、行為者がその意思に基づいて手段をどのように使用したかという、行為者の意思と手段との関係つまり「所爲」の問題としてとらえることは誤りとなる。[130] そこでは行為者の意思に基づく犯罪手段の行使の実際場面についての評価は行なわれず、その実際場面とは切り離して、単に犯行に使用された手段そのもののもつ能力について能不能の吟味がなされるに過ぎない。あくまでも使用された手段そのものの性質を（それが実際にどのように使用されたかという文脈からは明確に切り離して）、論じなくてはならないと解するのが妥当である。ゆえに、毒殺の事例をとっても、その物質がどのように使用されたか（どの程度の分量が使用されたか）を問うのではなく、その物質それ自体が毒物に分類されているものかどうかに議論を特定していたものと思われる。また、江木の示した甲鎧事例から伺えるように、手段の能力の有無を判断する場合には、犯罪の目的物の側の事情は手段の能不能の評価からは除かれるということになる。あくまでも、用いられた手段そのものの性質が評価の対象とされていたと考えられる。もちろん、目的物の側の事情を考慮から外すといっても、別途、犯罪の目的物がそれ自体として不能犯にあたるものであれば—被害者が死体であったなど—、結論として不能犯を認めることになろう。これは先に見た「犯罪ノ物體ノ能力」の領域で解決されるべき問題となるからである。

結局のところ、江木は、個別の事例につきその判断の結論を示すものの、判断の根拠となるべき実質的な理由づけを示すことにはあまり注意が払われているとはいえないので、難解であることは拭えない。その用例から判断する限りでは、また特に「犯罪物體ニ能力ナキ場合」では物体の「物理的能力」の有無を吟味していたことから推測すると、現実に犯行の際に存在していた事物の物理的性質をもっぱら観察の対象として設定しているので、能不能を判断する裁判官の独自の規範的価値判断が入り込む余地が少なく、したがって国家独自の意思、政策が手放しで肯定されることがないようになっているように思われる。なお、この点については、江木は、空ポケットからの掏摸の場合を例として、その犯罪の「被害者」自身が行為者の目的とした犯罪の客体（財物）を現に所有していたかどうかを自ら認識していたかどうかについては能不能の判断に入れる必要はないことを明らかにしていたことがあることから、これをも考慮に入れて推測することが許されるとすれば[131]、江木の採る理論の場合には、裁判官が、さらに被害者の危惧感などの所在を名目にして、実在していない客体を存在しているものと仮定して能不能の判断に入り込ませる余地も少ないといえよう。

(111)　それぞれ、本書第一部第三章第二節第四款、第四章第二節第四款、第五章第二節第四款参照。
(112)　以上、「原論二版」〔巻之二〕八五～八六頁、「原論」〔巻之二〕八八頁、「汎論」一二六頁、「汎論再版」一二六頁、「汎論四版」二〇五頁、「本邦汎論」一二〇頁、「鳥居編汎論」一四四頁、「北岡編汎論」一四八頁、「法学院講義録版汎論」一四八頁、「法学院二五年度講義録版汎論」一四八頁、「法学院二六年度講義録版汎論」一二八頁、「法学院二七年度講義録版汎論」一二四～一二五頁、「法学院三一年度講義録版汎論」一二八頁。

(113) 江木・前出註（75）「批評ニ答フ」五六頁。

(114) 穂積・前出註（21）五三頁以下。

(115) 以上、「原論二版」〔巻之二〕八六頁、「原論」〔巻之二〕八九頁、「汎論」一一七頁、「汎論再版」一一七頁、「汎論四版」二〇七頁、「本邦汎論」一二〇～一二一頁、「鳥居編汎論」一四五頁、「北岡編汎論」一四九頁、「法学院講義録版汎論」一四九頁、「法学院二五年度講義録版汎論」一四九頁、「法学院二六年度講義録版汎論」一二九頁、「法学院二七年度講義録版汎論」一二五頁、「法学院三一年度講義録版汎論」一二九頁。「専修学校版汎論」も、この見解を退ける趣旨は見受けられない。「専修学校版汎論」八三、一〇一～一〇二頁。

(116) 参照、「原論二版」〔巻之二〕二三、四七、八六頁、「原論」〔巻之二〕二三～二四、四八、八九頁、「汎論」三六、七二、一二七頁、「汎論再版」三六、七二、一二七頁、「汎論四版」一〇九、一四五、二〇六頁、「本邦汎論」六六、八五～八六、一二〇～一二一頁、「鳥居編汎論」九一、一一〇～一一一、一四五頁、「北岡編汎論」九四、一一三～一一四、一四九頁、「専修学校版汎論」八二頁、「法学院講義録版汎論」九四、一一三～一一四、一四九頁、「法学院二五年度講義録版汎論」九四、一一三～一一四、一四九頁、「法学院二六年度講義録版汎論」七〇、九二、一二九、「法学院二七年度講義録版汎論」六六～六七、八八、一二五頁、「法学院三一年度講義録版汎論」七〇、九三、一二九頁、江木・前出註（75）「批評ニ答フ」五六頁。

(117) 「原論二版」〔巻之二〕八五頁、「原論」〔巻之二〕八八頁、「汎論」一二五～一二六頁、「汎論再版」一二五～一二六頁、「汎論四版」二〇四～二〇五頁、「法学院二六年度講義録版汎論」一二八頁、「法学院二七年度講義録版汎論」一二四頁、「法学院三一年度講義録版汎論」一二八頁。「本邦汎論」一一九～一二〇頁、「鳥居編汎論」一四四～一四五頁、「北岡編汎論」一四八頁、「法学院講義録版汎論」一四八～一四九頁、「法学院二五年度講義録版汎論」一四八～一四九頁も同旨。

(118) Berner, a. a. O. §. 104. この点は、第一三版以外の版、初版〔§.103.〕、第二版〔§.103.〕、第五版〔§.103.〕、第七版〔§.103.〕、第一二版〔§.103.〕、第一七版〔§.77.〕、第一八版〔§.77.〕、いずれについて見ても見解に動揺は見受けられない。

(119) 「原論二版」〔巻之二〕一〇頁、「原論」〔巻之二〕一〇頁、「汎論」一七頁、「汎論再版」一七頁、「汎論四版」八九～九〇頁、「本邦汎論」五三頁、「鳥居編汎論」七六～七七頁、「北岡編汎論」七九～八〇頁、「専修学校版汎論」六七頁、「法学院講義録版汎論」八〇～八一頁、「法学院二五年度講義録版汎論」八〇～八一頁、「法学院二六年度講義録版汎論」五八頁、「法学院二七年度講義録版汎論」五四～五五頁、「法学院三一年度講義録版汎論」五八頁。

（120）　これは、今日の我が国で通用している犯罪論、したがってベーリング以来の構成要件論が一般化する以前の古い犯罪論である。ビンディングの時代まで維持されていた考え方である。Vgl. Binding, Grundriß des deutschen Strafrechts, Allgemeiner Teil, 8. Aufl., 1913. 今日の我が国の犯罪論は、実行行為にかかわる議論〔未遂犯論も含まれる〕の中に、行為者、行為の客体などに関わる問題をすべて内含させて議論している。しかし、江木のとる犯罪論は実行行為〔江木の用語法に従えば「所爲」〕から、行為者、行為の客体を厳格に区別して別個に議論している点に特質が認められる。

（121）　その他に、身分犯における行為者の身分の有無も不能犯の問題として議論されることが多いが、江木の場合には、この様な主体の不能に関わる議論一般は、その犯罪論の中には見受けられなかった。

（122）　「原論二版」〔巻之二〕二二一～二二三頁、「原論」〔巻之二〕二二三頁、「汎論」三六頁、「汎論再版」三六頁、「汎論四版」一〇八頁、「専修学校版汎論」八二頁、「法学院二六年度講義録版汎論」七〇頁、「法学院二七年度講義録版汎論」六六頁、「法学院三一年度講義録版汎論」七〇頁。「本邦汎論」、「鳥居編汎論」、「北岡編汎論」、「法学院講義録版汎論」、「法学院二五年度講義録版汎論」では、この点を実質的にも最も詳細に説述しているのでその語るところを示しておこう。いわく、「犯罪ノ物体トテモ亦能力ナケレハ犯罪成立スルコトナシ…（中略）…物理上ノ能力トハ物理上充分犯罪タルノ所爲ヲ受ケ得ルタケノ能力ヲ有スルコトニシテ即チ人ヲ殺スニハ生命ナカラサルヘカラス物ヲ盗ムニハ物体ナカラサルヘカラス」と説くのである。「本邦汎論」六六頁、「鳥居編汎論」九〇～九一頁、「北岡編汎論」九四頁、「法学院講義録版汎論」九四頁、「法学院二五年度講義録版汎論」九四頁。

（123）　この点、これまでに検討を加えてきた刑法家たち、ボアソナード、宮城浩蔵、井上正一らと見解を異にするところは見受けられない。それぞれの所説について、本書第一部第三章第二節第四款、第四章第二節第四款、第五章第二節第四款。

（124）　「原論二版」〔巻之二〕二二三、八五頁、「原論」〔巻之二〕二二三、八八頁、「汎論」三六、一二六頁、「汎論再版」三六、一二六頁、「汎論四版」一〇八～一〇九、二〇四頁、「本邦汎論」六六、一一八～一一九頁、「鳥居編汎論」九一、一四四頁、「北岡編汎論」九四、一四八頁、「専修学校版汎論」八二頁、「法学院講義録版汎論」九四、一四八頁、「法学院二五年度講義録版汎論」九

四、一四八頁、「法学院二六年度講義録版汎論」七〇、一二八頁、「法学院二七年度講義録版汎論」六六、一二四頁、「法学院三一年度講義録版汎論」七〇、一二八頁。

(125) 以上、「原論二版」〔巻之二〕八七～八八頁、「原論」〔巻之二〕九〇頁、「汎論」一二八頁、「汎論再版」一二八頁、「汎論四版」二〇六～二〇七頁、「本邦汎論」一二二頁、「鳥居編汎論」四六頁、「北岡編汎論」一四九～一五〇頁、「法学院講義録版汎論」一五〇頁、「法学院二五年度講義録版汎論」一五〇頁、「法学院二六年度講義録版汎論」一三〇頁、「法学院二七年度講義録版汎論」一二六～一二七頁、「法学院三一年度講義録版汎論」一三〇頁。

(126) 「原論二版」〔巻之二〕八八頁、「原論」〔巻之二〕九〇頁、「法学院二六年度講義録版汎論」一三〇～一三一頁、「法学院二七年度講義録版汎論」一二七頁、「法学院三一年度講義録版汎論」一三〇頁。なお、「汎論」（一二八頁）、「汎論再版」（一二八頁）、「汎論四版」（二〇七頁）では、表現を異にしている。ここでは、「賊ニシテ寳物ヲ収メタル倉庫ニ入リ尚得ルコト能ハスシテ去リタルトキ」を未遂犯が成り立つとしている。ここではパラグラフの中に「尚」という句が挿入されていた点が本文の事例とは異なる。盗賊が倉庫に入ることができなかったのではなく、侵入には成功したけれども倉庫内で目的とした宝物の在処に到達できなかったに過ぎない場合を意味するとも解することができるからである。この点明確に表現しているのは、「本邦汎論」、「鳥居編汎論」、「北岡編汎論」、「法学院講義録版汎論」、「法学院二五講義録版汎論」である。ここでは、目的の財物の収めてある倉庫に侵入することを果たしたが、目的としたものを「發見スルコト能ハサルカ爲メ終ニ窃取スルコトヲ得スシテ逃レ去リタル場合ニハ未遂犯トシテ罰スヘキモノトス」と指摘し、さらに、この場合につきその理由を示し、「其犯罪ノ物體現存セルモ只之ヲ發見スルコト能ハサリシカ爲メ盗マサリシニ過キサレハナリ」ということを明らかにしていた。「本邦汎論」一二一～一二二頁、「鳥居編汎論」四六頁、「北岡編汎論」一五〇頁、「法学院講義録版汎論」一五〇頁、「法学院二五年度講義録版汎論」一五〇頁。

(127) 「原論二版」〔巻之二〕八八頁、「原論」〔巻之二〕九〇～九一頁、「汎論」一二八頁、「汎論再版」一二八頁、「汎論四版」二〇七頁、「本邦汎論」一二二頁、「鳥居編汎論」四六頁、「北岡編汎論」一五〇頁、「法学院講義録版汎論」一五〇頁、「法学院二五年度講義録版汎論」一五〇頁、「法学院二六年度講義録版汎論」一三一頁、「法学院二七年度講義録版汎論」一二七頁、「法学院三一年度講義録版汎論」一二七頁。

(128) 「原論二版」〔巻之二〕八五頁、「原論」〔巻之二〕四八、八八頁、「汎論」七二、一二六頁、「汎論再版」七二、一二六頁、

「汎論四版」一四五、二〇四頁、「本邦汎論」八五～八六、一一九頁、「鳥居編汎論」一一〇、一四四頁、「北岡編汎論」一一三、一四八頁、「専修学校版汎論」一〇一～一〇二頁、「法学院講義録版汎論」一一三、一四八頁、「法学院二五年度講義録版汎論」一一三、一四八頁、「法学院二六年度講義録版汎論」九二、一二八頁、「法学院二七年度講義録版汎論」八八、一二四頁、「法学院三一年度講義録版汎論」九三、一二八頁。

(129)「原論二版」〔巻之二〕八六頁、「原論」〔巻之二〕八八～八九頁、「汎論」一二六～一二七頁、「汎論再版」一二六～一二七頁、「汎論四版」二〇五頁、「本邦汎論」一二〇頁、「鳥居編汎論」一四四～一四五頁、「北岡編汎論」一四八頁、「法学院講義録版汎論」一四八～一四九頁、「法学院二五年度講義録版汎論」一四八～一四九頁、「法学院二六年度講義録版汎論」一二八～一二九頁、「法学院二七年度講義録版汎論」一二五頁、「法学院三一年度講義録版汎論」一二九頁。

(130)この点を自ら指摘したものとして、江木・前出註(75)「批評ニ答フ」五五～五六頁。

(131)「本邦汎論」一二二頁、「鳥居編汎論」一四六頁、「北岡編汎論」一五〇頁、「法学院講義録版汎論」一五〇頁、「法学院二五年度講義録版汎論」一五〇頁。

## 小括

江木の説いた刑罰権論は、天皇制の下で天皇を唯一絶対神と考える我が国においてキリストを唯一絶対神に置くキリスト教に従属すると考えた、カトリック教徒ボアソナードの所説（「加特力主義」）を批判することを通して、宗教上の観念（「人類内部ノ心意」）を排除した客観的なかたちでの正義を基調とする応報刑主義の立場を明確に示すことに意を用いていた。ゆえに、罪と刑との客観的な権衡を保ちつつ、立法者の意思を尊重した正義の範囲内で社会の利益、すなわち犯罪予防効果を期待しようとする「近世折衷主義」を内容とするものであったといえる。しかし、江木は（旧）刑法典改正運動の盛んとなるにおよび、逆に（旧）刑法典を再評価しようとする動きに転じた。これは江木の刑法観の変節ではない。改正刑法草案（少くとも明治二八年「刑法草案」〔明治二八年十二月脱稿〕以降）は、（旧）刑法典に比し、犯罪類型を規定する構成要件を包括的に規定するに到りしたがって法執行段階での一層の弾力的な刑法の運用を可能ならしめ、また刑の量定範囲を拡張させることにより、犯罪の成立範囲と量刑につき裁判官に広い裁量の権限を与えた。これは、司法官僚である裁判官の法規拘束性を弛緩させた。もとより、江木は正義を基本とする応報刑主義（「近世折衷主義」の立場）を徹底させるため、立法官によって定められた刑罰の権衡を法適用の段階で犯罪予防などの刑事政策的観点により崩されることをおそれるために、立法官による司法官僚の羈束性を重視した。この観点から、江木はすべての犯罪につき一般的に適用される総則規定の立法には批判的な姿勢をとることを明らかにしており、ゆえに総則所定の未遂減軽処罰規定の存在も例外ではないことになる。つまり、（旧）刑法典で採用されていた未遂必減主義が湖南事件などを契機として廃止され、代わって未遂裁量減軽主義が採られること（明治三三年「刑法改正案」第五八条など）によって未遂犯の刑それ自体について裁判官に大幅な裁量の権限が委譲されることになったからである（以上、第二章第一節）。

特に、江木の未遂犯論について注目すべき点を述べれば、フランス刑法学からドイツ刑法学へと法継受の流れが大きく転回していくなかで、日本の固有法のひとつである大寶律令の尊重、反キリスト教主義の立場を徹底させるに到り、未遂犯はその処罰根拠として行為者の主観面が尊重されることになるので、未遂犯の処罰そのもの、したがって未遂処罰規定の存在には一貫して反対の姿勢を崩さなかった。その結果として、改正刑法草案（明治二八年「刑法草案」以降）が未遂処罰規定を削減せしめようとした点に評価を与えた。またベルナーの所説を祖述する初期の立場から、徐々に自分の考え方を述べるように態度を変化させその見解に変遷の生じた分野が認められることが明らかとなった。その変遷は、実行の着手に関する所説の他に、中止犯の分野に著しいものが見受けられた。そこでは、犯罪を構成する要素のうち主観的な要素を排除して犯罪論を構成しようとする態度が明瞭に表われた結果、中止犯不処罰の根拠から行為者の主観の所在を重視する理論上の観点が放棄せられ、刑事政策上の観点のみが主張されるに至った（第二章第一節、第二節第二款、第三款）。

総じて、江木の犯罪論をみると、立法官が各罪について厳格に法定刑を定め、実害（「犯跡」）を基本とした罪刑の客観的な均衡を重要視することによって、国家機関のうち裁判官の裁量の余地を減殺し、立法官の意思を尊重しようとする中央集権的理論を尊重すべき態度が強固に認められる構成をとっていることがわかる。裁判官は立法者の定めた罪と罰とを機械的に事実に適用すればよし、司法官僚に過ぎない裁判官が自分の裁量によってこれを変更させてはならない、とするのが江木の論旨である。現実の法適用者である裁判官に対する根強い不信感が江木の刑法理論の根底を流れている(132)。恐らくは、日本を天皇を中心に中央集権化するために法制面から支えた大寶律令の態度に学ぶところ大なるものがあったであろう。しかしながら、裁判官の裁量を弱めようとしたとはいえ、国家のもつ刑罰権そのものの制約条件につき考察を加えたところは見受けられなかったので、立法官を中心とした国家による刑罰権の権力定立に対して批判を加えてはいない。江木においては、国家刑罰権の原理論的意義や機能の検討は背後に退き、既に存在している一定の国家刑罰権の正当化を行なっていたことには相違はない。けだし、国家刑罰権の行使の如何を決めるものはひとり天皇の意思を具体化すべき立法官なのであり、その立法官の決めたことを後から裁判官が修正してはならないということを江木は主張していたものにすぎないからである。

しかし、これでは再編されたばかりの社会における若い国家統治諸制度のもとで、新しい政府によって指導された若い法執行機関を通して現実に生起する多様な犯罪現象に刑法が対応していくには堅い理論構成ということになろう。そこで、法執行段階でも刑事政策的配慮を前面に押し出し、事実に柔軟に法律を当てはめて犯罪現象を解決していくため、現場の司法官たちの権限をもっと強く認めていこうという流れに、江木のような司法官僚統制型の考え方は陵駕されていくことになる。その代表が、旧刑法典をいち早く改正して現行刑法典の実現を強力に推し進めた古賀廉造であり、まさに刑法改正運動の怒濤の中で公刊された主著『刑法新論』にその主張が集約されている。そこで、古賀の未遂犯論、なかんずく『刑法新論』の中に現われた古賀の未遂犯論を検討しなければならなくなるのである。章を改めて、古賀廉造の未遂犯論を検討したい。

（132）　江木衷「人道と基督教旨」同『冷灰二筆山窓夜話』（前出註33）八二頁以下など参照。そして、江木は当時の人権軽視の裁判が裁判官（有司）による独断主義の裁判制度の所産であるとし、人権の保障とは彼らが施してくれる慈悲に過ぎないとして、裁判官に対する不信感からさらに陪審裁判制度の導入を強力に望んでいた。江木衷『陪審制度談』（明治四四年、有斐閣書房）、さらには山口縣法政會編纂『會長法學博士江木衷君講演（速記）憲法政治に對する長防人士の責任』（大正六年三月一〇日　非売品）参照。特に、江木の心意気のありようについては、江木と陪審裁判制度創設に向けて行動を共にすることが多かった同志、花井卓藏の弁が鮮やかに印象に残る。花井・前出註（68）三二一頁以下。

# 第三章　古賀廉造の未遂犯論

旧刑法典施行直後、明治一四（一八八一）年の政変を経て、国家体制を決定づける憲法制定の方針が、ドイツ・プロイセン憲法を模範とすることに確定したことを重大な転機として、ドイツ法への傾斜が強まり、この線で民法、商法が制定され、明治三〇年代にはドイツ法でなければ法ではないとする風潮が一般化した。古賀廉造（安政五〔一八五八〕年〜昭和一七〔一九四二〕年）は、司法省法学校でボアソナードらによるフランス法に基づく教育を受けたが、このような時代の流れを刑法の部門から実務家（東京地裁・同控訴院・大審院の各検事、大審院判事、内務省警保局長そして、旧刑法典改正のために設置された刑法改正審査委員会委員などを歴任）[1]としてその身をもって鮮やかに語ったことがある。ここで、古賀の語る言葉を聞いてみよう。いわく、「私ノ刑法ノ研究ハ私ノ職務ノ必要ニ迫ラレタルニハ相違ナキモ他ニ又一理由ナキニ非ラス、当時裁判所ニ於テハ一般ニぼわそなーど先生ノ所説ノミヲ盲信シ之ニ反スル議論學説ハ大抵排斥セラレタモノテ加之現在有罪ト認ムヘキ事實ヲ無罪トシテ之ヲ論セサルモノ往往ニシテ之アリ、私秘カニ憤慨ニ堪ヘス」と[2]。

そこで、旧刑法典を改正するために政府司法省の手により組織された刑法改正審査委員である民刑局長横田国臣主導の下で、明治二五年二月より同委員に任命された司法省参事官倉富勇三郎、検事石渡敏一と古賀自身が起草した、現行刑法典の原型を形づくったとされる[3]刑法草案明治二八年案（一八九五年一二月脱稿）を得た。この明治二八年案では、旧刑法典の都合四三〇ヶ条からなる条文から百ヶ条を越える条文が削減され、三一八ヶ条にまとめられて、さらに旧刑法典がその第二条に置いていた罪刑法定主義に関する規定が削除され、その結果、犯罪類型が包括的弾力的に規定され、さらに法定刑の範囲が拡張されたことによって、裁判官の裁量を広範に認めることになった法案である。そして、この草案をもとにして、倉富、石渡、古賀らの政府委員としての尽力が実を結び、やがて現行刑法典の成立につながっていくが、その過程で、前章で検討を加えた、江木衷ら在野法曹を中心とする刑法改正反対運動を大きな波とする紆余曲折を経験した。この刑法草案明治二八年案以降に現れる諸法案に対する激しい（旧）刑法改正反対運動の展開される真っ直中、明治三一年に刊行されたのが、これから本書で検討しようとする古賀の主著『刑法新論』なのである。けだし、その公刊に至る文脈からみれば、古賀がその著書に与えた重点が、旧刑法典に対する痛切な批判に置かれているということは疑うべくもない。[4]

このような態度をもって刑法の研究に従事していた古賀廉造の刑法理論のうち、本書では特にその未遂犯論とその基礎を構成する刑罰権論とを検討しようとするものである。

以下の論述においては、私が実際に披見しえた『刑法新論』（初版、明治三一〈一八九八〉年、司法省指定和佛法律學校出版部）[5]、および、これを増補訂正した『増補訂正五版刑法新論總論之部』（明治三三〈一九〇〇〉年、増補訂正五版、中野書店）[6]を基本にして、古賀の所説を考察する。これらの文献は、古賀の弁によるといずれも「講義筆記ヲ蒐集セシモノ」[7]であるとされるが、その実質はまぎれもなく古賀独自の犯罪論に関する体系書である。[8]そのほかに、体裁も講義録（明治法律学校における明治三四年度第一学年における講義録）である『刑法講義総論』（明治三四年）[9]、また、刊行年等不詳であるが『刑法汎論』[10]も参考資料として用いることとしたい。[11]

## 註記

（1）当時、実務家の間でその学説は盛名を馳せていた。その間のいきさつを知る同時代人の言葉によると、「聞ク學士ハ現時實際家ノ間ニ於テ非常ニ潜勢力ヲ有スル者ナリ」と評価されていた。大塚善太郎「不能犯ト未遂犯ノ區別」法學新報八二号二七頁。なお、晩年を共にしたその実の孫による古賀廉造の人物像を生き生きと叙述したものとして、奥津成子『私の祖父古賀廉造の生涯』（平成二三年）が詳しい。

（2）古賀廉造「経歴談」法學志林五巻三九号八一～八二頁。

（3）なお、内田文昭ほか編著『刑法〔明治40年〕（2）日本立法資料全集21巻』（平成五年）一八頁（山火正則執筆）を参照。

（4）中義勝＝浅田和茂「古賀廉造の刑法理論」『総合的研究』一一二～一一三頁。

（5）以後、「初版」で引用表記する。

（6）以後、「増補版」で引用表記する。

（7）「初版」謹告一頁、「増補版」謹告一頁。

（8）そこで、古賀の説く講義の目的は次のようである。いわく、「一、現行法ノ不備ヲ擧クルコト」、「二、現行刑法ノ瑕瑾ヲ鳴ラスコト」、「三、解釋上ノ誤謬ヲ指摘スルコト」をその目的とし、この目的を達するために、「従來傳播セシ刑法學者ノ論説ニ據ルヲ以テ足レリトナスニ非ス」、「又輓近歐洲諸邦ニ行ハル、所ノ新主義ヲ採ルヲ以テ充分ナリトナスニ非ス」と指摘した後で、次のように述べる。「其説ク所ノ議論多クハ自家ノ本領ヨリ出テ多少刑法ノ面目ヲ新ニスル所ノモノアリト信スレハナリ」として、独自の議論を展開していることを明言しているのである。「初版」五～六頁、「増補版」八～九頁。

（9）本書では、「講義」と略称する。

（10）本書では、「汎論」と略称する。

（11）なお、私の知るかぎり、『刑法新論』には、明治三九年一一月に漢訳本も公刊されている由である。私は本書も入手しているが、その検討は後日に待ちたい。

## 第一節　古賀廉造の犯罪観―刑罰権の基礎―

古賀は、その著『刑法新論』初版において、「第一編　犯罪　第一巻　犯罪事實」のうち「第二章　刑罰權」の名の下で、また、その増補訂正第五版においては体系的にさらに洗練を加えて、「第一編　犯罪」の篇に先立ち、「叙論」の篇下、「第三章　刑罰權」の名の下で、刑罰権の基礎を論じている[12]。これに関する諸説を古賀は「契約主義」、「實利主義」、「道徳主義」、「折衷主義」の四つの説にまとめて紹介をしている[13]。しかし、古賀はもはやこれらを明治前期の刑法家たちのようにいちいち仔細に検討することはなく、ただちに「是レ實ニ學者ノ空論タルヲ免レサル」と一蹴している[14]。なお、井上正一の唱導していた「命令説」については挙げられていない。しかしながら、古賀においても刑罰権の基礎づけのもつ意義について決して等閑視していたわけではない。「刑罰ノ必要及ヒ其必要ノ程度ヲ知ル」ためには、刑罰権の基礎を明らかにしておかなければならないと指摘しているからである[15]。

もっとも、古賀においてはこれまでに取り上げてきた明治前期の理論家たちとは刑罰権論に対する問題意識の置き所が異なっていた。古賀は、上記の四つの説が共通して関心を本来置いてきたはずの刑罰権それ自体の正当化原理を逐一吟味することからは、もはや関心を移していた。そのことは、古賀が述べた次のフレーズに象徴的に現われている。いわく、「社會ノ生存維持ニ付刑罰權ノ必要ナルコトハ何人モ克ク是認スル所ナリ[16]」と。また、他方、古賀は「實利派」の影響の下にあり[17]、これらの四つの所説が人間（犯罪人）についての理解を理念的にとらえていたことにも首肯できなかったものと思われる。さらに古賀が、刑法を研究する上でその心構えを一般的に説き注意を喚起していたところでは、次のように述べていたことを想起しなければならない。いわく、犯罪者が刑事司法において置かれるべき地位を位置づけて、「犯罪ハ社會ノ公敵ナリ犯人ハ良民ノ虎狼ナリ政府ヲ転覆シ邦土ヲ潜窃シテ國家ノ基礎ヲ破壊セントスルモノハ犯罪ナリ人ノ身体ヲ殺傷シ人ノ財産ヲ奪掠シテ社會ノ安寧ヲ残害スルモノモ亦犯罪ナリ犯罪ノ恐ルヽ可キ夫レ斯クノ如ク犯人ノ悪ム可キ夫レ斯クノ如クニシテ」として犯罪者を社会を構成する法成員の範疇から追放し、さらに古賀は当時の刑事司法の現状に顧みて「而シテ社會ハ却テ此犯罪ヲ保護シ此犯人ヲ憐憫シテ或ハ刑事訴訟法ニ於テ或ハ監獄則ニ於テ此犯人ノ利益ヲ計ルコトニ汲々タラサルハナシ」と歎き「甚シキニ至リテハ裁判官ニ於テモ検察官ニ於テモ亦犯罪人ニ不利シテ社會ヲ保護スルノ観念ヲ失忘シ寧ロ社會ヲ損害シテ犯罪人ヲ救護セント欲スルノ傾向アリ」と評価を下し、「嗚呼何ソ夫レ事理ヲ顛倒スルノ甚シキヤ」と古賀は嘆じるのである。[18] このような事情は、我々に対して、古賀が犯罪者に対する強い選良意識を持っていたことを認識させるのである。[19] 古賀は、明治前期の論者たちが盛んに議論していた国家が刑罰権をもつことの意義如何については自明のことだとすでに認識していたので、むしろ問題は犯罪を撲滅し社会を防衛するために如何に効果的に刑罰権を行使すべきかという点に関心を移していたわけである。国家観において、明治前期の刑法家である井上正一は、国家楽観主義者であったが、[20] 古賀においては選良意識に基づく国家主義に腰を据えていたといえる。しかも、厳しく処罰するほど望ましいことであると考えていたようである。つまり、古賀は、刑罰の行使（厳罰）はただちに良民に対する同情にも結びつき好ましいことであるという単純な認識を持っていたことは否めない。これを古賀は徳川第八代将軍吉宗の獄政観をもって先例としている。すなわち、「将軍は…（中略）…今後は慈悲を以て一層牢屋を嚴酷にしてやらうと申されました。慈悲で牢屋を嚴酷にすると云ふとは甚た可笑しい様な言なれ共、私（古賀のこと―筆者註記）より之を見れば、中々豪氣い一言でござります。此囚人と云ふ者は良民に對して害を與たものであるから、成る可く嚴酷にした方が、良民に情が加はるのである。即ち良民に對して慈悲なるが故に、犯人に對して嚴酷なり」と語るのである。[21] 犯罪者とは、国の救済を受けるべき対象ではなく、あくまでも社会の落伍者であるというレッテルなのである。

それは、古賀が刑罰権論の考究に先立ち、実利派（実証学派）の主張をなぞり犯罪の原因に関する多角的な研究を特に「犯罪ノ原因」の名を冠して一章（叙論篇のもと第二章）を設けて詳細にかつ具体的に展開していたことに顧みて惜しまれることである。ここでは、人を犯罪に駆り立てる原因（自然環境、社会的環境を中心とした原因）を仔細に紹介していた。犯罪原因論は、我々に人が犯罪を行なうにつき周囲の環境が彼を犯罪に駆り立てる場合もあることを教えてくれている。つまり、刑罰を行使するだけでは犯罪や犯罪者の発生を抑止できないことを教えてくれているはずなのである。しかし、古賀の特徴はこのように犯罪の原因の研究に熱意を傾けるだけでなく、その他に、信賞必罰の観念に強く拘泥していたことから威嚇主義の観念をも併せ論じていたことにある。そのために、犯罪者一般に対して古賀自身のもつ選良意識に導かれた、彼の犯罪の原因の研究から犯罪者とはむしろ欠陥のある社会から生まれた被害者である場合も有り得るという考え方を取り出すのではなく、世の中には社会環境の如何によって如何に多くの犯罪者予備軍がたむろしているかということを主張する論拠としてこれを利用し、また信賞必罰の観点から犯罪を犯した者に厳罰を以て臨むことでむしろ犯罪に陥っていない「社會の善良なる人間」を憐れまなければならないとする理解を示すわけである。すなわち、「世の中に善い事をすれば、善い報がなければならぬ、悪るいことをすれば、悪るい報がなければならぬ、と云ふことは、誰でも覚悟の前である、然るに罪を犯して社會の害を爲した、人を殺した、人の家を燃した、人の財を奪つたと云ふ人間に對して、社會が之に憫れみを加へると云ふのは、是れは餘程間違つた考へと言はなければならぬ」とするのである。[22] あるいは古賀のもつ選良意識に基づく犯罪者観を反映するものとして次のような一節を見ることもできる。すなわち、「私は何分にも、此罪人と云ふ者は、悪るいことをしたのでありますから、何處迄も憎まねばならぬと思ふ、只其人を憎むのではない、社會の善良なる人間が可愛いからである、其可愛い善良なる人間を害し、此社會に禍したる者であるから、再び禍をすることの出来ない程に、之を苦しめたならば、初めて刑罰の目的を達することが出来やうと云ふ考へを持て居る」と。[23]

すなわち、古賀の考え方は、実利派のもたらした成果を、犯罪者を犯罪へと駆り立てる社会病因論（古賀の表現によれば「犯罪衛生論[24]」）としてとらえる。そこからは病因を社会から取り除くとすべき社会改良論と病因論に基づき監獄で犯罪者の改善を期待すべきとする監獄改良論とが生まれる。しかし、古賀は信賞必罰の観点から犯罪者には過酷な刑罰を加えることをよしとし、監獄改良論の方を捨てたのである。古賀は、社会改良論を論じ、犯罪の具体的な報道や義賊を英雄視すべき演劇などがもたらす模倣犯の誘導や現在の体制に変革を迫るべき社会主義、共産主義、無政府主義を賞揚する教育のもつ弊害に注目するのである。[25]おそらくこのような犯罪者に過酷な考え方が古賀を支配したのは、古賀が犯罪者を取り締まるべき高級官僚の地位にあったことのほか、当時の一般人の生活環境が拙劣で安定しないのに対し、かえって監獄の方が国家予算が傾注され衣食住がそろい安定した生活が送れること（古賀の言葉によると「囚人たる幸福」）への不合理感から導かれる影響も大きいものがあったのではないかと思われるのである。[26]要するに、古賀にあっては、犯罪者とは、我々と同じ人間ではなく、「獅子とか、虎とか、云ふ猛獣と同じ」存在であったのである。[27]

次に、古賀の説く社会秩序観とはどのようなものであったかをみておこう。古賀は、人類は単独では充分にその生存に対する侵害を防衛することができないから、社会を組織して協同して生存に対する侵害を防衛しているのであるとして、社会の存在理由を「人類カ頼テ以テ其生存ノ侵害ヲ防衛スルノ要具」にあることを見出して、社会を防衛することは「人各々其生存ヲ防衛スル」ことであると位置づけている。[28]古賀はこれを喩えて、「社會ハ人類ノ洋々トシテ遊息スル湖沼ナリ」と表現するのである。[29] 犯罪とは人類の生存に対する侵害であり、人類の生存を害すると理解していたことになる。そして、古賀によれば刑法は、犯罪によって、人類の生存を保護する要具であったと理解することができる。そこで、社会は刑罰権をもち犯罪からの侵害を防衛するために、刑罰を行使するのだと説いて、社会防衛論の立場をとるのである。[30] したがって、たびたび古賀は刑罰権を表示する言葉として、「刑罰權」のほかにも「社會ノ防衛權」あるいは簡略化して「防衛權」という語をも用いている。[31] また、防衛の内容とは、刑法の目的を「過去ノ犯罪ヲ罰シテ将來ノ犯罪ヲ豫防スル」ことに置かれなければならないと説くことから、再犯の予防と模倣犯の予防、すなわち特別予防と一般予防とから構成されている。[32] ここから、すでに述べたように古賀は国家主義者であったと位置づけることを否定することはできないが、理念として、刑法による保護を享受すべきものは政府そのものではなく社会を構成する分子としての人類、すなわち国民一般を置いていたことがわかる。もっとも、社会の中で保護を受ける人間とは何か。犯罪に対し過酷な刑罰を要求する古賀においては、行為者自身は除かれるのであろうか。古賀は、初期の見解を示している『刑法新論』初版によれば、確かに刑罰権の濫用に対して寛容であったことがわかる。いわく、「刑罰ノ濫用タルヲ免レスト雖モ社會ノ公益上ヨリ観察スルトキハ未タ必スシモ不可ナリト謂フヲ得ス」と述べていたからである。[33] 社会の公益に重点を置いて社会秩序観を構成していたことがわかるので、功利主義的な考え方に傾いていたのであろう。しかし、ここには古賀の所論の変遷を見出すことができるのである。すなわち『刑法新論』増補訂正五版に到ると、刑罰権の濫用を防止するためにその制約原理を構成する方向で所説の精密化が図られてくるのである。つまり、社会の防衛を図ることに名を藉りて「人ノ権利ヲ害シ徳義ヲ傷フノ弊害ヲ見ルニ到ラム」とする、正義派の批判を古賀は受け入れ、—以前の説を改める旨を明らかにしてはいないが—古賀自身はこの批判に答え「刑罰権ヲ以テ社會ノ防衛權ナリト云フモ是レ決シテ無制限ニ其防衛権ヲ行フノ謂ヒニアラス」と反批判を加え、「社會ノ生存ヲ害セサル行爲ニ對シ其行爲者ヲ罰センカ最早其防衛権ノ範囲ヲ超脱シタルモノ」であると評価を加えているのである。[34]そして、古賀は刑罰権の由来を人の権利義務の履行とその違反に定礎させ、これによって刑罰権の濫用を防ごうと試みたのである。すなわち、古賀は刑罰権（ここで古賀は「社會ノ防衛權」と表現している）の制約原理を、「社會ノ權利」に求めている。その根拠は、古賀の語るところによれば、社会が存在しないと無秩序な生存競争を許すことになり、その結果として人々は弱肉強食の状態の中で暮らすことに陥るので「元來人カ社會ヲ組織スルノ目的ハ各人ノ生存ヲ全フスルニ在リ」と述べ、「各人カ其生存ニ必要ナル權利義務ノ關係ヲ定メ各人ヲシテ能ク其權利ヲ行ヒ其義務ヲ盡クスノ途ヲ得セシメンコトヲ欲シタリ」としている。[35]すなわち、古賀の社会秩序観とは、この「權利義務ノ關係」が安定している状態のことを意味しているのである。ここで権利と義務という言葉が出てきたので、古賀はこれらに対しどのような定義を与えていたかを見ておこう。古賀はまず権利とは「各人カ其生存ノ必要ヲ充タスニ付テ自ラ行フコトヲ得ルノ能力ナリ」とし、他方で義務については「各人カ自ラ爲スコトヲ戒ムル能力ノ制限ナリ」と定義していた。[36]ここで定義されている権利と義務とは個人が社会でもつ権利と義務のことであろう。そこで、この権利と義務との関係を古賀はどのように構成するのであろうか。古賀は、権利のみを認めると他人の権利と相互に抵触することに到るので、各人の権利の上に「多少ノ制限」を設定しなければならない。この制限を行なうために「義務」の概念を充てるのである。すなわち、各人はそれぞれ「一區ノ領域」をもっており、その領域の中で自由に行動することができるが、その領域を一歩でも出ることは許されていない。各人に対して自ら行なうことができることとできないこととの「分界」を明らかにしてこれを守らせるものとして「社會ノ力」、つまり「法律命令ノ力」があるとする。そこで、「社會」を人が設けたのは、各人が権利を自分の領域の中で行使し、義務を守らせるためであると位置づける。「社會」という存在は、各人を強制して、その「本領」を逸脱して行動することがないようにすることを目的とする。そこで、この「社會」はその目的を実現するため一種の「無形人」となって、人民の上に「至大ノ權力」を及ぼして、「權利義務ノ關係」から、刑罰権を導き出すのである。社会は「社會ノ組織ニ對シテ破壊ヲ加ヘントスル者」、「他人ノ權利ヲ侵ス者」、「自己ノ義務ヲ行フコトヲ欲セサル者」に対して制裁を加えるために、刑罰権を持つとするのである。(38) つまり、古賀は「社會カ防衛權ヲ行使スルハ各人ノ權利義務ヲシテ其所ヲ得シムルニ止マルノミ」と考えているのである。(39) 同時に、古賀はここから刑罰権の限界も明らかにするのである。刑罰権の根拠はこのように権利義務の関係の維持にのみ認められることになるので、「權利義務ヲシテ各其所ヲ得セシムルニ止マリ此以上ニ出ツルコト能ハス」とするのである。つまり、古賀は「社會ハ名ヲ侵害ニ藉リ其權利以上ノ事ヲ行ヒ些細ノ侵害ニ對シテ至大ノ強制ヲ行ヒ一微物ノ窃取ニ對シテ其人ノ生命ヲ奪フカ如キコトヲ爲サハ是レ社會ハ權利義務ノ関係ヲシテ其所ヲ得セシムルニ非スシテ却テ是ヲ蹂躙スルモノナリ」と述べている。(40) 古賀は社会が刑罰権の限界を越えてこれを行使した場合を指して、「是レ社會ハ既ニ暗黒時代トナリ了ラントスル時ナリ」と表現していたこともある(41)。さらに、古賀はこのような刑罰権の制約原理を刑法を定立する上で、立法者の活動を決める立法原理としても認めている。古賀はこのような刑罰権の制約原理を踏みにじる立法者を指して「則チ社會ノ侵害者」、あるいは「社會ノ軌道ヲ脱スルノ立法者」と批判を加えていたこともある。(42)

最後に、古賀は、刑法によって具体的にはどこまで制裁の対象に置こうとしていたのかを見ておこう。本書の目的は、古賀の未遂犯論の研究に置かれているので、この点については、被害者が実際に被った実害を犯罪の成否にどのように反映させようとしていたのかという点を中心に見ておくことにする。この点に関し、古賀は社会との関係から説き起こしている。つまり、古賀は「犯罪ハ社會ノ安寧秩序ヲ妨害スルカ爲メニ是ヲ處罰スルモノナリ既ニ然ラハ此違反ノ行爲ハ必ス社會ニ影響ヲ及ホス所ノモノナラサルヲ可カラス」として、まだ行為として外部に客観化していない意思そのものは「未タ曾テ社會ニ何等ノ關係アラサルヲ以テ社會ハ之ニ對シテ處罰ノ權利ヲ有セス」、「即チ侵害ノ事實ナキ以上ハ防衛權ヲ行フノ理ナキナリ」とするのである(43)。古賀は、制裁の対象を社会との関係を結ぶものに置くのであるが、これを「犯罪ノ事實」に見るのである。禁制命令に違反する行為者の「意思」そのものには見ていない。つまり、古賀は意思を責任の問題としているのである(44)。そこで、古賀は犯罪事実に関するものと人に関する責任とを厳しく区別すべきであると論じるのである。未遂犯論は、本書次節で指摘するように、責任の問題ではなく、犯罪事実の問題として議論されることになる。それでは、次に古賀は、被害者の被った実害を犯罪の成否に反映させようとしていたのかについてみてみよう。古賀は『刑法新論』初版では、次のような説明を加えていたことがある。古賀は「元来刑法ノ目的ハ社會ノ安寧秩序ヲ維持スルニ在リ刑法ノ公法タル所以モ亦全ク此特徴アルニ因ラスンハアラス」とし、「刑法ノ目的既ニ然リトセハ犯罪輕重ハ須ラク社會ノ被リタル損害ノ程度ヲ以テ其標準ト爲サヽル可カラス」と主張する。したがって、「被害者ノ損害ヲ以テ其標準ト爲ス可カラス若シ夫レ被害者ノ損害ヲ以テ犯罪輕重ノ標準トセンカ刑法ハ倏忽ニシテ其公法タルノ性質ヲ失ヒ單ニ一個人ノ利益ヲ保護スルノ私法タルニ過キサルニ至ル可シ是レ果シテ犯罪ノ輕重ヲ區別スルノ標準ト爲スヘキモノナランヤ」というのである(45)。この考え方は、その後の増補訂正五版でも、刑法と私法の相違を説述している箇所に現われ、維持されている。すなわち、古賀の下した犯罪の定義に現われている。古賀は自ら犯罪を定義して、「犯罪トハ刑罰ノ制裁アル法律ニ依リ豫メ禁制又ハ命令シタル事項ニ違反スル行爲ヲ謂フ」とするが(46)、この犯罪の定義の中にみえる「刑罰ノ制裁アル法律」の文言の解釈を通じて、法律一般の目的は「一國ノ安寧秩序ヲ維持スル」ことにあるとするが、刑法では民法のような「一個人」の私益を保護することを目的とするものではなく、「國家ノ公益ヲ維持スルヲ目的」とすると主張している。[47]

古賀は、ここで示された考え方を未遂犯の処罰根拠にも及ぼして、「元来未遂犯ハ其結果被害者ニ對シテ毫厘ノ損害ヲ生スルヿナキモ社會公衆ヲシテ危懼ノ念慮ヲ起サシムルノ性質ヲ有スルカ故ニ之ヲ罰スルモノトス」と述べ、「公益ヲ害スル」点では既遂犯と区別すべきところがないとするのである。[48] そこで、古賀は、「現刑法〔旧刑法典を指す―筆者註記〕ハ一私人ノ損害ヨリモ寧ロ公益ノ損害ヲ重シタルヤ明白ナリト云ヒ得ヘシ」とし、未遂犯の処罰根拠とは「公益保護ノ目的ニ出テタル未遂犯ノ〔処罰の―筆者註記〕規則」にあるとする説を明確に述べていたこともある。[49]

**註記**

(12) 『刑法講義総論』および『刑法汎論』は、「叙論」に代えて「緒言」の語を用いてはいるものの、増補訂正五版の構成に倣っている。
(13) 「増補版」二五〜二六頁、「初版」二一〜二三頁。
(14) 「増補版」二六頁、「初版」二三頁。『刑法講義総論』および『刑法汎論』では、既存の刑罰権に関する所説の紹介すら存在しない。「講義」一八頁以下、「汎論」一二頁以下を参照。
(15) 「増補版」二七頁、「初版」二二〜二三頁。
(16) 「増補版」二五頁、「初版」二二頁。
(17) 「増補版」講談一〇頁、「初版」講談九頁。
(18) 以上、「増補版」一一頁、なお「初版」では「虎狼」の表現に換えて「大讐」という表現を充てていた。「初版」七〜八頁。
(19) このような古賀の意識は次のように犯罪を絶対的な悪と見ることから由来するもののようである。古賀は国家の存亡をかけた外国との戦争を例として引き、いわく、「夫レ敵ト相對スルヤ其一方必ス滅亡セサレハ止マス我負レテ亡フルニアラサレハ我必ス彼ヲ亡ホシテ後チニ止マントス犯罪ノ社會ニ於ケル亦然リ」と述べ、犯罪との戦いとは国家の存亡をかけた戦いに等しいという点を強調するのである。「増補版」二九頁。同旨、「汎論」一四頁。「初版」では、「社會ニ於テ犯罪人ヲ捕ヘ犯罪人ヲ殺スハ猶ホ人カ危害ヲ加ヘタル猛獣ヲ獲シテ之ヲ殺スカコトシ」と表現していた。「初版」二三頁。

(20)　参照、本書第一部の総括。
(21)　「増補版」講談三九頁、「初版」講談三八頁。
(22)　「増補版」講談三六頁、「初版」講談三五頁。
(23)　「増補版」講談三八頁、「初版」講談三七頁。
(24)　「増補版」講談二五頁、「初版」講談二四頁。
(25)　「増補版」講談二六頁、「初版」講談二五頁以下参照。
(26)　参照、「増補版」講談三六～三七頁、「初版」講談三五～三六頁。
(27)　「増補版」講談三八頁、「初版」講談三七頁。
(28)　以上、「増補版」二八～二九頁、さらに「汎論」一三～一四頁。同旨、「初版」二四頁。「講義」一九～二〇頁。
(29)　「増補版」二八頁。「初版」では、「社會ハ則チ其（人—筆者註記）生存ノ必要地」と表現していた。「初版」二四頁。同旨、「汎論」一三～一四頁。
(30)　以上、「増補版」二九～三〇頁、「初版」二三頁。同旨、「講義」二〇～二一頁、「汎論」一四～一五頁。
(31)　「増補版」三〇頁、「初版」二六頁。同旨、「講義」二〇頁、「汎論」一五頁など。
(32)　以上、「増補版」三〇～三二、三四頁、「初版」二七頁。同旨、「講義」二一～二四頁、「汎論」一五～一七頁。
(33)　「初版」二五頁。
(34)　「増補版」三四～三五頁。同旨、「講義」二六～二七頁、「汎論」一七～一八頁も同旨である。
(35)　以上「増補版」三五～三六頁。さらに「講義」二七頁、「汎論」一八～一九頁。
(36)　「増補版」三六頁、「講義」二七頁。同旨、「汎論」一九頁。
(37)　「増補版」三六～三七頁、「講義」二七～二八頁、さらに「汎論」一九～二〇頁。
(38)　「増補版」三七～三八頁、「講義」二八～二九頁、さらに「汎論」一九～二〇頁。

(39)「増補版」三八～三九頁、「講義」二九頁。
(40)「増補版」三八頁、「講義」二九頁。「汎論」では、旧刑法典第二条において定められている刑法の正条が、権利義務の内容を示し刑法による社会の防衛権の限界を規定していると指摘するにとどまる。「汎論」二〇頁。しかし、「増補版」や「講義」では、刑法に正条が存在しているから、という形式的な理由ではなく、それを超えてさらに実質的な理由づけをおこうとして踏み込んだ叙述をしていたことが伺えるのである。
(41)「増補版」三九頁。同旨、「講義」二九～三〇頁。
(42)「増補版」三八頁。同旨、「講義」二九頁。
(43)「増補版」四六～四七頁、さらに「講義」三六頁。同旨、「初版」三三～三四頁、さらに「汎論」二八～二九頁。
(44)以上、「増補版」五一頁、さらに「講義」四〇頁。同旨、「汎論」三〇～三一頁。
(45)以上、「初版」五〇頁。
(46)「増補版」四一頁、さらに「講義」三二頁、「汎論」二二頁。
(47)「増補版」四二頁、さらに「講義」三二～三三頁。
(48)「増補版」六二～六三頁、「初版」五〇～五一頁、さらに「講義」四九～五〇頁、「汎論」三九～四〇頁。
(49)「初版」五一～五二頁。

## 第二節　古賀廉造の未遂犯論

古賀は、犯罪論において犯罪の構成条件（犯罪事実）から行為者の問題（行為者の責任）を厳密に峻別している。(50) そして、未遂犯の問題は犯罪事実の問題であると位置づけている。(51)

註記

（50）古賀はこれを犯罪の定義から導き、「犯罪ハ一ノ事實ニシテ法律ノ設ケタル疆界線ヲ超ユルニ於テ成立スル所ノモノナリ其之ヲ超ヘタル人ノ何人タルヤハ措テ問フ所ニ非ス犯罪一旦成立シタル後其犯人ノ責任ヲ論スル…（中略）…人ニ關スルモノト事實ニ關スルモノトハ嚴ニ之カ區別ヲ爲スヘシ犯罪ノ定義ハ單ニ犯罪ノ事實ヲ問フモノニシテ意思即チ人ニ關スルモノハ措テ問フ所ニ非ス」というように、犯罪事実と行為者の問題とを区別して犯罪論を構成すべきことを論じている。「増補版」五〇～五一頁、さらに「講義」四〇頁、「汎論」三〇～三一頁。この考え方を採用することによって古賀は叙述を「第一編　犯罪」の下で「犯罪ノ事實」を第一巻で、他方「犯罪ノ責任」を第二巻で分析を加えているのである。「増補版」目次一頁以下、「初版」目次一頁以下、さらに「講義」目次一頁以下、「汎論」目次一頁以下を参照。

（51）「未遂犯」を「第一巻　犯罪ノ事實」の下で議論をしている。「初版」六六頁以下、「増補版」七九頁以下、さらに「講義」六三頁以下、「汎論」五二頁以下。

## 第一款　犯罪の錯誤

まず古賀の犯罪論の中での未遂犯の占める位置づけについて見ておこう。古賀はこれを犯罪の成立する場合の「状態」[52]の一つとして位置づけていた[53]。すなわち、「犯罪ノ成立上ノ區別」の下で「犯罪成立ノ状態」として「即時犯」、「繼續犯」、「單行犯」、「慣行犯」などと並べて、未遂犯、既遂犯を置いて分析を加えていたのである[54]。そして、さらに「未遂犯」の款下では、未遂犯を、錯誤、つまり「事實上ノ錯誤」の一つの場合であるという理解を示していた。「事實上ノ錯誤」には、故意（「罪ヲ犯スノ意思」、「犯意」）がなくて罪を犯した場合（旧刑法典第七七条第二項）のほか、故意はあるが罪（既遂罪）とはならなかった場合（旧刑法典第一一二条）とがあるとするのである。前者は過失犯であり、後者が未遂犯である[55]。このように、古賀においては、未遂犯は錯誤（意図した結果と実際の結果とのずれ）

の場合であると位置づけられていたのである。[56] ここから、未遂犯を主観的側面から観察していこうとする態度がうかがえるのである。[57]

しかし、犯罪の主観主義的理解を基本に置いて犯罪論を構成しようという考え方を採用したと短絡的に結びつけて古賀を評価してよいかどうかは躊躇を覚える。[58] 古賀は、既遂犯を「犯罪ノ意思ト犯罪ノ事實ト全ク一致シタル場合」と位置づけ、この場合を刑法の「原則」であると位置づける。その上で、「然ルニ犯罪ノ意思ト犯罪ノ事實ト一致セスシテ而シテ尚ホ刑罰ノ制裁ヲ科スヘキ場合」があるとする。この場合を未遂犯と過失犯とする。そこで、未遂犯につき「犯罪ノ事實ハ不完全ナルモ犯罪ノ意思ハ充分ニ成立シタル場合之ヲ名ケテ未遂犯ト云フ未遂犯ハ犯罪ノ意思ト犯罪ノ事實ト全ク一致セス犯罪ノ意思ハ一尺ニシテ犯罪ノ事實ハ一寸若クハ五寸ナル場合ニ於テ尚ホ一尺ノ事實アルモノトシテ之ヲ罰スル場合ナリ」とする。そして、「此場合ニ於テ刑法ハ全ク其重キヲ意思ニ置キテ事實ニ置カサルナリ」とし、古賀は未遂犯の処罰を明確に「刑法ノ例外ヲ成ス」と位置づけるのである。[59][60] その認識のもとで、古賀は未遂犯を「主トシテ犯罪ノ意思ヲ罰セントスル」規則であると説いているのである。[61] ゆえに、古賀の犯罪論一般をさして主観主義であると説く論調が見られるが、[62] それは牧野英一らのような犯罪徴表説を想起すべきものとしてただちに認識しては誤りである。むしろ、既遂犯の処罰を原則とし、未遂犯の処罰を例外と認識し、その上で、基本的に犯罪の客観的構成を原則とするものの、未遂犯の場合には例外として主観的構成を構えようとする犯罪論の二元的構成をとるものと認識するのが正確であると考えられるのである。[63] また、ここで「未遂犯ハ主トシテ犯罪ノ意思ヲ罰セントスルノ規則ナリト斷言セン」とする主張がなされていたからといって、意思の所在そのものを取り出してこれをただちに処罰するものではない。私が本章第一節で指摘し、また後にも述べていく通り、古賀は、意思を社会との現実的な関連性の中でその処罰価値を見出そうと努めることに注目しなければならない。また、古賀は、犯罪の構成上、意思（「犯罪ノ意思」）の問題を責任を構成する要素（「犯人ノ責任ヲ定ムル要素ヲ爲スモノナリ」）と位置づけることを明確に述べていたこともある。(64)

そして、古賀は、この未遂犯の場合を示すべき「事實上ノ錯誤」につき、さらに数個の場合がありうるとした。①犯罪の実行に着手したが未遂に終わった（「錯誤ヲ生スル」）場合である「着手未遂」、②犯罪の実行を遂げたが未遂に終わった（「錯誤ヲ生スル」）場合である「缺効犯」、③犯罪の目的について錯誤があり未遂に終わった場合である「目的上ノ不能犯」、④犯罪の方法について錯誤があり未遂に終わった場合である「方法上ノ不能犯」があるとする。(65)そのほか、古賀はこのような「錯誤」に原因しないものとして、犯人が任意に犯罪を中止した場合として、「中止犯」があるとした。(66)

もっとも、古賀は未遂犯を錯誤の一場合であると分類していたが、未遂犯の可罰性に関する議論では従来説かれてきている行為の段階論を踏襲して分析を加えている。(67)すなわち、時系列に即して犯罪の発意から説き起こし、次第に犯罪の予備、着手未遂犯、欠効犯という順を踏んで逐次未遂犯論を構成している。すなわち、「第一、犯人カ一定ノ罪ヲ犯スノ考ヲ爲ストキ之ヲ名ケテ犯罪ノ發意」、「第二、其犯罪ノ發意ヲ實行スルカ爲メニ必要ナル準備ヲ爲ストキハ之ヲ名ケテ犯罪ノ豫備ト云フ」、次に「豫備既ニ成リテ犯罪ノ事實ニ進行シ之ヲ行ヒ畢ルマテ之ヲ名ケテ犯罪ノ實行ト云フ犯罪ノ實行ヲ終ハラスシテ犯人意外ノ錯誤ヲ爲シテ之ヲ止メタル場合之ヲ名ケテ着手未遂犯」、さらに「犯罪ノ實行ヲ終ハリテ其目的ヲ達スルコト能ハサリシ場合之ヲ名ケテ缺効未遂犯ト云フ」と定義し、これら犯罪の各段階を「第一段　犯罪ノ發意、第二段　犯罪ノ豫備、第三段　犯罪ノ實行」とし、「第三段犯罪ノ實行」をさらに分け「第一項　着手未遂、第二項　缺効未遂」と図式化して順次その可罰性の根拠につき分析を加えている。(68)

まず、古賀は、「犯罪ノ發意」の可罰性につき、これをどのようにとらえていたかを見てみよう。古賀は、我が刑法の淵源をローマ刑法に求め、そこでは「未遂罪ハ明カニ犯人ノ意思ヲ罰スヘキ規則ナリ」ととらえ、「未遂犯ハ主トシテ犯罪ノ意思ヲ罰セントスルノ規則ナリト斷言セント欲スル」と主張していた(69)。このような立場に立ち、古賀は未遂犯論を構成するわけであるが、「犯罪ノ發意」については、その不可罰性を説くのである。

古賀は、その根拠につき二つを挙げる。一つは刑罰権の根拠論から、もう一つは実務上の配慮から説き起こすのである。

まず、刑罰権の根拠から見てみよう。古賀は刑罰権を「社會生存權ヲ維持」するためにあると位置づけるので、社会に対して何等の交渉（社会の生存権に対する「危害」）をもたない場合については刑罰権を行使すべきではないとしている(70)(71)。ここから、社会との関係をもつものでなければ刑罰の対象とはならないことを認識することができる。そこで、この「社會」とは何かが問題になるが、これについて、古賀は「社會ハ元ト人ノ聚合体ヨリ成ル所ノ秩序アル状態ヲ謂フ」と述べたことがあることから認識することができるように、古賀は「人」の集合体から構成され、また秩序のある状態を示すとしている(72)。このような社会から構成される「秩序」とはどのようなものとして観念されているのであろうか。これについて古賀は、人の「權利義務ノ關係ノ紊ルルコトナキ有様」をいうとする(73)。

ところで、第一節ですでに明らかにしたように、古賀は社会秩序を個々人の利益の保護からなるものではなく、公益の保護に求めていた。しかしながら、ここでは古賀は「社會ノ秩序」を「權利義務ノ關係」の維持にあると明示した。そこでは、犯罪とは、この権利義務「ノ關係ヲ破壊セントシ又此關係ヲ破壊スルモノ」と定義している(74)。権利義務の関係の維持とは、現代的視点からとらえれば、個々人のもつ私益の侵害に犯罪の本質を求めるものであるように理解される。ここで明示された古賀の態度は、私が前節ですでに明らかにしたように、古賀は刑法の公法としての性質を維持するため、個々人の利益の侵害にその本質を求める私法の性質を極力排除しようと努めていた態度と一見矛盾するもののように映る。しかし、実はそうではない。それは、古賀の理解する権利義務の観念が私法的な個人主義的観点から構成されている訳ではないことをまず確認しなければならない(75)。先に古賀は社会が「人」の集合体であるとするも、その権利義務の定義につき次のような考え方を明示していた。古賀は刑法とは人がなすべきこととなすべからざることとの限界を示し、なすべきこととなすべからざることとを人々に命令するのだと説き、「爲スヘキ所區域ヲ名ケテ權利」とし「爲スヘカラサル區域ヲ名ケテ義務」と定義を与えていたのである(76)。つまり、古賀のいう権利とは、私法的な権利ではなく社会的な権利、すなわち命令規範のことであり、義務とは、これまた私法的な義務ではなく社会的な義務、すなわち禁止規範のことである。そして、このように構成された権利義務の関係が維持されていることを社会秩序の維持と古賀は観念していたのである(77)。また、このような権利義務の関係を「破壊セントシ又此關係ヲ破壊スルモノハ即チ所謂ユル犯罪ナリ」と定義する。古賀は社会との関係を論じたが、それはこのように概念構成された権利義務の関係を念頭に置いて論じていたことがわかる。もっとも、その権利義務の内容は定かではない。かつてボアソナードはこのような権利義務の内容に、自然法の思想を導入し「何人をも害することなかれ」(Ne lesez personne.) という自然法の根本規範を充てたが(78)、古賀の場合については今後の研究課題としたい。

そこで、発意の不処罰とは、古賀によれば犯罪意思は社会の権利義務の関係に触れるものではないので、社会の秩序と関係をもたず刑罰権を行使する理由がないのだと判断するわけである(79)。

次に、実務上の配慮について見てみよう。古賀も、犯罪の意思は一定せず、周囲の環境から受ける刺激などによって変化する「變撰極マリ無」い存在であると理解している。そこで、「一タヒ人ヲ殺スノ意思アリトシテ逮捕セラレテ裁判所ノ門ニ臨ムトキハ既ニ人ヲ殺スノ意思ナクシテ却テ人ヲ援ハントスル仁慈ノ意思ヲ生ス裁判官ハ果シテ尚ホ之ヲ罰スヘキ歟」、また「若シ苟クモ一タヒ犯罪ノ意思起レハ爾後其意思消滅スルモ尚ホ之ヲ罰スヘシトセハ社會ノ人十中ノ九ハ皆之ヲ罰スヘキニ至ラム」と指摘した。(80) このように、古賀はまだ行動に移される前の発意にとどまっている段階では、現実に裁判を実行することができず、また一度でも犯罪意思をもったことのある人をことごとく処罰しようとすると国民のほとんどを処罰することにもつながり、刑法は介入できないとするのである。(81)

なお、古賀は「犯罪ノ發意」の処罰に関連して、犯罪意思の処罰に類似した犯罪として脅迫罪と国事犯の陰謀罪を挙げて、これらの犯罪の処罰根拠について詳細に検討を加えている。(82) 脅迫や内乱の陰謀とは予備以前の犯罪意思の発表にあたるからである。古賀は脅迫罪を次のように定義している。「脅迫罪ハ脅迫ノ手段ト爲シタル事實ヲ行ハスシテ唯タ其意思ヲ發表スルニ止ル犯罪ナリ」としている。(83) 脅迫罪では、脅迫の手段として犯罪の意思（殺人、放火などの意思）を「發表」する行為（「所爲」）を処罰するものである。この犯罪は発表された意思そのものを実現しようと予定しているものではないから、その意思そのものをとらえて処罰する必要はなく、意思の処罰ではないと説いた。他人に危惧の念を発生させる行為（脅迫行為）に処罰根拠があるのだとするわけである。(84) 他方、国事犯の陰謀罪について古賀は、「國事犯ヲ行ハントスルノ意思アル者二人以上互ニ其意思ヲ交通シタル場合」と定義している。(85) 古賀はその処罰根拠として一定の犯罪（国事犯）を行なう「意思ノ交通」行為そのものを「其意思ノ蔓延スルヤ倏チニ無数ノ人ニ及フヘキ」であるので「社會ノ爲メ非常ノ危險アリ」、「既ニ社會ノ上ニ多少ノ危害ヲ及ホシタルモノナリ」と位置づけ、互いにその意思を交通する「所爲其者」が社会の危害であり、刑法は犯罪を行なう意思を交通する「所爲其者」をとらえて処罰する、つまり「交通ハ即チ社會ニ顯ハレタル事實ナリ」として、この客観的な事実を刑法は処罰しているのだと主張するのである(86)。要するに、これらの犯罪では、犯罪が既遂犯へと向かう一段階として構成されるのではなく、それ自体が完成した一つの犯罪として構成されていたのである。

以上より、古賀の議論の特徴は犯罪の意思を原則として処罰しないとする構成をとるのではなく、留保を付さず処罰しないとする態度に出ている点に認められる。

次に、「豫備」につき、これをどのように理解していたかについて見てみよう。

古賀は、予備とは「犯罪ノ意思一定シテ之ヲ事實ト爲サンカ爲メニ行フ所ノ準備即チ犯罪ノ實行ニ必要ナル準備ヲ謂フナリ」と定義する(87)。したがって、古賀によれば「犯罪ノ豫備ハ外部ニ表白シタル事實」であるから「已ニ社會トノ關係ヲ發生シタル所ノモノナリ…（中略）…既ニ一事實ト爲リテ而シテ社會ト關係ヲ保ツニ至レリ」という分析が加えられる(88)。これで予備行為は社会との関係をもつので刑罰権の発動を受ける対象となったわけであるが(89)、問題はその価値があるかどうかにある。古賀は予備行為を処罰すべきだと評価するのであろうか。

古賀は予備を処罰しないと評価を下しているのである。その理由を二つ考えている。古賀ははっきりと断っているわけではないが、一つは刑罰権の根拠に相当する議論に引きつけながら、もう一つは政策判断に相当する議論に引きつけながら議論を展開しているのである。

刑罰権に関わるものとして次のような議論が行われている。古賀は、予備行為は処罰に値いすべき価値がないと評価している。その理由は「犯罪ノ豫備ハ社會ニ於テ危險ナル行爲ト爲スニ足ラサルカ故ナリ」とするのである(90)。そうすると、その危険性判断をどこから求めたのかが問題になる。これについて古賀は「社會ニ於テ危險ナリト爲ス所ノ行爲ハ行爲其物ノ性質カ社會ノ危害ト爲ルニ足ルヘキモノ」であることを必要としている旨述べている。古賀は、その点を等閑視して予備を処罰しようと考えることは「唯タ後日危害ノ媒介ヲ爲スヘシトノ豫想ヲ以テ此ヲ罰スルニ至」るとして、「恰モ人民ノ或部分ハ後來罪ヲ犯スモノナリト豫想シテ之ヲ罰スル」ことに等しいと批判を加えていたのである[91]。また、さらに次のようなことを古賀の議論から認識することができる。それは、発意の場合とは異なり予備の場合には犯罪意思が一定の行為の形をとり外界に現われているわけであるが、ここでは予備行為そのものに着目してそれが処罰に価するものであるかが分析されなければならないとする旨が説かれていたことに注目すべきである。例えば、刀剣商や銃砲弾薬商は日々刀剣などを販売するが、それは殺人目的をもって店を訪問する者に対しても例外ではない。この販売行為は、殺人犯人の目的の側から観察すれば「刀劍、銃砲彈藥ノ賣買ハ社會ニ於テ恰モ危險ノ行爲ナルカ如クナリ」と評価を下すことに到らざるを得ないし、現に古賀自身そう評価している。そうすると、予備罪を分析する場合にはこの犯罪意思をどのように取り扱うのかも問題になる。これについて古賀は特色のある議論を行なっている。古賀は先の刀剣や銃砲弾薬の販売の例を取り上げて次のように分析を加えている。古賀は、人が刀剣、銃砲弾薬を購入するのは愛玩のためであり、護身のためであり、狩猟のためである場合も認められるとして、「買フ者ノ目的如何ヲ追求セスシテ單ニ此刀劍銃砲彈藥ノ賣買ノミヲ觀察セハ此賣買ハ果シテ社會ニ危險ナル行爲ナリト云フコトヲ得ルヤ」とし、「若シ性質上社會ノ危險ヲ爲スモノナリト云ハ丶」その売買の目的が殺人にあっても、護身にあっても「亦危險」と評価しなければならない。しかし、刀剣、銃砲弾薬の売買は「賣買其者ノ性質ニ付テ之ヲ觀察スレハ毫モ此危險ナキノミナラス社會ノ營業ニ屬スルモノニシテ人ノ生活ノ助ヲ爲ス行爲ナリ」と評価するのである。すなわち、「凡ソ犯罪ノ豫備行爲ハ此如ク行爲其者ノ性質ハ寧ロ社會ノ必要上爲サヽル可カラサルモノニシテ毫モ社會ニ對シ危險ヲ生スル性質ヲ有セサル」、それ「故ニ社會ハ此行爲ニ因テ其生存ヲ害セラルヽコト無シ…（中略）…到底刑罰權ヲ以テ之ニ臨ムコトヲ得サルヤ明ナリ、刑罰權ハ社會生存權ノ害セラレサル以前ニ之ヲ行フヘキモノニ非ス是レ犯罪ノ豫備ヲ罰セサル理由ナリ」と考察するわけである。[92] すなわち、予備行為の可罰性を評価する上で、行為者の犯罪意思、目的を取り除いて当該予備行為そのものを取り出してこれをそれがもつ社会的効用性（「社會ノ必要」）の観点から客観的にかつ一般化的に評価を加えて分析をするのである。その結果、予備行為そのものは、一般に社会にとり危険な行為ではなく、人生通常の行為と明確に区別することが可能なほど犯罪性がはっきりと現われてはいないと評価を下している。したがって、予備は社会の生存を害するものではないから、予備罪を処罰しないのだと判断するわけである。また、刑罰権の行使に関しては犯人が将来及ぼすであろう危害を射程に入れて判断すべきではない。あくまでも社会生存権がその行為によって現実に侵害される段階にとどめるべきであり、その前の段階で予防的に行使することは控えるべきだとする謙抑的な姿勢が示されているのである。[93]

政策判断に相当する議論としては次のような考え方が展開されている。古賀は、行為者が予備に到ったとしてもその移ろい易い意思に導かれて犯罪の決意を翻すことが期待できるので、予備の段階では刑罰を免れる余地が残されていることを法が示すことによって犯行から退却する途を開けておくことができる。しかし、予備を処罰することにしておくと、その途を封じることになるので、むしろ犯罪を既遂にまで推し進めさせてしまう弊害を生むとして批判を加え、結論として予備の不処罰を導いている。[94]

なお、古賀は予備の不処罰に関連して、予備の処罰に類似した犯罪として、国事犯の予備罪（旧刑法典第一二五条、内乱予備罪）と貨幣偽造予備罪（旧刑法典第一八六条第二項）を取り上げて、これらの犯罪の処罰根拠について詳細な検討を加えている。古賀は、これらの犯罪を既遂へと進展すべき予備罪として構成するのではなく、それ自体が「社會ノ危害ヲ爲ス一犯罪トシテ」構成しているのである。[95] すなわち、古賀は国事犯の予備そのものが独自に「既ニ社會ノ人心ヲ騷擾セシムルニ十分ナル所ノモノノアル」と断じ、他方、貨幣偽造予備（貨幣偽造用の機械の準備）は、刀剣の売買の例とは異なり、他にその正当な目的があることを想定することができず、「其性質上犯罪ヲ以テ唯一ノ目的トスルモノ」であると判断することができるので「何人ト雖モ此ヲ以テ危険ナラスト爲ス者アラサル」と断定した。そこで両罪ともに、「豫備行爲ノ性質カ犯罪ヲ以テ唯一ノ目的トスルトキハ其行爲其モノニ於テ既ニ社會ノ人心ヲ畏怖セシムル者ニ足」ると分析し、そこにこの犯罪を処罰する価値を見出したわけである。ここでも、行為そのもののもつ客観的、かつ一般的な性質が分析の対象に置かれている。そして、古賀によればこれらの犯罪の処罰は「犯罪ノ豫備」として処罰する構成がとられるのではなく、「豫備行爲其者ノ成立カ既ニ社會ノ危害タル行爲ヲ爲スモノ」として処罰するという、完成された一つの独立した犯罪として構成されそこに処罰価値を見出すとする分析を行なっているのである。(96)

以上より、ここでも、古賀の議論の特徴は予備罪を原則として処罰しないとする構成をとるのではなく、(97)留保を付さず処罰しないとする態度に出ている点に認められる。

註記

(52) 初版では「様態」と表現されていたがその実質は変わらないであろう。「初版」六一頁。
(53) 「増補版」七三頁。同旨、「講義」五八頁、「汎論」四七頁。ほかに当時このような考え方をとる論者として、前田抱陽などがいる。前田抱陽『改正刑法講義全』〔初版、明治四一年。積善館本店〕一二六頁。
(54) 「増補版」七三頁、「初版」六一頁。同旨、「講義」五八頁、「汎論」四七頁。
(55) 「増補版」七九頁、「初版」六六頁。同旨、「講義」六三～六四頁、「汎論」五四頁。
(56) 同じ認識をもつ者として他に、吉永鐵太郎など。吉永鐵太郎『改正刑法刑事訴訟法釋義　附　監獄法及施行規則』〔初版、明治四一年八月三〇日。田中宋榮堂〕六二一～六二三頁。
(57) このような理解を示す論者の中で不能犯論において主観説をとる論者には錯誤の程度が合理的であったかどうかにより、不能犯の可罰性を決めようとする傾向が見られる。G. Williams, Criminal Attempts -A Reply, Crim.L.R., 1962, p. 300.

(58) 古賀の犯罪論を主観主義犯罪論と評価するのは、曽根威彦「刑法理論史研究の課題 - 犯罪論から」法律時報六七巻一号一五頁。

(59) 以上、「増補版」八一～八二頁、さらに「講義」六三～六四頁、「汎論」五三～五四頁。

(60) その所論の嚆矢として、古賀はオランダの刑法学者スウィンデレンの名を挙げている。「増補版」八三頁、さらに「汎論」五五頁。

(61) 「増補版」八三頁。さらに「講義」六五頁、「汎論」五五頁。

(62) 曽根・前出註（58）一五頁。

(63) ちなみに、古賀は未遂犯の他に錯誤のもう一つのバリエーションであるとして過失犯を認識しているが、過失犯についても次のような理解を示していた。未遂犯の場合と並べて過失犯を「犯罪ノ意思ナクシテ唯タ犯罪ノ事實ノミ成立シタル場合」であるから「犯人ノ意思如何ヲ問フコトナク唯タ事實ノ成立ノミニ付之ヲ罰スルナリ」とし、「過失罪ノ場合ニ於テハ其重キヲ事實ニ置キテ意思ニ置カサルナリ」とする。しかし、過失犯の処罰についても、未遂犯と並べて「刑法ノ例外ヲ成ス」との認識を示していた。以上、「増補版」八一～八二頁、さらに「講義」六三～六四頁、「汎論」五四頁。この点について「初版」六九頁註記（1）も「意思ナキ行爲ハ稀有ノ例外ヲ除キ刑法上之ヲ罰スルノ場合殆ト之ナシ」として同旨のこと述べていた。ゆえに、過失犯の取り扱いについて古賀の示した認識も勘案すれば、古賀の犯罪論は三元的構成ということができる。

(64) 「初版」六九頁註記（1）。

(65) 「増補版」七九～八〇頁、「初版」六六頁。同旨、「講義」六六～六七頁、「汎論」五三頁。

(66) 「増補版」八〇頁、「初版」六六頁。同旨、「講義」六七頁、「汎論」五三頁。

(67) ボアソナードについて本書第一部第三章第二節第一款、宮城浩蔵について第四章第二節第一款、井上正一について第五章第二節第一款を参照。

(68) 「増補版」八〇頁以下、「初版」六七頁以下。同旨、「講義」六六頁以下、「汎論」五三頁以下。

(69) 以上、「増補版」八二～八三頁。同旨、「講義」六四～六五頁、「汎論」五四～五五頁。

(70) 「増補版」八八～八九頁、さらに「講義」七三頁、「汎論」六〇頁。同旨、「初版」六九～七〇頁註記（2）。

(71) 同様のことを古賀自身が犯罪の定義を構築する際にも述べていたことをここで想起しておかなければならない。古賀は自ら犯罪に定義を下していた。すなわち「犯罪トハ刑罰ノ制裁アル法律ニ依リ豫メ禁制又ハ命令シタル事項ニ違反スル行爲ヲ謂フ」と。「増補版」四一頁。さらに、「講義」三二頁、「汎論」二二頁。なお、『刑法新論』初版も同旨。「初版」三三頁。古賀は、この犯罪の定義の中から、禁制又は命令の「事項ニ違反スル行爲」という命題を取り出して、「行爲トハ必ス外部即チ社會ニ表白シタルモノナラサル可カラス」と述べている。「増補版」四六頁、さらに「講義」三六頁、「汎論」二八頁。「初版」三三頁も同旨。犯罪の基本となる行為を、社会との関係から捕捉しようとする古賀の態度を伺い知ることができるのである。そこで、「行為カ未タ社會ニ對シテ何等ノ影響ヲ及ホサヽルモノ之ヲ換言セハ尚ホ人ノ意思中ニ在リテ未タ行爲トシテ外部ニ出テサルモノハ假令違反ノ行爲ナリトスルモ未タ曾テ社會ニ何等ノ關係アラサルヲ以テ社會ハ之ニ對シテ処罰ノ權利ヲ有セス」と説いていたわけである。「増補版」四六頁、さらに「講義」三六頁。「初版」三四頁、さらに「汎論」二八頁も同旨。

(72) 「増補版」八九頁。同旨、「講義」七三頁、「汎論」六〇頁。

(73) 「増補版」八九頁。同旨、「講義」七三頁、「汎論」六〇頁。

(74) 「増補版」九〇頁。同旨、「講義」七四頁、「汎論」六一頁。

(75) 古賀は、「一個人」のもつ私益そのものは民法で保護するものであり、刑法で保護する対象ではないと認識していた。なぜならば、私権は一個人の判断で自由に放棄することができるからである。このような一個人の私益を保護することは刑法の目的ではなく、刑法の目的は「國家ノ公益ヲ維持スル」ことにあると述べていたのである。「増補版」四二頁。さらに「講義」三二頁。

(76) 「増補版」八九頁。同旨、「講義」七三頁、「汎論」六〇頁。

(77) 「増補版」八九頁。同旨、「講義」七三頁、「汎論」六〇頁。

(78) この点の詳細については、ボワソナード『性法講義』井上操訳〔初版、明治一〇年。司法省〕を参照。

(79) 「増補版」九〇頁、さらに「講義」七四頁、「汎論」六一頁。「初版」では、権利義務関係や社会秩序に関し踏み込んだ叙述は見えず、単に犯罪意思はまだ社会に対して利益や害悪を与えることがないことを述べるにとどまる。「初版」六九～七〇頁註記（2）。

(80) 以上、「増補版」九二頁、さらに「汎論」六三頁。「講義」ではこの部分の説明を欠いている。

(81)「初版」では、政策上の配慮を指摘していた。そこでは、犯罪の意思から処罰することにすると、一たび犯罪を犯す決心をした者は必ず犯罪を遂げるまで犯行を止めない結果を生じる弊害が生まれることを指摘していた。「初版」七〇頁註記（2）。
(82)「講義」では、これらについての検討を欠いている。
(83)「増補版」九三頁、さらに「汎論」六四頁。
(84)以上、「増補版」九三〜九四頁、「初版」七〇頁註記（2）。同旨、「汎論」六四〜六五頁。
(85)「増補版」九五頁、さらに「汎論」六五頁。「初版」では、「陰謀罪ハ只内亂ヲ起スノ決意ヲ爲シタルノ謂ニ非ラス其決意ノ目的ヲ達センカ爲メニ謀計畫策シテ之ヲ同志者ニ交通シ又ハ此決意ヲ發表シテ同志者ヲ勧誘スルノ行爲ヲ爲スヲ謂フ」としていた。「初版」七一頁註記（2）。
(86)以上、「増補版」九五〜九六頁、さらに「汎論」六五〜六六頁。「初版」七一頁註記（2）も表現を異にするものの同旨である。
(87)「増補版」九六頁、さらに「講義」七五頁、「汎論」六六頁。「初版」では、「夫レ犯人カ犯罪ヲ實行スルニ當リテ之レニ必要ナル方法ヲ準備スル之ヲ名ケテ犯罪ノ豫備ト謂フ」としていた。「初版」七一頁。
(88)「増補版」九七頁。同旨、「講義」七五〜七六頁、「汎論」六七頁。
(89)この所以を古賀自身に語らせると、「豫備ノ事實ニシテ果シテ社會ト關係アランカ他日此ニ原因シテ社會ノ秩序ヲ紊スノ結果ヲ生スヘキモノナルヲ以テ宜シク刑罰權ヲ用ヒテ以テ其事實ヲ罰スルコト却テ禍ヲ未萠ニ防クノ良策ナラム」と表現している。「増補版」九七頁、さらに「講義」七六頁、「汎論」六七頁。
(90)「増補版」九八頁、さらに「講義」八〇頁、「汎論」六八頁。「初版」七二〜七三頁では、「豫備ノ所爲ハ未タ社會ニ對シテ一定ノ危害ヲ發生セシメス又其安寧秩序ヲ紛亂シタルモノニ非ラサル」と表現していたが、同旨であろう。
(91)以上について、「増補版」九八〜九九頁、さらに「講義」八〇頁、「汎論」六八頁。「初版」七三頁も同旨。
(92)以上について、「増補版」九九〜一〇一頁。同旨、「講義」八〇〜八三頁、「汎論」六九〜七一頁。
(93)以上、「増補版」一〇一頁、「初版」七三頁、さらに「講義」八二〜八三頁、「汎論」七〇〜七一頁。
(94)「増補版」一〇一〜一〇二頁、「初版」七四頁。なお、「講義」、「汎論」では、この政策判断に相当する議論を欠いている。
(95)「増補版」一〇二頁、さらに「講義」七六頁、「汎論」七〇頁。「初版」七四頁でも、「豫備行爲ノ目的タル犯罪ニ關スルコトナク其行爲ヲ以テ特別ノ犯罪ナリトシテ之ヲ罰スル場合」として、内乱予備と内乱の従犯を例に挙げていたが、これらについての分析は「本論ニ關係ナキヲ以テ茲ニ之ヲ省ク」としていた。

(96) 以上、「増補版」一〇三〜一〇四頁。同旨、「講義」七七〜七八頁、「汎論」七一〜七二頁。

(97) このような考え方をとっていた論者は、宮城浩蔵、井上正一など。それぞれ本書第一部第四章第二節第一款、第五章第二節第一款を参照。

## 第二款　未　遂　犯

まず、古賀は実行の着手についていかなる概念構成を採用していたのかを見てみよう。古賀は実行の着手（「犯罪ノ着手」）を「犯罪ノ豫備ヲ終ハリタル後犯罪事實ノ一部ヲ行ヒ始メタル場合」であると定義する。(98)「犯罪事實ノ一部」とは、古賀の言葉によれば「刑法ニ於テ明ニ禁制命令シタル行爲ノ一部ニ違反スルノ所爲」である。(99)つまり、古賀の場合には、実行の着手とは（i）「犯罪事實ノ一部」と（ii）「行ヒ始メル」という要件から議論が構成されていることを知ることができる。(100)そして、実際に実行の着手の有無を判断する手順については、「宜シク各犯人ニ付キ其如何ナル犯罪ヲ行ハントスルノ意思ヲ有セシヤ否ヲ研究シ其意思判明シテ而シテ後其行フ所ノ所爲ハ果シテ刑法ノ禁スル構成條件ニ係ルモノナルヤ否ヲ詳カニス可シ」と述べている。(101)

ここで実行の着手を判断する場合に行為者の主観の所在が求められているが、これは今日一般に説かれているような主観的構成要件要素として、あるいはまた主観的違法要素にあたる概念として用いているわけではない点に注意をしておかなければならない。というのも、古賀は、当該行為そのものについてだけではなく、行為者の主観の所在をも考慮に入れて判断せざるを得ない事例が存在することは否定できないとして、その事情を一般的に解説した部分で、古賀は「同一ノ所爲ニシテ而シテ或ハ犯罪ノ着手トナル可キモノアリ或ハ犯罪ノ着手トナル可カラサルモノアリテ所爲其者ニ付テ直チニ判斷ヲ下タス可カラサルモノアレハナリ」と告白していた[102]。このように、古賀は行為者の主観の所在を尋ねなければどのような犯罪に該当するのか、外形的な行為だけからは判断がつきかねる事案については、行為者の意思を指標として実行の着手の判断に組み入れざるをえないとするに過ぎないのである。必ずしも犯罪事実そのものが成立するときに行為者の主観を一般的に必要な要件として理解していたわけではない点に注意をしなければならない[103]。

古賀が実際に行為者の意思を実行の着手の判断に用いた事例を紹介しておこう。古賀は、行為者が「門戸障壁ヲ踰越損壊」した事例を取り上げている。この場合については、古賀は行為者の意思の所在を明らかにしておかなければ、どのような犯罪が成り立つのかを判断することができないとしている。つまり、「門戸障壁ヲ踰越損壊」したときに、行為者の意思が「竊盜ノ意思」にあれば窃盗罪の着手として判断することができるが、「殺人ノ意思」にあれば同じ行為であってもまだ殺人罪の実行の着手として判断することはできないと評価を加えているのである[104]。

（i）　そこで、古賀は実行の着手を判断するためには、まず当該犯罪における犯罪事実を構成する「犯罪構成條件ヲ知ラサル可カラス」と指摘し、そのためには「犯罪ノ構成條件」の性質を明らかにしなければならないとするわけである[105]。もっとも、「犯罪ノ構成條件」の性質を明らかにするといえども、古賀はすべての罪に通用する一般的な性質を解明しようと意図していたわけではない。例示にとどまるとするわけである。この点について、古賀は「總テノ犯罪ニ共通スル所ノ構成條件ヲ得ント欲スルコトハ到底能クス可キノ事業ニ非ラサルナリ」と告白し、一定の種類の罪（「但或種類ノ犯罪」）についての「其構成條件ヲ解剖スルコトヲ得ヘシ」とするにとどまると述べていた。「之レ固ヨリ完全無缺ノモノニ非スト」いうわけである[106]。このような認識のもとで、古賀は実行の着手についてさらに精密な定義を提示した。すなわち、「犯罪ノ着手トハ犯罪ノ成立又ハ加重條件ニシテ犯人ノ身分ニ屬セス且ツ法律ノ禁制スル所ノ條件ヲ行ヒ始メタル場合ヲ謂フ」と定義するのである[107]。

なお、ここで古賀が明らかにした「犯罪ノ構成條件」とは次のような要素から構成されている。古賀は、これを一覧表として提示しているので、それをここでも掲げておこう。

一　犯人ノ身分上ノ條件
　（イ）犯罪ノ成立ニ關スルモノ[108]
　（ロ）犯罪ノ加重ニ關スルモノ[109]
二　犯罪ノ事實上ノ條件
　（イ）犯罪ノ成立ニ關スルモノ[110]
　（ロ）犯罪ノ加重ニ關スルモノ[111]
三　法律ニ禁制スルモノ又ハ禁制セサルモノ

とから構成されるとする[112][113]。

「一」および「二」では、各罪を構成する要素の抽出作業が「犯罪ノ成立ニ關スルモノ」（イ）と既に成立している犯罪の刑を加重する「犯罪ノ加重ニ關スルモノ」（ロ）とに分けて行為の主体（「一」）と犯罪事実（「二」）とについてそれぞれ行なわれていることになる。なお「三」については「一」「二」に見えた（イ）と（ロ）の区分を欠いているが、「三」の内容を検討している部分では、「三」にあてはまるものには何があるかについて検討がなされ、具体的には「一」と「二」から抽出された各構成条件が逐次俎上に置かれて、そのうち犯罪としての可罰性を根拠づ

ける構成条件とは何かについて検討が加えられていたので[114]、正確には、犯罪を構成する条件とは、整序すると、

一　犯人ノ身分上ノ條件
　（イ）犯罪ノ成立ニ關スルモノ
　（ロ）犯罪ノ加重ニ關スルモノ
二　犯罪ノ事實上ノ條件
　（イ）犯罪ノ成立ニ關スルモノ
　（ロ）犯罪ノ加重ニ關スルモノ

から成るということになる。要するに、古賀の説く「犯罪ノ構成條件」とは、四つのものがあることになる。

しかし、古賀の場合には、実行の着手が成立するためには、これらの条件のいずれかが整のえば実行の着手が直ちに成立すると考えていたわけではない。これらの条件のうち、特に法律が禁止命令した条件が整わなければ、実行の着手が成立しないと認識していたのである。すなわち、古賀は行為者の目的としていた犯罪事実を構成すべきものとしてはもっぱら「二　犯罪ノ事實上ノ條件」に属する（イ）や（ロ）の中から構成される「三　法律ニ禁制スル」構成条件が必要とされることになる。犯人の身分に属する構成条件にあたる「一」は、罪の構成条件ではありえても、「法律ノ禁スル」ところの「犯罪ノ一部ヲ行フタル者ナリト謂フ可カラス」と評価している。つまり、実行の着手を構成する条件とはならないということを明らかにしているのである[115][116]。ここでは、現在の構成要件論、なかんづく定型説[117]や構成要件該当事実欠缺論に相当すべき法律実証主義的な議論が見受けられるのである[118]。古賀の実行の着手論は客観説に基づく所説であると評価することができる。

ところで、古賀は未遂犯一般を説いて「未遂犯ハ犯罪ノ意思ヲ罰スルノ規則ナリト斷言スルモノナリ」（『刑法新

論』六版七八頁）とする説明を与えていたことがあることから、ここで客観説によって示されている実行の着手に関する説明は一貫しないのではないか、とする批判が見受けられる[119]。私には、この批判は古賀の場合にはあたらないのではないかと思われるのである。そこで、この点について一言しておきたい。つまり、古賀の犯罪論全体をみると、犯罪を構成する要素のうち主観的な要素、すなわち犯罪の意思については責任論（「犯罪ノ責任」）の中で処理されることになっており、他方、客観的な要素は犯罪事実（「犯罪ノ事實」）を構成する要素として処理されている。古賀はもとより実行の着手を予備罪という犯罪事実と未遂罪という犯罪事実とを区別する要素として観念していたのであるから、実行の着手も犯罪事実の問題たるに帰着する。責任論を構成する要素ではないのである。したがって、実行の着手をめぐる議論が主観主義的説明に覆われていなくても批判するにはあたらないのではなかろうか、と考えられるのである。古賀は未遂を事実の錯誤の一場合と位置づけていたのである。古賀においては、未遂とは一定の結果の発生を希望する犯罪の意思は存在するものの行為者が希望していた犯罪事実、とりわけ結果が欠けているという、主観と客観の錯誤の場合なのであるから、実際に処罰の対象に置かれるものは、犯罪の意思しか存在しないのである。ゆえに、未遂犯一般を示す説明として「未遂犯ハ犯罪ノ意思ヲ罰スルノ規則ナリト斷言スルモノナリ」とする『主観主義的説明』（前掲論文に見られる中義勝＝浅田和茂による表現[120]）がとられていたからといって、それはいわば当然のことを宣言したにすぎないともいえると思われるのである。

古賀の実行の着手にかかわる議論はこれだけにとどまらない[121]。

(ii) さらに(i)に加えて、古賀は予備と実行の着手とを弁別すべき基準について次のように述べていたことを知らなければならない。古賀は、右の犯罪事実構成条件論と命名すべき議論（「法律ノ禁制スル條件」）を満足しているかどうかを検討した上で、つぎに、オランダの刑法学者「スウィンデレン」氏の所説であるとする「犯罪ノ目的トナリタル權利ニ對シテ直接の侵害トナルヘキ行爲ヲ行フタルトキトハ如何ナル輕微ノ侵害アリト雖モ偶々以テ犯罪ノ着手ト爲スニ足ル可シ」との基準を紹介し、これを満足した行為が実行の着手であると説いている[122]。ここで、「行ヒ始メル」とは如何なることであるのかが検討されていることになるが、その詳細は明確に述べられていない。私は現にスウィンデレンの著作を見たわけではないので推測にとどまるが、この引用を見る限りでは、少なくとも古賀の場合には、侵害されるべき権利と行為との直接性を問題にしているにすぎない。ただし、実際に、どのようにして実行の着手を決めるのかについて概述している部分では、「犯罪ノ意思ヲ實行スルニ必要ナル行爲ヲ行フ」かどうかということを中心にして判断すべきことを説いていた[123]。そこで、この直接性とは行為者が犯罪意思を実行するについて「必要ナル」行為を行なっていたかどうかによって決められていたのではないかと推察されるのである。なお、「權利ニ對シテ」という言葉が見えるが、この「權利」とは何かについては何等も触れられていない。しかし、古賀の実行の着手にかかわる議論を行なっている部分を精査すると、窃盗罪に関する議論の中で、この権利という語を用いているところが出てくる[124]。そこでは、窃盗罪が成立する犯罪事実が何かを策定する過程で他人の「所有權」に対する侵害の開始の有無を問題にしていた。例えば、窃盗罪を実行するにあたり複数犯で行なうことや凶器を携帯することが窃盗罪所定の犯罪事実にあたるかを議論する過程で「一人以上共謀スト雖モ又ハ凶器ヲ携帯スト雖モ未タ所有權ニ對シテ何等ノ侵害ヲモ加ヘ始メタルニアラサレハ所謂ユル犯罪ノ豫備ニ止マルモノナリ」と述べ、あるいは「門戸障壁ヲ踰越損壊スルトキハ則チ已ニ所有權ノ保障ニ對シテ侵害ヲ加ヘ始メタルモノナルヲ以テ窃盗罪ノ着手アリ」と述べて、所有権に触れているにすぎない[125]。この所有権の内容とは個人が任意に処分することの可能な私法上の観念なのか、人一般のもつ所有権の保護を問題にしているのかを突き止めることはできないが、古賀は刑法において私法上の観念とは区別して議論を構成しなければならないことをつとに強調していたので、推測するところでは後者に該当するであろう。しかし、権利をこの所有権に限定すべき理由は古賀の論述の中には見当たらない。

これによって、古賀の実行の着手論は、実行の着手とは何によって構成されているのかという静的な議論（今日の構成要件論、なかんづく定型説や構成要件該当事実欠缺論に相当するものと思われる）と、なお不分明の点を残すが「直接ノ侵害」を示すものと思われる「犯罪ノ意思ヲ實行スルニ必要ナル行爲」という動的な議論とから成る二段構成となっていることを知ることができる[126]。

古賀が具体的な事例についてどのような判断を下していたのかを紹介しておこう。古賀は、(i)を議論する過程で提出していた事例には、犯人の身分上の条件において(イ)「犯罪ノ成立」に関わる事例として①収賄罪における行為主体の官吏としての身分の獲得そのもの、(ロ)「犯罪ノ加重」に関わる事例として②尊属殺人罪、尊属傷害罪や「子孫其父母祖父母ニ對シテ奉養を缺クノ罪」（旧刑法典第三六四条）における子孫の身分そのもの、③再犯における再犯者の身分を挙げて、これらは「犯罪ノ成立又ハ加重」には必要だが、法律の禁止するものにはあたらず「未夕曾テ犯罪ノ一部ヲ行フタル者ナリト謂フ可カラス」として、実行の着手にはならないとしている[127]。他方、犯罪の事実上の条件において(イ)「犯罪ノ成立」に関わる事例として④文書偽造罪では犯罪は偽造の事実と行使の事実からなり、二つの事実はともに法律の禁止するものであるので、偽造の事実を行なった段階で実行の着手が成立するとした。また⑤詐欺取財罪では他人を欺罔する事実とその財物を取る事実から成り、ともに法律の禁止する事実にあたるので、人を欺罔する事実を行なった段階で実行の着手を認めている[128]。(ロ)「犯罪ノ加重」に関わる事例として三つの場合に分けて分析を加えた。すなわち、⑥犯罪の方法について法が禁止している場合として、門戸障壁を踰越ないしは損壊して窃盗を行なおうとする場合には、他人の所有権の保障に対する侵害を開始したものと評価できるから、窃盗罪（三六八条）の実行の着手を認めることができると判断していた。⑦犯罪の状況について法が禁止している場合として、旧刑法典第三六七条では窃盗を水害・火災・震災などの災害時にこれに乗じて行なったときには刑を加重していたことをとらえて、刑法は単純窃盗の禁止のほかに災害時における犯行一般を禁止していることを意味しているとして、もっぱら後者を根拠にして古賀は窃盗の意思で災害現場に立ち入る事実そのものをもって、ただちに窃盗罪の実行の着手の成立を認めていた。⑧犯罪の時について法が禁止している場合として、旧刑法典第三二二条では監禁した日数の長短に従って刑を加重することを規定していたが、時の禁制については「犯罪成立ノ後」にならなければ、確定することはできないとして、実行の着手を構成する要素ではないと主張した。(129)

次に、着手未遂と欠効未遂との関係について考えなければならない。古賀は、「犯罪ノ實行」の観念を中心として未遂犯論を構成し、未遂犯を分けて着手未遂犯と欠効未遂犯とに分説している。

古賀によれば、着手未遂犯とは「犯罪實行ノ初メニ」未遂に終わった場合、つまり「犯人僅カニ其犯罪行爲ノ一部ヲ行ヒ始メ将サニ進ミテ全部ニ及ハントスルノ途中意外ノ錯誤ニ遭遇シテ犯罪ノ実行ヲ妨ケラレ其期望セシ直接ノ目的ヲ達スルコト能ハサル場合」とし(130)、他方、欠効未遂犯とは「犯罪實行ノ終リニ」未遂に終わった場合、つまり「犯人ハ其犯サント欲スル犯罪構成ニ必要ナル全部ノ行爲ヲ行ヒ了リタルモ偶々意外ノ錯誤アリテ其得ント欲セシ直接ノ効果ヲ収ムルコト能ハサル場合」とする定義が与えられている。(131)また、「實行」の終了時期の画定については、古賀はたびたび欠効未遂犯における行為の終了時期をめぐり「犯人其犯サント欲スル犯罪構成ニ必要ナル全部ノ行爲ヲ行ヒ了」したかどうかを問題にしていたが(132)、中止犯に関わる議論の過程をみると本書次款で述べるように主観説をとっていたものと伺い知ることができる。

しかし、ここで注意をしておかなければならないことがある。従来の学説は、一般に旧刑法典第一一二条に挙げられている未遂の原因である「障碍」と「舛錯」との概念をそれぞれ対応させて、前者を原因とする場合を着手未遂犯に結びつけ、後者を原因とする場合を欠効未遂犯に結びつけて観念するのが通常であったといえる。[133] すなわち、未遂の原因を示す「障碍」や「舛錯」という概念が、実行行為の進展の程度をも示していたことになる。ところが、古賀は元来法文上の文言である「障碍」と「舛錯」とにはじめて自ら定義を与え、それぞれに「障碍トハ犯人カ其目的トスル犯罪行爲ヲ實行スルニ當リ之レカ効果ヲ収ムルニ充分ナル方法ヲ盡シタル場合ニ於テ突然生シテ犯人ノ目的ヲ妨害スル所ノ原因ヲ謂フ」とし、「舛錯トハ犯人ニ於テ其目的トスル犯罪ヲ行フニ當リ之レカ効果ヲ収ムルニ充分ナル方法ヲ盡サスシテ自ラ誤テ其目的ヲ妨害シタル原因ヲ謂フ」と定義し、その結果として、「障碍」による未遂は欠効未遂犯の場合にも観念することができ、他方「舛錯」による未遂は着手未遂犯の場合にも観念することができると主張したことにある。[134] これは、古賀に独特の観念である。古賀はこのような立論を要約して「障碍ハ犯人ノ責メニ歸ス可カラサル外來ノ原因ニシテ舛錯ハ犯人ノ責メニ歸ス可キ自招ノ原因ヲ謂フ」と述べていた。[135] 古賀の場合には、「障碍」や「舛錯」という概念は、従来の所説のように実行行為の進展の度合いを示すものではもはやなく、単に未遂の原因の所在を示すものにとどまっているわけである。しかし、このような「障碍」と「舛錯」に見られる概念構成は、中止犯の重要な要件である中止の任意性の限界を示しているので、中止犯論の内容を豊富にするものとして期待することができるが、その成果が実際に古賀の中止犯論でどのように現われるのか見るべきところは伺えなかった。

さいごに、着手未遂犯と欠効未遂犯の量刑についてみてみよう。

古賀は、着手未遂犯については「犯人尚ホ犯罪ノ途中ニ在ルカ故ニ之ヲ善道ニ復歸セシムルノ方法ヲ設クルノ必要アリ」として、学理上ではなく、もっぱら刑事政策上の必要から既遂犯の刑に対して減軽を施すことにやぶさかではないことを明らかにしていた(136)。

他方、古賀は欠効未遂犯と既遂犯との間で刑に必要的区別を設けることに反対した。そこでは、理論上の立場からみても両者を概念上区別することについて批判的立場を貫いていた。古賀は、その根拠として、次に挙げる方面から検討を加えている。

第一に、着手未遂犯との関係において、欠効未遂犯では「犯人ハ已ニ其目的トスル犯罪構成ニ必要ナル總テノ條件ヲ行ヒ了リテ犯罪ノ途上ヲ経過シ去レリ」と評価し、これを踏まえて、この段階で行為者が如何に悔悟心を猛発したとしても、時すでに「犯罪一タヒ成テ挽回ス可カラス」とするのである(137)。すなわち、犯罪観念としては、欠効未遂犯は既遂犯と並んですでに完成された犯罪として理解されていたわけである(138)。

第二に、刑法で防衛すべき「社會ノ安寧秩序ヲ維持」することとは、古賀によれば、被害者の現実に被った損害ではなく、刑法の「公法」としての性質から、「社會ノ損害」「社會ノ蒙ムリタル損害」を基準にして決められなければならないと説くのである(139)。古賀は、実際に被った「被害者ノ損害」を基準にすると、刑法は「單ニ一個人ノ利益ヲ保護スルノ私法」と位置づけられてしまうことになり、その結果として、「一個人ニ對スル損害ナキ場合」には処罰することが観念できなくなるので、未遂犯を刑法の中から削除しなくてはならなくなる。刑法で未遂犯を処罰する根拠とは、「一個人ニ對スル損害ノ有無」ではなく、「社會ニ對シテ損害」を発生させたかどうかという点にあるとするのである。古賀によれば「未遂犯ハ被害者ノ損害ノ有無ニ拘ハラスシテ成立スル所ノ犯罪ナレハ之ヲ罰スルニ付其損害ノ大小輕重ヲ基本トスルノ理由ナケレハナリ」ということになる(140)。

第三に、およそ犯罪の害とは一個人から始まるので一個人に対する損害が存在しなければ社会に対する損害も観念することはできないとする批判に対して、古賀は、「社會ノ損害」を構成する要素の中から完全に「一個人ノ蒙ムリタル損害」を排除して「社會ノ損害」を構成すべきことを説いていた。ここでは、刑法に規定されている犯罪には三種類のものがあり、まず一個人に対する損害の有無とは別個に観念することができる国事犯に関する犯罪、次に一個人に対して充分に損害を発生させているが犯罪にはならない被害者の告訴なき誹毀罪、脅迫罪、強姦罪など、そして、残余の犯罪が一個人に対する損害と社会の損害とが共存している犯罪にあたるとする。しかし、一個人に対する損害と社会の損害とが共存している犯罪であっても、決して両者が混合することはなく、はっきりと区別することができると説いているのである。すなわち、一個人に対する損害として観察すれば、被害者の生命、自由、名誉、財産を毀損しているが、それに尽きるものではなく、社会に対する損害として観察すれば、「社会ノ損害ハ社會一般禍害ノ何時其身ニ襲來センコトヲ危惧シテ瞬時モ其堵ニ安スル能ハサルニ在リ」として、両方の損害は泰然と区別することができ、「其消長ヲ同フスル」ことはないとするのである。つまり、損害の及ぶ対象を異にするというわけである。先の批判では、被害者の被った損害を起点にして社会の損害を考察するというものであったのだが、古賀の場合には、両者を明確に別存在のものとして観念しているのである。古賀の場合には、「一個人ノ損害ハ其人ニ及ホス有形上ノ苦痛ニシテ社会ノ損害ハ一般人心ニ及ホス無形上ノ危惧ナリ」と位置づけられているのである。両者はその存在次元を異にするというわけである。[141]

そして、さらに古賀の所説は「犯罪ノ意思ノミヲ以テ」（公犯の）未遂犯を処罰すべきであるとする羅馬刑法の態度とも一致し[142]、また、フォスタン・エリの所説の中に見える欠効未遂犯といえども、その段階で発生させている実害は区々としており[143]、銃殺の場合を例としても、小はまったくの創傷すら発生させていない場合から、大は被害者の四肢挫折し耳目を潰されてその傷害により終身廃疾に追い込まさせられたり、銃殺されかかるという危害を原因として死よりも甚だしい苦痛を感じさせられて精神病を発症してしまう場合も認められるとするとして、未遂（欠効未遂）の場合であっても一概に既遂犯よりも減軽して処罰すべきではないとする所論に与することをもあわせて説いていた(144)。

古賀は、以上の論拠を基にして、欠効未遂犯と既遂犯の同質性を説いたのである。

古賀においては、未遂犯における科刑の基準は被害者の被った実害にあるのではなく、「社會ノ損害」にあり、その内容をなす「社會一般禍害ノ何時其身ニ襲來センコトヲ危惧シテ瞬時モ其堵ニ安スル能ハサル」ことに準じて未遂犯を処罰すべきであると説かれていることに特徴が認められる。ここでは、実際に被害者の被った実害がその考慮から排除されているので、「社會ノ損害」を認定する裁判官の価値判断の影響を受けながら、欠効未遂犯の処罰が行なわれることになる。

以上から、古賀は、刑法で規制の対象となる「社會ノ損害」とは、実際に被害者の被った損害から構成されるのではなく、もっぱら犯罪によって一般人の心の中に生じた「危惧」感に基づいて構成されていることを知ることができる。また、かかる「社會ノ損害」を重要視していたことから、既遂犯と未遂犯（＝欠効未遂犯）を質的に区別する必要が生じないことが明らかになった。これらのことを、古賀が身を置いていた実務家の立場に立ち見直してみると、①量刑の基礎になる社会の損害は、被害者の被った損害の有無や程度とは別に評価してよいことになるから、現場の裁判官にその評価にあたり裁量の余地が生まれる。また、②既遂の法定刑との均衡を考えずに未遂（欠効未遂犯）の刑の量定を行なうことができ、また「着手未遂犯」の減軽事由は学理上の要請というより政策上の要請によるものであったことから、結局、未遂犯一般の量刑についても、裁判官に広い裁量の余地が生まれるということを、ここで指摘しておこう。

註記

(98)「増補版」一〇八頁、さらに「講義」八七頁。「初版」では、端的に着手とは当該「犯罪ノ構成條件ニ着手スル」ことであると表現していた。「初版」七七頁。「汎論」では、やや表現を異にして「犯罪ノ着手トハ犯罪ノ豫備ヲ終ハリタル後犯罪事實ノ一部ヲ行フコトヲ謂フ」と述べていた。「汎論」七三頁。
(99)「増補版」一〇八頁、さらに「講義」八八頁、「汎論」七三頁。
(100)「初版」では、(ii)に関わる議論を欠いていた。そこでは、実行の着手を分析するためには(i)にあたる「犯罪ノ目的トスル犯罪ノ構成條件如何ヲ知ルコトヲ要ス」と指摘していたにすぎない。「初版」八七頁。「汎論」の立場も(ii)に関わる議論を欠く点で「初版」と同旨だが、しかし「汎論」ではさらに行為者の主観の所在に一切配慮することなく、ただちに犯罪事実の内容をなす「犯罪ノ構成條件」の分析に這入り、この分析に終始していた。「汎論」七三頁以下。
(101)「増補版」一一三頁、さらに「講義」一〇二頁。同旨、「初版」八七~八八。「汎論」では、この指摘を欠いている。
(102)「増補版」一一三頁、さらに「講義」一〇二~一〇三頁。
(103)「初版」でも、同様の趣旨を指摘していた。すなわち、実行の着手を定めるときに、前記の(i)を挙げ、実行の着手が成立するためにはそれだけで足りるとするが、(i)において果たしてどのような罪についての「構成條件」が問題になりうるのか「知ルコトヲ得サル」場合には「犯人ハ如何ナル罪ヲ犯サントスルノ意思ヲ有セシヤ否ヤヲ知ルコトヲ要ス」と述べていたのである。「初版」八七~八八頁。
(104)「増補版」一一三~一一四頁、さらに「講義」一〇三頁。同旨、「初版」八八頁。
(105)「増補版」一〇八頁、「初版」七七頁、さらに「講義」八八頁、「汎論」七三頁。
(106)「増補版」一〇八~一〇九頁、さらに「講義」八八頁、「汎論」七三~七四頁。「初版」では、かかる指摘を欠いている。
(107)「増補版」一一一頁、さらに「講義」九〇頁。「汎論」では、やや表現を異にして「犯罪ノ着手トハ犯罪ノ成立又ハ加重條件ニシテ犯人ノ身分ニ屬セス且法律ノ禁制スル所ノ條件ニ着手スル場合ヲ云フ」という定義を与えていた。「汎論」七五頁。「初版」ではさらに詳細に「犯人ノ目的トスル犯罪ノ構成條件ヲ解剖シ其條件中犯罪ノ事實ニ附着シテ禁制行爲ノ性質ヲ有スルモノハ盡ク以テ着手未遂犯ヲ構成スル條件ト爲スヲ得之レニ反シ其條件ハ犯罪ノ事實ニ附着スルモ禁制行爲ノ性質ヲ有セサルモノ及ヒ又タ犯人ノ身分ニ附着スルモノハ禁制行爲ノ性質ヲ有スルト否トヲ論セス或ハ僅カニ豫備ノ行爲タルニ過キス或ハ未タ豫備ノ行爲ニ至ラサルアリ」という定義を与えていた。「初版」八九～九〇頁。

(108)　その例として、官吏の身分〔旧刑法典第二八四条〕、子孫の身分〔旧刑法典第三六四条〕。「増補版」一一一～一一二頁。

(109)　再犯者の身分〔旧刑法典第九一～九三条〕、子孫の身分〔旧刑法典第三六二条〕、官吏の身分〔旧刑法典第二八九条〕。「増補版」一一二～一一三頁。

(110)　文書偽造行為および偽造文書行使行為〔旧刑法典第二〇三、二〇九、二一〇条〕、物件の委託を受けかつその物件を費消すること〔旧刑法典第三九五条〕。「増補版」一一四～一一五頁。

(111)　複数の窃盗犯人の存在〔旧刑法典第三六九条〕、窃盗時における門戸障壁の踰越損壊の事実〔旧刑法典第三六八条〕、平癒二〇日以上に到る創傷〔旧刑法典第三〇一条〕。「増補版」一一五～一一六頁。

(112)　以上、「増補版」一一〇頁。「初版」は一覧表としては提示してはいないが、同旨である。「初版」七八頁。「講義」や「汎論」も表現を異にするものの同旨の一覧表を提示していた。「講義」八九～九〇頁、「汎論」七五～七六頁。

(113)　なお、「初版」では、一―（イ）にあたるものとして有夫の婦、既婚者の身分〔旧刑法典第三五三条、三五四条〕、一―（ロ）にあたるものとして再犯者の身分〔旧刑法典第九一～九三条〕、官吏の身分〔旧刑法典第二八九条〕。二―（イ）にあたるものとして文書偽造行為および偽造文書行使行為〔旧刑法典第二〇三、二〇九、二一〇条〕、二―（ロ）にあたるものとして窃盗時における門戸障壁の踰越損壊の事実〔旧刑法典第三六八条〕や水火震災時に乗じて窃盗を行なうこと〔旧刑法典第三六七条〕を例としてあげていた。以上、「初版」七九～八五頁。「講義」では、一―（イ）にあたるものとして官吏の身分〔旧刑法典第二八四条〕、子孫の身分〔旧刑法典第三六四条〕、一―（ロ）にあたるものとして再犯者の身分〔旧刑法典第九一～九三条〕、子孫の身分〔旧刑法典第三六二条〕、官吏の身分〔旧刑法典第二八九条〕。二―（イ）にあたるものとして文書偽造行為および偽造文書行使行為〔旧刑法典第二〇三、二〇九、二一〇条〕、詐欺行為および取財行為〔旧刑法典第三九〇条〕、二―（ロ）にあたるものとして複数の窃盗犯人の存在〔旧刑法典第三六九条〕、窃盗時における門戸障壁の踰越損壊の事実〔旧刑法典第三六八条〕を例としてあげていた。以上、「講義」九〇～九八頁、「汎論」では、一―（イ）にあたるものとして官吏の身分〔旧刑法典第二八四条〕、子孫の身分〔旧刑法典第三六四条〕、一―（ロ）にあたるものとして再犯者の身分〔旧刑法典九一～九三条〕、子孫の身分〔旧刑法典第三六二条〕、官吏の身分〔旧刑法典第二八九条〕。二―（イ）にあたるものとして文書偽造行為および偽造文書行使行為〔旧刑法典第二〇三、二〇九、二一〇条〕、二―（ロ）にあたるものとして窃盗時における門戸障壁の踰越損壊の事実

〔旧刑法典第三六八条〕、水火震災時に乗じて窃盗を行なうこと〔旧刑法典第三六七条〕、監禁した日数〔旧刑法典第三二二条〕を例としてあげていた。以上、「汎論」七五～八五頁。

(114) その部分を引用すると次のようである。「第三　犯罪ノ構成條件中法律ノ禁スル所ノモノアリ又法律ノ禁セサル所ノモノアリ」として、結論を述べた部分のみを取り上げて紹介すると「(イ) 犯罪ノ成立又ハ加重ニ關スル身分上ノ條件ハ法律ノ禁スル所ニ非ラス」、「(ロ) 犯罪ノ成立又ハ加重ニ關スル事實上ノ條件ハ大抵法律ノ禁スル所ノ者ニ係ル」と分析を加えていたのである。それぞれ「増補版」一一六、一一八頁、さらに「講義」九八、一〇二頁。

(115) 「増補版」一一六～一一七頁、さらに「講義」一〇二頁。

(116) 「初版」でも同じことを裏から説明を加えていた。すなわち、「犯人ノ目的トスル犯罪ノ構成條件ヲ解剖シ其條件中犯罪ノ事實中犯罪ノ事實ニ附着シテ禁制行爲ノ性質ヲ有スルモノハ盡ク以テ着手未遂犯ヲ構成スル條件ト爲スヲ得之レニ反シ其條件ハ犯罪ノ事實ニ附着スルモ禁制行爲ノ性質ヲ有セサルモノ及ヒ又タ犯人ノ身分ニ附着スルモノハ禁制行爲ノ性質ヲ有スルト否トハ論セス」と述べていた。「汎論」でも、同様の論理を構えていた。すなわち「犯人ノ身分ニ關スル條件ハ犯罪ノ成立ニ付テモ犯罪ノ加重ニ付キテモ決シテ犯罪ノ着手ヲ爲スモノニアラス」として、結局、「犯罪ノ事實」に関する条件に属するもののなかから構成される「法律ニ禁制スル」構成条件が必要とされることになる。「汎論」七五～七六頁。

(117) これについては、中野正剛「定型説の立場からの事実の欠如における『本質的な構成要件要素』に関する一試論」東洋大学大学院紀要第二四集九九頁以下を参照。

(118) 小野清一郎、平場安治など。小野清一郎『犯罪構成要件の理論』〔昭和二八年〕、平場安治「構成要件欠缺の理論」法学論叢五三巻五＝六号二六四頁以下、五四巻一＝二号三八頁以下、三＝四号八五頁以下。

(119) 中＝浅田・前出註（4）一三〇～一三一頁。

(120) 中＝浅田・前出註（4）一三一頁。

(121) ただし、「初版」、「汎論」では、次に続く議論（ii）は見られない。

(122) 「増補版」一二二～一二四頁。「講義」では、このスウィンデレンの所説についての紹介を欠き、ここでは「今ヤ犯罪着手ノ如何ナル場合ニ在ルコトヲ知レリ其犯罪ノ豫備ト之ヲ區別スルノ標準ニ至テハ理論上之ヲ知ルコト決シテ難キニ非ラサルナリ即チ犯罪ノ意思ヲ實行スルニ必要ナル行爲ヲナシテ而シテ未タ法律ノ禁制スル所ノ條件ニ入ラサレハ則チ其行爲ハ尚ホ犯罪ノ豫備中ニ在リトナシ若シ法律ノ禁制スル所ノ條件ニ係ルトキハ則チ已ニ犯罪ノ着手アリト謂フ可キナリ」と述べるにとどまる。つまり、(ⅰ)の成果に加えて、「犯罪ノ意思を實行スルニ必要ナル行爲ヲ行フ」ことを判断すべきことを述べていた。「講義」一〇二頁。

(123)「増補版」一二四頁、さらに「講義」一〇二頁。

(124)「増補版」一二一頁。「講義」では、「權利」という語は見えない。

(125)「増補版」一二一頁。

(126)なお、「初版」、「汎論」では、前者(ⅰ)の議論のみで実行の着手を決めている。

(127)以上、「増補版」一一七頁、「初版」八五頁(③を挙げ、①②を挙げていない)、「講義」九三〜九四、九七〜九八、一〇二頁(さらに監守盗罪〔旧刑法典第二八九条〕における官吏の身分についても挙げていた。「講義」九六〜九七頁)、「汎論」七六〜七八頁(さらに監守盗罪〔旧刑法典第二八九条〕における官吏の身分についても挙げていた。「汎論」七六〜七七頁)。

(128)以上、「増補版」一一八頁。「初版」八〇頁(④だけを挙げている)、さらに「講義」九八頁、「汎論」七九〜八一頁(④だけを挙げている)。

(129)以上、「増補版」一二〇〜一二三頁。「初版」八一〜八三頁も同旨。さらに「講義」九八〜一〇一頁、「汎論」八一〜八五頁。

(130)「初版」九〇頁では、「其犯罪行爲ノ一部ヲ行ヒ始メ」に代え、「其犯罪行爲ノ一部ニ着手シ」と表記していた。

(131)「増補版」一〇五頁、「初版」九〇〜九一頁、さらに「講義」八六〜八七頁。同旨、「汎論」五三頁。

(132)「増補版」一〇五、一二四頁、「初版」九〇〜九一頁、さらに「講義」八六、一〇三頁。同旨、「汎論」八七頁。

(133)江木衷など。本書第二部第二章第二節第二款参照。

(134)「増補版」一〇六〜一〇七頁、「初版」九二〜九三頁。「講義」では、「障碍」による未遂は欠効未遂犯の場合にも観念することができ、他方「舛錯」による未遂は着手未遂犯の場合にも観念することができるとする点の指摘は見られない。「講義」八五〜八六頁。他方、「汎論」では、「障碍」による未遂は欠効未遂犯の場合にも観念することができ、他方「舛錯」による未遂は着手未遂犯の場合にも観念することができるとする点の指摘のみを行ない、「障碍」や「舛錯」の定義は見られない。「汎論」九二〜九三頁。

(135)「増補版」一〇七頁、「初版」九三頁、さらに「講義」八五〜八六頁。「汎論」にはこの点の指摘は見られない。

(136)「増補版」一三〇頁、「初版」一〇一頁。なお、「講義」、及び「汎論」では、着手未遂犯と欠効未遂犯の量刑について論及するところが一切見受けられない。
(137)「増補版」一三〇～一三一頁、「初版」一〇一～一〇二頁。
(138) 古賀の場合には、既遂と未遂の区別を実害の発生の有無に結びつけて観念することは重視されていない。というのは、実害の発生がなくても、単純行為犯では「既遂犯」の成立が観念され得るのであり（「増補版」一二六～一二七頁、「初版」九七～九九頁）、このように犯罪を単純行為犯と規定するか結果犯と規定するかは、学理上の根拠はなく、ひとえに立法者の裁量にかかっていると考えているからである。すなわち、このような事情を古賀は評して「抑々刑法ハ犯罪ノ効果ヲ生シタル場合ト又何等ノ効果ヲ見サル場合トニ於テ均シク既遂犯アリトセハ缺効未遂犯ト既遂犯トヲ區別スルハ誠ニ立法者ノ專斷ニ外ナラス」とし、学理としては「斷然此區別ヲ廢止スルモ殆ト其不可ヲ見サルカ如シ」と断じるのである（「増補版」一二九頁、「初版」一〇〇頁）。古賀にあっては、先に検討した江木衷のとる立場とは逆に、もはや立法官の立場が尊重されてはいないのである。
(139)「増補版」一三二頁、「初版」一〇三頁。
(140) 以上、「増補版」一三二～一三三頁、「初版」一〇三～一〇四頁。
(141) 以上、「増補版」一三三～一三五頁、「初版」一〇四～一〇六頁。
(142) 公犯（crimina publica）の未遂犯と既遂犯との同一刑主義については、中野正剛「未遂犯思想の形成史」國學院法政論叢一五輯一五四頁以下参照。
(143)「増補版」一三五頁、「初版」一〇六頁。
(144)「増補版」一三八～一四〇頁、「初版」一一〇～一一一頁。

## 第三款　中止犯

古賀は、中止犯について、これをどのように認識していたのかをみてみよう。

古賀には、その立論の前提として、当時通説であった罪刑法定主義に由来する理解を踏襲して中止犯処罰規定の欠如から中止犯の不可罰性を導いていた。古賀は旧刑法典第二条「正條ナキ者ハ何等ノ所爲ト雖モ之ヲ罰セス」を引き、この法原則を敷衍させて、中止犯の処罰に関して旧刑法典は何も語るところがないので、これを不処罰と解釈すると主張したわけである。(145) ただ明治前期にみられた論者たちの法意識と異なるのは、中止犯をめぐるさらに突っ込んだ実質的な議論への関心がほとんど見られないことである。むしろ古賀は、中止犯の規定を旧刑法典では欠いていたことについて「現刑法ノ規定不備」であるという評価を下すにすぎない。(146) つまり、中止犯が成り立つ場合にはそこから多少の実害（「現在ノ結果」）が発生していたとしても、総合して無罪という解釈が流通することにもっとも危惧感を露にしていたからである。(147) そこで、解釈の誤りが生じることを防ぐために、中止犯を犯罪論上未遂犯の範疇の中に吸収処理する旨を含み、中止犯を積極的に規定した（現行）刑法の草案（明治三三年「刑法改正案」）第五九条に見られる「犯罪ノ實行ニ着手シ自己ノ意思ニ因リ之ヲ止メタルトキハ其刑ヲ減免ス」とする規定のもつ意義を擁護したのである。(148)

また、中止犯の成立範囲についても古賀は言及していた。古賀は、着手未遂についてのみ中止犯を認めるが、欠効未遂については中止犯を認めない姿勢をとった。(149) 欠効未遂段階での中止行為については、これを酌量減軽事由とするにとどめるのである。(150) そこで、古賀においては中止犯を論じるにつき着手未遂と欠効未遂との限界が問題になるが、この点については次のように論じていた。着手未遂と欠効未遂との区別につき、古賀は殺害の意思をもち相手を撲殺しようとして、一撃を加えたが、惻隠の情を生じ殺意を失い、犯行の継続を放棄した未遂事案を例にとり、行為者の犯行計画の所在を基準にして着手未遂と欠効未遂との区別をすることを明らかにしていた。すなわち、「殺害ノ意思ヲ以テ人ニ對シテ一撃ヲ加ヘタリ俄然トシテ惻隠ノ至情猛發シ殺害ノ悪念全ク消滅シテ遂ニ犯罪行爲ヲ中止スルニ至レリ如斯場合ニ於テ犯人ハ最初ノ一撃ヲ以テ殺害ノ目的ヲ達セント欲シテ而シテ手練ノ拙劣ト器機ノ粗悪ナルカ爲メニ誤テ成功ヲ缺キタリトセハ…（中略）…已ニ缺効未遂犯ヲ構成シタルナリ」と。[151]これは主観説に基づく所説といえる。そこで、当初の行為者の犯行計画が最初の一撃で相手を殺害することにあったところ、「手練ノ拙劣」によって功を奏しなかったのならば、「中止以前業已ニ缺効未遂犯ヲ構成シタルナリ」と評価するが、当初から数撃を加えて撲殺する計画を形成していたのであれば、中止犯の成否が問題になるという旨の評価を加えていたのである。[152]

中止の原因動機についての掘り下げた検討は見られない。ただ、所々で任意性を指摘するが、[153]具体的にどのような場合がこれにあたるのかについての記述を見ることはできない。唯一、窺える指摘は、「惻隠ノ至情猛發シ」た場合をその例として認識していたことであるにすぎない。[154]ゆえに、任意性を認定するときに任意性の原因の中に道徳的悔悟を含めていることがわかるが、それだけに限定すべきだと考えていたのかどうかは不分明である。[155]

古賀の中止犯論の特色は、（旧）刑法典が中止犯につき明文の規定を与えていない点に対する批判から議論が起こされている点にある。[156]そして、中止犯に関する規定を欠いていたことから、意外の障害または舛錯による場合を除く未遂の場合には、その処罰規定を欠くことになることから推して全て無罪、多少の実害が発生していたとしても中止犯が成立することから総合して無罪とする解釈が流通することを抑制しなければならないという旨の主張が紙幅の多くを占めた。したがって、結論として刑法改正草案（明治三三年「刑法改正案」第五九条）が中止犯につき（可罰的）未遂犯罪の中に規定を用意した点を評価する論調が強く浮き彫りにされていた点にある。

**註記**

(145)「増補版」二一〇頁、「初版」一八三頁。さらに「講義」二二四頁。

(146)「増補版」二〇九頁、「初版」一八二頁。
(147)「増補版」二一〇頁、「初版」一八三頁、さらに「講義」一二四頁。同旨、「汎論」九三～九四頁。
(148)「増補版」二一二頁。条文は、前掲書註記（3）四七四頁参照。
(149)「増補版」二一〇～二一一頁、「初版」一八三～一八四頁、さらに「講義」一二四～一二五頁、「汎論」九四頁。
(150)「増補版」二一一頁、「初版」一八四頁、さらに「講義」一二五頁。
(151)「増補版」二一〇～二一一頁、「初版」一八三～一八四頁、さらに「講義」一二五頁。
(152)以上、「増補版」二一〇～二一一頁、「初版」一八三～一八四頁、さらに「講義」一二五頁。「汎論」では、客観説をとっていたともいえる用例が示されるにとどまる。すなわち、「例エハ人ヲ銃殺セントシテ命中セサルニ及ヒ自カラ之ヲ中止シタリ是レ中止犯ニアラス實ニ缺効犯タリ」と。「汎論」九四頁。
(153)「増補版」二一〇頁、「初版」一八二頁、さらに「講義」一二四頁、「汎論」九三頁など。
(154)「増補版」二一一頁、「初版」一八三頁、さらに「講義」一二五頁。「汎論」ではまったくこの点の指摘を欠いている。
(155)これまでに検討を加えてきた、ボアソナード、宮城浩蔵、井上正一、江木衷らはおしなべて中止の原因に制限を加えていたことはない。ボアソナードについては第一部第三章第二節第三款、宮城浩蔵については第四章第二節第三款、井上正一については第五章第二節第三款、江木衷については第二部第二章第二節第三款を参照。
(156)唯一、「汎論」だけは、中止犯の注釈を行なっているにとどまり、刑法の規定の不備に対する批判にはまったく及んではいなかった。「汎論」九三～九四頁。

## 第四款　不能犯

古賀は、不能犯論について多くの紙幅を割いている。(157)これは、これまでに取り上げてきた他の論者たちと比べると出色である。その所以を古賀自身に語らせると、例えばかつてガローが不能犯の基準を示した功績を紹介する過程で「『ガロー』氏以前ノ刑法家ニシテ不能犯ノ事項ヲ論スル者多シト雖モ大抵皆二三ノ事實ヲ列挙シ是レニ由テ以テ自家ノ斷案ヲ下シタルニ過キス」と批判し、[158]あるいは「目的上ノ不能」（今日の客体の不能に相当）を論じる過程で「許多ノ刑法學者不能犯ノ研究ヲ爲スニ當リ豫メ一定ノ標準ヲ探究スルコトニ努メスシテ徒ラニ各事實ニ付之レカ斷案ヲ下サント欲セリ」と嘆じていたことなど[159]から明らかになるとおり、古賀は自らの力によって不能犯の基準を定めようとする気概にあふれていることに由来するのである。

古賀は、不能犯を定義して、「不能犯トハ犯人ニ於テ犯罪構成ニ必要ナル行爲ヲ行フト雖トモ手段又ハ目的ノ錯誤ニ因リ到底犯罪ヨリ生ス可キ直接ノ効果ヲ収ムルコト能ハサル場合ヲ謂フ」とした。[160]そこで、古賀は、不能犯について分析を加えるにあたりこれを二つに類型分けをしている。一方を「目的上ノ不能犯」、他方を「方法上ノ不能犯」とする。[161][162]

**註記**

(157)「増補版」では、その未遂犯論全体のうち五二パーセントを占めている。また、「初版」では、六三パーセント、「講義」では、三一パーセント、「汎論」では、二三パーセントである。

(158)「増補版」一四九頁、「初版」一二〇頁。

(159)「増補版」一八三頁、「初版」一五五頁。さらに「講義」一〇九頁。

(160)「増補版」一四〇頁、「初版」一一一～一一二頁。「講義」では、この定義を「歐洲一般學者ノ主張スル所」として紹介しているものの（「講義」一〇八頁）、古賀自らの定義を示して、「不能犯トハ犯罪ノ客体ノ上ニ存スル錯誤ニ依リテ犯罪事實ヲ行ハントシタル場合ヲ謂フ」としていた。「講義」一〇六頁。もっとも、ここに「方法」の語が見えないからといって、手段の不能を論じていないわけではない。「講義」一一五頁以下。「汎論」では、自らの定義を特に示さず、フランスの刑法学者の下した定義（「犯罪ノ目的上ヨリスルモ又犯罪ノ方法ヨリスルモ獨リ犯人ノミ犯罪ノ目的ヲ達スルコト能ハサルニアラス同一ノ場合ニ於テ於テ同一ノ條件ヲ以テスルトキハ何人ト雖モ犯罪ノ目的ヲ達スルコト能ハスト云フトキハ則チ着手未遂犯ニモアラス又缺効未遂犯ニモアラス所謂不能犯ナルモノナリ」）を紹介してこれを前提にして議論を進めている。「汎論」九九～一〇〇頁。

(161)　「増補版」一四〇頁、「初版」一一一〜一一二頁。さらに「講義」一〇八頁。
(162)　古賀は不能犯をこのように二つに分類して体系立てて整然と分析を加える方法の嚆矢をオルトランに求めている。「増補版」一七七〜一七八頁、「初版」一四八〜一四九頁。

## 一　「目的上ノ不能犯」

まず「目的上ノ不能犯」[163]の観念についてみてみよう。

古賀はこれを犯罪の客体が存在しなかったために結果が発生しなかった場合をいうと定義し、「犯罪ノ目的缺亡スルトキハ如何ナル行爲ヲ行フモ到底犯罪ヲ構成スルモノニ非ラサルナリ」とし、犯罪が成立するためには犯罪の主体である行為者のほか犯罪の目的である客体を必要とするのである。[164]犯罪の客体の存在は犯罪を構成する要素として不可欠であることが説かれている。そこで、この犯罪の客体が存在しないときには不能犯として問題が議論されることになるが、それでは犯罪の客体が存在しない場合とはどのような場合であるのかを問題にしなければならないとする。[165]古賀はこれを「目的上ノ不能犯」の問題として精密に議論するために、さらに事例を挙げて仔細に分説している。

ところで、古賀は、刑法がその保護の目的に設定しているものは、「人ノ生存權」にあることを特にここで明らかにしていたので、[166]「犯罪ノ目的」が生存権の主体である人であるのか、それ以外であるのかによって能不能の判断に違いを設けているのである。また、人の生存権が犯罪の目的に置かれていない場合であっても、人のもつ権利関係に結びつけて犯罪の目的となるべき客体を構成している。後述するように、古賀は財産犯であるべき空の賽銭箱からの賽銭の窃取行為が不能犯になるかどうかを議論する場面でもこの姿勢を崩してはいない。[167] これが古賀の不能犯論の特質を構成しているのである。

ゆえに、古賀の不能犯に関する用例も、犯罪の客体が人であることを要件とする殺人罪の場合がその多くを占めることになる。また、古賀は不能犯かどうかのもう一つの基準として犯罪の客体が—犯行現場に存在したかどうかではなく—この世界に実在していたかどうかに注目している。これは、古賀は人の生存権の保護について、これをその権利を実際に行使できる者に限定する意図ではなく、さらに広範囲に認めていることに由来するからである。すなわち、「苟モ此世ニ在リテ人類タルノ一條件ヲ具備スル者ハ其種類如何ヲ問ハス盡ク刑法ノ保護ニ頼ル」ことができるとするのが刑法の原則であるとするのである。[168] そこで、具体的には社会で実際に活動している人類だけでなく「将來人ト爲ル可キ原質ヲ具ヘテ而シテ尚ホ未タ母ノ胎内ヲ脱セサル者」である胎児、さらに「已ニ人ノ生存權ヲ失フタル者」である死者にまで拡大して認めることを明らかにしているのである。[169] ここから我々は、古賀が刑法の原則は「人ノ生存權ノ保護」に置くとしても、その含意は当該事件でこの権利を実際に侵害される被害者だけが犯罪の客体として評価の対象に設定されていたわけでは決してなく、その事件の処理を通して人一般の生存権が侵害されるかどうかを問題にしていたのではないかということを認識することができると思われるのである。

それでは、古賀が具体的な事例に対してどのような判断を下していたのかを見てみよう。①殺害しようとした相手が睡眠していると誤信して、短剣をもって屍を刺殺しようとした場合、②懐胎していると誤信して、堕胎薬を服用して堕胎しようとした場合、③所有権は既に遺贈によって自分に移っていたにもかかわらず、それを知らずに、その森林の樹木を窃取しようとしてこれを伐採した場合、④馬車に殺害しようとする相手が乗車していると誤信して、発砲したが、相手は偶々乗車せずに歩行していた場合、⑤寺院の賽銭箱の中から賽銭を窃取しようとして箱の中を探したが、その賽銭箱の中には一銭の余財もなく全くの空虚であった場合、⑥父親の仇を討とうとして、一夜相手の家の中に侵入したところその部屋の隅に直立していた一体の銅像を仇敵と誤信して、これを斬殺しようと刀を振るいこれを斬ったところ、声がしたのでそちらに注意を向けるとそこに仇敵がいた場合、⑦果樹園のリンゴを窃取するために夜密かにリンゴの木に登る悪童を射殺して害を除くために、農夫が銃を用意して悪童が現われるのを期待し密かに待機していたところ、一夜暗闇の中をリンゴの木に登る者がいるのを発見して、これに対し発砲したところ弾丸が命中したが、実際に木から転落してきた者は老猿であり、犯行現場に悪童はいなかった場合などを挙げている[170]。

①、②そして③、また「之レト其性質ヲ同フスル所ノ場合」について、古賀は「常ニ」不能犯（「目的上ノ不能犯」）が成立すると評価している[171]。その根拠として示されているところは次のようである。「犯罪ノ客体全ク存在セスシテ而シテ始メテ目的上ノ不能犯即チ犯罪ヲ構成セサル目的上ノ錯誤アルヲ認ムルコトヲ得」るとしている[172]。ここで述べられている「犯罪ノ客体全ク存在セス」とは、犯罪の客体が現実世界に実在していないことを意味する。これは、①については「犯罪ノ客体ハ已ニ死亡シテ此世ニ存在セス」とし、②については「客体ハ未タ曾テ母ノ胎内ニ孕マレタルコトアラサルナリ」とし、③については「犯罪ノ客体ハ森林ノ所有者ナルヲ以テ其所有権已ニ犯人ニ移轉セシ以上他ニ客体ノ存在スルノ理ナシ」と述べていたことから伺い知ることができる[173]。なお、①における被害者が既に死者であった事例では、死亡して間をおいていない遺体ではなく、かなりの時間を経過した遺体を意味するものであろうと考えられるのである。それは、このように理解しないと先述したように古賀は人の生存権を保護するため「已ニ人ノ生存權ヲ失フタル者」についても殺人未遂罪で処理するとしていた意味が失われるものと解せられるからである。この点につき、古賀自身詳細に語るところがないので今後の検討課題としておきたい。反対

に、④と⑤について、古賀は相対的不能犯であると評価し、未遂犯の成立を認めている。古賀はその根拠を「犯罪ヲ構成スルニ必要ナル要素具備セシト雖トモ犯人ノ錯誤ニ因リ犯人ヲシテ遂ニ犯罪ノ結果ヲ収ムルコト能ハサラシメタリ」ということ、すなわち犯罪の目的物としての犯罪の客体が「缺亡」しているからではなく、ただ行為者の「輕忽」のため客体の所在を明らかにすることができなかったにすぎないということに求めている。つまり①から③に示された事例とは対照的に、④と⑤の事例では「犯罪ノ目的物ハ實際存在ス可カラサルニアラス」、行為者がもう少し注意を払ってその目的物が存在する場所を捜索すればその目的を達していたはずであると考えたわけである(174)。さらに、⑤について古賀は独特の所論を展開している。古賀は自説の特徴として、つとに犯罪の目的物（客体）とは人を指し、物を含まないと明言している点にある。これは、賽銭を窃取しようとして空の賽銭箱の中を捜索した事例⑤の検討に現われてくる。ここで、古賀は賽銭箱の中の賽銭〈物〉の所在そのものに関心を向けるのではなく、賽銭箱の所有者〈人〉の存在に関心を向けている。行為者がその箱の中を捜索することは賽銭箱の実際の所有者である「他人ノ所有權ヲ侵害セントセシ行爲」であると評価を下しているからである。ゆえに、財産犯の場合にはその処罰の目的は財産そのものを保護することにあるのではなく、その所有権者を保護することに認められ、犯罪の客体は物そのものにではなく、その所有権者が実在するのかどうかに未遂犯か不能犯かの分水嶺が存在するのである(175)。これは、先に見た贈与により自己財産となった樹木を窃取しようとした森林窃盗の事例③について、不能犯を認めていた態度とも一貫する。次に、⑥と⑦についても、古賀は不能犯を認めず、謀殺未遂罪が成立すると判断している。この事例はいずれも被害者が犯行現場に存在していたわけではないが、距離を隔てて別の場所に存在していたというものである。そこで、古賀は距離を隔てて犯罪の客体が存在していた場合には不能犯を認め、近接していた場合には未遂犯を成立させるべきであるとする所説を紹介するのだが、これに対して批判的評価を下すのである。(176) ⑥の事例では、犯罪の客体である仇敵は実際には犯行現場となっている家の中にいたのであるが、その場所が「銅像ノ傍ラニアルトキ」であれば未遂犯とし、「銅像ノ隣室ニ寝臥スルトキ」であれば不能犯と判断するように、仇敵と銅像との間にある「距離ニ因リ罪責ノ有無ヲ決スルノ理」は存在しないと批判を加えるわけである。(177) すなわち、このような場合には、古賀によれば「犯人若シ少シク注意シテ」仇敵の所在をよく確認してから狙撃すれば目的を達成させることができるのであり、銅像を射撃し未遂に終わったのは行為者が「其注意ヲ怠リタル」ことに原因が認められるのであるから、旧刑法典第一一二条所定の「犯人意外ノ舛錯ニ因リ未タ遂ケサルノ場合」にあたると評価を下すのである。(178) ⑦の事例では、犯罪の客体である悪童が老猿の登っている木の下に存在し「客体危険ノ場所ニ近接シテ」いながら難を免れた場合には「常ニ」未遂犯が成立するとし、「客体其場處ニ遠距シテ而シテ禍害ヲ免レタルトキ」は「常ニ」不能犯が成り立つとするように、「犯罪ヲ構成スルト否ラサルトハ幾千ノ距離ヲ以テ其標準ヲ定ムヘシト爲ス」ことは実際的ではないとして、退けている。(179) このような場合には、古賀によれば客体が犯行現場近くに存在していたかどうかを問題にすべきではないとするのである。つまり、悪童が老猿に代わって樹上の同じ場所にいれば「必ス」老猿の被ったと同じ禍を得たのであるから、「危険ノ程度同シキナリ」と評価でき、また悪童がその家の中にいたままでも、樹下にいたとしても「禍害ヲ免ル、ヲ得タル」のであり、危険を免れた点では「結果」は同じである。ゆえに、悪童がどこに存在していても「危険ノ程度ハ常ニ同一ニシテ而シテ其危険ヲ免レタルノ結果モ亦同一ナレハ」、悪童の存在していた場所如何によって未遂犯が成立するとしたり逆に不能犯が成立するとしたりして区別を設ける理由は存在しないとするのである。(180)

結局、古賀は犯罪の客体が存在しない場合を二つに分けて、①から③のごとき目的とした犯罪の客体が実在しない場合と④から⑦のごとき目的とした犯罪の客体が実在する場合とに分けるのである。そして、前者については、

「如何ナル場合ニ於テモ到底犯罪ノ結果ヲ収ムル可カラサル」ために犯罪を構成することができないから、不能犯（「目的上ノ不能犯」）を認め、他方、後者については、「客体存在スルトキハ則チ犯人ノ注意如何ニ因テ犯罪ノ結果ヲ収ムルコトヲ得ル」ので、「假令其目的ヲ誤ルアルモ犯罪ヲ構成スルヲ失ハス」として、未遂犯の成立を認めている。(181) また、古賀の場合には「目的上ノ不能犯」における犯罪の客体とは常に人に向けられていることを知るのである。ゆえに、窃盗罪では、窃取されそうになった財物の存否にではなく、その財物の所有権をもつ人が実在しているかどうかに関心が向けられており、殺人罪では、若干判断に幅が認められうることが予想されるもの(182)の現実に犯罪の客体とされた当該生存権を持つ人が実在しているかどうかを問題にするわけである。

**註記**

(163) なお、「初版」、さらに「講義」、「汎論」では、犯罪の客体という表現ではなく、しばしば「犯罪ノ受動者」と呼称していた。表現が異なるだけで、その含意に変更は見られない。「初版」一五三頁、さらに「講義」一一〇頁、「汎論」一〇五頁など。

(164) 「増補版」一八一～一八二頁、「初版」一五三～一五四頁。さらに「講義」一〇六、一〇八頁。同旨、「汎論」一〇五～一〇六頁。

(165) なお、古賀はこの点について、従来の多くの刑法学者は一定の見解を明らかにする努力を怠っていたので、それが不能犯の議論に紛糾を招く原因となっていたと特に指摘していた。「増補版」一八二～一八三頁、「初版」一五四～一五五頁。さらに「講義」一〇九頁。

(166) 「増補版」一八二頁、「初版」一五四頁。さらに「講義」一〇六、一一五頁。「汎論」では「人ノ生存權」の保護という語を用いてはいないが、「人ハ自ラ生存セントシテ社會ヲ造リ財産ヲ有ス故ニ社會ノ組織財産ノ保護私人ノ爲ナラサルハナシ故ニ人ノ存在スル間ハ犯罪成立スルモ其人存在セサルトキハ犯罪成立スヘカラス」と述べていたことから、同旨であると推察される。「汎論」一〇七頁。

(167) 「増補版」一九二～一九三頁、「初版」一六四～一六五頁。さらに「講義」一一五頁、「汎論」一〇七～一〇八頁。

(168)「増補版」一八二頁、「初版」一五四頁、さらに「講義」一〇六頁。「汎論」は、この点について論及するところは見受けられない。

(169)「増補版」一八二頁、「初版」一五四頁。さらに「講義」一〇六～一〇七頁。「汎論」は、この点について論及するところは見受けられない。

(170)以上、「増補版」一八三～一八九頁、「初版」一五五～一六一頁、さらに「講義」一〇九～一一二頁（事例⑦については見受けられない）。「汎論」では、①、②に相当する事例のほか、無一文者に対する掏摸行為について検討が加えられていた。「汎論」一〇六～一〇八頁。

(171)「増補版」一八四頁、「初版」一五六頁、さらに「講義」一一〇頁。「汎論」でも、検討の対象として例示していた①②に相当する事例について不能犯を認めていた。「汎論」一〇六頁。

(172)「増補版」一八五頁、「初版」一五七頁、さらに「講義」一一〇頁。同旨、「汎論」一〇六頁。

(173)以上、「増補版」一八四～一八五頁、「初版」一五六～一五七頁、さらに「講義」一一〇～一一一頁。同旨、「汎論」一〇六頁〔ただし、ここでは①と⑦について検討されている〕。

(174)以上について、「増補版」一八五～一八六頁、「初版」一五七～一五八頁、さらに「講義」一一一頁。

(175)「増補版」一九二～一九三頁、「初版」一六四～一六五頁、さらに「講義」一一四～一一五頁。なお、「汎論」ではややニュアンスを異にした事例を挙げていた。ここでは、無一文者に対する掏摸が例示され、問題は被害者の懐中に金銭が実際に存在したかどうかではなく、被害者の「所有物ヲ掠奪シ以テ之ヲ所有スル人ノ権利ヲ侵害セントスルモノナレハ其財物カ犯人ノ手ニ觸ルヽト觸レサルトハ犯罪ノ構成ニ影響スル所ナシ斯ノ如キハ其人ハ偶々金錢ヲ所持セサリシノミニシテ犯人ノ不注意即チ意外ノ錯誤ノミ一ノ窃盗未遂犯ニ外ナラス」と分析を加えていた（「汎論」一〇七頁）。これは、空の賽銭箱の場合とは異なり、実在していない金銭についての所有権を問題にしていた。賽銭箱の事例では、その中に入っていたであろう金銭についての所有権ではなく、現に捜索を受けた賽銭箱それ自体の所有権をめぐり議論されていた。しかし、掏摸の事例では、実際には存在していなかった金銭についてもフィクショナルに所有権を認め、これが掏摸によって侵害されたと分析を加えていたといえる。とはいえ、いずれにしても、物にではなく、それを所有すべき権利をもつ人の実在そのものを問うていた点で、見解に相違は認められない。

(176)「増補版」一九〇頁、「初版」一六二頁。「講義」には、このような所説の紹介はなされていない。
(177)「増補版」一八八頁、「初版」一六〇頁、さらに「講義」一一三〜一一四頁。
(178)「増補版」一八七頁、「初版」一五九頁、さらに「講義」一一二〜一一三頁。
(179)「増補版」一九〇頁、「初版」一六二頁。
(180)「増補版」一九一頁、「初版」一六三頁。
(181)「増補版」一九一頁、「初版」一六三頁、さらに「講義」一一四頁。
(182)というのも、古賀は既に前述したように人の生存権を保護するためにすでに生存権を失っている者についても保護の対象の中に含めることを述べていたからである。

## 二　「方法上ノ不能犯」

次に、「方法上ノ不能犯」の観念についてみてみよう。古賀は、「方法上ノ不能犯」を論じるにあたり、主観主義の立場に立つことを明らかにしている(183)。その理由について、古賀は二つの根拠を提示している(184)。一つは政策的根拠であり、もう一つは理論的根拠である。

まず、政策的根拠についてみてみよう。古賀は「元來刑法ニ於テ未遂犯ノ規定ヲ設ケタル所以ノモノハ犯人ノ有スル犯意大ニ社會ニ對シテ危害ノ原因ヲ爲セハナリ」と述べるように(185)、犯意の処罰に未遂犯の処罰根拠を置いているのである。すなわち、古賀は犯罪意思それじたいに関心が寄せられないと「犯罪ノ意思一タヒ包藏シテ未タ全ク消散セサルニ於テハ犯人一旦蹉跌シテ成功ヲ奏スルコト能ハサルモ更ニ再タヒ犯罪ノ事實ヲ行ヒ之ヲ三タヒシ之ヲ十タヒシテ犯罪ノ目的ヲ達スルニ非ラサレハ遂ニ止ム無カラントス」と深く憂慮を示した上で、この点につき「社會ノ危險實ニ測ル可カラサルモノアリ」と評価を下し、未遂犯を処罰する根拠もこの犯罪意思を重視する点にあり、「既ニ犯意ヲ罰スルコトヲ得ルトセハ何ソ夫レ無効ノ方法ヲ用ヒタル場合ト其否ラサル場合トヲ區別スルノ必要アランヤ」として、行為者の選択した犯行の方法の能不能を議論することの不毛性を主張している。[186]

次に、理論的根拠についてみてみよう。古賀は、未遂犯の場合には、既遂犯の場合とは異なり、犯人の主観面（「無形上ノ犯意」、「意思」、「犯意」）と客観面（「有形上ノ事實」、「行爲」、「犯意ニ伴随スル犯罪行爲」）が一致せず、二者は常に分離して進行していると、未遂犯の構造を明らかにしている。そこで、客観主義[187]によると、未遂犯とは、「僅カニ犯意ノ一部ヲ實行シタルニ過キサル」ものであるから、一定の犯意は存在するものの、そのうち実行に移していない部分（未遂の部分）が存在しているので、行為者の実際に行なった事実の上に犯罪の成立を認めることができない。客観主義の立場に立つと、未遂処罰には限界が生じるとするわけである。そこで、未遂犯を処罰するためには、犯意の所在に求めざるを得なくなるとして、「余輩以爲ラク若シ一部ノ實行ニ對スル九分ノ犯意ヲ罰スルヲ得トセハ無効ノ實行即チ實行ナキ全部ノ犯意ヲ罰スルニ於テ何ノ不可カ之アラン」と位置づけて、ここから方法の不能にあたる場合について犯意を処罰の対象とすることが不可能ではないことを説いた。[188]これを踏まえた上で、「方法上ノ不能犯」にあたる場合の可罰性について、次のような見解を明らかにしている。古賀は、犯行の始まりから不能な手段を選択した場合と始めは有効な手段を選択したが犯行の途中でその用い方を誤り所期の結果を発生させることが不能になった場合とを分け、前者を不能犯とし後者を未遂犯とし客観的に判断する旨の所説に批判を加え、「最初ヨリ其用ヲ爲サヽル方法ヲ擇フモ中途ニシテ其用ヲナサヽル方法ヲ擇フモ犯罪ノ目的ヲ達スルコト能ハサリシ」とし、かつ不能の原因の所在については「既ニ方法ノ粗悪ヲ豫見セサルモ前途ノ障碍ヲ豫見セサルモ均シク犯人ニ歸ス可キ過失ナリトスレハ」犯行が成功を収めるかどうかは、用いた手段そのもののもつ確実性にあるのではなくて行為者の主観的な能力（「方法ノ粗悪ト前途ノ障害ヲ豫見スルコト」）次第であり、結局、未遂犯と不能犯の区別の根拠を客観的に決める根拠は存在しないとし、「方法ノ不能」の場合について行為者の犯罪意思の所在を根拠として未遂犯として処罰すべきことを説いた。[189] ここで、古賀は不能犯の判断として行なわれる「外形行爲カ犯罪ノ目的ヲ達スルニ適當ナル性質ヲ有スルト否ヤトハ之ヲ論及スルノ必要ナシ」と考えていたことが分かる。未遂の場合にはいずれにしても結果の発生は不能なのだから、結果発生の可能性とか危険性を議論することは意味がないとするのである。[190]

もっとも、だからといって、犯罪意思が認められれば方法の不能にあたる事案のすべてにつき処罰をすることを肯定していたわけではない。刑罰権の性質からして、すでに発意の可罰性の検討でも見たように、犯意が内心にとどまっている状態では足りず、犯罪事実としての一定の行為に示されること（「外部ニ表白シタル事實」）を通じて犯意が客観化しなければ、刑罰権の対象とはならないとする見解をここでも墨守していた点に注意をしなければならないのである。[191] 未遂犯においては、行為に示される犯罪事実は、刑罰権発動のための前提条件であり、刑罰権そのものは犯罪意思の処罰にその本質が置かれているのである。行為のもつ結果発生の危険性ではなく、行為者の犯罪意思と結びつく犯罪事実のあることを刑罰権発動のための前提条件として設定しているのである。この間の事情を古賀自身に語らせると次のようになる。いわく、「然レトモ余ハ犯罪ノ意思アリテ外形行爲アレハ常ニ必ス未遂犯ヲ構成ス可シト謂フ者ニ非ラス犯罪ノ意思アルモ其意思ノ實行ニ添ハサル方法ヲ行ヒ又ハ其意思ノ實行ニ反對スル方法ヲ行フトキハ未遂犯ヲ構成スルモノニ非ラス」と述べるのである。[192] すなわち、古賀は何らかの悪しき犯意があればそれをすべて処罰の対象に置くという考え方にまでは到達していない。犯意が客観化して犯罪事実となることを要求している。そこで、犯意が客観化して犯罪事実となったかどうかを示す要件が必要となる。古賀の場合には、この要件には二つのものが認められ、生じた犯罪事実が、犯意に「反對」しないこと、あるいは「添フ」[193] ものであることを要求するのである。[194]これは、古賀に特徴的な議論である。すなわち、古賀によれば、もとより行為の外形が「犯罪ノ目的ヲ達スルニ適當ナル性質ヲ有スルト否ヤ」ということについて検討を加える必要はないが[195]、犯罪の意思が「危險ノ性質ヲ以テ」、外部的行為に現われている場合でなければ未遂犯が成立すると考えることはできないと主張していた。[196]要するに、「概言スレハ犯罪ノ方法ハ犯意ノ實行ニ添ハサランカ未タ外形行爲ニ表白シタル危險ノ犯意トナスニ足ラス之レニ反シ其方法ハ犯意ノ實行ニ添ヒタランカ方法ノ性質如何ニ拘ラス常ニ外形行爲ニ表白シタル危險ノ犯意トナスニ足ル」ということなのである。[197]ここから、古賀の場合においても犯罪意思の部面で不能犯に相当する議論の必要性が生まれるのである。すなわち、行為者のとった犯罪の方法が犯罪意思の部面から「犯罪ノ實行ニ添フ」とはどのような場合を言うのか、「反對スル」とはどのような場合を言うのかについて古賀においても分析を加えなければならない必要が認められるからである。

ゆえに、また古賀はこの「方法上ノ不能犯」の項では、前項の「目的上ノ不能犯」の場合には未遂犯の対立観念として不能犯を観念していたにもかかわらず、ここでは古賀自ら「是レ方法上ノ不能犯ナリト謂ハンヨリハ寧ロ未タ犯罪ヲ構成スルノ方法ヲ行ハサルモノナリト謂ハント欲スルナリ」と述べていたことからも明らかになるように[198]、不能犯の観念を用いずに、未遂犯の成立を否定するのである。[199]

そこで、古賀が具体的な事例に対してどのような判断を下していたのかを見てみよう。古賀は、「方法上ノ不能犯」についてはいくつかの事例を取り挙げて論じている。①着弾距離外の遠距離から人を射殺することができると信じて、富士山に登りその頂上から信州諏訪湖に遊ぶ者を狙撃しようとして、拳銃（「手銃」）を発砲した場合。②牛乳で人を毒殺することができると信じて毎日牛乳を相手に飲ませた場合。③水を可燃物と信じて、水を薪に注いで放火をしようとした場合。④夫を毒殺するために薬種商に赴き砒石を毒薬として手に入れようとしたところ、応接した店員がその意図を悟り無毒の食塩に換えてこれを販売し、妻はそのことを知らずにこれを夫の食物の中に入れて食べさせた場合。⑤他人を銃殺しようとして銃砲に弾薬を装填していたが、行為者が知らない間にこれを発砲した者がいて、その後で、それを知らない行為者が弾丸がまだ装填されているものと誤信して、弾丸の装填されていない銃砲を発砲した場合。⑥行為者は相手との間に適当な距離をおいているものと信じて発砲したが、目的とした相手は偶々銃砲の射程距離外にあり射殺することができなかった場合。⑦毒薬を用いて相手を殺そうと謀ったところ、毒薬の分量を誤り相手を毒殺することができなかった場合。[200]

古賀は、未遂犯を構成しない場合として、「意思ノ實行ニ添ハサル方法」と「意思ノ實行ニ反對スル方法」との二つの場合を挙げており、この場合分けに応じて事例を二つの群に分けていた。前者が問題になる事例として、①、④から⑦、後者が問題になる事例として②、③を挙げていた。そのうち、前者については、古賀は①を「意思ノ實行ニ添ハサル方法」にあたるとし不能犯、残りの事例については犯意に添う方法をとっていることを肯定して未遂犯の成立を認めている。後者については②、③いずれの場合も「意思ノ實行ニ反對スル方法」にあたるとして未遂犯の成立を否定している。[201]

次にそれぞれの場合ごとにその理由づけを見てみよう。

古賀は、①の場合には「實ニ犯意ノ實行ニ添ヒタル方法ヲ行フタルモノニアラス」と断じて、未遂犯の成立を否定している。この場合には、犯意に行為が「添ヒタル」かどうかの判断を、犯意に「必要ナル」方法をとったかどうかに基づいて決めることを明らかにしている。すなわち、弾丸の着弾距離外に発砲することとは、弾丸を装填していない銃で人を射殺することができると信じて発砲することと同じであるから、犯意の実現に必要とされていない方法をとった場合であると評価したのである。[202]②や③の場合には、これらの行為は「犯罪ノ實行ニ添ヒタル方法ニ非ラ」ず、むしろ「犯意ノ實行ニ反對スル方法ナリト謂フ可シ」と評価して、未遂犯の成立を退けている。これらの場合には、用いた牛乳は「滋養物ニシテ人ノ健康を養フ」とし、あるいは用いた水は「不可燃質ニシテ薪材ノ火ヲ消滅ス可キモノ」と位置づけているのである。[203] ④から⑦の場合には、未遂犯の成立を認めている。すなわち、これらの場合には実際に行為者がとった方法は「盡ク犯意ノ實行ニ添ハサルモノナシ」と評価し、未遂に終わった原因は、「他人ノ爲メニ誤マラサレ又ハ自ラ誤リテ犯罪ノ効果ヲ収ムルコト能ハサリシ」点に求められるとするわけである。[204] ④では、犯意が実行に「添フ」かどうかを判断する場合に、その基準として「犯人ノ意思ヨリ」見ることが説かれていることを知ることができる。[205] この場合には未遂犯が成立するか否かを決めるための判断の素材としては、実際に使用された食塩が設定されるのではなく、行為者である妻がかねてより犯罪に用いることを計画していた砒石が設定される。実際に用いられた食塩は無害であるが、事例④では毒薬としての砒石が使用されたことが判断の前提に置かれることになる。また、事例⑤や⑥も、「犯人ハ常ニ犯意ノ實行ニ添ヒタル行爲ヲ爲シタリ」[206]と評価を下している。⑤では、空砲の発砲は、弾丸を装填済みの銃の弾薬が発火しなかったことによる未遂犯の成立すべき場合と同視でき、他方⑥も、適当に銃を発砲したために狙いを外したことによる未遂犯の成立すべき場合に相当すると判断しているのである。[207] ⑤の事例も⑥の事例も、いずれもその判断の基礎に置かれている事実関係は、実際に存在していた事実関係ではなく、行為者が現に認識していた事実関係（⑤実弾が装填されている銃の使用、⑥射程距離内での射撃）である。ここから明らかになるように、古賀は行為者のとった方法によって未遂に終わった場合につき未遂犯が成り立つかどうかを判断するときに、その判断の基礎に置かれる事実関係には、当該事件において実際に現われた事実関係が対象とされるのではなく、行為者が現に計画していた事実関係（主観的な事実関係）が基礎に置かれているということである。この事実関係を基礎に置いて、「犯意ノ實行ニ添フ」かどうかが判断されるという手続きが踏まれることになる。また、一旦、毒物を使用した事例⑦であれば、実際に使用した毒物の分量が致死量に達していたかどうかについては、それを古賀は捨象して評価を下すもののようである。それは古賀が「毒薬ノ配劑ハ専門ノ技術ニ屬ス」ので、毒物の量に拘泥していたのでは「薬劑師ニ非ラサル者ハ毒殺未遂罪ヲ犯スニ足ラスト謂フヘキニ至」るとして批判を加えているのである。[208]したがって、古賀の場合には毒物の配分を間違えて致死量を下回った量の毒物投与事例では、理論というよりも、むしろもっぱら刑事政策的配慮によって、用いた薬剤が「毒物」に分類されるものであったかを判断の基礎に置き、その分量が致死量であったかどうかについては、これを捨象して考えていたことを知らねばならないのである。

しかし、次に問題になるのは、判断の基礎に行為者の主観の中に所在する犯行計画が置かれるということがわかっても、能不能をどのような基準にしたがって弁別するかという点にある。これについては、迷信犯について古賀がどのように判断を下していたのかを検討しなければならない。この迷信犯の事例については、古賀は呪詛の術を使用して人を殺害しようとした事例を取り上げて検討を加えていた。

古賀のもっとも特徴的な議論は、丑の刻参りのごとき呪詛の術も殺人行為として肯定していることにあるとされている。[209][210]この点をとらえ、かつて古賀の議論に分析を加えた論者は、古賀を「極端な主観主義」という評価を与えていたことがある。[211]しかし、そこでの議論を原典にあたり仔細に検討すると、そのように断言してよいかどうか疑問の余地が生まれてくるのである。古賀は呪詛の術を殺人罪の成立しない場合として認めない理由につき、次のように述べているからである。いわく、「輓近精神醫學上ニ於テ咒詛ノ術モ亦人ノ精神ヲ感動セシメ因テ以テ人ヲ病マシメ亦人ヲ死セシムルノ奇効ヲ奏スルコトアルヲ論ス精神醫學ノ所論果シテ信ナラシメハ咒詛ノ術ヲ行フヲ以テ絶對的不能犯ナリト爲ス未タ其可ヲ知ラサルナリ」[212]と明らかにしていたように、あくまでも呪われた相手方も呪詛をかけられていることを認識し、そのことに心を悩まされその結果として死に到る場合のあることを示して殺人罪の成立を肯定したのである。殺人行為としての呪詛そのもののもつ能不能を論じるのであれば、本来被害者側に呪詛をかけられていることが知られている特殊な事例に注意を向ける必要はないはずである。この意味で、古賀が呪詛を殺人の不能犯（「絶對的不能犯」）と認めなかったことを契機にしてただちに古賀を「極端な」主観主義と評価することは早計といわざるをえないのである。古賀は不能犯論では自説の中核を「法律ハ不良ノ決意ヲ禁制セントスルニ非ラスシテ只社會ノ爲メニ危害トナルヘキ行為ヲ禁制センコトヲ欲スルナリ」という言葉に表わしていたことからも明らかになるように、行為者の意思そのものにではなく行為の性質の分析にも注意を配分しているのである[213]。現に古賀自身が呪詛の術につき一般論を述べたところでは、「凡ソ咒詛ノ術之ヲ行フモ道理上何等ノ効驗ヲモ生スルモノニ非ラサラシメハ人ヲ殺スノ意思ヲ以テ此術ヲ行フモ未タ殺害ノ方法ヲ行フタリト謂フ可カラス」と説いて、殺人罪の成立しないことを主張していた[214]。古賀は呪詛行為そのものについての殺人効果については未遂犯の成立を否定していたのである。ゆえに、能不能の判断の基準については、行為者の主観的価値判断を基準に置くのではなく、少なくとも物理自然法則を基準にしていたのではないかということが伺える。

以上より、古賀は「方法上ノ不能犯」においては主観的客観説を主張していたということができよう。

ただ、ここで注意を払わなければならないことは、古賀は呪詛行為が行なわれていることが被害者に知られてしまうことによって結果的にもたらされてしまった被害者の精神衛生に及ぼす悪影響をも、殺人罪の成否の問題の中に汲み入れて評価を下す場合のあることを認めることにある。つまり呪詛者は呪殺の効果を信じて呪術を施すが、相手方はその呪術の効果それ自体によるのではなく、呪われていることを自ら認識した結果による心労などにより「死セシムルノ奇効ヲ奏」したか、ないしは「實際上多少ノ効驗ヲ生」じた場合のことである。この場合に、古賀は殺人既遂罪や殺人未遂罪の成立を肯定するのである。そこでは、殺人の故意と当該事件で現に生じた結果（心労による死亡という結果だけでなく死亡しかけたという未遂結果を含む）とが結びつくかどうかをめぐり議論を展開している。[215] しかし、ここでの古賀の議論はもはや「当該行為一般」のもつ性質を問題にする未遂犯論の問題を論じているというより、「当該事件」における故意と結果との結びつきを論じる因果関係の錯誤の問題と因果関係の相当性の問題を未遂犯論の問題の中に混在させて論じていることになる。また、古賀は因果関係の錯誤は故意を阻却しないとする考え方を持っている。ゆえに、まったくの未遂に終われば犯罪が成立しない場合（方法の不能にあたる場合）であっても、その事件で、被害者に何らかの「効験」が生じたり、あるいは被害者の死亡によりひとたび犯罪が完成した場合には、その結果を故意に結びつけて、故意犯（既遂犯のみならず未遂犯）が成立することを許すのである。[216] また、今日の未遂犯論では、その実行行為の成否をめぐり、因果関係論の成果である相当性の議論をも取り入れ、これと齟齬を来さないように注意が払われている。すなわち、被害者を飛行機を利用した旅行に向かわせることによって、飛行機事故が起きることを期待して、事故死させようと企てた事例などが上げられる。[217] ここでは、行為者の期待どおり実際に飛行機が墜落して事故が起きたが、被害者は救助されて助かった未遂事例が議論される。この事例の実行行為にあたる、被害者を殺すために飛行機に搭乗させる行為は殺人罪の実行行為と評価してよいかが問題になるわけであるが、当該行為は殺人行為としては相当ではないので、既遂にまで到ったときには因果関係を否定して殺人既遂罪の成立を否定し、他方未遂に終わった場合には不能犯と評価を下す。いずれにしても、殺人罪としての犯罪は成立しないことで意見の一致をみていることに争いはない。しかし、古賀のような考え方では、未遂犯の場合（「方法上ノ不能犯」で議論の対象とされている場合、つまり何らの結果（「効験」）をも生じなかった場合）と既遂犯（被害者死亡という構成要件的既遂結果だけでなく、何らかの結果（「効験」）を生じた場合も含む）の場合とで、判断が別個に行なわれることを許すので、未遂に終われば犯罪が成り立たない場合であっても、なんらかの結果が発生した場合にはその結果をもとにして故意犯の刑事責任（故意既遂罪あるいは未遂罪としての責任）を負わせられてしまうこともありうることに疑問が提示されないことになっている。この意味では、古賀の議論は素朴である。

**註記**

(183) 古賀によれば、主観主義（「主観主義派」）とは、「犯罪ノ構成ヲ犯人ノ有スル犯意ノ上ニ探リ其意思ニシテ危険ノ分子ヲ具ヘテ而シテ外形ニ表白センカ事ノ成功如何ヲ論セス必ス之ヲ罰セサル可カラスト謂フニアリ」と紹介していることから、犯罪の本質を行為者の犯罪意思に求める所説であるという認識を示していることになる。「増補版」一九六頁、「初版」一六八頁。「講義」および「汎論」では、この紹介にわたる部分の叙述が削除ないしは欠落しているので「主観主義」という言葉は出てこない。

(184) 「増補版」一九六～一九七頁、「初版」一六九頁。なお、「講義」では、古賀は主観主義の立場に立つことを明言してはいないが、「要スルニ刑法ハ犯罪ノ意思アリテ之ヲ外形行為ニ表白スルトキハ常ニ之ヲ罰セサル可カラサルナリ其外形行為カ犯罪ノ目的ヲ達スルニ適當ナル性質ヲ有スルト否トハ之ヲ論及スルノ必要ナシ」と述べていたことから推定することができるように、明らかに主観主義の立場に立脚していたと評価することができる。「講義」一一九頁。

(185) 「増補版」一九七頁、「初版」一六九頁。

(186) 「増補版」一九七～一九八頁、「初版」一六九～一七〇頁。「講義」では、この政策的根拠について触れるところは見受けられない。

(187) 客観主義（「客観主義派」）とは、古賀によると、「犯罪ノ成立ヲ犯人ノ行フタル事實ノ上ニ求メ其事實ニシテ犯罪ノ分子ヲ具ヘサルトキハ犯人ノ意思如何ニ拘ハラス之ヲ罰スルコトヲ得スト謂フニアリ」と紹介していることから、犯罪の本質を犯罪事実に求める所説であるという認識を示していることになる。「増補版」一九五～一九六頁、「初版」一六九頁。「講義」および「汎論」では、この部分の叙述が削除ないしは欠落しているので「客観主義」という言葉は出てこない。

(188) 「増補版」一九八～一九九頁、「初版」一七〇～一七一頁。「講義」では、この点について触れるところは見受けられない。

(189) 「増補版」二〇一～二〇二頁、「初版」一七三～一七四頁、さらに「講義」一一六～一一九頁。

(190) 「増補版」二〇二頁、「初版」一七四頁、さらに「講義」一一九頁。
(191) 「増補版」一九七頁、「初版」一六九～一七〇頁。同旨、「講義」一一九頁、「汎論」一〇九頁。
(192) 「増補版」二〇二頁。なお、「初版」および「講義」では「添ハサル」という語に代えて「必要ナラサル」という語を用いていた。しかし、古賀の意図に変更はないであろう。「初版」一七四～一七五頁、さらに「講義」一一九～一二〇頁。
(193) 「初版」では、「必要ナ」という語が使用されていた。「初版」一七五頁。
(194) ただし、「汎論」には、このような公式にあたる命題は見当たらない。しかし、その用例は、極端な着弾距離外からの狙撃の例や放火のために水をばらまいた例を未遂犯の成立しない事例として挙げており、各々につきいずれも「意思ノ發表ヲナサントシテ未タ何等ノ方法ヲモ行ハサルモノナルヲ以テ根底ヨリ犯罪ノ事實ナシ」と評価を与え、「其行爲ハ犯罪ノ方法ニ反スル行爲ナリ」と説いていたので、「増補版」などで示されている見解と異なる見解を主張していたわけではないであろう。「汎論」一〇八～一一〇頁。
(195) 「増補版」二〇二頁、「初版」一七四頁。さらに「講義」一一九頁。
(196) 「増補版」二〇三頁、「初版」一七五頁。さらに「講義」一二〇頁。
(197) 「増補版」二〇九頁、「初版」一八一～一八二頁。
(198) 「増補版」二〇三頁、「初版」一七五頁、さらに「講義」一二〇頁。
(199) そのために、古賀は、「未タ犯罪ヲ構成スルノ方法ヲ行ハサルモノ」と呼称していた。「増補版」二〇三頁、「初版」一七五頁、さらに「講義」一二〇頁。「汎論」では、さらに徹底した表現の仕方をとり、その態度を鮮明に示していた。ここでは、「蓋シ此等〔「方法上ノ不能犯」─筆者註記〕ハ意思ノ發表ヲ爲サントシテ未タ何等ノ方法ヲモ行ハサルモノナルヲ以テ根底ヨリ犯罪ノ事實ナシ從テ不能犯ナシト論決セサルヘカラス」として、未遂犯が成立しないのは、方法の不能犯だからではなく、犯罪事実が成立しないからだと明らかにしている。「汎論」一〇九頁。
(200) 以上につき、「増補版」二〇三～二〇五頁、「初版」一七五～一七七頁、さらに「講義」一二〇～一二二頁。なお、「汎論」では事例②を欠いている。「汎論」一〇八～一一一頁。
(201) 「増補版」二〇三～二〇八頁、「初版」一七六～一八〇頁、さらに「講義」一二〇～一二二頁、「汎論」一〇八～一一一頁。
(202) 以上、「増補版」二〇三頁、「初版」一七五頁、さらに「講義」一二〇～一二一頁。同旨、「汎論」一〇八～一〇九頁。

(203)「増補版」二〇四頁、「初版」一七六頁、さらに「講義」一二二頁、「汎論」一〇九～一一〇頁。
(204)「増補版」二〇五頁、「初版」一七八頁、さらに「講義」一二二頁。同旨、「汎論」一一〇～一一二頁。
(205)「増補版」二〇六頁、「初版」一七八頁。
(206)「初版」では、「添ヒタル」の語ではなく、「必要ナル」の語が当てられていた。「初版」一八〇頁。
(207) 以上、「増補版」二〇七頁、「初版」一七九～一八〇頁。
(208)「増補版」二〇六頁、「初版」一七八頁。
(209) 例えば、阿部純二＝木村亀二「明治法律学校創設当時の刑法および刑事訴訟法の講義とその内容」明治大学法学部八十五年史編纂委員会編『法律論叢別冊　明治法律学校における法学と法学教育』〔昭和四一年〕一一八頁註1、大塚仁『刑法における新・旧両派の理論』〔昭和五八年〕三九頁、四一頁註9、牧野英一『刑法の三十年』〔昭和二三年〕三五頁以下、小野清一郎『刑罰の本質について・その他』〔昭和三〇年〕四一五頁など。
(210) ところで、古賀は「初版」では、丑の刻参りを「只不良決意ノ發表ニ過キスシテ未タ犯罪行爲ノ實行アリト謂フ可カラス」と述べ、殺人罪の成立をあっさりと否定することを明らかにしていた。「初版」一五二頁。
(211) 中義勝＝浅田和茂「古賀廉造の刑法理論」『総合的研究』一三三頁。
(212)「増補版」一八一頁。
(213)「増補版」一五六頁、「初版」一二七頁。
(214)「増補版」一八一頁。「初版」も同旨である。すなわち、「凡呪詛ノ術ヲ行フ者ハ其意思實ニ目的ノ怨人ヲ呪殺セント欲スルニアリ然レトモ此犯意ヲ以テ此奇術ヲ行フモ是レ不良決意ノ發表ニ過キスシテ未タ犯罪行爲ノ實行と謂フ可カラス」とする認識をもっていることを明らかにしていた。その理由としては、月世界に旅行を企てて、軽気球を用意してこれに乗ると月に行けると誤信してこれを実行したり、体重を減らせば空中に浮遊して月に到達できると誤信して自分の体重の減量を図る者と同じように「犯人カ行フ所ノ行爲ハ社會ニ對シテ何等ノ關係ヲモ發生セシムルノ効力ナク僅カニ單独任意ノ行爲タルニ過キサレハナリ」（一五二頁）、「犯人ノ行爲ト犯罪ノ目的トノ間ニ何等ノ關係ヲ發生セサル以上未タ犯罪ノ方法ヲ實行シタル者ナリト謂フ可カラサルヤ明カ」（一五三頁）であると説くのである。同様のことは同書一七五頁でも繰り返されている。さらに「講義」も同旨である。すなわち、「汎ソ此等ノ所爲ハ未タ社會ニ對シテ何等ノ關係ヲ発生セシムルノ効力ナク僅カニ單獨任意ノ行爲タルニ過キサレハ犯意ノ實行ニ必要ナル方法ヲ行フタルモノナリト謂フヘカラス」と主張している。「講義」一二〇頁。「汎論」も同旨である。「汎論」では、「咒文ヲ作リテ人ヲ殺スヘシト信スルハ羽翼ナクシテ空中飛翔シ得ヘシト信スルカ如シ故ニ諸例皆ナ未タ人ヲ殺スノ方法ヲ行ハサルモノト云フヘク未タ方法ヲ行ハサルモノ…（中略）…ハ意思ノ發表ヲナサントシテ未タ何等ノ方法ヲモ行ハサルモノナルヲ以テ根底ヨリ犯罪ノ事實ナシ」と説くのである。「汎論」一〇九頁。

(215)「増補版」一八〇～一八一頁、「初版」一八一頁。「講義」では、僅少の毒薬の服用による変死や無毒の物質の服用による病死、弾丸の抜かれた銃による射撃ではあるものの被害者はその銃声に驚いて死亡した事例を取り上げており、呪術によって実際に被害者が死亡した事例を取り上げて分析しているところは見受けられない。「講義」一二二～一二三頁。「汎論」では、弾丸の抜かれた銃による射撃ではあるものの被害者はその銃声に驚いて死亡した事例を取り上げて殺人既遂罪を認め、一命を取り止めた場合につき殺人未遂罪を論じているにすぎない。「汎論」一一一～一一二頁。

(216) 以上、「増補版」二〇八～二〇九頁、「初版」一八一頁、さらに「講義」一二二～一二三頁、「汎論」一一一～一一二頁を参照。

(217) 沢登佳人「許された危険の法理に基づく因果関係論の克服」新潟大学法政理論三〇巻四号一〇七頁など。

## 小括

古賀は、岡田朝太郎らによって我が国に新旧両学派の争いがもたらされる前夜の刑法理論家である。古賀は刑罰権を「社會防衛權」とたびたび呼称して新派風の議論を好んで行い、その未遂犯論にはこれまでに取り上げてきた刑法家たちとは異なり主観主義的色彩が見られるものの、客観主義的色彩と組み合わされて未遂犯論が展開されている。古賀の場合には、犯罪の発意から予備の段階に到るまでのその可罰性の根拠には客観主義を基底とする議論が基調を占めていた。すなわち、発意の不処罰は、犯罪意思だけでは犯罪評価を受けるべき社会の権利義務関係にまだ影響を与えていないという理由から導かれることを説いていた（第二節第一款）。また、予備の不処罰は、それが人生通常行なわれている行為と明確に区別されるほど犯罪性がはっきりと現われているわけではないので予備の段階を処罰するわけにはいかないとする考えを明らかにしていた（第二節第一款）。未遂の段階に到り、それが目的とした罪における一定の犯罪構成条件を満足し、犯罪の目的とした権利に対する「直接ノ侵害トナルヘキ行為ヲ行ヒタルトキ」に実行の着手となる、との見解が明らかにされた（第二節第二款）。至極、客観主義に基づく見解である。しかし、未遂の段階での可罰性の根拠では、主観主義的色彩（古賀の言葉によれば「未遂犯ハ主トシテ犯罪ノ意思ヲ罰セントスルノ規則ナリ」）が客観主義的色彩（未遂犯の処罰は刑法の例外とする旨の、古賀の認識）に組み合わせられて議論が構成される。これは、犯罪の基本を故意の既遂犯に置くものであるが、他方、未遂犯の場合には目的とした既遂結果（「直接ノ効果」）を欠くので、例外として犯罪の意思に処罰根拠を置かざるを得ないとする古賀の認識に指導されたものであると思われる。もっとも、古賀は社会刑罰権の根拠から行為によって示された「犯罪事實」はすでに犯罪評価を受ける社会の権利義務関係に影響を与えるものとの理解を明らかにしていたし、また古賀が「缺効未遂犯」の量刑につき説くところでは、実害ではなく「社會ノ損害」を重視していた。そこでは、犯罪によって一般人の感じる危惧感の所在（「社會一般禍害ノ何時其身ニ襲來センコトヲ危惧シテ瞬時モ其堵ニ案スル能ハサル」こと）が問われていたので、未遂犯の処罰根拠として単なる犯罪の意思そのものが直接置かれていたわけではないことを知らなければならない（第二節第二款）。『刑法新論』の目次に示された古賀の理論体系をみると行為の問題（第一巻、犯罪事実）と行為者の問題（第二巻、責任）をはっきりと区別して議論する態度が認められ、犯罪の要素のうち客観的要素が犯罪事実に、他方で主観的な要素は責任に振り分けられていたので、「社會ノ損害」は犯罪事実を構成する要素へ、犯罪の意思は責任を構成する要素に配分されていた。その結果として両者は択一的に矛盾するものではなく、犯罪事実と責任の両面で相互に矛盾することなく併存するものではないかと推察されるのである。そして、既遂犯に対する「着手未遂犯」や「缺効未遂犯」の量刑の問題が現われる。「着手未遂犯」では、もっぱら刑事政策上の根拠から既遂犯の法定刑を減軽して処罰することができると説き、実行行為が終了している「缺効未遂犯」の段階に到ると、そこでは犯罪概念上も量刑上も既遂犯と同じように取り扱われることになる。ここに、古賀の理論の場合に裁判官の裁量を広く認める所以が認められることになった（第二節第二款）。また、主観主義と客観主義とが組み合わされていることは不能犯論にも当てはまる。古賀は、客体の不能（「目的上ノ不能犯」）について未遂犯の成り立つためには客体（特に犯罪によって侵害される権利の主体としての人）の実在を要求した。しかし、方法の不能（「方法上ノ不能犯」）については行為者の犯罪意思（犯罪の計画を含む）の所在を重視するので、主観主義的色彩が濃厚に出ていることを知るのである（第二節第四款）。また、立法政策に関わることであるが、古賀は、旧刑法が中止犯の取り扱いに関する規定を置いていない点を捉えてこれに批判を加え、現行刑法（明治三三年「刑法改正案」を嚆矢とする）が中止犯を（可罰）未遂犯罪の中に置く規定を置いた態度に積極的評価を与えていた（第二節第三款）。これは、中止犯の局面であるが、刑法の流れがフランス（中止犯を非犯罪化して、犯罪〔未遂犯を含む〕のカタログから全く除く）から当時のドイツ（中止犯を犯罪化して、未遂犯罪のカタログの中に位置づける）へと変遷していく流れにも沿うものであったろう。

古賀はそれまでの新古典学派（旧派）の客観主義刑法の考え方を乗り越えて、新派の主観主義刑法の考え方を導こうとした我が国における初期の論者であるとされているが、なおその解釈論には客観主義刑法の考え方が残されていたと言える。これが後世の牧野英一らの主観主義刑法学に対する、旧刑法典のもとで産声を上げた刑法学者の限界であるのかも知れない。しかし、顧みればこれが我が国の固有の未遂犯論の地盤であるのかも知れないと思われるのである。

# 結語

明治前期の未遂犯論は、その源流をフランス刑法とその刑法学に求めるものであった。そこでは、未遂犯論の基礎となる刑罰権論の展開については、主として社会上の悪（効用）と道徳上の悪（正義）とをもって自然調和的に構成された―政府の特殊な思惑に左右されない―社会秩序の維持が眼中に置かれていた。また犯罪人の人間像も古典主義の流れを汲んで、合理的に利害計算のできる理性人が礎定されていた。未遂犯の統制においても、国民の行動を統制するものであることはもちろん、それとともに政府の専横の防止にも関心が置かれていたので、国家の犯罪統制活動をも統制するものであった（ボアソナードや宮城浩蔵など）。しかしながら、政府の専横に対する防衛意識が強く現われていただけに、その時々の犯罪現象に即応して刑法を柔軟に適用していこうとする姿勢には理論として十分ではないものがあった。すなわち、犯行時に現実に存在していた事実に即して、行為の性質を形式的客観的に捉えて分析しようとする議論が主流を占め（とりわけ、実行の着手や不能犯の構成など）、さらにその他にも分析の対象に置かれるべき事実関係の適正な認定に配慮し、冤罪に基づく処罰が行なわれないように絶えず採証上の考慮をも怠らないようにする議論が形成されていた。また、抽象的な議論に陥ることなく、つとめて豊富な具体的事例をめぐって未遂犯論が形成された。これは、当時の急務である優れた司法官の育成、つまり法の適用だけでなく事実認定能力にも長けた裁判官の育成という課題に応じる需要に対処するためである。また、そのほか当時のフランス刑法に固有に見られる特質である、理論刑法というよりも採証上の配慮をも取り入れて総合的な理論構成をとる実用刑法を志向するという考え方も頗るこの需要にかなっていたといえる。したがって、今日の視点からみれば、人権に配慮する余り犯罪現象への時勢にかなった柔軟な対応に十分でないように映るし、手続法の考え方が刑法理論学に混入しているという意味で理論的にあまり練られていない議論展開が行なわれていたようにも映るであろう。しかし、啓蒙思想家モンテスキューによって強調された法による国家権力の規制を意図した流れに沿うものであったと評価をすることができよう。平野龍一博士の分類に従えば、前期旧派に結びつく流れである。[1]
しかしながら、井上正一の登場により、このような傾向にやや変化が見られた。そこでは、採証上の配慮の視点が後退し、その分、命令説により理論的に整序された議論がおこなわれた。特に顕著であったことは、命令説を通じて犯罪を統制する立場にある国家の施策を正当化する方向での官僚法学的な理論構成に意識が払われるようになったことである。これは、ボアソナード、そして彼の後継者であった宮城浩蔵の知らない議論であった。そして、この国家的な観点から未遂犯論を構成するという傾向が生まれてきた。また、命令説が説かれることによって、既遂犯ではなく、未遂犯を犯罪の基本に置くという考え方に理論的基礎を与えた。もっとも、井上においては犯罪を国民の集合体としての社会の中で善意に基づき調停する存在として国家が観念されていたので、彼の思想は国家主義そのものではない。実際にその未遂犯論において下された結論をみても、ボアソナードや宮城らの下した結論と径庭の認められるということはなかったのである。
ところが、明治後期にいたり、一八七一年ドイツ刑法典とその刑法学（ベルナーやフォン・リストら）が導入されそれに馴染む議論がなされるようになると事情は複雑化する。ドイツ刑法では、伝統的に総論に関わる抽象的な議論について精巧を極めている。刑法典を見ても総則部分の条文の量や質は、各論に重きを置き実際的思考を重んじるフランス刑法などのそれと比べると格段にまさっているからである。それはまたかかる抽象的な法典構成を支えるドイツの判例や学説の理論的精巧性を反映するものでもあろう。しかし、それだけに若干の固有の問題も抱え込むことになる。抽象的に構成された法典に依拠して法運用を行なうことが裁判官らを中心にした実務法曹の双肩にかけられるだけに、彼らに犯罪統制を行なう上で大きな権限が与えられるということである。また、中止犯の処理を未遂罪の一種に数えるドイツ刑法の影響の下で、旧刑法典が中止犯でないことを未遂犯の成立要件としたことに対する評価あるいはその根拠について掘り下げた分析を加える努力がほとんど見られなくなってしまった。それは、本書によれば、二つの方向性をもつものとして認識された。

第一の方向は、江木衷によって示された傾向である。江木は、一司法官僚に過ぎない裁判官に犯罪統制について多大な権限が与えられることによって、本来、主権者である天皇の意思を具体化すべき立法者によってあらかじめ堅牢に法定されているべき各犯罪、そして各未遂犯罪の観念が現実の法適用段階で修正されて伝わってしまう事への危惧を持っていた。江木の犯罪論では、立法官が各罪について法定刑を定め、実害（「犯跡」）を基本とした罪刑の客観的な均衡を重視することで、司法官僚である裁判官らの行使すべき裁量の余地を極力減殺し、立法官の意思を尊重しようとする態度をとっていた。そのため、犯罪の基本は既遂犯に置かれ、未遂犯の処罰には消極的立場をとった。さらに、江木は、旧刑法典を改正すべき新刑法（明治三三年「刑法改正案」第五八条を嚆矢とする）では未遂裁量減軽主義がとられることにより裁判官に大きな権限が付与されたことに強い批判を加えた。江木は、このような改正は、犯罪統制の場面で国家（立法官）が司法官僚を統制して、犯罪と闘うことを困難にするという危惧感を蔵したのである。一定の結果の発生がない未遂犯の統制であるだけに、裁判官ごとに犯罪統制がばらばらに行なわれることを恐れたわけである。さらに、中止犯について、行為者の主観面の考慮はキリストを唯一絶対神とする『加特力主義』に向かわせるものであり、天皇制に馴染まないとして排除し、その結果としてもっぱら刑事政策説に基づく理論構成にも向かわせた。

江木の思考の中には、天皇を中心に、よく統制された官僚制を背景として犯罪統制を行なうという中央集権的な律令の流れをも見ることができ、現に江木も我が国の天皇制の樹立を法制面から支えた大寶律令を評価していたことはその証左とすることができるであろう。立法官（国家権力）による司法官僚（国家権力）の統制という意味での、権力の自己統制を志向した流れである。平野龍一博士の分類によれば、国家主義・権威主義的傾向の強い点で後期旧派[2]につながり得る流れに相当する。

第二の方向は、古賀廉造によって示された傾向である。古賀自身、当時の有力な司法官僚の一人であり、旧刑法典を改正する運動に与し現行刑法典の立案に関与したという経歴も示すように、現場の法執行者である検察官、そして裁判官といった司法官が犯罪統制において発揮しうる権限を高度に発揮することが可能になるように理論的な整備を行なった論者である、といえる。立法者よりも、日々実際に犯罪統制を第一線に身を置いて行なっている実務法曹の活躍に多くを期待したわけである。それだけに、犯罪統制（彼の言葉によれば「社會防衛」）において実務法曹のもつ裁量の理論的正当化と（犯罪の増加により、明治前期にみられた理性的な存在としての犯罪者観を前提にした議論に安住することは許されず）犯罪者の実証的な研究や犯罪原因の実証的研究に意識が払われた。古賀の未遂犯論では、「着手未遂犯」、「缺効未遂犯」における量刑判断に現われた裁判官による裁量の余地の工夫にその点が強く反映されるのである。古賀によれば、犯罪によって一般人の感じる危惧感の所在をもとに構成された「社會ノ損害」の観念を重視することで量刑上「缺効未遂犯」と既遂犯を区別することを不要とした。裁判官としては未遂犯を既遂犯に対して減軽処罰すべき必要が失われたわけである。また、古賀は、旧刑法典が改正され新刑法典（現行刑法典）が成立することによって、中止犯を非犯罪化するのではなく中止未遂犯として犯罪化することにつながったことに積極的評価を与えていたことにも注目する必要がある。そして、この第二の流れが後代の牧野英一ら新派の俊才へとつながっていくものと思われるのである。そこでは、新刑法典によって拡張された量刑上の裁判官の裁量の余地のほか、フランスでサレイユらの行なった民法解釈論上の議論に触発された自由法論の思潮を刑法解釈論にも大胆に敷衍させ、罪刑法定主義を文化国構想のもとで解消させ、未遂犯論の主観主義的解釈が我が国に広く普及することにつながると推察される。もっとも、一般的に述べて、古賀廉造自身の未遂犯論も決して主観主義犯罪論に依拠して構築された所論ではなかったことはこれまでにも本書が指摘してきたとおりである。それに影響を与え続けたのは、本書によればボアソナードが種を蒔き宮城浩蔵、井上正一らを通じ我が国に伝えられたフランスの新古典学派であり、その伝統が生き続けたところによるものと認識している。後世の牧野英一ら新派の主張もやはりボアソナードの蒔いた種を宮城浩蔵らが根付かせ、その土壌の上に咲いた精華の一つであったと評価するのは過言であろうか。やはり、「旧派の思想は、明治初年わが国がフランス刑法を採り入れて以来、暗黙のうちに支持されてきた」(3)とすることができよう。

要約すると、明治前期、我が国ではボアソナードに始まり、宮城浩蔵、井上正一らへと伝わっていった前期旧派の流れをくむ刑罰権論、未遂犯論が、明治後期に至ると、刑罰権論のうち刑罰権の正当化原理のまとまった検討の跡が衰退し、代わって我が国固有の伝統である天皇制を意識した官僚法学的構成が強く前面に向けて打ち出され、国家権力の主体を立法官に置くか現場の司法官僚に置くかで立場が分かれた。前者の側にたつ論者として江木衷という後期旧派への流れを得ることで立法官による司法官僚の羈束性重視の流れへと変容し未遂裁量減軽主義をとる現行刑法典への批判、天皇制尊重の立場（キリストを唯一絶対神と位置づける『加特力主義』という刑罰権論における宗教的視点に対する否定）から中止未遂の刑の減免根拠について行為者の主観面（帰善心）を考慮に入れる理論上の根拠（法律説）を捨て刑事政策説への一本化が図られた。他方で、ほぼ時を同じくして我が国では後者の立場にたつ論者として古賀廉造という論客を得ることで、司法官僚の裁量重視という視点が形成され後の牧野英一という新派の大輪の花を開花させる素地を築いたといえるが、未遂犯の可罰性の根拠に関わる理論構成では主観主義的色彩（犯罪の意思の処罰）が客観主義的色彩（未遂犯の処罰は例外）と組み合わされ、犯罪の基本は既遂犯に置かれボアソナードらによってもたらされた客観主義刑法の流れを拭い去ることができなかったといえるのではなかろうか。
さいごに、ボアソナードから宮城浩蔵、井上正一、江木衷、古賀廉造に至るまで、ほとんど『危険』概念に頼らずに未遂犯論が構成されていたことにも目を向けなくてはならない。たとえば、不能犯を巡る議論をとっても結果の不発生につながる因果関係の起点となる直接的危険源が行為に内在しているかを問うにとどまり、危険の程度を問う危険説に準じた考え方はついに明確には確認することができなかった[4]。

**註記**

（1）平野龍一『刑法総論Ⅰ』（昭和四七年）五頁以下。
（2）平野・前出註（1）一一頁以下。
（3）平野・前出註（1）一四頁。
（4）以上、本書でまとめられた事柄より、我々は現代における未遂犯の研究においてどのようなことを教えられたであろうか。まず、明治前期の刑法理論にもあらためて注意を払う必要があるのではないかということである。明治前期は平野博士の分類にいう前期旧派にあたり、現行憲法の立場である自由主義、個人の尊重擁護の立場にもっとも接近をしているということに加え、すでに末道康之教授が先行研究のなかで明らかにされていることの繰り返しになるのだが、不明確な観念を嫌い簡明を好むフランス法学の文化を尊重し、罪刑法定主義の視点から、未遂犯論の研究においても非常に多義的な「危険概念というものに頼ることが果して適切か否か」（末道康之『フランス刑法における未遂犯論』（平成一〇年）二六八頁）ということに目を向ける必要がある。さらに、本書では「法益」に関するまとまった議論の生じる前夜に当たる時代を取り上げたので特に掘り下げて論じることを差し控えたが、「法益」という概念をめぐる取り扱いである。本書を著す研究の過程で気づかされたことであるが、とりわけ、オルトランに始まり、ボアソナード、宮城浩蔵らへと受け継がれたフランス折衷主義刑法学に注目する必要がある。かつて伊東研祐教授が現代に至るまでのドイツにおける議論状況を非常に精密に分析された労作の中で、くしくも指摘されたことの繰り返しになるのだが、法益そのものの中に違法性の本質が含まれているわけではないのではないか。「刑罰発動の限界付けが、法益概念からではなく、社会的必要性という現実的基盤、それを反映して憲法秩序内で定立される刑事政策的諸原理等から導かれるべきものである」という指摘（伊東研祐『法益概念史研究』〔昭和五九年〕四二三頁）は、オルトランらの社会刑罰権論や犯罪論の基本に置かれた「効用」という視座に重なるものとして、さらに検討が加えられなければならないと思うのである。

**著者略歴**

中 野 正 剛（なかのせいごう）

1961年　横浜市生まれ

1995年　国学院大学大学院法学研究科博士課程後期単位取得退学

現　在　沖縄国際大学法学部・大学院法学研究科教授

　　　　博士（法学）

著　書

『刑法通論』（1998年，伊藤書店）

未遂犯論の基礎―学理と政策の史的展開

2014年11月20日　初版第1刷発行

著　者　中　野　正　剛

発行者　阿　部　耕　一

〒162-0041　東京都新宿区早稲田鶴巻町514番地

発行所　株式会社　成　文　堂

電話 03(3203)9201　Fax 03(3203)9206

http://www.seibundoh.co.jp

製版・印刷　藤原印刷　　製本　弘伸製本



ISBN978-4-7923-5130-4　C3032

定価（本体7,000円＋税）